中国经济转型升级理论与实践丛书
上海社会科学院经济研究所60周年所庆学术专著文集

长江三角洲经济区演进与绩效研究
(1842—2012)

方书生 / 著

上海社会科学院出版社
SHANGHAI ACADEMY OF SOCIAL SCIENCES PRESS

丛书编委会

主　任：石良平

副主任：沈开艳　张兆安

委　员（姓氏笔画顺序）：

　　　　沈桂龙　张广生　张忠民　张晖明　陈家海

　　　　陈　维　周晓庄　钟祥财　洪民荣　莫建备

　　　　黄复兴　韩汉君　韩　清

总　序

上海社会科学院经济研究所是一个具有辉煌历史和优秀传统的专业研究机构,是上海社会科学院建院的核心组成部分之一,其前身是成立于1956年的中国科学院上海经济研究所,并于1958年作为核心成员组建了上海社会科学院。"十年动乱"使正常学术研究工作中断。1978年上海社会科学院恢复重建后,在原经济研究所基础上拆分为经济研究所、部门经济研究所和世界经济研究所三个经济类研究所。经济研究所主要从事理论经济学的研究,在政治经济学和经济史及经济思想史等基础理论研究方面颇有建树,在上海及全国都形成了深远的影响。

经济研究所有着深厚的人文底蕴和广泛的社会影响。在长期学术研究过程中,经济研究所产生和集聚了一批知名专家学者。沈志远、黄逸峰、吴承禧、姚耐、孙怀仁、张仲礼、王惟中、雍文远、马伯煌、丁日初、姜铎、王亚文、郑友揆、袁恩桢等专家学者在学界有着较大影响,是经济研究所知名度和影响力得以形成的人文基础。其中雍文远、张仲礼、袁恩桢还分别获得上海市社会科学终身成就奖。和这些名家相匹配的是曾经产生过深远影响的科学研究成果,包括《南洋兄弟烟草公司史料》《荣家企业史料》《刘鸿生企业史料》《社会必要产品论》等。这些精品力作曾获得孙冶方经济学奖,全国"五个一"工程奖等荣誉,已成为经济研究所学术研究过程中的重要里程碑。

继承优良传统、提升学术地位、创造辉煌未来是经济研究所肩负的重大历史使命。近年来,经济研究所通过调整结构、引入新人、整合资源、锐意改革,已取得了一系列成效。我们不仅获得了多个社科院的学科和智库创新团队，建立了多个省部级创新研究基地，也在国家社会科学基金和国家自然科学基金重大项目上实现了零的突破。老一辈专家学者仍然志在千里，新一代年轻学者正在脱颖而出，经济研究所已呈现出百花齐放、姹紫嫣红的格局。

值此经济研究所成立60周年之际，我们所的科研人员共同推出了一批高质量的学术研究成果。这套丛书，就是这批成果中最为重要的组成部分，也是我们对当代中国经济问题思考的结晶，希望这套丛书的出版能够给读者带来更多的思考。

上海社会科学院经济研究所所长　石良平

2015年5月

目 录

绪论　空间演化及度量的理论与实证 ⋯⋯⋯⋯⋯⋯⋯⋯⋯⋯⋯⋯⋯⋯⋯⋯ 1
　第一节　长时段经济史的新视角：空间的力量 ⋯⋯⋯⋯⋯⋯⋯⋯⋯⋯⋯ 1
　　一、第三只"眼睛"的出现 ⋯⋯⋯⋯⋯⋯⋯⋯⋯⋯⋯⋯⋯⋯⋯⋯⋯⋯⋯ 1
　　二、空间与经济的合流：历程与观点 ⋯⋯⋯⋯⋯⋯⋯⋯⋯⋯⋯⋯⋯⋯ 3
　　三、将空间经济分析置于发展地理学的视野之中 ⋯⋯⋯⋯⋯⋯⋯⋯⋯ 8
　第二节　选题的缘起、意义、方法 ⋯⋯⋯⋯⋯⋯⋯⋯⋯⋯⋯⋯⋯⋯⋯⋯ 12
　　一、缘起与价值：长时段空间研究的缺失 ⋯⋯⋯⋯⋯⋯⋯⋯⋯⋯⋯⋯ 12
　　二、为何选择长江三角洲地区 ⋯⋯⋯⋯⋯⋯⋯⋯⋯⋯⋯⋯⋯⋯⋯⋯⋯ 14
　　三、研究的思路与方法 ⋯⋯⋯⋯⋯⋯⋯⋯⋯⋯⋯⋯⋯⋯⋯⋯⋯⋯⋯⋯ 19
　第三节　相关研究起点概述 ⋯⋯⋯⋯⋯⋯⋯⋯⋯⋯⋯⋯⋯⋯⋯⋯⋯⋯⋯ 22
　　一、文献与近代长三角地区经济地理研究 ⋯⋯⋯⋯⋯⋯⋯⋯⋯⋯⋯⋯ 22
　　二、空间视角下的现代长三角地区经济空间研究 ⋯⋯⋯⋯⋯⋯⋯⋯⋯ 23
　　三、长三角空间经济的演化与绩效 ⋯⋯⋯⋯⋯⋯⋯⋯⋯⋯⋯⋯⋯⋯⋯ 26
　　四、基本内容、主旨、框架 ⋯⋯⋯⋯⋯⋯⋯⋯⋯⋯⋯⋯⋯⋯⋯⋯⋯⋯ 27

第一章　晚清时期经济空间的重构与绩效(1842—1914) ⋯⋯⋯⋯⋯⋯ 30
　第一节　经济空间变革的背景 ⋯⋯⋯⋯⋯⋯⋯⋯⋯⋯⋯⋯⋯⋯⋯⋯⋯⋯ 30
　　一、口岸开放与经济变革 ⋯⋯⋯⋯⋯⋯⋯⋯⋯⋯⋯⋯⋯⋯⋯⋯⋯⋯⋯ 31
　　二、交通运输改进 ⋯⋯⋯⋯⋯⋯⋯⋯⋯⋯⋯⋯⋯⋯⋯⋯⋯⋯⋯⋯⋯⋯ 33
　　三、商业、手工业与近代工业 ⋯⋯⋯⋯⋯⋯⋯⋯⋯⋯⋯⋯⋯⋯⋯⋯⋯ 34
　第二节　近代早期空间演化的逻辑 ⋯⋯⋯⋯⋯⋯⋯⋯⋯⋯⋯⋯⋯⋯⋯⋯ 36
　　一、区位与循环因素 ⋯⋯⋯⋯⋯⋯⋯⋯⋯⋯⋯⋯⋯⋯⋯⋯⋯⋯⋯⋯⋯ 36
　　二、要素流动与路径 ⋯⋯⋯⋯⋯⋯⋯⋯⋯⋯⋯⋯⋯⋯⋯⋯⋯⋯⋯⋯⋯ 41

三、从贸易到地方性生产 …………………………………… 47
　　四、简评：近代早期空间经济的演化 …………………… 52
第三节　经济地理的重塑与绩效 …………………………… 55
　　一、区域经济的联系与分割 ……………………………… 55
　　二、经济密度的空间变化 ………………………………… 63
　　三、经济距离的空间演变 ………………………………… 68
　　四、简评：空间演变与经济发展 ………………………… 72

第二章　民国时期经济空间重构与绩效(1915—1949) …… 75
第一节　经济空间变革的背景 ……………………………… 75
　　一、交通运输的发展 ……………………………………… 75
　　二、近代工业的发展 ……………………………………… 76
第二节　近代晚期空间演化的逻辑 ………………………… 79
　　一、区位选择与循环因果 ………………………………… 79
　　二、交通运输与要素流动 ………………………………… 81
　　三、经济聚集与扩散 ……………………………………… 84
　　四、政策与市场的互动 …………………………………… 87
　　五、简评：近代空间经济的演化 ………………………… 90
第三节　经济地理的变迁与绩效 …………………………… 93
　　一、区域经济的联系与分割 ……………………………… 93
　　二、经济密度的空间变化 ………………………………… 101
　　三、经济距离的空间演变 ………………………………… 111
　　四、简评：经济增长的空间差异 ………………………… 115

第三章　改革开放前经济空间的重构与绩效(1953—1978) …… 117
第一节　经济空间演变的背景 ……………………………… 117
　　一、整体向上的经济调整 ………………………………… 117
　　二、计划下的产业经济 …………………………………… 119
　　三、基础交通的发展 ……………………………………… 122
第二节　空间演化的方式 …………………………………… 125

一、区位消逝与计划形成 ································ 126
　　二、计划下的城市与乡村 ································ 127
　　三、城乡分割下的经济效率 ······························ 130
　　四、空间分散与聚集 ···································· 131
　　五、简评：改革前的空间演化 ···························· 133
第三节　经济地理的重塑与度量 ······························ 134
　　一、区域经济的联系与分割 ······························ 134
　　二、经济密度的空间变化 ································ 138
　　三、经济距离的空间演变 ································ 147
　　四、简评：空间结构的演变 ······························ 150

第四章　改革开放后经济空间的重构与绩效（1979—2012） ······· 151
第一节　经济空间变革的背景 ································ 151
　　一、发展战略的改变 ···································· 151
　　二、交通状况的变化 ···································· 153
　　三、外资的引进 ·· 157
　　四、经济一体化趋向 ···································· 158
第二节　空间演化的过程与机制 ······························ 159
　　一、开放与基础建设 ···································· 160
　　二、要素流动与集散 ···································· 161
　　三、政策因素 ·· 163
　　四、简评：改革开放以来的演化机制 ······················ 164
第三节　经济空间效应及其度量 ······························ 165
　　一、区域经济的联系与分割 ······························ 166
　　二、经济密度的空间变化 ································ 173
　　三、经济距离的空间演变 ································ 180
　　四、简评：空间经济的演变 ······························ 183

第五章　区域经济活力的源泉：开放与创新（1842—2012） ······· 186
第一节　经济增长活力之源：理论基础 ························ 186

第二节　近代被动开放下的市场化创新 ······ 189
一、被动开放下的市场化 ······ 190
二、以企业及企业家为主体的制度创新 ······ 194
三、长江三角洲地区的经济增长 ······ 197

第三节　中华人民共和国成立后制度约束下的创新 ······ 204
一、老工业基地的形成 ······ 204
二、计划经济下的开放 ······ 207
三、计划经济下的创新 ······ 210

第四节　改革开放以来的开放与创新 ······ 212
一、新格局下的主动开放 ······ 213
二、政府主导的制度创新 ······ 216
三、开放与创新的联动 ······ 219

第五节　简评：区域经济活力的源泉 ······ 239

第六章　重构与绩效：长江三角洲经济区的演进(1842—2012) ······ 241

第一节　长江三角洲经济区的演进 ······ 242
一、密度、距离、联系(分割) ······ 242
二、空间演进的路径 ······ 246

第二节　长江三角洲经济区演进的启示 ······ 249
一、空间演进的经验与逻辑 ······ 250
二、基于发展地理学的观察 ······ 259

第三节　简评：长三角经济区演进与绩效 ······ 267

参考文献 ······ 269

图 目 录

图 0-1	空间经济与区域演化示意	10
图 0-2	长江三角洲卫星图片	15
图 0-3	不同意义上的长江三角洲	16
图 0-4	长江三角洲行政区图	17
图 0-5	本书的议题	19
图 0-6	本书的框架	29
图 1-1	需求增长变化及供给向右推移	37
图 1-2	长三角地区发展轴线演化(晚清时期)	57
图 1-3	长三角地区各口岸贸易份额占比(%)(1900—1914)	58
图 1-4	长三角地区各口岸船舶吨位占比(%)(1900—1911)	59
图 1-5	长三角地区开放口岸之间联系(晚清时期)	62
图 1-6	长三角地区人口密度(1820—1910)	66
图 1-7	东南中国港口体系示意(近代时期)	69
图 1-8	长三角地区各城镇节点空间可达性(晚清时期)	71
图 1-9	要素流动空间模式示意	73
图 2-1	长三角地区各口岸贸易额占比(1912—1933)	94
图 2-2	长三角地区各口岸船舶吨位占比(1912—1933)	94
图 2-3	长三角地区各口岸间物流系数(民国时期)	98
图 2-4	以商品、资金、信息等相互关系展示的空间双核结构	99
图 2-5	长三角地区空间分异(民国时期)	101
图 2-6	长三角地区人口密度(1932)	104
图 2-7	上海售电额与工业用电额(1911—1930)	105

图2-8	全国各地域(城市)工厂集中度	107
图2-9	长三角地区工业空间分布(1933)	110
图2-10	长三角地区城镇节点空间可达性(民国时期)	114
图3-1	江浙沪三省市GDP及三次产业产值(1952—1978)	118
图3-2	江浙沪三省市三次产业比重(1952—1978)	121
图3-3	长三角地区陆路交通网(1976)	123
图3-4	长三角地区水运交通网(1976)	124
图3-5	长三角地区经济等高线(1978)	140
图3-6	长三角地区城镇节点加权空间可达性(1978)	149
图4-1	长江三角洲地区陆路交通网演化(1985—2020)	154
图4-2	长江三角洲内河航道网(2010)	156
图4-3	江浙沪三省市FDI利用额(1985—2006)	158
图4-4	长江三角洲城镇分布轴线图(2010)	167
图4-5	长江三角洲主要城市间货流通道等级体系(2010)	171
图4-6	长江三角洲主要城市间客流通道等级体系(2010)	171
图4-7	长三角地区县级及以上城市综合实力等值线图(2010)	179
图4-8	长三角地区城镇节点加权空间可达性(2010)	182
图5-1	江海关各类进出口贸易份额的变化(1866—1930)	192
图5-2	江海关各类进出口贸易份额的变化(1866—1930)	193
图6-1	长三角地区城镇分布轴线变化(民国时期 & 当前)	245
图6-2	从城乡二元向城乡一元的演进	248
图6-3	空间演化路径下的区域经济增长过程	249
图6-4	区位变化对产出的影响	257
图6-5	城乡产业演变路径：不同发展阶段的空间选择	260
图6-6	分工演进与区域空间结构演化	262
图6-7	产业分工演进曲线(近代以来)	264
图6-8	产业创新演进曲线(近代以来)	265

表 目 录

表1-1	长三角地区经济空间形成因子(晚清时期)	52
表1-2	长三角地区各口岸贸易份额占比(%)(1900—1914)	58
表1-3	长三角地区各口岸埠际贸易占比(%)(1899)	60
表1-4	长三角地区口岸货物中转率(%)(1900—1905)	61
表1-5	长三角地区口岸中转比例(%)(1900—1905)	61
表1-6	长三角地区各口岸间物流等级及系数(晚清时期)	61
表1-7	长三角地区各府州人口增减(1851—1865)	64
表1-8	长三角地区分府人口密度(1820—1910)	65
表1-9	长三角地区人口空间结构指数(1820—1910)	68
表1-10	长三角地区交通等级及速度设定(晚清时期)	70
表1-11	长三角地区城市等级及作用分值(晚清时期)	70
表2-1	长三角地区各省市工厂数及全国占比(%)(1937)	77
表2-2	长三角地区经济空间形成因子(民国时期)	91
表2-3	长三角地区各口岸埠际贸易占比(%)(1936)	95
表2-4	长三角地区各口岸货物中转率(%)(1914—1919)	96
表2-5	长三角地区各口岸货物中转率(%)(1914—1919)	96
表2-6	长三角地区埠际贸易额(单位:海关两)(1936)	97
表2-7	长三角地区各口岸间物流等级及系数(1936)	97
表2-8	长三角地区次级经济带(民国时期)	100
表2-9	长三角地区县级及以上行政区人口密度(1932)	102

表 2-10	长三角地区县级及以上行政区人口密度分级(1932)	102
表 2-11	长三角地区各县市工业统计(1933)	108
表 2-12	长三角地区交通等级及速度设定(民国时期)	112
表 2-13	长三角地区各县市等级及赋值(民国时期)	113
表 3-1	长三角地区各主要港口吞吐量(1952—1978)	125
表 3-2	江浙沪三省市三次产业结构比较(%)(1952—1978)	136
表 3-3	江浙沪三省市人均GDP比较(1952—1978)	137
表 3-4	长三角地区各城市间绝对经济联系量(1978)	139
表 3-5	长三角地区各市主要经济指标(1978)	143
表 3-6	长三角地区16市的中心职能强度及等级(1978)	144
表 3-7	长三角地区县级以上城市的中心职能强度及等级划分(1978)	145
表 3-8	长三角地区陆路交通网络的类型及速度设定(改革开放前)	147
表 3-9	长三角地区各县市分值(改革开放前)	148
表 4-1	长江三角洲各城市间绝对经济联系量(2008)	168
表 4-2	长江三角洲主要城市联系通道流量系数(2010)	170
表 4-3	长江三角洲主要城市联系通道的客流量系数	170
表 4-4	长三角地区16市综合实力评价指标体系(2010)	173
表 4-5	长三角地区16市综合实力评价主成分提取及其权重(2010)	174
表 4-6	长三角地区16市综合实力评价结果	174
表 4-7	长三角地区75个县级及以上城市综合实力指标体系(2010)	176
表 4-8	长三角地区75县级及以上城市综合实力评价主成分提取及其权重(2010)	177
表 4-9	长三角地区75县及县级以上城市综合实力评价结果(2010)	177

表 4-10 长三角地区陆路交通网络的类型及速度(2010) …………… 180
表 4-11 长三角地区各县市作用分值(2010) ………………………… 181
表 5-1 上海市工业结构(1950—1976) ……………………………… 205
表 5-2 上海市三次产业结构(1952—1976) ………………………… 206
表 5-3 上海市第三产业结构(1952—1978) ………………………… 206
表 5-4 上海市国内贸总额(1949—1978) …………………………… 208
表 5-5 上海市外贸总额及全国占比(1950—1978) ………………… 209
表 6-1 晚清以来的沿海与内地：特征与政策得分 ………………… 266

绪论　空间演化及度量的理论与实证

学术发现犹如艺海拾贝,然后再彰显其光芒,在展开相关的研究之前,有必要先交代与解释一下相关知识的基础、背景、因缘,以便展示在学术研究的历史长河中,重新发现的这枚熠熠生辉的"小贝",缘何如此夺目。

第一节　长时段经济史的新视角:空间的力量

区域空间发展是现代经济发展史上最为显著的结构变化之一,已经成为学术界(经济地理学、发展经济学)、国际组织和政府共同关注的领域。藤田、克鲁格曼等学者从垄断竞争和收益递增的基本假定出发,构建了空间结构变化的模型,试图探索空间结构变化的一般规律(Fujita & Krugman,1999, 2003)。世界银行(2003)报告提出了通过"空间资产"组合实现可持续发展的战略思维,并在一些发展中国家进行了引导城乡空间发展的实验项目。世界银行(2009)发展报告提出利用密度、距离、分割三要素,实证分析全球国家与地区经济地理变迁的脉络,将经济空间形态与发展概念融合。

经济学对区域经济的研究,通常以"均质空间"为逻辑前提,主要探索均质空间上要素的分布规律及经济主体的空间行为;地理学对于区域经济的研究,则以"空间差异"为逻辑前提,主要分析非均质空间上要素与经济活动的分布。

一、第三只"眼睛"的出现

(一) 长时段经济史研究的新视角

在一般意义上,经济历史研究的两扇窗口,分别是产业经济与数量分析、制度演化与经济增长。其中,最著名的、最具代表性的成果,当属安格斯·麦迪逊与道格拉斯·诺斯的工作。这是长久以来经济史研究中的基本思路,有关中国经济史的研究,也概莫如是,并依然被广泛地遵守。

随着近十年来国际经济史研究的发展,及至今日,通过关注大跨度、长时段、大区域的变化,来认识中国社会经济长期变迁的特点、规律及内在原因,正成为学界的一种趋势性研究。时间自然是一个关键性的因素,围绕"人"或其群体的产出、组织方式的变化,以及其中的经济演变,一直是数量计算或制度分析的中心议题。然而,在长时段、大范围的研究中,我们愈来愈强烈地感受到似乎遗漏了什么,即人活动的舞台,也即场所、位置,相关的度量计算、制度解析,均遗忘了活动人群的位置(Location)。这与经济学分析中当初对运输过程中"距离成本被融化"的惊讶发现是如此相似。

故而,关于空间的变化与经济发展的关系,逐渐成为经济史学界关注的重要问题之一,进而成为理解长时段经济增长的一个新视角,尤其是在"新经济地理学"的相关理论与工具被发掘之后。

就中国经济史的研究而言,有两大显著的特征,曾经隐而不显,而今正在趋于明朗,将来会被广泛地理解。(1)中国是一个显著的大国,大国经济必然具有五彩斑斓的地方性,一般而言,需要先观察局部"区域",以求透彻明晰,进而获取更完整的图景,从空间的角度进行分解,无疑是一种战术上可行的策略。(2)现代经济空间的首要特征——流动性,大约在1840年开始,近代中国工商业文明的形成,即在经济流动中被塑造,期间有过停滞、倒退、加速,进而形成今天看到的中国经济地图,这已经是全球社会科学界的共识。关注100多年来中国长时段经济演化的历史,空间是一个无疑是一个良好的视角。

(二)"空间"意识与视角的兴起

区域空间发展是现代经济发展史上最为显著的结构变化之一,已经成为学术界(经济地理学、发展经济学、经济历史学)、国际组织和政府共同关注的领域。克鲁格曼、藤田等学者从垄断竞争和收益递增的基本假定出发,构建了空间结构变化的模型,试图探索空间结构变化的一般规律(Fujita & Krugman,1999,2003)。世界银行(2003)提出了通过"空间资产"组合实现可持续发展的战略思维,并在一些发展中国家进行了引导城乡空间发展的实验项目。世界银行(2009)发展报告利用密度、距离、分割三要素,实证分析了全球国家与地区经济地理变迁的脉络,将经济空间形态与发展概念融合。在关注不同地区的生产、专业化、创新模式的差异上,Morretti和Storper发现,空间尺度更是理解产业经济演变的一个重要的视角(Morretti,2012;Storper

2013)。在关注创新地理模式的形成时,Storper(2013)认为需要关注 7 个"Cs"的力量：Codes and Communication、Channels、Clustering、Communities、Context、Coordination、Competition。

简而言之,"新经济地理学"的研究路径一般有两种：(1)从时间的角度来看,关注空间的本质是关注真实经济世界中时间上的"节约",亦通过可达性、运输成本,来计量时间绩效；(2)从空间的角度来看,如何实现资源配置"最优"(即节约),即如何发挥空间相互作用、网络结构的效用。就具体的研究工具而言,学者们在相关的研究方法中各取所需,例如：可达性计算、基尼系数、网络数据模型、空间相互作用与重力模型、图论等,从而获得关于空间变化与经济发展的新认识。

二、空间与经济的合流：历程与观点

(一)古典经济学：空间与经济发展研究的开端

亚当·斯密(Adam Smith)生在工业革命开始的时代,虽然 1776 年的《国民财富的性质及其原因研究》中主要关注的是经济发展问题,但在很多方面均涉及空间与经济发展的相互关系,例如"论分工"、"论分工的原由"、"论分工受市场范围的限制"均涉及空间与空间结构问题,他的分析至今仍常被引用。例如,在"论分工"中,斯密分析了分工的优点,对经济发展与生活水平提高的促进意义,虽然没有直接涉及空间问题,但是分工理论本身就具有一定程度上的空间意义。在"论分工受市场范围的限制"中提出了著名的斯密定理,即"分工起因于交换能力。分工的程度,因此总要受交换能力大小的限制,换言之,要受市场广狭的限制"。"市场广狭"既是一个购买力的概念,也具有市场空间的含义,包括购买力的空间密度和空间范围。从这个层面上说,斯密定理是空间与发展问题研究的基础之一。

大卫·李嘉图(David Ricardo)生在工业革命后全球贸易时代,他对区域空间与经济发展的影响源于他的"比较优势"(1817)理论,比较优势理论实际上所关注的是不同区域空间之间贸易发生的机理,但对区域空间与经济发展有重要的影响[①]。

[①] 李嘉图还在马尔萨斯的基础上发展了级差地租理论,认为地租是根据地块的肥沃程度来决定的,他在研究农业问题时关注土地肥力,忽视了土地区位对生产力的影响,学者们据此认为经济学家对空间问题的轻视来自李嘉图。

显然,古典经济学家并没有系统地关注空间与经济发展的关系,没有把"空间"作为经济学研究的核心内容之一,也没有解析经济发展过程中的空间变化。但古典经济学家也没有对经济活动中的空间问题视而不见,在解析经济发展过程中的重大理论与实际问题时也涉及多方面的空间含义,成为空间经济学的重要思想源头,可以称之为空间与经济发展研究的萌芽阶段。

(二) 古典区位论:空间与经济发展研究框架形成

区位选择与区域经济发展是西方区域经济理论的两大主题,微观经济活动主体理性的区位选择导致经济活动在某一优势区位的聚集和扩散,在宏观上表现为区域经济增长。

杜能(Tunen,1826)探寻企业型农业时代的合理农业生产方式,从区域地租出发探索因地价不同而引起的农业分带现象,发现了农业时代的区域空间结构配置原则——农业区位论,开创了空间与经济发展的系统研究。

20世纪初进入垄断资本主义时代,韦伯(Weber,1909)提出了工业区位论,他的指向理论超越了原有的工业区位的范围而发展成为经济区位布局的一般理论。20世纪30年代初,克里斯塔勒(Christaller,1933)根据村落和市场区位,提出中心地理论。稍后,勒什(Losch,1940)利用克里斯塔勒的理论框架,把中心地理论发展成为产业的市场区位论。

1943年高兹提出海港区位论。20世纪60年代塔夫(E. J. Taaffe)针对海港空间结构提出了演化模型,塔夫—莫里尔—顾尔德模型(Taaffe-Morrill & Gould model)开创了现代港城发展动力模型的研究。

农业区位论和工业区位论立足于单个厂商的区位选择,着眼于成本和运费的最低。中心地理论和市场区位论立足于一定的区域或市场,着眼于市场的扩大和优化。它们均采用新古典经济学的静态局部均衡分析方法,以完全竞争市场结构下的价格理论为基础来研究单个厂商的最优区位决策。

(三) 现代区位论与区域空间发展:新古典经济学框架下的空间分析

1. 空间与经济发展的实证研究

1890年马歇尔(A. Marshall)在对设菲尔德与兰开夏郡的研究中,发现区域内存在有密切联系的小公司的聚集现象和专业化生产特征,将之称为"产业区"。他在对新产业区的研究中认识到"外部经济"的存在,称之为"马歇尔外部性",旨在解释集群形成的相关利益,由此形成了产业区与企业网络的研究,推动了对区域经济发展与空间结构优化的关注。

从地理的视角来看,其中较为著名有罗森斯坦·罗丹(Rosenstein-Rodan)

的"大推进理论"。在《东欧与东南欧的工业化问题》(1943)中,他提出了在有限的空间内全面发展各种相关产业,这不仅涉及企业之间的市场关联,还涉及企业之间的空间关联和"空间布局"问题,隐含着空间外部经济概念。

第二次世界大战以后,空间相互作用模式、网络和扩散理论、系统论及运筹学思想与方法的应用,促使了区位论的发展,对区域经济运行的动态性、总体性研究,形成了地域空间结构理论、现代区位论。

2. 现代区位论

沃尔特·艾萨德(Isard,1956,1975)把古典区位论动态化、综合化,根据区域经济与社会综合发展要求,把研究重点由部门的区位决策转向区域综合分析,研究了区域总体均衡及各种要素对区域总体均衡的影响。现代区位论将区位研究从单个厂商的区位决策,发展到区域总体经济结构及其模型的研究,着眼于地域空间经济活动的最优组织。借用新古典主义经济学的逻辑、理论及方法,并加入地理学的空间因素,现代区位论的整个理论框架的前提是新古典经济学的完全竞争和规模报酬不变假设,影响了现代区位论对现实区域经济问题和区域运行的解释力。

3. 新古典空间发展理论的困境

在现代经济学发展史上,一般均衡理论的提出及其证明具有重大的学术价值,能融入这一模型的要素成为经济学家关注的核心和学术主流。在以一般均衡为主要理论基础的主流经济学中,空间要素成为一个被忽略的因素。采用新古典经济学静态局部均衡分析方法,以完全竞争市场结构下的价格理论为基础来研究单个厂商的最优区位决策,有着严格的假设条件:完全信息、完全竞争、规模报酬不便、生产要素同质等,使得对区位选择的影响要素仅仅限于经济因素范围。在阿罗—德布鲁(Arrow-Debreu)体系中,空间经济的两个最重要的特征即运输成本和规模递增收益被抽象掉。经济地理学的研究更多地依附于经济学(例如增长极理论、极化—涓滴理论、中心—外围模式等),利用经济学方法来解释区域经济的空间变革,空间问题演变为一个次要的问题。

在新古典经济学的基本假定下,在生产要素自由流动与开放区域经济的假设下,索罗—斯旺(Solow & Swan)增长模型认为,随着区域经济增长,各国或一国内不同区域之间的差距会缩小,区域经济增长在地域空间上趋同,呈收敛之势。威廉姆森(Williamson,1956)在要素具有完全流动性的假设下,提出区域收入水平随着经济的增长最终可以趋同的假说。这些共同构成了新古典经济学的空间均衡论。但是,20世纪50年代以后世界发达国家与发展中国家发展不平衡,大量资源与要素被集中投入到经济发展条件较好的区域,经济高速增长的结果加剧了区域之间的不平衡。

(四) 区域发展理论与新经济地理

1. 区域发展理论

现代区位论与发展经济学的结合,从纯粹的单一经济主体区位选择理论,演变为集区位选择、区域经济增长与发展等为一体的综合区域经济理论,例如发展极理论、地理二元经济理论、中心外围理论等。同时,在研究欠发达国家的经济发展问题时,发展经济学家对空间结构的不合理现象和空间演化问题进行过相应的研究。为了解释空间均衡增长的不足,改变新古典经济发展理论的静态均衡分析方法,形成了循环因果理论、核心边缘不平衡增长理论等。

佩鲁(Perroux,1950)提出的"增长极"理论的主要思想是:在经济增长中,由于某些主导部门,或具有创新能力的企业,或行业在某一些地方或大城市聚集,形成资本与技术高度集中、具有规模经济效益、自生增长迅速并能对邻近地区形成强大辐射作用的"发展极",通过具有"发展极"的地区优先增长,可以带动相邻地区的共同发展。"增长极"理论完成了从产业空间向地理空间的跨越,其空间结构方面的含义超出了其原来的理论范畴。

缪尔达尔(Myrdal,1957)提出"循环积累因果理论",并从循环累积因果理论导出"地理二元经济"。他认为,不发达国家的经济存在一种地理上的二元性,即经济发达地区与经济不发达地区并存的二元结构。这与刘易斯的"二元经济"是有区别的[①],这是根据地区之间经济发展的差别与不平衡进行划分的。在经济发展的初期,各地区人均收入、工资水平与理论率都大致相等,而且生产要素可以自由流动。但如果某个地区受到外部因素的作用,经济增长加快,就会形成区域不平衡。当不平衡达到一定的程度,就形成地区间收入、工资水平、利润的差距,并引发积累性因果循环,进一步拉大区域之间的差距,形成地区性的二元经济结构。

赫希曼(Hirschman,1958)提出"核心—边缘理论",形成了区域经济不平衡增长理论,20世纪60年代发展经济学家弗里德曼(Friedmann,1966)从国家角度提出"中心边缘"理论,讨论区域之间的增长与传播。

---

① 刘易斯是将经济分为现代工业部门与传统农业部门,而且假定农村剩余劳动力的边际生产率为零。

2. 新经济地理学

(1) 垄断竞争下的经济地理学

在张伯伦(E. Chamberlin)的垄断竞争理论基础上,迪克斯特与斯蒂格利茨(Dixit-Stiglitz)模型将空间因素纳入西方主流经济学的分析框架,形成了经济地理垄断竞争学派,其基础理论核心在于解释不同区域经济发展的路径与地理因素及空间竞争之间的相互关系。此后,很多经济学家专注于空间与增长的研究,基于垄断竞争模型和收益递增的基本假设,建立了一系列空间变化模型,用经济学的思维分析空间结构与经济发展问题。

(2) "新"经济地理学

进入20世纪90年代以后,全球化与区域联系的密切,交通与运输成本下降,但是,区域之间的差别却在增强。人们在追问"城市与区域发展的秘密"是什么？人们寄希望于从地理视角来揭示经济分析难以解释的现象(Brakman, Garretsen & Marrewijk, 2001)。Krugman、Fujita等为代表的工作可以被视为区域科学研究的深入。这些工作将空间外部性纳入研究的视野,基于收益递增、运输成本、贸易相互依赖的分析,形成了"新"经济地理学,将区域、区位、距离等概念带进经济学,解释国家与区域经济发展的竞争优势,代表了从地理思维研究传统的经济空间布局与均衡的突破。他们主要采用的是D-S模型、冰山成本、动态演化、计算机等精致的数学模型,解释经济现象的空间性。其中,关于区域的模型是"中心—外围模式",关于城市的模型是"城市层次体系的演化"。

新经济地理吸收了经济区位关于空间聚集,以及运输成本理论,强调有规模经济与运费相互作用产生的内在聚集力,以及由于某些生产要素的不可移动性带来的与聚集相反的分散力,以及其对空间经济活动的影响；用规模递增来解释极化区位,用规模报酬不变解释同质区域；用迪克西特—斯蒂格茨(D-S)不完全竞争模型表示空间差异性,用数学方式表示空间差异性。通过不完全竞争假设、规模收益递增、路径依赖、累积因果关系,来解释产业的空间聚集问题。

经济地理学家与地理经济学家之间争论,经济地理应该更接近经济学,还是更接近社会、政治与文化科学。实际上经济与社会本身并不是二元对立的,于是大约在20世纪90年代后,经济地理学正在经历"关系转向"[①],借鉴演化

---

① 详细评论可参见李小建、罗庆：《经济地理的关系转向评述》，《世界地理研究》2007年第4期。

与制度经济学、新经济社会学与管理学等知识,关注各行为主体及其关系导致的变化与发展的动态过程,超越了以往对这些要素的简单二分法,从而可以更明确地关注资本主义空间经济构建过程中,各种行为者(人类或非人类的)在空间经济形成的作用、演化机制。

三、将空间经济分析置于发展地理学的视野之中

(一) 发展经济学与经济地理学的结合

传统经济学大厦的主要基石之一是劳动时间决定的价值观,从亚当·斯密到马克思都是如此,认为经济的节约,归根到底是劳动时间的节约,因而一般的经济平衡也只有抽象的价值量平衡和实物平衡[①]。然而,经济的运行是以物质的运行为基础的,而任何物质实体的存在都有其时间和空间的两种形式,因此,经济运行的条件及其表现既离不开时间,也离不开空间。经济的联系归根到底不仅在于劳动时间的节约,也在于劳动空间的节约和组合的优化;经济运行中的价值平衡和实物平衡如果不与空间平衡相结合将是难以实现的[②]。显然,新的发展目标和发展观要求发展经济学家将空间结构纳入研究的视野。

区域空间结构与经济发展的切入点是空间稀缺性,空间稀缺性是经济活动空间需求的数量与质量的提高与空间供给的有限性之间的矛盾。空间稀缺性是形成区域空间结构的最基本的因素,政府、企业与民众依据空间稀缺性进行空间资源利用方式的不同选择,由此导致了空间聚散行为,引发了区域发展过程中的空间变化。由于空间稀缺性的存在,要求在区域范围内尽可能地优化各种要素的空间组合,在达到总体配置优化的基础上优化区域发展的空间环境,否则就会产生空间不经济,不利于区域的发展。因此,关注区域空间结构的演变,优化地域结构的配置,能够促进空间资产配置的最优化。

发展经济学研究的侧重点是"最佳(经济)发展",地理学家则潜心于研究最佳(空间)结构。一个国家或区域的空间经济政策的目标是追求最佳(空间)结构和最佳发展。从学科研究的路径依赖来看,地理学家擅长研究"最佳结构"问题,而经济学家则擅长研究"最佳发展"问题。但经济发展的实践则要求

[①] 马歇尔在《经济学原理》中明确提到:相对于空间而言,时间因素对于区域变化与市场扩展的周期而言更为重要;但同时,他在"外部性"与"产业区位"的分析中,特别强调了"位置的价值"取决于人口的增长、运输效率的提高、与现有市场交流的增强等,强调产业区位与运输成本、市场区位之间的关系。

[②] 饶会林、苗丽静:《关于经济学的几个理论问题——兼论城市经济学的地位和作用》,《东北财经大学学报》2000年第4期。

把二者结合起来,片面的"最佳结构"和"最佳发展"不可能是最优的。经济地理学家已经在研究"如何通过区域的最佳组织使其达到最佳效果,回答有没有最佳组织及由此形成的最佳空间结构"之类的问题,并提出"判定一种空间组织是不是区域发展必然出现的,是不是可以导致区域的最佳发展,标准是使区域发展中的人流、物流和能量流最为经济,生产和流通过程的支出最小化,城乡居民点的关联达到一体化,区域从不平衡发展到平衡发展等"(陆大道,2001)。显而易见,地理学家是把空间组织与结构作为切入点的。但是,一个国家或区域的最佳结构不可能自动形成,它要通过长期的经济建设及与之相适应的经济政策才可能实现,显然,这是地理学和经济学共同面临的重大研究课题。

对一个区域而言,如何在有限的空间供给的条件下,生产出最优化的城市化空间,是一个重要的实践课题。其实质是提高稀缺性空间资源的利用效率。

总体而论,对空间经济问题的研究不仅是以一般均衡为特征的主流经济学的薄弱环节,也是发展经济学忽视的问题。传统的发展经济学关注的是从贫穷落后到富裕发达的变化过程,因此,发展经济学家将更多的注意力放在收入的增长、人口从低收入的农村向高收入的城镇转移以及发展的不均衡等问题,更加关注贫困人口的个人决策与个人福利状况的改善,更加关注如何开出"从贫困到富裕"的处方。

当发展进入到一个新的阶段时,发展的目的已经不只是从属于摆脱贫困的单一目标,而是复合性的发展目标。因此,发展经济学在研究的范围方面应有一个新的拓展。在群体竞争特征日益显明的今天,发展经济学应关注影响群体竞争力的关键要素。就区域竞争而言(一种以空间为界限的群体竞争力),空间结构是一种能影响个体(或私人)经济绩效的地方性公共物品,也是影响集体经济发展的重要变量,还能成为经济发展状态或阶段的一种测度标准。

(二)区域空间经济的分析

《大不列颠百科全书》中采用"内聚性"来划分区域,每个区域有核心以及向心倾向的边缘组成。地理学上认为,经济区域是由不同种类不同等级具有较强自组织能力,相对独立却高度开放的经济功能区,彼此之间交互作用形成一种具有网络特征的经济空间。克鲁格曼的定义是:区域就是一定的经济空间,具有各种收益递增与不同类型的流动成本相互平衡作用的结果(Fujita & Krugman,1999)。新古典经济学侧重于区域产生的专业化分工,从专业化经济与交易费用出发,认为专业化与市场交换是产生区域差异的基础。杨小凯的定义是:区域是一种经济组织,随着城市的出现而出现,出现这种组织是市场选择的结果(杨小凯,2003)。

主要差别在于:经济学中强调均质空间,而不考虑现实空间(区域)中的种种差异,无法解释真实的经济现象;地理学中强调的空间是非均质性的,又难以解释经济区域的形成。

一般认为经济增长的重要因素是土地、劳动、资本积累、知识积累、技术进步、经济体制。但是,在空间经济的视角下,空间场具有较强的空间外部性和网络效应,具有报酬递增的效果。空间的外部性不仅仅是空间的地理位置,而且是空间所承载的经济活动所带来的影响。在阿罗—德布鲁的一般均衡框架中,由于无法包容运输成本与收益递增,经济空间被视为一个均质体而抽象化。区位要素具有报酬递增的外部性特征,由于区位差异与空间非均质性,资源禀赋与预期的差异而形成经济聚集,并产生新的经济功能区,出现一种主要因素的空间聚集,就形成一个特色的空间区域。

空间聚集推动力的基本要素:运输成本、收益递增、知识溢出;市场要素:地方市场需求、产品差异性(消费者偏好)、市场(垂直)关联与贸易成本(梁琦,2004)。如果完整地表达区域空间经济演化中的向心力与离心力,则如图0-1所示。

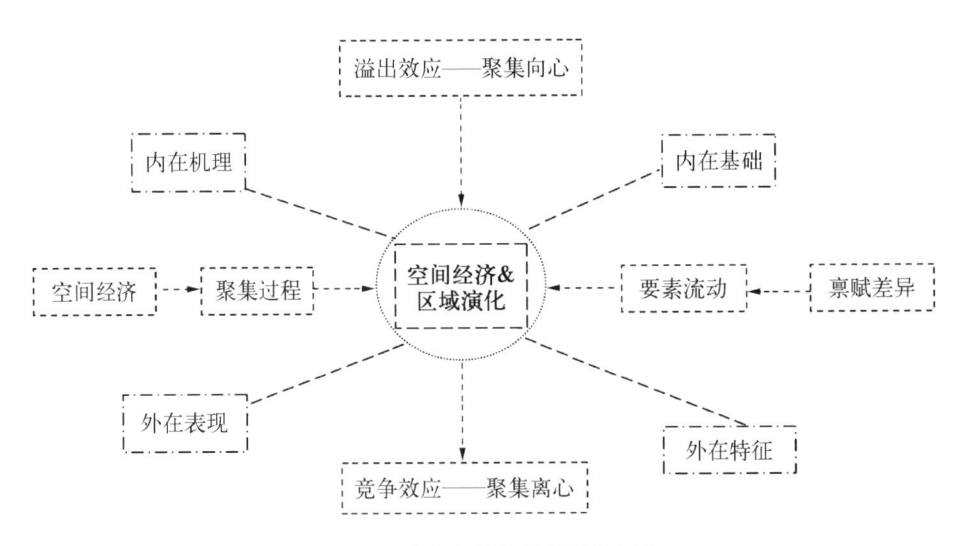

图0-1 空间经济与区域演化示意

(三) 扩大空间经济分析的内涵

张培刚在其博士论文中已经涉及若干区域空间结构与经济发展问题,如农作物定向与农村发展,基要生产函数的变化对区域空间发展的重大影响等。2007年他对中国的宏观空间结构与经济发展问题的关注,有两个重要的特点,一是重视历史因素的影响,二是重视制度。

近年来,地区差异多样化强化,人文社会科学快速发展,使得地理经济的研究从制度经济学中获得新的营养,研究者开始强调把区域发展的分析置于具体的历史和地理环境之中,讨论特定政治制度与社会文化中地理经济现象(曹亮,2006)。经济地理研究重新回归地理学的传统,探讨人地关系范畴内的空间经济活动(Clark, Feldman & Gertler, 2003)。

此外,20世纪80年代以来,新古典经济理论在危机下,借用了现代生物学的进化隐喻创建了演化经济学,成为新古典经济学之外的一个重要流派。它专注于经济系统的动态过程,从"有限理性"出发,解释、描述人类的创造力在地理空间上的变异和多样性,以及经济现象的空间演化。Eric Sheppard 和 Trevor Barnes(2000)认为,当前经济学家与区域科学家大都放弃依赖全面的数学模型来分析,诸如区域经济发展中的知识、创新、学习等话题,转而从演化的方法来探索经济增长。同一经济增长形式间的转变被淡化,经济地理中演化过程被重视。演化经济地理学表明了区域与城市经济演变中社会因素的重要性,可以从一个长期的宏观机制来讨论区域经济的变迁。通过分析区域历史地理与城市塑造过程,可以更好地理解区域演变的路径与空间依赖。

假设:区域研究中一般的路径依赖

条件:资源禀赋确定

  产出投入水平以及产出投入要素组合不变

  生产技术确定

  市场分布,价值确定(修改为不确定)

  市场结构,完全竞争(修改为不完全竞争)

  不考虑行为主体个别的行为选择(修改为考虑个别行为选择)

  不考虑政治制度、社会要素等(修改为考虑制度、社会因素)

在此基础上,建立一个空间价值度量等式

$$Q = F(l) + G(k) + \sum F \qquad (0-1)$$

其中 $F = F_{out} + F_{in}$,同时,$F = a \cdot k \cdot e^{-bxy}$

l——自然资源禀赋价值,$F(l)$——自然禀赋带来的成本节约

k——追加要素资本所带来的价值,$G(k)$——追加要素资本所带来的成本节约

F——与外部性密切相关的经济空间的价值

F_{out}——影响价值

F_{in}——获益价值

b——斜率因子

x——半径长度

y——市场开放度(不完全竞争)

主流经济理论特别强调理性预期与策略博弈的意义,同时,强调微观经济主体行为在总量上形成空间聚集的一般均衡分析。高进田(2007)在分析区位的经济内涵时,尝试进行了区域主体与空间经济自组织的分析,吸收了新经济地理与公共选择理论,从区域主体与主体行为的角度,探讨了区域经济学的微观基础。

第二节 选题的缘起、意义、方法

一、缘起与价值：长时段空间研究的缺失

(一) 问题：经济变迁中的"空间"属性在哪儿？

关于区域空间结构与经济发展协同关系的讨论,实质上是为了实现区域"最佳(空间)结构"与"最佳(经济)发展"的市场路径和政策路径。在2003年世界发展报告中,前世行长沃尔芬森(J. D. Wolfen sohn)在序言中指出："经济、社会、环境的问题与机遇的互动主要体现在空间上——人们生活的地方"。在这一基本思想的指导工作下,世界银行发展报告按照生态脆弱地区、农村和城市的空间序列,分别讨论了不同地区的经济与空间发展问题,提出了"管理更为广泛的空间资产"(Managing a Broader Portfolio of Assets)的观点(Word Bank,2003)。

2009年世界银行报告认为：经济增长是不平衡的,试图在空间上均衡分配经济活动的意图,只会阻碍经济增长,但是通过经济一体化,能促进远离经济机会的人口收益更多的财富,同时实现不平衡增长与相对平等的发展。该报告还提出了经济地理分析框架,将密度、距离、分割视为经济地理的三个基本特征。

密度是指每单位面积的经济总量,反映经济的集中程度,一般而言经济越集中的地方越富裕。距离是指商品、服务、劳务、成本、信息与观念等空间距离。落后地区属于远离经济集聚区的偏远地区,不仅仅是指空间的距离,更重要的是指基于基础设施落后与制度障碍造成的经济距离。分割是指区域之间商品、资本、人员、知识、信息等流动的限制因素,也就是阻碍经济一体化的有形或无形的障碍(Word Bank,2009)。不断增长的城市、人口迁移、专业化生产有助于提高密度,缩短距离,减少分割(削减经济边界壁垒,进入世界市场获取规模与专业化收益)。

新经济地理范式给我们提供了一个将地理空间纳入新古典经济分析的框架,但由于其假设前提比较苛刻而备受指责。《空间经济学》一书将讨论的范围局限于可以精确地进行数学建模的部分。同时克鲁格曼也承认需要"扩张理论菜单、寻求实证研究、讨论空间经济的福利与政策含义"。

于是这里提出一个问题:如何在关注空间经济,分析有关经济活动的空间性的同时,建立一个个更加实证的案例,讨论现有的解释框架,既丰富空间维度上的展示,又深化经济维度上的解释。关于空间经济分析的意义,经过10多年来的探索与深化,尤其是对模型外延的扩大与内涵的深化,越来越多的实证研究证明了空间经济的意义,以及空间经济的现实解释力。因此,空间经济与区域发展之间存在着一种内在的关联,那么如何将这种关联,用细致实证的方式表达出来?

(二) 研究的缘起:经济史研究中的长时段实证有没有?

已有的研究表明,1840年以来中国开始的现代化进程,基本上是一个自东徂西,从沿海到内陆的过程。近代经济首先在沿海港口城市发端,再沿着交通线往内陆腹地延伸,这种"港口—腹地"的形成和扩大从根本上改变了中国传统的国内交通和中心城市的分布格局,促使东部和中西部的巨大差异以及新经济区的形成。因此,近代的"港口—腹地"问题是理解中国现代化的空间进程和区域经济变迁的关键。本书以这一关键问题为出发点,进行实证研究,能够对中国沿海港口城市及其腹地的空间结构,以及近代以来长三角经济区的形成过程和动力机制,予以比较深入的解释和相应的理论探讨。上述这一点,学术界以往也有关注,但未能深入研究下去。

另外,现有的现代经济研究成果,缺乏较长时段的历史关注。现代经济是近代经济演变的结果,要探讨影响现代经济的某些影响因素,显然需要进行较长时段的研究而不只是考察当前。因此,这里探讨的是近代以来长三角经济区形成及其动力机制,具有自己的独创性和可行性,可以弥补近代经济地理研究的不足,并推进对现代长三角经济空间的研究。由于中国从计划经济时代跨入市场经济时代并与世界经济体系联为一体尚为期不长,在缺少经验的情况下,对同样处于市场经济时代并与世界经济保持紧密联系的近代中国的考察,无疑也具有重要的现实意义。

同时,至今为止,对近代以来经济区的形成、变迁仍然缺少研究,偶有涉及也只是对部分地区的描述,且缺乏对动力和机制的分析。根据本人的初步研究,大约在19世纪末20世纪初中国已经初步形成了经济区,而近代的经济区奠定了今天经济区的基础。因此,在研究近代长三角空间结构的基础上,探讨近代以来长三角经济区形成的过程、动力、机制,可以大大推进近代经济区的研究,并有助于深入探讨当前中国的经济区问题。

二、为何选择长江三角洲地区

(一) 选择1842年以来长江三角洲地区的原因

我们知道,就空间经济的形成而言,有两种可能,一是自然形成,二是人为划定。武廷海(2006)从现代化的视角,论述了近现代中国区域规划发展的基本脉络,包括近代区域规划思想与实践、探索社会主义道路进程中的区域规划实践、改革开放与区域规划探索等不同的阶段。

自明清以来,"江南"(传统意义上对长江三角洲地区的称呼)成长为中国经济与文化的璀璨明珠,历久弥新。传承江南经济与文化的底蕴,1842年后上海等口岸的开放,促成了长三角地区逐渐卷入世界经济,以市场化与外向化为导向,迅速萌生了"长三角经济带",并在民国时期获得进一步的彰显。中华人民共和国成立以后,在计划经济体制的约束下,上海中心的活力弱化,但长三角地区的基础产业却获得持续发展。1990年浦东开发后,重新拉开了近代以来的开放格局,并以更加成型的产业基础、制度环境,推动了长三角地区新一轮的经济重建,形成了一幅新的经济地理图景。

伴随着市场经济逐步完善,市场规律主导下的经济区域逐渐形成,以区域经济一体化为表现的新的区域经济共同体逐渐出现,并逐渐减少国家形成的干预——当然,在任何情况下都会带上政治的印记(吴柏均,2006),甚至是习惯的印记。问题的关键是,经济的空间性将会更加彰显出来,外部空间性的表现将会更加显著,通过溢出效应,完成区域经济空间的重组(孟庆红,2000)。

所以,长江三角洲地区,是开展近170年中区域空间经济分析最佳的试验田,也是开展区域经济空间的实证分析、理论提炼不可多得的工作坊。

(二) 解释"长江三角洲"

一般而言,长江三角洲有多重的含义,例如地理或地质上的、经济上的、行政上的、文化上的。这里主要从自然地理入手,讨论经济地理上的长三角空间。

1. 在沉积学、自然地理上

长江三角洲大致处于扬州、镇江以东,北沿通扬运河至小洋口,南部包括太湖平原至杭州湾(面积约4万平方公里)。从沉积学上看,大约以扬州、镇江为顶点,向东呈狭长扇状平原,北以扬州—泰州—海安—吕四为界,南以镇江—江阴—太仓—松江—金山—漕泾为界(面积为5.18万平方公里)。从地形地貌上看,长三角的主体为江南平原,北面包括长江以北、淮河以南的部分平原;西南与江苏、浙江丘陵以宁镇山、大茅山、天目山脉为界。

自然地理学意义上的长江三角洲西、南面都是山地,只有北面是开阔的沿海平原,尤其是环杭州湾的西面和南面,都是崇山峻岭,只有2条通道与南面和西面的平原或盆地连接。沿海有一条狭窄的海岸带平原向南延伸,与温台沿海平原相连,自杭州往西南有一条狭窄的通道,将杭嘉湖平原和浙中的金华盆地相连。这一自然地理基础使得长江三角洲向南拓展空间有很大困难,必须越过台州三门一带的山区才能与温台经济区相连,也必须越过超过100公里的走廊才能连接金华盆地。

2. 在经济地理上

关于经济地理上的长三角,并没有遵循自然地理的原则。华东师范大学教授罗祖德是目前国内最早提出"长江三角洲经济区"概念的学者之一。早在1982年,罗祖德就与人合写了一篇《上海的发展与长江三角洲经济区》,文中提出该经济区"以上海为经济区活动中心,沿沪宁、沪杭铁路沿线包括南京、镇江、常州、无锡、苏州、杭州、宁波、绍兴、南通等中小城市"。1983年1

图0-2 长江三角洲卫星图片

注：
1. ▓ 沉积学上的长江三角洲
2. ▒ 自然地理学上的长江三角洲（含1）
3. □ 长江三角洲经济区（含1、2）
4.   水域

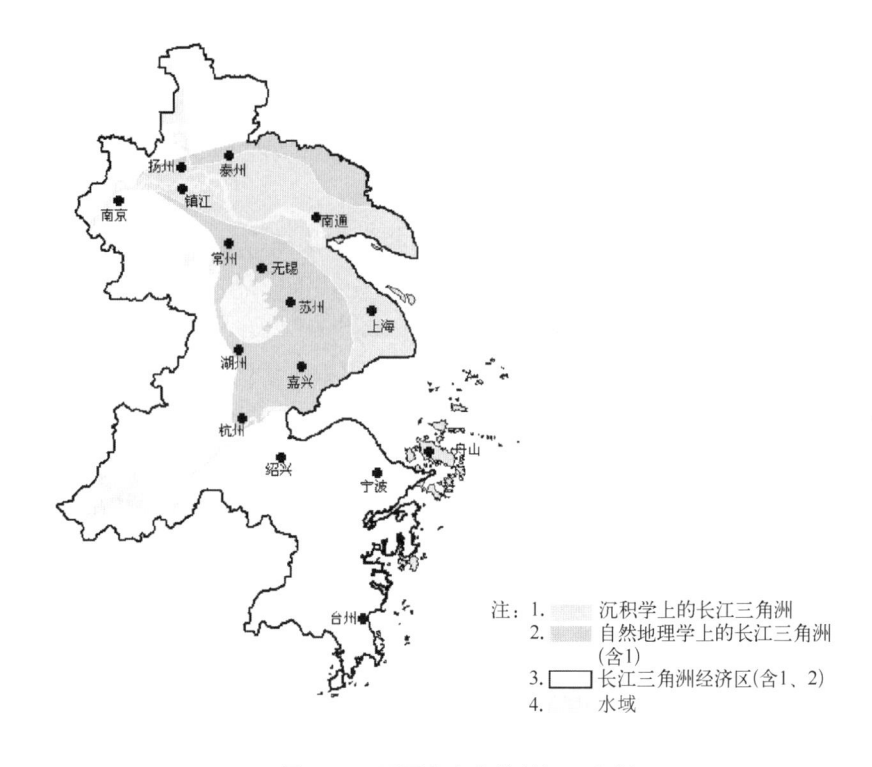

图 0-3　不同意义上的长江三角洲

月,国务院副总理姚依林在《关于建立长江三角洲经济区的初步设想》中指出,长三角经济区域规划范围可先以上海为中心,包括长江三角洲的苏州、无锡、常州、南通和杭州、嘉兴、湖州、宁波等城市,以后可根据需要逐步扩大。在1992年的长江三角洲及长江沿江地区经济规划座谈会上,长江三角洲的范围一锤定音,包含14个城市。1996年地级市泰州的设立,最终使长江三角洲的15个城市"定型"。2003年8月长江三角洲城市经济协调会第四次会议上,台州市被接纳为正式会员,至此,长江三角洲城市经济协调会成员为16个城市,分别是上海市、南京市、镇江市、扬州市、苏州市、无锡市、常州市、泰州市、南通市、杭州市、嘉兴市、湖州市、宁波市、绍兴市、台州市和舟山市。本书将以长江三角洲的这16个城市作为研究区域。虽然2010年曾将合肥、盐城、马鞍山、金华、淮安、衢州6城市作为长三角城市经济协调会的会员城市,但本著并不包括这6个城市。长江三角洲区域面积$10.9×10^4$平方公里,2004年底总人口达到8 196万,2006年实现地区生产总值接近4万亿元,以全国总面积的2%,总人口的6%,占全国GDP总量的20%。

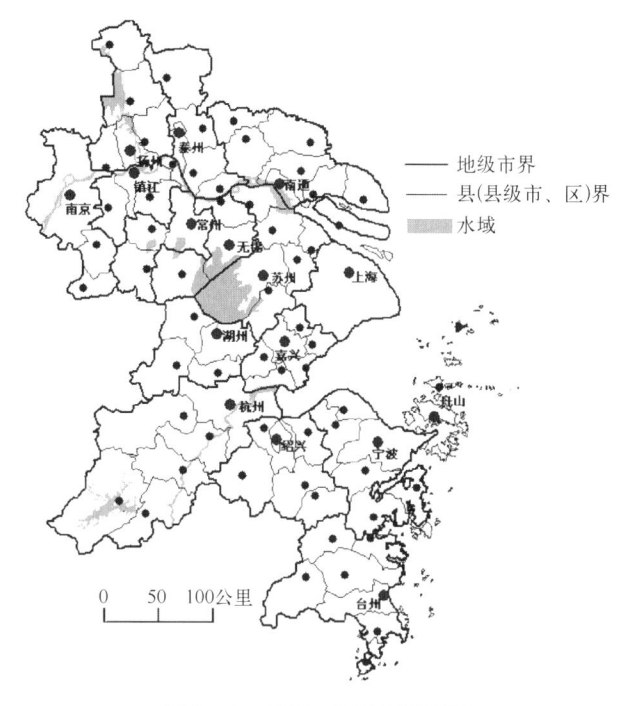

图 0-4 长江三角洲行政区图

(三) 该项工作的学术价值

近一个世纪以来,国际中国经济史学界关注的中心话题之一即为理解"现代中国"的形成,关于它的来源、过程,及其内在外在的机制,聚讼纷纭[①]。概而言之,有两类研究思路。第一,倾向于从经济增长的角度,测度近代中国各部门产出的变化,认为各类要素的投入促成了经济的增长。由于统计数据的不足与缺失,甚至是基础概念的模糊不清,各相关估值的分歧很大。目前"中间值"虽然更多被认可,尚缺少有力的证据。鉴于近代中国各经济部门、各地域的明显差异,整体上介于"发展"与"不发展"之间,殊难定论。第二,倾向于从外部或空间的角度出发,从近代中国新经济的发源地着手,认为近代口岸城市引发了东部沿海地区现代工商业的萌芽与发展,并逐渐局部地扩散到其他地区,最终形成近代中国经济的新图景。后一视角的讨论更多从经济空间秩序、经济体系着眼,比较多地依赖于文字分析、数字或图表,尚且没有进行整体、全

[①] 如前所述,从墨菲(Rhoads Murphey)、费正清(J. K. Fairbank)、费维恺(Albert Feuerwerker)到郝延平、林满红、科大卫(David Faure)、罗斯基(Thomas. G. Rawski)、彭慕兰(Kenneth Pomeranz)等均特别关注这一问题。

面的数值测算或估计,学术成果的数量与影响力相对为弱,甚至没有成为前一视角讨论的中心话题之一。这主要是学科与学术关注点的差异所致。

1. 长时段空间经济实证分析的意义

现实世界的非均质性、空间外部性、报酬递增已经受到更多的关注,从地理学区位本原发展而来的经济空间分析,在现代经济研究中已经取得了一系列的成功。本书立足于空间分析的框架,进行一项长时段的新尝试,首次进行近170年中长三角地区经济地理过程的分析,在此实证的基础上,总结170年中中国经济最活跃的地区——长三角地区的经济地理过程、区域差异及其规律。

目前,关于近现代、当前长三角经济地理的研究,均或多或少地忽略了这样一个工作:建立一个连续的地理剖面,系统完整地开展实证研究。因此,在具体的研究中,容易忽略长三角经济地理演变的源头活水、历史传承、前后轨迹,使得相关的局部研究限于一隅,不得窥其全豹。当前开展长三角经济地理的深度研究,迫切需要打破时间、空间、议题的局限,在长时段大区域的视野下,综合讨论经济过程、空间演变及其规律。于是,本书预期建立连续的地理剖面,通过更为系统准确的实证,从中总结出长三角区域经济变革的空间模式,填补这一学术不足,进而得出基于中国本土经验而非外来的区域演变经验。

2. 采用历史经济地理分析长三角的发现

目前,大多从事空间经济分析的学者源出于地理学界,主要依托地理信息平台输出空间关系与模型,一般而言,对于经济学领域的溢出效应、报酬递减、不完全竞争等要素关注较少,更多的研究试图解释地域结构的形成及其机理,或者提供决策咨询。如果要深入这一议题的研究,这显然是不够的,还需要加入相关的经济分析因子。相反,在经济学领域,因为主流经济学的目标诉求,更多的是建立在数理模型的建立与推导上,结合具体案例进行区域地理的综合分析乏力。因此,经济与地理的分析需要结合起来。此外,还需要关注历史因素。在我们关注改革开放以来长三角经济空间演变的同时,更需要将目光上移到中华人民共和国成立初期,以至民国与整个清代,寻找当前长三角经济地理的源头。只有进行一个比较长时间的历史分析,才能够获得更深入的认识。

"经济"、"地理"、"历史"的结合,意味着经济学空间分析工具、地理学空间平台、历史学话题意识的结合,可以弥补以前的不足:(1)深化了时空序列的实证分析;(2)可以用来检验空间经济分析的解释力度;(3)可以在学科之间构建一个平台,运用多学科、多维度的解释深化这一议题。有望能够从中得出一个来自本土经验的实证研究,并进而弥补相关理论解释的不足。

本书所关注的正是图0-5所示的三条相互缠绕的线索之交集,即时间、空间、资源配置的交集,以求在经济历史、历史地理、经济地理之间架设一座桥梁,更多地理解近代中国长三角地区的经济形态与变迁。

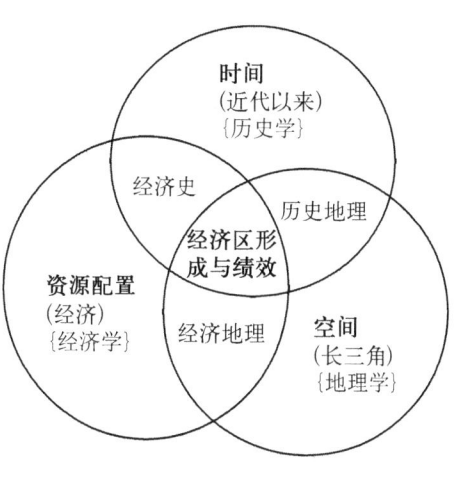

图0-5 本书的议题

三、研究的思路与方法

这里主要是简单交代本书所研究的时间、空间、议题、资料、工具、方法、宗旨、计划、提纲等问题,以便于说明其聚焦点与特色,有助于阅读者更准确地明晰并评判即将展开的讨论。

(一) 研究思路

研究方法、技术路线和调研计划:

(1) 利用历史学的实证方法,查找、甄别、解析相关的资料和数据,尤其是系统地整理近代各港口进出口数据库、民国政府地方调查资料、现代国民经济统计数据,再结合相关的地方文献,完成空间经济分析数据库的建立。

(2) 运用空间经济分析工具与方法,配合GIS技术、地理计算软件,分析经济地理过程、运作形态、区域差异。结合空间分析模型方案,展示空间经济的特征,并利用GIS技术实现二维或三维空间展示。

(3) 在空间经济的模型之外,加入分工理论、交易成本分析,关注经济、制度与文化的互动,并运用经济地理学原理,寻找长三角经济地理过程的运行机制。

(4) 综合比较前近代、近代与现代经济地理过程(以及近代内部、现代内部)的差异,考察空间经济视角下,近170年来长三角经济地理变革的连续与变异,归纳总结长三角经济地理的演变规律。

(5) 实地调研:关于文献调查安排,以县市为单位,收集历史与当前的文献;关于实地考察安排,对主要的交通路线、城镇、开发区进行考察。

（二）重点与难点

地理分析：为空间经济与区域演变的过程，提供一系列精细的实证。

经济观察：在现有的模型上加载新的要素，包括经济分析要素与输出表达方式。

历史研究：为空间经济分析提供时间序列上的对比，总结不同经济环境下空间经济的制约要素。

结合以上三个方面，通过细致的计算分析，得出时间序列上连续、空间范围上完整的数据，希望为空间经济与区域构建之间提供一种解释路径，也就是说希望通过空间经济的过程，度量区域的形成，用区域的演化度量空间经济的变化。

（三）特色与创新之处

研究话题的拓展：该项目囊括了长三角地区社会主义市场经济、资本主义市场经济、传统市场经济多种形态下的空间经济分析，并进行比较。试图从一个时间序列的层面，探索长三角地区经济空间演变的来龙去脉，可以弥补当前断代研究的空白。

研究方法的更新：凝聚多学科的优势，切实开展一项长三角历史经济地理研究的研究。

研究视角的推陈出新：多维度观察一个经济区域的变革，在经济地理与历史学界不同的研究旨趣之间，架设一座桥梁，推进更细致的实证研究，总结170年来长三角地区独特的发展路径。

（四）工具与基本方法

新经济地理学有两种路径：（1）从时间的角度来看，关注空间的本质是关注时间的"节约"，即其可达性、运输成本；（2）从空间的角度来看，实现资源配置"最优"（即节约），反过来是关注空间相互作用、网络结构。故而，学者们在相关的研究方法中各取所需，例如：可达性计算、基尼系数、网络数据模型、空间相互作用与重力模型、图论等。

长期以来，经济地理学进行了持续有效的知识转换与更新。就方法而言，现有的主流经济地理分析法已经足够丰富充足，关键是如何提选问题、把握线索。

运用地理学、经济学和历史学的理论和方法进行研究，以实现预期的目标，例如：

（1）文献考证法：利用历史学的实证方法，查找、甄别、解析相关的历史资料和数据，系统地整理各口岸的海关数据、地方实业建设数据、地方物产数据、农工商统计数据，建立空间经济分析数据库。

(2) 数理方法：数理统计方法、区域空间相互作用法、分形方法。

(3) 运用地理信息系统进行数据处理，表达区域的空间结构特征。

(4) 时间地理学方法：用时空间轴或路径图等方法展示区域经济差异及其演变过程。

概而言之，在实际的研究中，以经济地理学理论和视角、历史学的实证方法为基础，尽可能采用空间结构分析、计量经济学的数理统计等思路与工具，并与文字载录的文献进行对比，数据分析需要经得起实际文献的验证；同时还将运用经济史的制度变迁分析，梳理近代以来长江三角洲经济区的形成路径。

关于空间数据分析与图形化展示的补充说明：

(1) 空间数据分析方法

空间数据分析起源于20世纪60年代地理计量革命，是一种研究地理对象空间效应的数据分析技术，用来发现隐藏在数据背后的重要信息或规律。由于空间数据具有两维多方向的特征，不能简单地套用传统的数据分析方法来分析空间相关性。空间异质性与空间相关性往往同时存在，空间的异质性可以使用一般的数据分析。

空间数据分析可以分为两类：探索性空间数据分析（Exploratory Spatial Data Analysis, ESDA）和确认性空间数据分析。其中，确认性空间数据分析在经济学领域又称为空间计量经济学（Spatial Econometrics）。空间数据分析的一般程序是，首先运用探索性空间数据分析直观地描述空间数据，主要目的是发现问题，然后运用空间计量经济方法更深入地研究所发现的问题，并为相关理论提供经验证据。

(2) 空间数据地图化表述方法

关于空间数据的GIS图形展示，主要依赖于GIS技术的空间表述，创建数字化地图，发掘被表述对象的空间含义与属性，常用的是Arcview或Mapinfo等地图软件。Arcview提供了强大的专题地图功能，它可以创建单变量专题地图（如范围、独立值、点密度和等级符号等），也能够创建多变量专题地图（如饼图、直方图等）。

此外，可以发掘"地计算"方法，该方法基于数量地理学与地理信息科学的结合，完成地理信息系统下的空间分析与地理概念的计算机实现（黎夏等，2006；刘湘南等，2005；马荣华等2007）。王劲峰（2006）叙述了空间分布、空间位置、空间形态、空间距离，以及空间方位、拓扑、相似和相关等分析的基本理论和算法实现。一般的计算主要涉及空间运筹运算与空间运算，由于受系统革命的影响，一般采用系统动力学的方法进行分析。

(五) 简约的评论与提出问题

通过数据分析发现空间经济以及其变化轨迹,可以通过直观的图形方式来表达这种具有多维方向的经济现象。问题的难度首先在于方案的设计上,其次才是发掘如何输出表达结果。因此,据此提出一个新的问题,在讨论空间经济的演变时,如何能够发掘更加适当的分析模型或分析工具,深化实证研究?

第三节 相关研究起点概述

学界以往对于长三角经济空间(区)的相关研究,均缺少长时段的关注,基本上是按以下两个时段进行。

一、文献与近代长三角地区经济地理研究

早期主要着眼于区域经济变迁的分析,现在已经开始进行经济空间(区)分析。

关于近代长三角的经济数据比较丰富。中国旧海关留存的海关报告是近百年社会经济史研究中一套最为完整、系统的统计数据和文字资料,提供了一系列长时段连续的数据。20世纪二三十年代,国民政府进行了一系列的经济调查,并编撰成《中国实业志》系列,包括江苏、浙江、上海的经济调查数据,部分连载于《工商半月刊》等刊物。

关于历史时期长三角区域经济变革的研究,涉及的论著颇多,这里简略地评论一些代表性的论述与观点。

关于前近代"江南"区域经济的研究。约翰·琳达(1995)对近代早期江南进行过研究。龙登高(2003)考察了11—19世纪江南区域市场的历史变迁与不同阶段的特征、江南市场体系构成、资本与商流运,以及以江南为中心的区域互动与市场整合。单强(1999)讨论了江南区域市场的起源与变迁、江南区域市场体系、江南区域市场空间布局。张海英(2002)的工作比较类似。其他相关的代表性工作有：刘石吉(1987)分析了长三角地区棉花和棉织、蚕桑和丝织、米粮专业市镇形成和发展的条件及原因；李伯重(2000,2003)先后讨论了前近代江南的产业发展；此外,范金民(2006)等也进行过努力。这些论述大多从一个侧面讨论了江南前近代的经济、产业、城市等方面的发展,已经获得一些初步的成果,但对经济地理的分析都还比较欠缺,忽略了其时尚隐而不现,但已经比较重要的空间经济现象。

关于近代前后长三角的研究。戴鞍钢(1998)从上海港的建设历程、上海

城市的崛起、上海港对长江三角洲经济变迁的影响、上海和长江流域市场网络的建构这四个方面,抓住港口、城市、腹地这三个密切相关的要素,讨论了上海成长为长江流域经济中心的含义。吴松弟(2001)结合港口区位的分析,从私人贸易的角度解释了自明代以来沿海贸易港由南向北位移的趋势。

张仲礼等人(2002)对长江沿岸城市的贸易经济、社会变迁等方面都有所论述。樊卫国(2002)运用经济的分析来解释明清以来的经济内向化到现代上海经济的兴起,从经济要素的变迁说明了现代经济的特征,揭示了上海"半边缘化"经济形态的形成和运行特征。约翰·琳达(1986,1995)研究了1074—1858年上海从市镇到通商口岸的经济变革,并论证了太平军起义以后,商业中心苏州的跌落,以及上海外贸中心迅速崛起的过程。张忠民(1990)在研究对象、资料使用上,与琳达的研究比较接近,但旨趣不一,张著意在论述上海在开埠以前以及之后的发展、演变的详细过程与特点,论述更深入细致。

吴松弟(2006)的研究以实证为基础,从地理经济的视角讨论了现代经济的空间过程,总结了近代以来口岸与腹地的空间演变及其经济含义。他的专著中第二章专门论述了上海与长三角的空间关系。该书从地理学角度研究港口腹地及其空间形态,讨论了经济的空间进程与地域的发展。方书生(2007)以口岸与腹地为切入,实证分析了近代长三角经济的形成过程与运作机制。戴鞍钢(2010,2014)从上海口岸城市与长江三角洲农村经济互动的角度,讨论了城市贸易、工商业、交通运输与乡村的生产内容、技术手段、经营方式之间的关系,解释了上海与长三角经济关系密切的过程。

通过以上的梳理,可以发现,长三角经济地理的空间过程,已经为众多的论著所涉猎,相关工作取得的进展尤为显著,如果能够系统地讨论这一议题,可望获得更多的认知与发现。

二、空间视角下的现代长三角地区经济空间研究

对于现代时段长三角经济空间(区)的研究,除了对于长三角经济模式、上海都市圈或长三角一体化的讨论,更多地关注长江三角洲地区经济发展的空间特征、结构、演变机制,主要涉及四个方面:城市发展、空间经济结构、产业空间布局、空间发展。

陈修颖等对长江三角洲区域空间结构演化与重组进行研究,包括长江三角洲空间结构重组的背景分析、长江三角洲空间结构的演化与现状、长江三角洲区域差异与空间极化分析、转型时期长江三角洲空间结构重组(陈修颖、章

旭健,2007)。陈修颖等从多方面考察,认为长江三角洲区域仍然是我国未来重要的空间集聚区域,集聚仍然是主要的空间结构过程(陈修颖、于涛方,2007)。类似的研究还有夏永祥(2007)、朱舜等(2007)等。杨上广等实证研究了当前长三角经济发展的几种重要空间形态:开发区、产业集群、专业市场和区域经济网络格局,讨论未来长三角经济增长是否会趋缓、经济增长机制和模式是否会趋同、多中心的区域格局是否会形成以及长三角一体化如何实现等问题(杨上广、吴柏均,2007)。车前进等发现,20世纪80年代以来,长三角洲地区城镇空间扩展在以中心城市集聚为主导的过程中,遵循"小集聚、大分散"的特点,围绕"Z"形区域发展轴线,区域融合现象凸显,空间扩展"热点区"的核心集聚作用在减弱,沪宁沿线、沪杭沿线、杭甬沿线和沿江地区成为驱动长三角城镇社会经济发展的核心区;同时,经济全球化和区域城市化推动着长三角城镇空间一体化进程(车前进、段学军、郭垚、王磊、曹有挥,2011)。靳诚等通过对1978年来长三角地区县域经济的分析,发现区域内部总体自相关趋势在不断增加,高低集聚的格局不断加强,热点区域分布的空间结构经历了从"一"字形到"二"字形,再到"Z"字形的演化过程(靳诚、陆玉麒,2012)。

殷醒民详细地讨论了长三角82个工业区的空间分布模式及其意义(殷醒民,2007)。李慧中等利用统计资料,从服务业产值、单位和从业人员行业分布的角度,运用区位指数和空间基尼系数,基于功能性划分的服务业部门对长三角服务业结构和空间布局进行研究(李慧中、王海文,2007)。樊福卓从省级层面与市级层面,对长江三角洲地区的工业分工进行了较为系统的比较分析,发现无论是在省级还是在市级层面,长江三角洲地区工业分工水平均较20世纪90年代末期有了一定程度的提高(樊福卓,2011)。

樊烨等从区域、城市和历史三个层面归纳分析了交通因子对区域空间结构演变的作用机制,最后以长三角地区为例进行了实证(假设)研究(樊烨、姜华、马国强,2006)。周伟林通过讨论政府竞争和企业选址的动机,以及人地矛盾和信息冲击,揭示要素流动及其空间分布的背后机制,透视长三角城市群将可能怎样发展(周伟林,2005)。王磊等测度了1985年以来长三角地区城市空间扩展的集聚特征并分析其演变过程,发现长三角城市空间扩展聚集程度先降后升,城市化区域融合趋势明显,并在城市空间扩展中表现出以上海、南京和苏州等为代表的3种模式,反映了长三角内部不同的经济发展特点(王磊、段学军,2010)。张莉等基于GIS平台开发"点—轴"空间结构分析信息系统("Pole-Axis" SAIS),并运用该方法对"点—轴系统"的一般形成过程模式进行空间分析,以长三角为实证区域,探讨其"点—轴系统"的演化过程与发展态势(张莉、陆玉麒,2010)。

陈哲等从空间经济学角度,探讨长三角作为一个经济区域,其发展模式从单中心到多中心的过程,并用相关数据和模型进行了实证分析,指出为了促进长三角区域经济的一体化发展,必须充分发挥多个中心的相互协调作用(陈哲、卜玉宏,2006)。卓勇良等认为,从空间结构看长三角三区块格局日益明晰,同时也出现了空间均质化发展态势,形成了多核格局与双重物流体系的新优势(卓勇良、黄良浩、费潇,2007)。何奕等运用区域经济学的重力模型,通过经济联系矩阵详细研究了长三角地区的空间经济结构(何奕、童牧,2006)。甄峰等人的研究表明,长三角地区的电子信息产业发展在空间分布上明显不均衡,沪宁沿线及沪杭甬沿线出现新的空间增长极(甄峰、张敏、刘贤腾,2004)。尚正永等运用分形方法,从城市空间分布的向心性、均衡性和城市要素的相关性三个方面,测算了描述空间结构分形特征的集聚维数、网格维数和关联维数,根据三个维数的地理意义分析了长三角城市体系空间结构的分形特征(尚正永、张小林,2009)。孙贵艳等运用多种定量方法,结合相应定性分析,系统研究了长三角城镇体系发展中的规模结构及空间结构演化特征,发现长三角地区城市群处于缓慢分散趋势中,中等城市数量显著增加,尤其是杭州、南京成为区域的副中心,长三角构筑成">"型城镇发展主轴(孙贵艳、王传胜、肖磊、金凤君,2011)。

谢天成等发现,1978—2005年长三角地区GDP增长速度较高的城市主要沿宁沪杭甬铁路呈"Z"型分布,发展速度较低的主要分布在长三角边缘及两翼地区,区域差异总体上不断缩小,区域GDP重心整体上表现出缓慢、定向的向西南移动趋势(谢天成、朱晓华,2008)。蒲英霞等同样发现,长三角城市体系在总体上并没有呈现均匀的空间分布格局,空间极化现象一直比较明显,在苏南、环杭州湾一带地区出现的空间集聚现象不断加强,但自改革开放以来长三角城市体系呈现较弱的收敛增长态势(蒲英霞、马荣华、马晓冬、顾朝林,2009)。罗震东等认为,长三角在内外因素的共同作用下,已经逐渐显现出"网络+等级"的演化趋势,总体上表现为区域发展的匀质化、多中心化和服务中心的等级重构,城市区域功能分工逐渐清晰,次区域的发展差异进一步强化。作为崛起中的全球城市,上海正不断强化着长三角的"中心—腹地"关系(罗震东、张京祥,2009)。罗震东等发现,随着高速铁路的发展完善,长三角城市区域"等级+网络"的演化趋势日益明显,一方面上海的极化趋势进一步增强,与此同时整个区域产业发展与基础设施的发展呈现出进一步均衡的态势(罗震东、何鹤鸣、耿磊,2011)。陈雯等构建评价区域一体化的4类指标,在宏观层面上对长三角一体化的空间格局进行计算和分析,结果表明:随着一体化进程的深化,长三角地区的开发密度不断增强,但核心集聚与区域扩散并存;交通可达性显著提高,区际间商贸流动距离缩短,成本下降;地区专业化水平提升,地区间实现分工与协作(陈雯、王珏,2014)。

其他涉及长三角发展模式、长三角区域一体化的研究比较多,略举一些有代表性的论著:《长江三角洲地区经济发展的模式和机制》(洪银兴、刘志彪,2003);《走向竞合:珠三角与长三角经济发展比较》(朱文晖,2003);《长江边的中国(大上海国际都市圈建设与国家发展战略)》(华民,2003);《长江三角洲区域发展战略研究》为多位研究者的成果论文会集,主要研究长江三角洲二省一市经济及城市发展一体化过程中出现问题及对策(纪晓岚编,2006);《大都市圈与区域经济一体化兼论长江三角洲区域经济一体化》(张兆安,2006);《上海大都市圈结构与功能体系研究》(高汝熹、吴晓隽,2007);《长江三角洲一体化进程研究发展现状、障碍与趋势》(张颢瀚,2007);《产业结构升级与城镇空间模式协同性研究以长江三角洲地区为例》(沈玉芳,2009);《长江三角洲城市群转型发展研究》(徐长乐、朱元秀,2013)。

方书生(2010)完成了对1840—2008年长三角经济空间演变机制的分析,从空间的角度大致梳理了近代以来长三角经济空间的演变与机制,做了一些新的尝试。但从长时段区域经济演变史的旨趣来看,尤为需要进一步关注长江三角洲经济区形成中的绩效。可是,因为缺乏连续有效的长时段数据,目前对于长三角经济区绩效的研究还非常欠缺。

三、长三角空间经济的演化与绩效

从以上可见,有关经济地理过程或区域差异的论著相对还是不多,且大多局限于某一时段或某一问题,一直缺乏长三角地区长时段经济地理的综合考察,以至于这样一个重要的议题被搁置。虽然当代部分的研究相对比较多,但是仍侧重于某一产业或经济结构中的某一方面,尚未有专门的论著详细地讨论这个问题,并给予实证的分析,厘清这一经济地理过程的来龙去脉,进而探索其中的规律显得很有价值。

如何对接历史、经济、地理这三类一级学科,寻找一个共同的议题,获得一个类似的评判尺度,推进这一问题的明晰——近170年来长三角地区经济地理过程、区域差异,以及其演变规律、机制?这正是本议题提出的初衷与追求之所在。从空间非均质入手,关注要素禀赋非均等分布的特征,以及区域经济变迁的演化过程。

经济学本来关注的是"均质空间"下的现象分析,但是伴随着全球化的加速,我们看到地区之间差异在增大而不是减小。于是,从现实世界的非均质性、空间外部性现象出发,我们自然会询问,区域内部、区域与区域之间究竟发生了什么,城市与区域发展的秘密在哪里？本研究结合发展经济学与地理学,从"异质空间"的视角,提出了"发展地理学"这一概念,并运用这一视角与工具来理解、度量地理变迁与经济发展。

本书拟从发展地理学的视角,另辟蹊径,寻找替代数据,计量不同时期长三角地区经济成长的过程与绩效,寻找 170 年来,长江三角洲区域经济成长的空间过程,理解其中隐而不现的动力与路径,进而理解中国式区域经济成长的历史源头与现代活水。

四、基本内容、主旨、框架

(一) 基本内容

在实证地分析长江三角洲经济区演化的基础上,从发展地理学的视角,度量区域经济成长的绩效。主要内容可以解析为两个方面:

第一,1842—2012 年长江三角洲经济区的演变。以时间为轴线,建立 4 个连续的剖面:晚清第一次全球化市场化时代、民国经济成长阶段、中华人民共和国成立后计划经济时段、改革开放以来第二次全球化一体化时代。全面细致地复原 4 个不同的历史时期、不同的经济形态下,长江三角洲经济区的演化过程,重新理解长江三角洲经济区演变的历史源头与现代活水。

第二,长三角经济区的运行绩效。同样采用时间剖面,分成 4 个阶段,与上面 4 个阶段一一对应。绕开以往经济史研究中采用的难以准确计量的 GDP 估算法,从发展地理学的视角,从经济要素的集聚、联系、分割这些方面,通过计量区域内要素流动的时间可达性与成本费用,度量不同时期长三角地区经济运行的绩效,理解 170 年来长三角区域经济成长的轨迹、绩效。此外,还拟对 4 个不同时段区内经济的运行绩效进行对比,以获得长时段下、不同经济形态下的绩效特征。

(二) 主旨

众所周知,经济史研究工作的中心,即为寻找长时段经济成长的绩效。在数量分析与制度解释之外,我们发现了第三只眼睛:空间解析,将那些像"冰山一样悄然融化而不知"的细节还原出来,并以此重新度量 1842 年以来中国长期经济的变化与绩效。在简约扼要地解释这一理论基础之外,本书选择中国历史上最富有经济活力的长江三角洲地区作为样本,从空间度量的角度,讨论在1842—2012年之间,该地域是如何形成,并成为最活跃的经济体,寻找其长时段演进中经济成长绩效的变化。

晚清开埠通商加入了世界市场体系,引发了近代中国经济地理的巨变,经济中心、流动通道、要素内涵均发生质的变化。进入了经济近代化进程后,空间结构也从传统内生转变为外生,区域性的经济功能区正在萌芽之中。民国时期,进入垄断资本主义后,出现了现代意义上的经济聚集,同时,经济空间结构也出现了一定程度的优化。大约在20世纪30年代,以近代城市为中心引导的区域经济走到战前最佳时段,区域经济空间结构也达到最优组合。历经战乱破坏,中华人民共和国成立后奉行内向的区域均衡发展路线,为现代工业打下了良好基础,与此同时,在计划经济体制的安排下,经济发展的效率低下,表现在空间结构上,近代中心城市的"发动机"功能迷失,经济空间的收益递增效应被蒙蔽。及至改革开放后,20世纪80年代重新兴起"上海经济区",又因为经济体制改革的滞后无疾而终。20世纪90年代浦东开发以来,上海中心再度兴起,长三角经济一体化再度成为热门议题。

本书试图采用地理学上的空间结构分析方法与手段,还原170年来长江三角洲地区经济地理空间的演变过程,为兼顾时间序列与逻辑关系,将1842—2012年分为四个时段,即第一次开放经济的早期(1842—1914)、开放经济的中后期(1915—1949)、规制经济时期(1953—1978)、新开放经济时代(1979—2012)。从一个比较长的历史时期来观察不同经济环境下,区域经济成长中空间结构、空间创新组织方式的变化,并度量四个时段该变化的趋向与强度,然后进行几组不同情景的比对。希望结合经济史的演变过程,来获得经济变迁过程的地理指示。通过地理空间结构变化的尺度,来理解区域经济史的变迁过程与绩效。

此外,本书关注170年来长三角地区经济空间演变的过程,希望从经济的密度、距离、联系(分割)方面更多地理解这一经济空间的演变,在区域经济发展与空间演化之间找到一个线索,从空间的角度度量近代以来中国经济史的过程与绩效。首次为全球化时代以来,中国长时段经济史研究,提供一份基于发展地理学视角的案例分析与逻辑推演,有助于理解方兴未艾的"长三角地区一体化"的前世今生(她从哪里来? 在不同的时代拥有怎样的容貌? 取得了或正或负或多或少的成绩?),理解作为中国经济的首善之区(上海及长三角地区),在激发经济活力、开启创新之旅上的历史经验。

(三) 框架

本研究以时间为线索、以空间效应为标尺,框架如图 0-6。

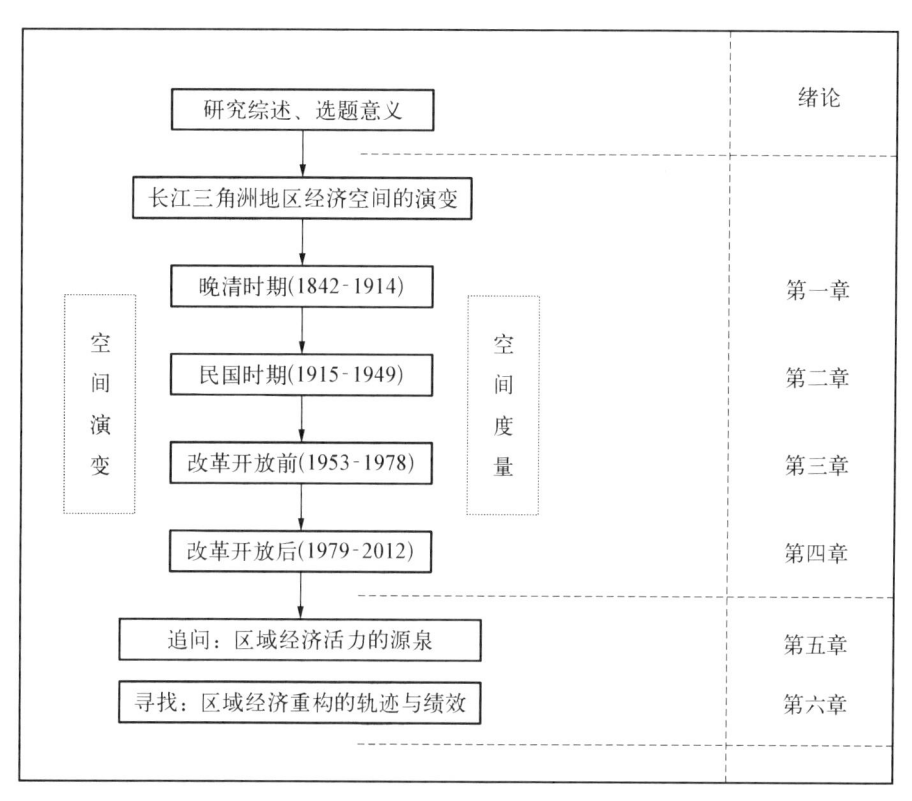

研究综述、选题意义	绪论
长江三角洲地区经济空间的演变	
晚清时期(1842-1914) [空间演变]	第一章
民国时期(1915-1949) [空间度量]	第二章
改革开放前(1953-1978)	第三章
改革开放后(1979-2012)	第四章
追问:区域经济活力的源泉	第五章
寻找:区域经济重构的轨迹与绩效	第六章

图 0-6 本书的框架

第一章　晚清时期经济空间的重构与绩效(1842—1914)

传统中国"百业以农为首",自秦汉以来的小农经济延至康乾盛世,渐显落日辉煌之态。当西方工业革命初步完成之后,伴随着西方近代产业的发展,对海外市场的拓展,以至于武装殖民日甚一日,远东的中国从沿海到内陆,均逐渐被卷入到这一新的全球分工生产体系之中,这是中国千年来未有之变局,新的历史大幕徐徐张开。随着中国东部沿海、沿江众多的口岸逐渐被迫对外开放,传统经济生态下的中国,自东向西、自海徂陆,正逐步参与到全球化的生产与交换之中。

在《史记·货殖列传》中,司马迁在言及商业交换时说:"由是观之,富无经业,则货无常主,能者辐辏,不肖者瓦解。"在第一次全球化时代,各商业活动的主体在全世界范围内寻找最佳的产品生产点与销售点,随着全世界范围内商品、信息,以及资金、技术等要素流动的扩大,越来越多的地方将逐渐融入超越本地、本区域,甚至国家尺度的经济过程之中。当历史突然切换进入"近代"之际,当近代中国的商业革命即将来临之际,经济资源配置的空间旧格局逐渐被打破,在这样一个需要对经济活动的运行尺度进行再构建的时代,长江三角洲(以至于全国)的经济形态将会发生怎样的变化,这一变化在空间上有什么回响,即一幅"新"的经济地理图景如何浮现?

第一节　经济空间变革的背景

随着沿海口岸的对外开放,对外贸易的数量与规模逐渐增加,近代中国经济的重心,逐渐从中部内陆地区转向沿海、沿江地区,逐渐参与全球性的交换与生产,融入程度也在不断加深,这一进程促成了国内社会经济结构的重大变化。伴随着长三角地区卷入世界市场,并扩大与外部世界的交易与分工,外国机制工业品与中国农副手工业产品之间的交换更加密切,内部经济结构的改变也逐渐明显。经济要素的生产与流通的变革,必然会映射到空间上,必然在经济地理上有反映,即近代中国空间经济的大格局,从前近代的南北差异迅速转变为近代的东西差异。

近代商品性农业、手工业、城市工业之间的专业化分工加强,同时,全球化、市场化的力量使得区域的经济活力得到了空前的释放,促进了人流、物流、资金流、信息流等经济要素的自由流动,促进了要素向口岸地区、沿海沿江地带,尤其是长江三角洲地区迁移,这一切引发了晚清长三角地区的经济地理变迁。故而,晚清时期,长江三角洲地区经济地理变迁的背景主要有三:口岸开放、对外贸易与要素流动;交通运输条件与方式的改善;近代生产性产业(主要是工业,包括乡村工业)的兴起。其中最主要的因素是新产业经济如何形成并日益壮大。

一、口岸开放与经济变革

18世纪60年代以后产业革命促进了生产力的发展,进入市场的商品数量与种类大幅度增加,资本主义经济在扩展过程中,开始向全球各地寻找市场与原料。及至19世纪前半叶,铁路、轮船、电报等近代交通工具的出现,加强了世界各地的联系,推动了世界市场的形成。在1880—1914年间,在标准金本位与以伦敦为中心的全球金融市场引领下,各国参与世界市场经济的比例不断攀升。

在东亚,1840年鸦片战争以后,随着沿海口岸对外开放,中国经济重心从内陆转向海岸,开始参与全球性的国际贸易,这一进程促成了国内社会经济结构的重大变化,尤其在长江三角洲地区表现最为明显。

鸦片战争以后,清廷先后开放长江三角洲地区的上海(1843)、宁波(1844)、镇江(1861)、芜湖(1876)、苏州(1896)、杭州(1896)、吴淞(1898)、南京(1899)、浦口(1912)等对外贸易口岸,并在上海、苏州、杭州等众多口岸设立外国租界。

国外工业品通过口岸城市行销内地,国内的农副产品也经口岸城市集中出口国外,以口岸城市为中心的外向化市场流通体系,逐步取代了明清时期形成的国内内向化市场体系。由于市场的扩大与商品化外向化程度的提高,中国的对外贸易大幅度增长,上海逐渐成为中国最大的口岸城市。经由上海港进出口贸易的商品特征比较明显——即外国机制工业品与中国农副手工业产品之间的交换,出口的丝、茶绝大部分来自长江流域,尤其是长江下游的三角洲地区。伴随着长三角地区卷入世界市场进程的加深,外国机制工业品与中国农副手工业产品之间的交换更加密切,促成了国内经济结构的改变。同时,也促成了区域经济空间的变革,中国空间经济的大格局,从前近代的南北差异迅速转变为近代的东西差异[1]。

口岸开放带动了沿海沿江地区的外向化经济发展,如果将中国内地比作一个巨大的扇面,将国外比作更为巨大的另一个扇面的话,沿海口岸就是连接这两个扇面的枢纽。口岸城市不仅是中国商业和交通最发达的地带,也是近代工业最集中的地带[2]。口岸城市贸易中心地位的确立,也诱导了资本与企业的集中,一些外国资本与民族资本开始在口岸城市建立近代工业,利用当地原料与劳动力生产工业制成品,就近销往内地。长三角地区的近代变革得到启动,与世界经济体系发生了前所未有的联系,推动了近代工业的产生和发展,推动了城市结构和功能的改变。

关于近代中国先进地区与后进地区之间的贸易,目前学界已经获得了基本一致的看法,帝国主义强迫中国开放口岸与对中国的经济侵略,客观上促进了经济的发展,口岸城市与先进地区成为后进地区与内陆"成长的引擎"[3]。

此外,在这一轮口岸开放与经济变革中,出现了新的口岸型中心城市——上海,引导区域的经济变革。上海开埠以后,来中国中部、北部的外轮,"不论其最终的目的地是哪儿,它都要先开到上海";来自南部的外轮,除了部分停靠香港外,大多依然往来上海。据1867—1894年上海海关统计资料显示,上海港平均约有71%的进口商品转运到其他口岸,54%的出口商品来自其他口岸,其中主要均为长江流域[4]。当时的海关报告中曾经这样概括对外贸易的情形:"上海差不多是全国(广州除外)的生丝出口商业中心,但上海本地并不出任何种丝"[5],这是晚清时期口岸开放以后,经济变革与经济地理调整的新趋势。

近代对外开放口岸的意义,尤其是对于非沿海的地区,在于有利于获取联

---

[1] 周振鹤:《中国历史文化区域研究》,复旦大学出版社2002年版。
[2] 吴松弟:《市的兴起与近代中国区域经济的不平衡发展》,《云南大学学报(社会科学版)》2006年第5期。
[3] Jack M. Potter, *Capitalism and the Chinese Peasant: Social and Economic Change in a Hong Kong Village*, University of California Press, 1968; Liu Ts'ui-Jung, *Trade on the Han River and its Impact on Economic Development*, 1800-1911, Taipei, 1980. 林满红:《口岸贸易与近代中国——台湾最近有关研究之回顾》,《中国区域史研究论文集》,台湾中央研究院近代史研究所1986年版。
[4] 《中国旧海关史料》,京华出版社2001年版,可参见表1-4,表1-5。
[5] 姚贤镐:《中国近代对外贸易史资料》,中华书局1962年版,第96页。

系市场的通道,同时会推动地区基础设施的投资与改良。近代口岸商埠的成功模式可以概括如下:(1)口岸城市的外部市场准入度高;(2)口岸城市与内部市场联系密切;(3)口岸形成"现代"的功能性城市。正如道格拉斯·诺斯(D.C. North)所言,发展方向的扭转,往往要借助于外部效应,引入外生变量或依靠政权本身的变化。随着外部势力的介入,长三角地区原有的以内生演化力量为主的发展模式被打破,逐渐演化为以外力为主导的发展模式,这一切推动了晚清长江三角洲地区经济变迁,推动了区域经济空间的新调整。

二、交通运输改进

对外开放、商品经济与国际贸易的发展,推动了交通运输的新变化。就历史经验而言,南船北马,长江三角洲地区的商货运输向来以水运为主,有水则水,无水则陆。晚清时期,水运交通中最大的技术性变化是轮船运输的出现与快速发展,即由单一的木船运输进入轮木船并举(在干线以轮船运输为主,在支流以木船运输为主)的新阶段,轮机取代木桨,机器代替人力,而且随着时间的推移,轮船运输的范围与比重逐渐扩大。

1861年外国商轮首次进入长江航道,1865年2月太平天国战乱结束后,清廷宣布不准外轮驶入通商口岸以外的中国内河,并于1873年成立轮船招商局,开辟了长江航线和一些沿海航线。"即如上海一埠,向推沙船为大宗,全盛世何止二三千号,自有轮船夹板后,沙船无以自存。"[①]1895年《马关条约》中正式准许外国船只"从上海驶进吴淞口及运河以至苏州府、杭州府",在对外开放内河轮船的同时,对内也开放了华商的内河轮运业。至1898年,"通商省份所有内河,无论华、洋商均可行驶小轮船,藉以扩充商务,增加税厘"[②]。伴随着对外贸易的持续发展,以上海为中心,专营内河航线的外国轮船公司相继设立,民营小轮运公司更快速地增长,长江三角洲地区的内河航运业加速发展起来。以轮船招商局为例,1902年组建内河轮船公司,拥有小轮7艘、拖船6条,先期驶往苏州、杭州,后航线伸展至南浔、湖州、宜兴、溧阳、江阴,从苏州经无锡、常州至镇江,过长江抵扬州、清江,又从清江越宿迁至窑湾,溯淮河至正阳关,形成一个覆盖苏南浙北、江苏中北部、安徽东北部的内河航运网,轮船数量也从最初的7艘增加到1911年的近30艘,成为上海乃至全国规模最大的内河轮

---

① 《申报》,1884年1月12日。
② 王彦成、王亮:《清季外交史料》,第130卷,书目文献出版社1987年版。

运企业①。招商内河轮船公司总部在上海,分公司设于苏州、杭州、湖州、嘉兴、常州、无锡、镇江、扬州、清江、杨庄、临淮关、正阳关等处②。以民营轮运公司为例,至1912年,在江苏登记经营的内河航运企业有52家,拥有内河小轮101艘(不包括招商内河轮船公司小轮36艘),一共经营内河航线45条,大多集中在苏南内河水网地区;浙江兴办的中型轮船企业(资本额在1万元以上)有15家左右,加上小轮公司约达50多家③。"本地区各方向都有运河支流,主要靠小船运输货物,运输的数量和种类非常多。"④民营轮船航运企业规模不大、轮船不多,主要航行于内河,外轮控制着沿海沿长江的干道运输。

至晚清末期,在长江三角洲地区形成了以上海港为龙头的港口体系,其他港口的国内外贸易大多要通过上海转口来进行。在52条通往长江三角洲地区江浙两省各地的内河轮运航线中,有47条以上海为始发港,投入运营的轮船总计有79艘⑤。此外,长江三角洲地区的苏州、杭州、无锡、常州、南京等城市,因江河海航运的衔接,与宁波、南通、镇江等构成以上海为中心的江河海航运体系的主要支点,成为上承下达的地方性客货集散疏运体系。

由于江南地区水运发达,铁路、公路相对不重要,沪宁铁路1908年建成通车;沪杭甬铁路沪杭段1908年建成。沪宁铁路通车运营时,列车时速只有40公里,上海到南京单程需要10个小时。铁路通车后一度吸收了一些水路运输业务,对传统运力、运道产生了一定的影响,并形成新的货流趋向,促使传统货流改道。但是,由于水运成本的低廉,近代长三角地区水运仍然占有绝对优势的地位,铁路在客运方面存在优势。至1927年,沪宁、沪杭两条铁路全年货运量129万吨,而同一年上海海运河运的货运总量为1082余万吨,铁路货运量只是后者的约12%。概而言之,以轮运为中心的近代长三角地区交通运输方面的变革,缩短了区域内部原有的经济距离。

三、商业、手工业与近代工业

在口岸开放以前,长江三角洲地区的贸易主要是区内与沿海(东亚)的贸

---

① 樊百川:《中国轮船航运业的兴起》,中国社会科学出版社2007年版。
② 聂宝璋:《中国近代航运史资料(第二辑)》,中国社会科学出版社2002年版,第1132页。
③ 江苏交通志编纂委员会:《江苏航运史》,人民交通出版社1990年版,第2—5页;浙江航运史编辑委员会:《浙江航运史(古近代部分)》,人民交通出版社1993年版,第259—272页。
④ 陈梅龙等译编:《近代浙江对外贸易及社会变迁——宁波、温州、杭州海关贸易报告译编》,宁波出版社2003年版,第233—235页。
⑤ 江苏交通史志编纂委员会:《江苏航运史》,人民交通出版社1990年版,第62—64页。

易,晚清扩展到全国以至全球尺度。大约在1895年以后,我国传统的商品流通渠道逐渐改变,形成了一个以上海等通商口岸城市为中心,从通商口岸到内地和农村的商业网。随着市场交易的扩大与商业资本的发展,城乡之间形成了工业制成品与农副产品的劳动分工体系,乡村被纳入城市经济体系,郝延平称之为近代的"商业革命"。

以上海口岸为枢纽的初级生产原材料大量输出国外,同时从海外进口工业品,改变了明清时期发展起来的依赖传统手工业、自给自足的自然经济体系。面对洋货倾销,中国城乡手工业的分化组合也趋明显,表现为兴衰存废并现的局面。以近代中国手工棉纺织业为例,通商口岸附近,出现以"耕织结合"为主要特征的小农家庭手工棉纺织业。由于洋纱比土纱便宜,于是绝大多数农户将自产的棉花销售,改用进口洋纱织布,继续维持生产,有的还呈现出新的发展。其他的产业,诸如陶瓷业、竹器业、漆器业、草编业等,都有一定的生产规模与增长[①]。

农业与手工业者中大量剩余劳动力的出现,为资本主义的发展提供了充足的人力资源。同时,国外先进技术装备的传入,推动了中国资本主义工业的兴起,城市新兴工业有所发展,工业部门开始增多,结构也日趋复杂,长三角地区的一些城市逐渐发展成中国近代工业的主要聚集地。

我们知道,近代中国工业萌芽于洋务运动,成长于甲午战后及清末民初,发展于民国时期,大体上与近代中国商战立国、实业计划、工业立国一脉相承。以工业为主体的近代产业发展,是近代中国经济转变的关键要素之一。晚清时期近代工业的发展大致以1894年甲午战争为界,分为前后两个阶段。据统计资料,自1862—1894年间,洋务派官僚在各地共创办19家军事工业,雇佣10 000余名工人。1872年至1894年间,共举办民用工业27家,雇佣近30 000名工人[②]。1901年后清廷开始推行新政,除了继续举办官办企业外,还奖励民间投资工业。1895年中国资本主义工矿企业的资本总额为2 421万余元,到1911年则增至10 434万余元,比1895年增长了近5倍。

1900年前后上海开始从贸易中心向工业中心转变,尤其是轻工业中心,

[①] 戴鞍钢:《中国资本主义发展道路再考察——以棉纺织业为中心》,《复旦学报(社会科学版)》2001年第5期。

[②] 许涤新等:《中国资本主义发展史(第二卷)》,人民出版社1990年版,第340页。

1902—1911年的海关报告认为"近几年来上海的特征有了相当大的变化,以前它几乎只是一个贸易场所,现在它成为一个大的制造业中心"[①]。学界主流的观点认为,在20世纪二三十年代上海已经成为中国的工业中心[②],同时,也出现了较具规模的杨树浦、闸北、沪南、沪西四大工业区。马德斌也认为,20世纪30年代中国的工业与服务业增长不成比例地集中在上海[③],1933年上海的制造业产出占全国总产出的50%,上海的纱锭占全国的50%—60%,发电量占全国的50%。1931年上海吸收了外国在华投资(FDI)的34%,制造业外国直接投资的67%集中在上海[④]。据不完全的统计,自1901—1911年间,杭州、宁波、温州、绍兴、湖州等五城市新建近代式工厂31家以上,其中可查资本在1万元以上的有18家;1895—1911年间,江苏先后开办了140多家工矿企业,主要分布在长江沿线和沪宁沿线。在晚清时期,商贸易等流通领域的资本积累,推动了近代工业、手工业的兴起,促成了生产部门发展,启动了空间经济的变革。

第二节　近代早期空间演化的逻辑

不断增长的城市、人口迁移、专业化生产是发展不可或缺的部分,是北美、西欧、东北亚地区经济变迁的经验,也是当前东亚、南亚、东欧国家刚刚完成或正在经历的变迁。2009年世界发展报告认为:这些地理变迁仍然是发展中国家与地区成功发展经济的基本条件,应当予以促进与鼓励。

一、区位与循环因素

自然禀赋会影响到地区经济的发展前景,地理学者发现,经济产出与地理特征密切相关,通过对产出密度(每平方公里国内生产总值)地理变量的简单回归分析,包括了经济生产密度91%的变化[⑤]。在近代,中国早期地理环境的

[①] 徐雪筠等译编:《上海近代社会经济发展概况(1882—1931)——海关十年报告》,上海社会科学院出版社1985年版,第158—159页。
[②] 张仲礼:《近代上海城市研究》,上海文艺出版社2008年版,第17页。
[③] Ma Debin, "Economic Growth in the Lower Yangzi Region of China in 1911—1937: A Quantitative and Historical Analysis", *The Journal of Economic History*, 2008, 68: 355-392.
[④] 熊月之:《上海通史》(卷4),上海人民出版社1999年版,第19、21页;张仲礼主编:《中国现代城市:企业·社会·空间》,上海社会科学院出版1998年版,第313页。
[⑤] 例如年平均温度、年平均降水量、平均海拔、地势起伏程度、土壤类型、河流、海岸线的距离。

自然性或"第一性",是决定经济地理格局的主要因素。

一般而言,"自然资源不是预先给定的、社会生产进程得以形成的自然因素,更准确地说,其有用性是以文化的、历史的、技术的(和其他知识)和地理环境为条件的"[①]。自然资源有着技术与文化背景,因为自然资源具有的价值是基于特定的技术、社会与文化背景,在不同的背景下具有不同的使用价值。所以,自然资源的价格是变化的,在不同的时间、不同的情形下,价格是不同的,受到技术进步、外部市场等多方面的影响。自然资源如何转变为可使用、可拥有、可交易的产品,也就是说自然是如何被商品化为经济的一部分,比自然资源本身的价值要重要很多。

本地资源的高速开发抬高了成本,降低了收益,促进了地方的技术进步,也促成了自然资源从中心向外围地区的空间扩展。近代中国处于经济全球化的初期阶段,自然资源从中心区开始向外围地区的扩展,由于技术进步、管制的减少,在进一步加速了经济发展的同时,也促成了区域经济地理格局的变迁。图1-1表示了供需关系下区位价值的改变。

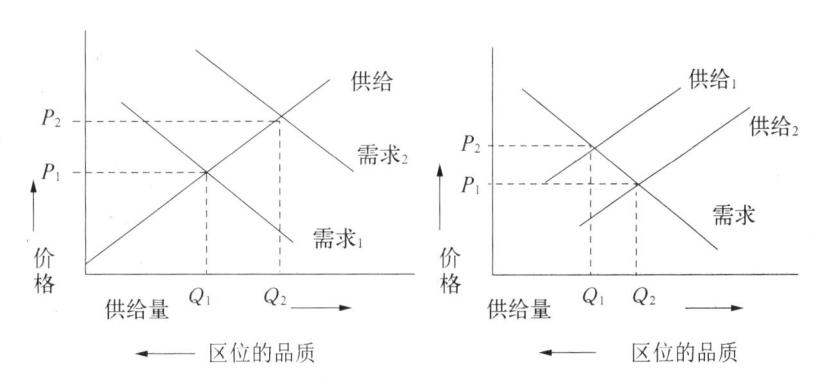

图1-1 需求增长变化及供给向右推移

(一) 区位与区位变革:上海与镇江的比较

在经济地理的视野中,一般性的资源要素往往不是口岸发展最终的决定性要素,良好的区位条件常常可以发挥更大的作用,往往是决定港口前景的首要地理要素。由于口岸的自然资源与经济区位[②]都有实体与潜在这样两种形态,所以也会受到来自人为的影响与改造。但是,随着以港兴市努力的逐步展

[①] 埃里克·谢泼德等著,汤茂林等译:《经济地理学指南》,商务印书馆2009年版,第275页。
[②] 克鲁格曼提出了两种决定空间城市发育的力量,即区域的资源要素与经济区位。

开,绝对的地理区位可能会发生相对的改变,口岸港口区位势能的提升,带动了口岸中心功能的提升,进而扩大口岸大的腹地范围,加强口岸与内地的经济联系。所以,本节将选取上海与镇江这两个民国时期的口岸城市进行比较,讨论二港如何获得、强化或丢失地理区位的优势?

上海地处南北之中,江海之汇,开埠前就被视为"江海通津、东南都会"。伴随着南北洋航线的兴起,长江航运潜能的发掘,上海获得中国首屈一指的港口区位。于是,人称"中外通商,……今以上海为首冲,缘长江各口遍开商埠,而上海居长江入海之处,商轮由海入口,必于是焉始,是为江之关系"①。

1862年旗昌洋行率先在上海开办专业化的航运企业——旗昌轮船公司。到了1869年轮船盛行,港内大量建设码头。1846年上海道台设立了一艘灯船、浮标、石桩等助航标志。1851年上海出现五家修造船厂。1851—1859年间,外商在上海一共开设船厂11家。19世纪60年代上海港出现了修建轮船码头的高潮。由于技术的进步与轮运的发展,1895年后兴起了第二次建设的热潮,主要特征是固定的钢筋混凝土码头与近代化的仓库,开始出现万吨级的泊位,部分码头上安装了起重机②。1860年代以来黄浦江的泥沙淤积问题越来越严重,轮船进出口已经受到影响,特别是大型的远洋轮船。当时清廷认为吴淞浅滩有利于海防,对于吃水较浅的民船与招商局轮船影响不大,此外面临着财政困难,于是坚持拒绝疏浚③。同时《辛丑条约》签订,黄浦江疏浚被纳入了条约文本④。

1895—1918年,内河航运的兴起,沪宁、沪杭铁路的开通,强化了港口的扩张能力,航道进行了大规模的整治,保证万吨级的轮船能顺利进出上海港。19世纪90年代后,上海港原有的水运条件进一步发展,陆路尤其是铁路交通的拓展,形成了新的运输网络,上海港初步建立了多种运输条件的综合体系,强化了原来的港口优势。甲午战争后允许外轮进入长江与内河,上海附近地区的港口对外开放。1906年日商开辟了上海至苏州、杭州的航线,法商、华商先后跟进。1897年创办招商局内河轮船公司,最初航行上海、苏州、杭州,后来延伸到湖州、宜兴、溧阳、江阴、无锡、常州、镇江、扬州、清江等处,以至北到宿迁,

---

① 吴馨等修、姚文枬等纂:《上海县续志》,卷一,《疆域·形胜》,民国七年刻本。
② 汪敬虞:《十九世纪西方资本主义对中国的经济侵略》,人民出版社1983年版,第317—321页。
③ 茅伯科:《上海港史(古、近代部分)》,人民交通出版社1990年版,第197—198页。
④ 上海通社编:《上海研究资料》,中华书局1936年版,第84页。

西到淮河正阳关,形成了颇具范围的内河航运网,到1911年共有内河轮船30艘①。1913年上海与汉口、天津(包括威海卫、烟台)、秦皇岛、大连、青岛、牛庄、安东、宁波、香港(包括厦门、汕头)、温州、福州、汕头、厦门均有直接的轮船往来②。

与上海港相比,同处长三角的镇江港,由于背靠内陆腹地,拥有良好的陆上区位。镇江港扼长江与京杭运河的交汇口,是苏州、无锡、常州与南京、扬州的东西门户,沿运河北上,可以达到鲁南皖北,南下可到苏南与杭嘉湖地区,溯长江而上可达皖赣湘鄂等省,顺长江而下可达长江口各地,以至沿海港口。运河沿岸与苏北地区以及山东、河南诸省的物资大多在镇江中转,镇江一度成为长江上仅次于上海、武汉的第三大商埠。

1861年镇江正式开埠设关,根据《长江税收章程》,内江轮船除了直航往返上海——汉口外,其他均须在镇江停泊报关,"镇江关的管理权限与地位,不仅仅只限于镇江本口,在长江实行通商后的很长一段时间内,实际上它起到长江各埠总海关的作用,是整个长江通商水域管理权力的执行者"③。

1863年旗昌公司在镇江建立了最早的栈桥码头,太古、怡和等先后建立码头,码头的建造使得港口的货物运输能力有了较大的提高。配合码头使用,基本上各公司都建立了栈房、仓库等,19世纪90年代后沿江的小轮也纷纷建立专门停靠航行内河与长江区间的小型轮船,这些码头在沿江一带分布,使得镇江港具有一种近代港口的景象。

由于镇江的地势地貌等特征,使得长江水流冲刷下出现北岸坍塌、南岸淤涨的现象,于是对港区航道的维护也势在必行。民国初年,镇江江滩日涨,河道淤塞,金山已经连到南岸,运河南段入口被阻塞,镇江江滨以下至北固山几乎封闭,不通船只。英租界江边只有太古轮船码头一处,"上下货物不便,亦为商务凋敝之由。加以近岁小轮发达,民船吃水较前为深,而大小两闸口不挑浚者近二十年,九、十月间内河涓滴俱无,即光绪十八年新开之荷花塘四周,亦约有二、三里之广亦久不挑浚,致小轮民船无处停泊,内地出入货物因虞危险,多不投镇埠,是又足为商务之一障碍也"。④ 1906年贸易总额为35 948 965海关两,达到历史最高纪录。之后随着沪宁、津浦铁路的相继通车及港口的淤浅,

---

① 樊百川:《中国轮船航运业的兴起》,四川人民出版社1985年版,第431—432页。
② 《东方杂志》,第十五卷,第三号。
③ 陈敦平、赵增麟:《镇江港史》,人民交通出版社1989年版,第54页。
④ 李恩绥辑、李丙荣续辑:《丹徒县志摭余》,卷三,《外交》,民国七年刻本。

对外贸易渐趋衰落。

以上的文献与讨论展示了市场经济发展早期，门户港口与城市空间经济的相互关系，上海的聚集效应或空间自增长促成了空间收益的递增，促成了民国时期以上海为中心的长三角经济区的形成。

(二) 要素禀赋与循环因素

自然禀赋的差异是商业交易活动的基础，尤其在经济发展的早期。第一次全球化是基于自然禀赋差异的产业间贸易为主。

江苏的农业主要为棉、米、丝，棉主要产于滨海的南通、崇明、常熟、太仓、嘉定、南汇等处，米主要产于江南以及江北的江都、泰县、兴化一带，大宗的米市主要是无锡、扬州仙女庙，丝类主要产于太湖流域，仅次于浙江。此外，洞庭山、吴县等有水果出品。工业主要有南通、崇明、武进、江阴的棉布，吴县的官纱，苏州的丝绸，盛泽、镇江的织品，宜兴的紫砂瓷器，无锡南通的纺纱业，无锡的丝织业、面粉业。浙江丝产地，以杭嘉湖一带为多，其次是新昌、缙云、诸暨等县，产额全国第一。棉以杭州湾南岸的余姚、萧山、慈溪等处为盛，茶叶产地绍兴、诸暨、杭州等地。浙江工业以丝业最盛，杭县有大规模的缫丝厂、丝绸厂。吴兴产丝居全国第一，"几于每家各有一丝绸机"，萧山、嘉兴等处，"亦有巨大缫丝厂及多数丝绸机户"[1]。经济发展总是从要素禀赋优越的地方开始发展起来，并不断强化路径，形成一种趋势。

区域经济空间现象是一个复杂性系统，具有分形与自组织特征，区域经济空间结构的形成与演变具有复杂的偶然性与历史路径依赖性。W. Brian Arthur 通过技术演变过程中的自我增强推导出"路径依赖"。诺斯将其推广到长期经济变化的制度分析上，认为制度变迁同样存在自我增强的机制，"路径依赖是对长期经济变化做出分析理解的关键"，"人们过去做出的选择决定了他们现在可能的选择"[2]。

区域经济空间结构的功能要素之间具有非对称、非线性的关系，它的发展过程具有不可逆转性，一旦某种区域经济空间结构已经完成，就会在空间中产生"锁定效应"，该结构就可以按照自组织的方式成长，地理因素仅仅是催化而已。沿海地区具有良好的区位与基础，比较容易实现自我增强的良性循环，内陆地区容易陷于"锁定 lock-in"状态，形成恶性循环（W. B. Arthur，1988）。内

---

[1]《中华交通地志》，《省志·江苏省、上海市、浙江省》，世界与地学社 1937 年版，第 3 页。
[2] 道格拉斯·C. 诺斯：《制度、制度变迁与经济绩效》，上海三联书店 1994 年版。

陆地区"往往要借助于外部效应,引入外生变量或依靠政权的变化",否则"顺着原来的路劲往下滑,弄不好会被锁定在某种无效率的状态之下,一旦进入锁定状态,想要脱身就变得十分困难"。

简而言之,第二自然是人类活动改变第一自然后的差异,主要表现在两个方面:第一,因为技术影响经济地租,进而影响自然资源的供给。如李嘉图的研究显示,正是因为农产品价格的上涨,使得农业用地日益"变成"越来越重要的一种自然资源。第二,地理经济条件改变引发的区位价值变动,从而修改或转变了第一自然的先天属性。晚清长江三角洲地区经济地理的第二层隐喻是对第一层隐喻的修正:随着新的技术进步,随着交通便捷程度的提高,对自然资源的获取方式、类别、位置,会产生新的影响或逆转,以前无法获得的资源在新技术下可以获得,以前被忽略或无视的资源被发现新的价值,以前在内陆被交通等限制的资源也可以容易地获得,从而改变自然地理的参数,改变经济地理格局。此外,随着外部市场的范围的变化、港口河流的承载力等方面的改变,纯粹自然地理景观上的景象,将会出现修正或改变,经济地理的自然属性将会有所减弱,人文社会属性将会相对增强。

二、要素流动与路径

在近代中国,因为船运是将商品运往国内外市场最经济的方式,沿海与可以通航的流域是经济高密度区,随着技术的进步与通信交通成本的下降,重新塑造经济密度的走势。

1870年苏伊士运河通航、1871年上海与伦敦之间建立了海底电报电缆。海洋运输成本快速降低,促成了世界范围内贸易的大规模展开,1840—1914年间运输成本的快速下降,使得基于比较优势的大规模的贸易成为可能。

(一)交通成本与效率——船运、铁路、公路

1895年后,对内河轮运业的束缚相应减轻,开始扩大到货运,渐次形成了"内河小火轮船,上海为苏、杭之归宿,镇江为苏、宁、镇江之枢纽"的格局[①]。1902年招商局内河轮船公司,拥有小轮7艘、拖船6条,先驶往苏杭,再将航线延伸到南浔、湖州、宜兴、溧阳、江阴,从苏州经无锡、常州至镇江,过长江抵扬州、清江,再越宿迁,溯淮河直达正阳关,形成了一条覆盖长三角与苏北大部分

---

① 《筹设商务局片》,《张之洞全集》,河北人民出版社1998年版,第1144页。

地区的内河航运网①。

由于轮船交通的原因,苏州成为苏南浙北的中心枢纽口岸。"浙江北境产丝各处沿河口至本口一带,地方不靖,若民船装丝由湖州、菱湖、南浔、震泽等处径达上海,深恐不甚稳妥,因此内地丝商不得已将丝改用小轮先运至本口,再由本口转运上海。当时,各丝商反觉得由小轮经苏至沪非但较为安全,抑或更形迅速,故产丝各处宁静之后,仍由本口转运,并不径运上海。"②1908年沪宁铁路通车以后,全部的缲丝产品交纳厘金之后通过铁路运往上海,清末地方社会不靖,转运湖丝的轮船屡被打劫,于是生丝又重新用汽船从南浔及其周围地区,用汽船运往苏州报关,再交纳了特别厘金证明后,转运上海出口③。

往来苏州内港小轮大约有十余艘,所形的道路大约三条:南路前往盛泽、湖州;西北路往无锡、常州、镇江;北路往常熟。这三路中,以西北路船只最多,竞争也最激烈④。1901年按照日本人的建议,开辟了一条新的航线:苏州—南浔—湖州—菱湖—杭州⑤。

上海与内地的交通联系便捷,除了航行北洋的沙船,航行南洋的南船,还有往来宁波的宁船、行驶长江的鸭尾船、无锡快船、江北快船等。停泊有定地往来有定期的称为航船,"远自常熟、苏州、嘉兴、湖州等埠,近自化娄金奉青南川各境,其自邑境及南境沿浦者,皆逐日随潮往来"。国内轮船分为沿海、沿江、内河。其中内河轮船又分为黄浦、吴淞(俗称苏州河)两类:从吴淞江可至苏州,以及常熟无锡,或者南下南浔湖州;从黄浦江可到达杭州,或者沿黄浦到达平湖,或者转入新场、大团、南汇、川沙。这些正是之前航船的改良形式⑥。"内地通行小轮船,取费既廉,行使亦捷,绅商士庶皆乐出于其途。沪上为南北要冲,商贾骈阗,尤为他处之冠。每日小轮船之来,往苏杭嘉湖等处者,遥望苏州河一带,汽管鸣雷,煤烟聚墨,盖无一不在谷满谷、在坑满坑焉。"⑦

关于长三角内河轮船的行驶情形,可参见聂宝璋主编的《中国近代航运史资料》中的详细记录。地区枢纽性的中心港口主要有上海、苏州、镇江,西北至

---

① 张后铨主编:《招商局史(近代部分)》,人民交通出版社1988年版,第225—300页。
② 《1912年苏州口华洋贸易情形论略》,载陆允昌编纂:《苏州洋关史料》,南京大学出版社1991年版,第225页。
③ 《1902—1911年苏州关十年报告》,载《苏州洋关史料》,第95页。
④ 《苏州口华洋贸易情形论略》,载《苏州洋关史料》,第161页。
⑤ 《1896—1901年苏州关十年报告》,载《苏州洋关史料》,第87页。
⑥ 吴馨等修、姚文彤等纂:《上海县志》,卷十二交通,民国二十四年铅印本。
⑦ 《申报》光绪二十五年六月二十八日(1899年8月4日)。

扬州、镇江,东到海门、南通,南到杭州、绍兴,这样一片区域中,密迩的河网轮船纵横,构成区域经济联系的基础。这样的物流空间促成并强化了长三角经济区的形成,并不断演化出层级分明的亚区。

例如,1901年上海广生公司发布广告,备有轮船往来上海、吴淞、浒浦、通州①;1908年东清轮船沪局发布广告,称有小轮船等并公司船数艘,专走常熟、荡口、宝山、南桥、湘城、太仓、巴城等埠②。1906年,常州商人陈英伯等购裕通忆江南轮船两艘,"逐日开行常州、宜兴、常湖州等处"。③ 1903年上海招商轮船公司,在江苏宜兴分设招商内河轮船公司,北沿河航线自宜兴至常州、无锡、溧阳,逐日分班④。

作为长江、运河枢纽的镇江,轮船所发挥的整合物流空间的意义更加明显。1898年,镇江"内河行驶小轮,创办之初,不过南至苏州,北至清江浦等埠。今丰和洋行另备一轮船,名曰新燕,专来往仙女庙、樊汶、兴化一带,将来愈推愈广,可以独揽利权"。1898年,镇江"本埠小轮所至各埠,南至苏常,北至清江浦,东至三江营口岸一带,均以逐日开行,商民称便。惟西至十二圩入河口、瓜埠、六合各路,尚未有轮舶往来。现丰和公司添备一轮名曰新鸿,专行驶大江以西各处"。1898年,苏常镇江内河创设"鸿安嘉记公司,一来往于苏常无锡江阴一带,行驶于南京六合十二圩等处,商务之兴,于此可见"。1905年,镇江华商张克生等创设华通公司,置备小轮拖船,搭客运货,一开行通州崇明任家港等处,一来往扬州清江等处。⑤ 1906年,镇江商人欧阳元龙等集股开设瑞丰公司,购置小轮四艘,专往来苏、常、丹阳、无锡、镇江等处,已禀请关道立案⑥。1907年,镇江"近有华商设立大同轮船公司,购备小轮四搜,行驶清江、淮城等处。又有华商炳记小轮公司,制备坚快小轮两艘,专由镇江往来江宁,均已禀由关道荣观察批准立案。"⑦

---

① 《申报》,光绪二十七年五月十八日(1901年7月3日)。
② 《时报》,光绪三十四年,十二月初八(1908年12月30日),转引自《中国近代航运史资料》,第937页。
③ 《东方杂志》1906年第7期,第159页。
④ 陈善谟等修、徐宝庆等纂:《光宣宜荆续志》,卷二,《交通》,民国九年刊本。
⑤ 本段以上文献分别来自《中外日报》光绪二十四年八月十四日(1898年9月29日)、《中外日报》光绪二十四年九月初五(1898年10月19日)、《中外日报》光绪二十五年十月十二(1899年11月14日)、《中外日报》光绪三十一年正月十八(1905年2月21日),转引自聂宝璋:《中国近代航运史资料》,上海人民出版社1983年版,第941,942,943,944页。
⑥ 《东方杂志》1906年第10期,第204页。
⑦ 《东方杂志》1906年第10期,第224页。

1910年清廷邮传部建议开列4条水陆联运路线,其中之一是由上海陆运至镇江、南京,再水路转运汉口。

1897—1898年吴淞铁路再度建成,主要用于客运,促成了上海城区向江湾的扩展。沪宁铁路,自上海北站至南京下关车站,1908年通车,主要经由上海、昆山、苏州、无锡、常州、丹阳、镇江、龙潭、南京等站,大大便利了长江南岸沿途的客货运输,尤其是客运。1909年沪宁铁路建成,沪杭铁路1912年全线通车。该年杭州海关报告载:"由于能与上海快速联系,本地的生活条件有了很大提高。"① "自沪杭铁路开车,小轮船之往来松沪者无法营业"②,"旅行者率贪铁路便捷,轮船所载,货多客少"③。铁路等基础设施的改良,改变了口岸与腹地的经济联通效率。

铁路运货量比较有限,主要转运蚕茧、生丝,"各货装运铁路,所有的运费既较轮船水脚为轻,而所完厘金亦较海关税项为省"。"贵重货物,多由沪宁火车运沪",从上海经铁路运往内地,"海关准许通行的唯一货物是运往沿线条约口岸的已付关税而获得免税证明的外国商品"。④ 因为铁路运输不受海关管辖征收厘金,在苏州"除了丝绸以外,很少有货物从本地铁路运出",在厘金等问题缓解后,丹阳的牛羊,无锡的米、麦、豆、茧等通过铁路运到上海⑤。

运输成本的下降促成了远距离贸易的可能,随着成本的进一步下降,相近地区之间的贸易成为主导,促成了生产向区域中心城市的集中。

(二) 市场要素流动及其影响

随着生产技术的进步,自然条件的影响逐渐减弱,但是分工与交换的发展,使得社会关系对于经济的影响逐渐增强。

1842年后海关洋货进口的税率大约为5%(基本是从价税),中国成为世界上进口税率最低的国家之一。法国对华进口的绣制品征收80%以上的进口正税,而中国从法国进口的绸缎仅征收5%的低税⑥。除了正税外,洋货进入中国腹地,需要另外交纳2.5%的子口税,就可以自由转入非开放口岸或内地任何地方,也就是说洋货进入中国沿海、沿江的口岸收取5%从价税,进入内地

---

① 陈梅龙等:《宁波、温州、杭州海关贸易报告译编》,第252—253页。
② 雷君曜撰:《松江志料》,《交通类》,民国时抄本。
③ 吴庆坻等纂:《杭州府志》,卷175,《交通·轮船》,民国十五年本。
④ 徐雪筠等译编:《上海近代社会经济发展概况》,上海社科院出版社1985年版,第162页。
⑤ 《1902—1911年苏州关十年报告》,载《苏州洋务史料》,第102—103页。
⑥ 《道光二十三年六月十三日耆英奏折》,载《筹办夷务始末(道光朝)》,第5册,第67卷,第2647页。

收取 7.5%。《南京条约》的一个宗旨就是实现在华"贸易通商无碍"。它改变了以前国内商品流通"逢关纳税、过卡抽厘"的弊端,改善了要素商品市场的流畅度。在土货出口方面,实行同样的税收方法①。

近代企业绝大部分建立在通商口岸或靠近通商口岸的地方,其中以上海为最多。就外资企业而言,甲午战争前在华投资主要服务于其商品输出,侧重于船舶修造业、出口加工业等工业部门。外资企业除了矿场外,规模较大的工厂,都集中在上海和少数几个通商口岸。如机器造船厂和纺纱厂,全都集中开设在上海;水、电、煤气工业和烟草工业,也都首先在上海创办。外资企业之所以集中于少数通商口岸,除了利用租界的各项特权外,还因为上海等通商口岸作为中国最早一批近代城市,提供了举办大工业所必需的现代金融、交通、动力等方面的有利条件。中国本国资本的近代企业,绝大部分也集中在通商口岸地区,除了便于机器和技术的输入,还在于大部分企业是为了原料出口加工而创设,如缫丝、制茶、轧棉等,有些企业则是附属于各口岸的航运业需求而存在,如船舶修造和机器修理厂。此外,很多企业之所以设立在通商口岸,或是托庇于"租界",减轻封建守旧势力的阻挠和敲诈,谋求企业的发展。

资本与劳动力等生产要素会流向报酬最高的地区,因为这些地区生产要素稀缺。早期的移民理论是建立在剩余劳动力、固定"外生"增长率、创造工作机会的基础上。

同时,市场发育的滞后,无疑不利于地方贸易与产业的发展。地方货币的紊乱、税收的无章,乃至岢压将会极大地抬高交易成本。1902年《中英通商条约》要求中国采用一种统一的全国通用的货币,因为"一个地方的'两'无论在重量上还是在'成色'上,很少和另一个地方的'两'相同,结果是产生了无休止的、巧妙的兑换贸易"。②

此外,影响市场流通方式与经济区物流主要为税收。例如,在太平天国战乱前,徽茶是顺钱塘江而下运到杭州再由运河经嘉兴、松江,最后运抵上海③,自从开征海塘捐后,凡经过杭州的各种茶叶必须缴纳每担1两关平银的海塘捐④,

---

① 盛俊:《海关税务纪要》,商务印书馆1919年版。
② 《1892—1901年粤海关十年报告》,《粤海关报告汇集》,暨南大学出版社1995年版,第964页。
③ 杭州海关译编:《近代浙江通商口岸经济社会概况——浙海关、瓯海关、杭州关贸易报告集成》,浙江人民出版社2002年版,第113、121、165页。
④ 陈琼、王棻、屈映光等纂修:《杭州府志》,卷六十五,《赋税》,民国十一年本。

吸引徽茶从宁波由汽轮运往上海①。1896年杭州开埠,杭州湾北岸地区嘉兴、湖州所产大宗生丝,不像茶叶,没有限制,都是直接运去上海出口②。

领事文极司脱认为中国大部分人的极端贫穷制约了外国商品在内地的销售,但他同时认为洋货进入内地不正常的税收是一个重要的阻碍原因。"自从镇压太平军叛乱以来,不断发展的贸易就成了征收战时税的对象,其税额几乎完全足以扼杀其增长",各种厘金关卡没有明确的征额,"使商人心灰意懒的是:在任何关卡,他都可能被官员们任意扣留多少天,由此耽搁货物出手,使得他的货物加上许多沿途费用后还只好低价出售"。"奇怪的是,北京的中央政府竟然会容忍这种不仅妨碍国际恢复繁荣,而且使得国库承受严重损失的私下征税制度。""目前还流行一种代税制度,这使富裕的中国行商,每月缴纳国家税额就可以把产品随意运入内地,从而使他们能够以低于小商人的售价出售产品。"③

杭嘉湖等地从一开始就从上海那里获得大部分的进口洋货④。到1913年左右,甚至宁波附近的余姚、百官、上浦及邻近市镇,也都由上海港直接供应苏门答腊煤油⑤。

1869年6月2日的《北华捷报》形容上海在全国港口城市中的地位时认为:"对外贸易的心脏就是上海,而其他口岸不过只是血管罢了。"

承接上述对交通与市场的评述,新的变化主要体现在新市场结构的形成以及贸易的增长。随着沿海港口之间、沿海港口与内陆腹地之间、国际之间交通线的纵深延伸,原先两点之间单一的交通线,开始相互连接起来,形成了回路网络。20世纪30年代张其昀、黄秉维等在注目其时中国经济地理格局的变化中,已经强烈感受到晚清以来港口城市突出发展的现象⑥。一系列具有良好区位的开放口岸,从沿海到内陆,通过海运、内河、铁路等交通线,以腹地经济为依托,以国内农畜产品、手工业产品和国外工业制成品对流为内容,形成了

---

① 领事文极司脱1867年度上海贸易的商务意见摘要,李必樟译编:《1854—1898年英国驻上海领事贸易报告汇编》,上海社会科学院出版社1993年版,第157页。
② 杭州海关译编:《浙海关、瓯海关、杭州关贸易报告集成》,2002年,第122页。
③ 李必樟译编:《英国驻上海领事贸易报告汇编》,上海社会科学院出版社1993年版,第417—418页。
④ 杭州海关译编:《近代浙江通商口岸经济社会概况——浙海关、瓯海关、杭州关贸易报告集成》,浙江人民出版社2002年版,第261页。
⑤ 陈梅龙等编译:《近代浙江对外贸易及社会变迁——宁波、温州、杭州海关贸易报告译编》,宁波出版社2003年版,第252—253页。
⑥ 张其昀:《中国地理大纲》,商务印书馆1930年版,第101页。

近代外贸港口体系。

三、从贸易到地方性生产

历经14年(1851—1864)的太平天国运动,清朝国家的权力结构由高度中央集权体制转变为中央与地方二元权力结构体制,权力重心也逐渐由中央下移地方,一直持续到清亡,并影响到民国初年[①]。这促进了区域经济的离散,地方化经济的形成,地方激励效应的产生。

专业化与分工是古典经济学分析的关键,但如果考虑到成本因素,则需要考虑政治经济体制。新制度经济学认为,制度变革决定交易成本,有效的制度变革促进经济的发展,反之阻碍经济的发展。

1860—1894年洋务派努力建设一个政府投资或政府控制的西方式密集型的工厂来实现军事现代化,而不是鼓励发展私营企业;政府不仅不为私人在现代化的各个部门的努力提供公共产品,甚至反对私人对现代化各个部门的公共性投资,例如铁路、内河轮船运输。尽管中国农业的商业化程度有所提高,但并没有真正的技术进步[②],清廷所创办的工业的溢出效应也就微乎其微。

清廷无意于在内地开埠经商,这从刘坤一的奏折中可以看出:"沿江、内地多开口岸实属有害无利,盖内地与沿江断不虑有侵占,而于华洋杂处,制造皆有大损,且内地开口,沿途经由之地皆隐成口岸,……而于商务未必真有利益。"[③]

与清廷所统治的上海华界相比,工部局领导的租界在提供公共或半公共产品方面要更加有效率,例如维护与改善港口设施、公共道路与运输、照明、水电供应、通信设施等。1896年甲午战争后,允许外国人在条约口岸投资建立工厂,从而使得外资蜂拥上海,1911年上海公共租界拓展到相当于全国23个条约口岸租界总和的1.5倍。辛亥革命期间上海租界区逐渐成为一个事实上的自治市。

当时政治革命的主要内容还是为了解决民生问题。由于当时农业的粗放型产品不能适应市场需求,迫切需要发展工业,否则面对工业发达国家的经济扩展潮流,社会经济方面的权益都将被掠夺。在清末新政以前,晚清的政体阻

---

① 楚双志:《太平天国时期中央与地方权力再分配格局的形成》,《沈阳师范大学学报:社会科学版》2007年第3期。
② 费正清:《剑桥中国晚清史》,中国社会科学出版社2007年版。
③ 《江督刘坤一致外部英使所开邮政圜法及口岸情弊请饬盛宣怀切实与辨析》(光绪二十七年十一月十一),《清季外交史料》卷150,第20页。

碍工业发展,阻碍产业革命。

维新思想家薛福成《论公司不举之病》(1893)通过对其时中外公司得失的对比,指出仿效西方资本主义国家,由民间资本集股成立公司,谋求富强,同时要求政府采取相应的改革政策,维护公司的权益,推动公司的发展。如果公司不能兴起,则工商各业就不振兴,没有工商业的振兴,国家就不能富强。陈炽在其代表作《续国富策》一书的《讲求农学说》中,提出改变中国传统农业生产方式,采用西方农业经营方式与生产技术,实现集约化的经营方式,精耕细作,获取更大的经济效益。

进入近代以后,长江三角洲地区原有的手工业品相继失去优势,并逐渐消失,对外贸易由出超变成入超,从各资本主义国家进口的商品,除各色洋布、棉纺品以外,还有毛制品、人造丝、金属及矿砂、机器及工具、车辆和船艇、金属制品、酒类、颜料、油漆、书籍、化学产品、燃料、玻璃等。相反的,输出品从过去的手工业产品为主,转换为量大而价值低的农林矿副业原料产品为主,一开始主要是生丝与茶叶,以后种类数量与日俱增。

以上海口岸为枢纽的初级生产原材料大量输出国外,同时从海外进入工业品,改变了明清时期发展起来的依赖传统手工业、自给自足的自然经济体系。面对洋货倾销,中国城乡手工业的分化组合也趋明显,表现为兴衰存废并现的局面。以近代中国手工棉纺织业为例,在通商口岸城市附近,出现以"耕织结合"为主要特征的小农家庭手工棉纺织业[①]。由于洋纱比土纱便宜,绝大多数农户将自产的棉花销售,改用进口洋纱织布,继续维持生产,有的还呈现出新的发展。其他的产业,诸如陶瓷业、竹器业、漆器业、草编业等,都有一定的生产规模与增长。

随着生产性产业发展,近代口岸城市不仅是中国商业和交通最发达的地带,也是近代工业最集中的地带。口岸城市贸易中心地位的确立,也诱导了资本与企业的集中,一些外国资本与民族资本开始在口岸城市建立近代工业,利用当地原料与劳动力生产工业制成品,就近销往内地。农业与手工业者中大量剩余劳动力的出现,为资本主义的发展提供了充足的人力资源。国外先进技术装备的传入,推动了中国资本主义工业的兴起,城市新兴工业有所发展,工业部门开始增多,结构也日趋复杂。于是,长江三角洲地区的近代变革得到

---

① 戴鞍钢:《港口·城市·腹地:上海与长江流域经济关系的历史考察(1843—1913)》,复旦大学出版社1998年版。

启动,与世界经济体系发生了前所未有的联系,一些城市逐渐发展成中国近代工业的主要聚集地之一,城市结构和功能也随之改变。

众所周知,晚清时期近代工业的发展大致以1894年甲午战争为界,分为前后两个阶段。据统计资料,1862—1894年,洋务派官僚在各地共创办19家军事工业,雇佣10 000余名工人。1872—1894年,共举办民用工业27家,雇佣近30 000名工人①。1872—1894年,中国第一批民族资本家创办了72家工矿企业,资本总额达2 100万元。在现代工业兴起之前,在贸易经济发展的基础上,长江三角洲地区其他的生产性产业逐渐发展起来,不仅包括新式交通与通信、商品性农业、乡村工业等方面,也包括官府对经济发展认识的变化,例如,提倡商战、发掘矿藏、兴办实业,社会风气正在发生变化,为近代中国从农业经济形态向工业经济的过渡准备了一些基础条件。

在国家的微弱推动下,地方产业却获得了相对有效的发展,尤其在无锡、南通、江阴、常州等地,从传统中孕育的现代工商业、现代农业获得了发展的机会。

南通现代工业的兴起,主要依赖张謇个人的积极开拓。1900年由于义和团运动而使洋纱进口锐减,开工不久的大生纱厂产品在市场畅销,供不应求,张謇考虑到急需解决纱厂的原料问题,遂决意"仿泰西公司集资"开垦荒滩,1901年秋正式集资建立通海垦牧公司,走上了废灶兴垦、发展近代农业的道路。通海垦牧公司的厂规规定:"本公司开办宗旨,原为纱厂谋纺织之根据地,……公司与纱厂有甚重关系。所产之棉,应归公司收买,以充厂用,不得外溢。"②这是中国第一家新式农垦企业。经过10年的努力,直到1910年通海农垦公司才显现出了投资的效益。该年,垦区佃户增至5 000多户,耕种面积从1904年的8 104亩增至30 413亩③。从1911年开始,垦牧公司获利渐增,概念纯利润达到了38 040两,资本总额也增至40万两④。于是,继通海垦牧公司之后,张謇又开办垦牧公司大有晋、大豫、中孚、大丰、通兴等。

在苏南,苏州商人朱文翰等集股2万元,1908年在浒墅关创办永利垦牧公司;同年,又有绅商筹股16万元,购地3.3万余亩,组织垦牧公司,并附设蚕事实验场⑤。在松江,商会议员姜望溪等集股创办兴纶蚕桑公司,开垦城内外闲

---

① 许涤新等:《中国资本主义发展史》(第二卷),人民出版社1990年版,等340页。
② 《通海垦牧公司开办十年之历史》,1911年刊本,第95—96页。
③ 李文治编:《中国近代农业史资料》(第一辑),三联书店1957年版,第704—705页。
④ 虞晓波:《比较与审视——"南通模式"与"无锡模式"研究》,安徽教育出版社2001年版。
⑤ 《申报》,光绪三十四年四月十五日,又同年十二月二十四日。

荒,种桑养蚕①。在宜兴阳羡有股本10万元(实收5万元),吉金有股本10万元、土地2万亩,宁镇更计划招股500万元,全面垦发江宁、镇江闲旷荒地②。在浙江,杭州商人张文熊等于1910年发起创办和济树畜公司,领垦原乍浦旗防营地③。

上海县法华乡,1871年"苏松太道归安沈秉成捐廉购买柔桑数万株,谕城董设局分给乡民种植,并刊发《蚕桑辑要》一书,规条精细,图说详明,种桑养蚕之家咸取法焉。后两江总督左宗棠亦购桑分给,今法华、徐家汇、小闸、漕河泾一带已蔚。当急图改良,以求进步"。④ 嘉兴"向不产桑,清同光年间,州牧吴承璐于太仓设桑秧局,劝民领种。里人徐禹年、许敬贤等首先住领,植郭泽塘南岸,每岁育蚕、缫丝,获利顾厚。自是乡人多植之。光绪中叶里无不桑不蚕之家,时号小湖州"。⑤ 松江府,"蚕桑之事,吾邑至咸丰年后始盛。南汇知县罗嘉杰,于同治十二年设种桑局于养济院侧,买田四亩有奇,为桑园立章程四条,捐廉购桑,督民种植。各邑亦多讲求此事者"。⑥ "种桑数百株,就嘉、湖等处雇工二名,栽植培剪,俾四乡知所则效焉。"⑦

江阴县"钱维锜在无锡营办茧事,悉心考察知育蚕之法尚易,缫丝之术较难,欲推广蚕桑当从开设茧行收买鲜茧入手,遂于光绪十六年由锡设分庄于青明容试为之……因集议合资创设青明豫昌、璜塘昌顺两茧行,是为江阴设行收茧之始,由是东南各乡咸知拾蚕之利,二十年来逐渐推广合邑茧行开设四十余家,岁有百数十万或二百余万之茧款散注民间,小民生计实利赖焉"。⑧

商业经济的制度规范,必然对交易行为的成本产生或正或负的影响,在追求交易成本最小化、市场收益最大化的基本原则下,经济资源配置的空间结构自然会相应有所调整。

近代产业革命促进了生产力的发展,进入市场的商品数量与种类大幅度增加。随着资本主义经济的扩展,资本主义经济开始向全球寻找市场与原料。及至19世纪前半叶,铁路、轮船、电报等近代交通工具的出现,加强了世界各

---

① 《东方杂志》,光绪三十二年十一月,第12期,第233页。
② 《申报》,1907年2月23日,又1905年12月9日;《大公报》,宣统二年六月二十六日;《东方杂志》,1903年6期,实业,光绪三十二年六月,第131页。
③ 《申报》,1910年1月23日,又同年6月26日。
④ 王钟编、金凤祥增补:《法华镇志》,卷三,《土产》,嘉庆十八年编,光绪末年增补抄本。
⑤ 童世高编:《钱门塘乡志》,卷一,《土产》,1936年《上海史科丛编》本。
⑥ 博润修、姚光发等纂:《松江府续志》,卷四十,《拾遗志》,光绪十年刻本。
⑦ 金福曾等修、张文虎等纂:《南汇县志》,卷三,《建置志·桑局》,先绪五年刻本。
⑧ 陈思等修、廖荃孙等纂:《江阴县续志》,卷十二,《实业》,民国九年本。

地的联系,推动了世界市场的形成。在1880—1914年间,在标准金本位与以伦敦为中心的全球金融市场引领下,世界经济的比例不断攀升,长三角地区也不例外地卷入这一进程,从中心城市到穷乡僻壤,概莫能外。

中国的资本主义商业最早是依附于外国产业资本,是当时外国在华商业资本的补充,虽然外国商业资本在中国也设立了不少的商业机构,但如果没有中国本地的商业资本作为补充,就无法顺利地进行商品流通①。在这一依附与合作的进程中,关于近代中国先进地区与后进地区之间的贸易,已经获得了比较中肯的看法:帝国主义的开放口岸与对中国的经济侵略,客观上促进了中国近代经济的发展,口岸城市与先进地区成为后进地区与内陆"成长的引擎"②。

我们也知道,贸易的增长必然会刺激创新,同时带来更激烈的竞争,贸易与FDI带来的要素价格的变化可能对创新不利③,所以,尽管贸易与经济增长之间存在正相关关系,一国开放以后能否继续保持经济增长仍然是未知的,这取决于制度的创新。在晚清长三角地区,主要是通过两种方式来实现:第一,通过交通运输方面的变革,缩短了原有的经济距离;第二,在相关条约的规制下,通过租界洋行推行的贸易活动,促成了要素流动与地方经济发展。

近代商品经济与对外贸易的发展,对交通运输提出了新的要求。长三角地区的商货运输向来以水运为主,有水则水,无水则陆。晚清时期,水运交通的最大变化是轮船运输的产生和发展,即由单一的木船运输进入轮木船并举(在干线以轮船运输为主,在支流以木船运输为主)的新时期。铁路通车后一度吸收了一些水路运输业务,对传统运力、运道产生了一定的影响,并形成新的货流趋向,促使传统货流改道。公路兴起始于清代末期,开始有计划的筹备建设是在民国之后,但影响较小。由于水运成本的低廉,在近代长三角地区,水运仍然占有绝对优势的地位,铁路、公路在客运方面一度存在优势,但覆盖面很小。

西人来华约开口岸,首先考虑的是打开中国的市场,倾销机器制成品,随着贸易、市场的扩大,分工与专业化随之而来。近代商品性农业、手工业、城市工业之间的专业化分工加强,同时,全球化、市场化的力量使得区域的经济活

---

① 杜恂诚:《民族资本主义与旧中国政府(1840—1937)》,上海社会科学院出版社1991年版,第6—7页。
② 林满红:《贸易与清末台湾的经济社会变迁,1860—1895》,《食货月刊》复刊第9卷第4期,第18—32页。
③ 赫尔普曼:《经济增长的秘密》,中国人民大学出版社2007年版。

力得到了空前的释放,促进了人流、物流、资金流、信息流等经济要素的自由流动,促进了要素流向口岸地区、沿海沿江地带。在这一全球性的生产分工的演进过程中,近代经济形态逐渐在华南局部地区形成,并呈现扩大化的态势。

近代长三角地区的发展情形,表明了在地方资金技术不足的情况下,产业发展的基础比较脆弱,国家的税收、激励、扶植政策具有积极的效果。但是,显然政府的产业意识比较迟缓,相关的救助措施滞后,同时动荡的社会环境难以保证产业的持续发展。在一个市场与产业起飞发展的地区与阶段,资源的配置显然不够合理。

四、简评:近代早期空间经济的演化

历史的经验说明,对于区域经济地理的变迁以及经济发展的度量,需要从演化的角度来衡量,并加入变迁过程中的社会要素。

结合以上讨论的文献,按照沈汝生[①]统计的长三角地区 10 万以上人口的都市,选择表 1-1 中城市比较其空间价值。

表 1-1　　　　　长三角地区经济空间形成因子(晚清时期)

	区位	自然禀赋	要素资本投入(基础设施)	影响价值(溢出效应)	获益价值(规模效益)	市场规模/准入度
上海	●	◎	●	●	●	●
南京	◎	◎	●	○	◎	◎
苏州	◎	●	◎	○	◎	○
无锡	◎	●	●	○	●	●
镇江	●◎	◎	◎	○	○	◎
扬州	◎	◎	◎	○	○	○
南通	◎	●	◎	○	◎	○
杭州	◎	●	◎	○	◎	◎
宁波	●	○	◎	○	◎	◎
绍兴	◎	◎	○	○	○	○
嘉兴	◎	◎	○	○	○	○
芜湖	●	◎	●	○	○	○
蚌埠	◎	○	●	○	○	○

注释:●表示该要素对该城市空间价值形成,有显著的正相关;◎表示该要素对该城市空间价值形成,存在正相关;○表示该要素对该城市空间价值形成,存在负相关。

---

① 沈汝生:《中国都市之分布》,《地理学报》1937 年第 4 卷第 1 期。

表1-1表述了晚清长江三角洲地区以13个主要城市为中心的经济空间的影响因子，分别表示区位、自然禀赋、要素资本投入、市场准入度（规模）等经济空间结构形成的正向或负向的作用。

1776年斯密在《国富论》中写道："沿着海岸、沿着可以航行的河流，各类工业自然而然地细化改进，通常在很长时间之后，这些改进才会向一国的内陆地区延伸。"在晚清经济发展的早期阶段，最具有市场准入潜力、最具有经济密度潜力的地区常常处于主导地位，例如环太湖地区的苏州、无锡、杭州等城市拥有最好的自然禀赋，远离经济密集区的内地通常发展迟缓，例如蚌埠。只有到发展的晚期，落后地区才能分享更多的发展利益。

同时，在前现代，除了有限的工商业外，农业占有绝对主要的地位，在农业经济的资源配置已经接近最优的情况下，通过改善配置所获得的收益非常有限（Schultz，1964），只有一些外生的冲力才能提高经济的发展水平，晚清的口岸开放引发了这一进程。上海、宁波在不具有最佳资源禀赋的情况下，获得了良好的区位优势，迅速成为大区域或亚区域的中心城市。

大约在1895年以后，长江三角洲地区传统的商品流通渠道逐渐改变，形成了一个以上海等通商口岸城市为中心，从口岸到内地和农村的商业网。随着市场交易的扩大与商业资本的发展，城乡之间形成了工业制成品与农副产品的劳动分工体系，乡村被纳入城市经济体系。相对获取更多要素的上海、无锡、芜湖等发生"商业革命"，并促成了区域性的近代"工业成长"，成为空间经济结构演变中的枢纽城市，获得更良好的市场规模与准入度，成为区域经济成长的原动力。

通过口岸贸易，在贸易与劳动分工的带动下，近代中国，尤其是沿海省份，正逐渐融入全球化经济，这与前近代有限度的中外经济接触有着质的差别。但是，我们必须注意，中国在全球经济中的位序却发生了变化。从两宋到晚清，在国际经济秩序中，中国经历了从中心位置到边陲的互换，在外贸结构中，也从进口天然产品（香料、硫磺、珍珠、犀角等奢侈品），出口制成品（瓷器、漆器五金、布帛），转换为进口为机器棉布等制成品，出口丝茶等原材料[①]。这一贸易结构的变化，表明了在第一次全球化时代，近代中国扩大中的市场，是依附于西方的市场分工，服从于西方厂商的生产与销售网络。随着东南沿海口岸、

---

① 郝延平：《中国三大商业革命与海洋》，载《中国海洋发展史（第六辑）》，中研院中山人文社科研究所1997年版，第9—44页。

腹地(包括中国沿海、腹地)越来越多地卷入这一进程,区域内部、与外区域之间的经济联系与关系,正在重组之中。

前近代中国社会经济从整体上看,在生产领域中基本上是以个体家庭作为社会基本经济单位的小生产的生产方式,"从宏观看,明清时期商业贸易的市场结构仍然是一种以粮食为基础,以盐(布)为主要对象的小生产者之间交换的模式"①。但是,由于商人资本的运动,却存在以地方市场、区域市场,以及国内大市场共存的大流通的流通方式。"小生产——大流通"并存构成了前近代中国社会再生产中最基本的生产流通模式,是为前近代中国社会再生产的最基本、最重要的特点②。张忠民的发现为理解前近代中国的市场与经济成长提供了一个钥匙。

近代对外开放逐渐改变了传统中国的社会生产模式。从字面上看,口岸的意义,对于内地腹地而言,将有利于获取联系市场的通道,同时会推动地区基础设施的投资与改良;对于中心城市而言,将有助于增强经济集聚优势,成为区域经济成长与变革的发动机。但在实际上,它却改变了旧有的社会生产模式。近代口岸商埠的成功模式可以概括如下:(1)口岸城市与内部市场联系密切,推动进一步的市场分工与经济发展;(2)口岸形成"现代"的功能性城市,提高资源配置的效率。

在一般的经验中,近代中国的口岸开放带动了沿海沿江地区的外向化经济发展,如果将中国内地比作一个巨大的扇面,将国外比作更为巨大的另一个扇面的话,沿海口岸就是连接这两个扇面的枢纽。故而言之,无论是对于长三角地区,还是近代中国而言,(条约)口岸开放是近代变革的起点,无论是费正清遐迩闻名的"冲击—反应"论,还是樊卫国所释的"激活—生长"论,都认可这个观点。至于口岸是否是理解近代中国的一把钥匙,则不可以直接、简单地否定之。王尔敏认为,五口通商为近代中国都市的发展创造了一个新的方向,形成了近代口岸都市,口岸通商并不仅仅是商业贸易,更多的是一种中外经济关系的开端、中外经济互动的开端。就区域经济而言,近代开港以后,主要的口岸城市实际上逐渐成为所在区域的中心城市,引领区域经济空间的新陈代谢,成为近代区域经济变革的"发动机"。

---

① 黄启臣:《明清时期两广的商业贸易》,《中国社会经济史研究》1989年第4期。
② 张忠民:《前近代中国社会的商人资本与社会再生产》,上海社会科学院出版社1996年版;《"小生产,大流通"——前近代中国社会再生产的基本模式》,《中国经济史研究》1996年第2期。

第三节 经济地理的重塑与绩效

2009年的《世界发展报告》，提出了一个考察全球经济地理的分析框架，将密度、距离、分割视为经济地理的三个基本特征。密度是指每单位面积的经济总量，反映经济的集中程度，一般而言经济越集中的地方越富裕。距离是指商品、服务、劳务、成本、信息与观念等空间距离。落后地区属于远离经济聚集区的偏远地区，不仅仅是指空间上的距离，更重要的是指基于基础设施落后与制度障碍造成的经济距离。分割是指区域之间商品、资本、人员、知识、信息等流动的限制因素，也就是阻碍区域经济流动的有形或无形的障碍。

本书在此基础上，建立一个基于发展地理学的空间分析框架，首先讨论区域经济内部的联系与分割情形，获得一个全局的认识；然后再关注经济密度的空间位移与增减；最后从经济距离的角度，考察区域经济运行的效率，从而获得一个完整的经济地理变迁的过程与图景，从空间的视角度量晚清区域经济的发展。

一、区域经济的联系与分割

如前所述，至晚清末期，长江三角洲地区形成了以上海为龙头的发达的港口体系，其他港口的国内外贸易大多要通过上海的转口来完成，宁波、镇江两大港口分居南北，是长江三角洲南北两翼地区重要的物资集运中心。以口岸城市为脉络，重新塑造了近代长三角地区经济地理的大格局。主要表现在两个方面：(1) 区域内部经济流通的通道改变；(2) 以口岸为中心的流通体系的形成。

（一）区域内部经济联系通道的改变

清中叶海禁放开后，尽管海运业带动了上海城市经济的发展，但国内各省与江浙地区的商品交换，仍汇聚苏州进行。在长江三角洲区域性内河航运网络中，以及长江与南北大运河航线上，苏州才是枢纽城市。上海跟长江以及南北运河航路之贯通，主要依托南部河道，先连通苏州，而后才在苏州经运河而达长江。经海路运抵上海港的南北货物，也多以苏州为销售地。在鸦片战争以前，沿运河及驿道的扬州—南京—苏州—杭州—宁波一线，一直是经济繁荣、密度高、物资人员交流频繁的地带。区域商品的集散以这些沿线城市为中心通过内河及道路交通线路联结，从而形成了以扬州—南京—苏州—杭州—宁波为顶点的"之"字型城镇发展轴。

开埠前的上海,在长江口的苏松太区域经济中的地位,基本上可以视为苏州的一个外港,在东南沿海航运业之中的地位甚至还不及福州、厦门和宁波。尽管上海港本身区位优越,邻近丝、茶产区,背倚富庶的江南地区,但是在传统经济时代,长三角地区交通的枢纽是内河与运河,上海被排斥在商业与交通的边缘线上。

晚清开埠通商后,上海逐渐取代广州成为中国对外贸易的首要港口。随着19世纪60年代以后长江轮运业的发展,一部分长江帆船,特别是长途贩运粮食的船舶多顺江东下抵沪集散,不再由苏州中转。与此同时,由于太平天国运动,大运河沿岸原先繁华的市镇遭受毁灭性的打击,江浙地区大批乡镇财主避难上海,携带大量的财物资金,这些传统资金转化为近代工商资本,为上海超过苏州而跃居长三角地区的经济中心打下了原始积累的基础,加速了上海取代苏州成为长三角地区经济中心的过程。1882—1892年海关十年报告中论述中国的"这类纨绔子弟在太平天国前把苏州和杭州看作地上的天堂,而现在他们发现这些天堂的乐趣在福州路一应俱全。"[①]

及至1895年以后,内河轮运业的发展以及1908年沪宁、沪杭铁路的相继修通,传统以苏州为中心的商品集散体系被以上海等通商口岸为中心的流通体系所取代,通商口岸与周边腹地间的人、财、物的聚集效应与辐射效应在新式交通方式的作用下不断得到加强,从而保证了上海作为江南地区经济中心的崛起。南京、镇江、苏州、杭州等城市是长三角地区新式交通线路的重要目的地、对外开放的通商口岸,也是首先从新式交通方式中获益的城市;并且,由于近代轮船取代传统航船,以上各个城市的内河商港腹地不但没有收缩,反较原来有些拓展。孤立地看,新式交通的出现使得这些城市也得到进一步发展,但是相对于上海的发展来说,这些城市的地位却进一步下降。伴随着开埠通商及新式交通的兴起,近代工业也缓慢地发展起来。这些近代企业绝大部分建立在通商口岸或连接通商口岸的新式交通沿线地区,主要是长江沿线、沪宁沿线、沪杭沿线以及杭甬沿线。

由于对外开放,使得沿海沿长江航道、口岸城市获得更高的外部市场准入度,并通过联系国内外市场,成为新的区域中心与经济走廊。至此,原有的以扬州—南京—苏州—杭州—宁波为顶点的"之"字型城镇发展轴线逐渐被以沿

[①] 徐雪筠等编译:《上海近代社会经济发展概况(1882—1931):海关十年报告》,上海社会科学院出版社1985年版,第21页。

江—沪宁—沪杭—杭甬为轴线的"Σ"型空间结构取代(图1-2)。长三角地区内部经济联系通道的改变,引发区域经济地理大格局的改变。

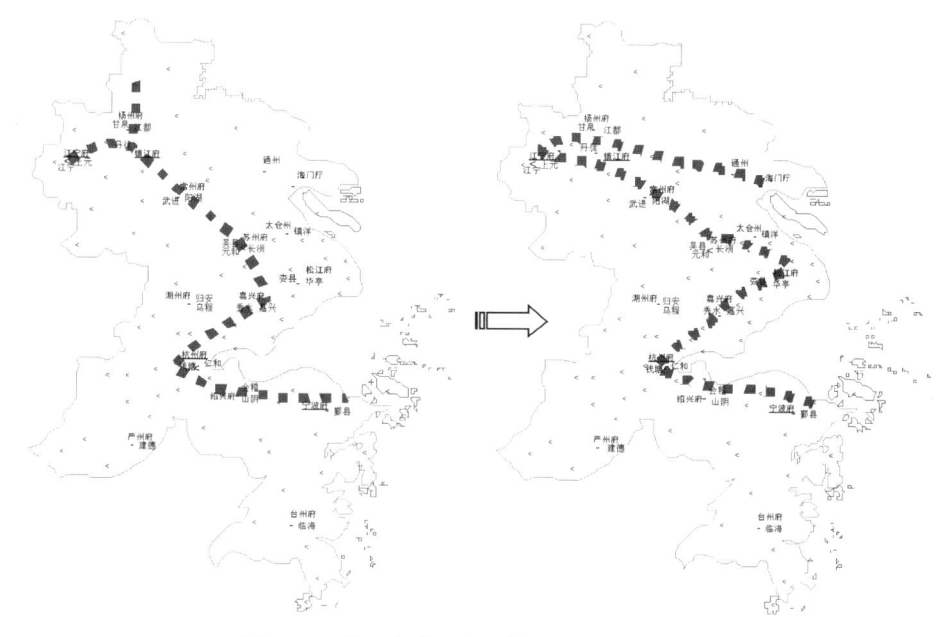

图1-2 长三角地区发展轴线演化(晚清时期)

(二) 以通商口岸城市为中心的流通体系的形成

近代中国最早大规模的要素流通是买办商业,一般被形象表述为"广搜各地物产,统办环球制品",从而将国内生产物变成了商品,并通过流通促进生产的扩大。这表现为近代海关贸易报表中不断增多的进出口商品名录、不断扩大的市场来源地与销售地,不断增长的农产品、原材料、手工业制品的出口,以及相应的机制品的进口。

晚清长三角地区开放的通商口岸有上海、宁波、镇江、南京、苏州、杭州,形成了以上海为龙头的流通体系,上海逐渐成为区域经济活动中心及长三角地区的门户。

根据各口岸1900年以后较为系统、完整的进出口货值的统计数据,可以获得晚清长三角地区市场流通体系的情形。1900—1911年各通商口岸进出口贸易额占全国及长三角贸易总额的百分比如表1-2所示。从中可以看出,1900—1911年间,在长三角地区各口岸中,上海港占有绝对的优势地位,贸易额占全国的13.82%—17.90%,占长三角的58.98%—71.30%;其次为镇江,贸易额占全国的2.07%—4.11%,占长三角的8.49%—17.08%;除1909年杭州的进出口贸易额超过宁波外,大部分年份宁波居于第三位;其次为杭州、南京、苏州(见图1-3)。

表1-2　　长三角地区各口岸贸易份额占比(%)(1900—1914)

年份	南京	镇江	上海	苏州	杭州	宁波
1900	2.55	15.43	64.86	0.79	6.27	10.10
1901	2.54	15.05	65.12	1.29	6.66	9.35
1902	3.21	14.21	65.51	1.19	6.75	9.13
1903	3.66	17.08	58.98	1.51	7.74	11.02
1904	3.82	14.14	63.62	1.35	7.76	9.31
1905	4.04	12.79	67.51	1.62	6.75	7.28
1906	3.80	14.02	66.05	2.25	6.38	7.49
1907	4.56	14.13	59.93	1.91	8.58	10.90
1908	4.24	13.92	59.19	1.67	9.46	11.52
1909	4.38	12.93	62.99	1.56	9.41	8.72
1910	4.03	9.99	66.80	2.02	8.06	9.09
1911	3.28	8.49	71.30	2.50	6.40	8.04
1912	4.46	7.84	68.04	4.16	7.36	8.14
1913	4.52	8.00	68.09	5.33	5.63	8.43
1914	6.59	7.08	68.68	3.74	5.63	8.28

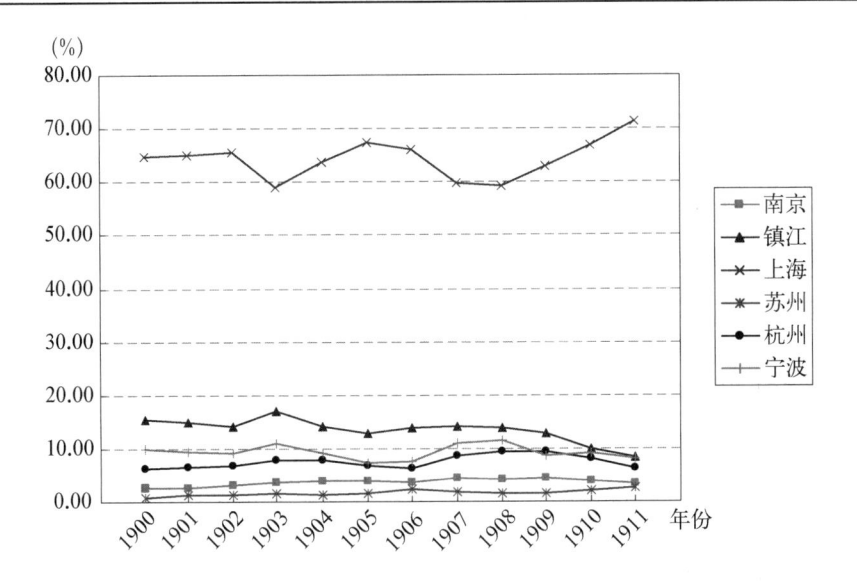

图1-3　长三角地区各口岸贸易份额占比(%)(1900—1914)

资料来源:据实业部国际贸易局编撰《最近三十四年来中国通商口岸对外贸易统计(中部)》,1935年版,第168页,第三表乙计算整理。

由于进出口贸易额并不能很好地反映不同口岸的贸易规模的大小及变化,现根据1900—1911年长三角地区各通商口岸中外进出口船舶艘数、吨位统计,来观察长三角地区要素市场的结构。

1900—1911年,上海的进出口船舶吨位呈较快的增长趋势;镇江在最初几年有较快增长,而后趋于平稳;南京也呈现较快的增长趋势;宁波则在1906年以后平稳增长;苏州和杭州的进出口船舶吨位较小(见图1-3)。总体上看,在进出口船舶吨位方面,上海港仍然占有绝对优势,1900—1911年进出口吨位占长三角地区的51.01%—58.54%,其次为镇江、南京、宁波、杭州与苏州。1900—1911年间,虽然大部分口岸的进出口船舶吨位都呈增长趋势,但反映在比例变化上却有所不同。其中,上海所占比例有所波动,但总体变化不大;宁波、杭州所占比例比较稳定;南京有所上升;镇江则有所下降;而苏州则在1904—1906年间变化较大,其余年份基本稳定。这反映了南京港的相对地位呈上升趋势,而镇江港的相对地位则处于下降趋势(见图1-4)。

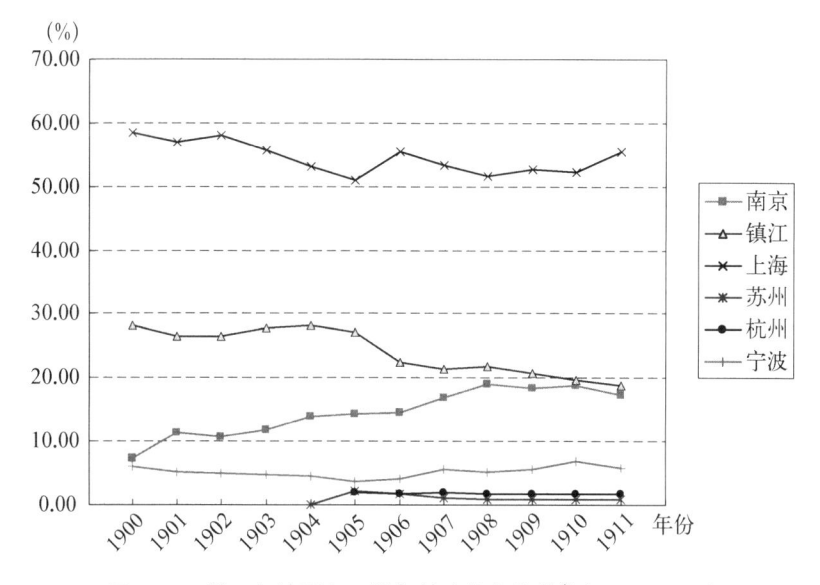

图1-4 长三角地区各口岸船舶吨位占比(%)(1900—1911)

通过以上分析可以发现,在晚清长三角地区开埠的五个口岸中,除了上海港占有绝对优势外,其余港口中,以镇江港最为突出。宁波港虽然开埠较早,但由于所处区域交通闭塞,腹地范围有限,其港口优势并未得到发挥。

表1-3统计了1899年长三角地区通商口岸之间的源汇(Origin-Destination)贸易数据,数据表明,除了镇江(65.56%)、南京(65.24%)、宁波(80.77%)以外,其他口岸的出口土货基本都经过上海出口到外部市场;进口洋货除了镇江(9.60%)、芜湖(40.80%)、宁波(45.13%)、南京(65.24%)、镇江(65.56%)以外,其他口岸城市均从上海进口洋货。这表明,在近代早期的晚清时期,镇江、宁波在区域埠际流通中的独立性还比较强,不过这种独立性在民国时期下降,尤其宁波下降更为明显。

表1-3 长三角地区各口岸埠际贸易占比(%)(1899)

		芜湖	南京	镇江	上海	苏州	宁波	杭州
芜湖	运往		0.39	2.92	100.00	0.26	3.07	
南京	来自	2.36			100.00			0.57
杭州	运往				99.85	0.15		
苏州	来自				95.53			1.32
杭州	来自		0.03		94.63	0.15		
宁波	运往	0.81		1.23	80.77			
苏州	运往				72.30		0.43	0.51
镇江	运往	1.84	0.60		65.56		0.01	
南京	运往	0.03		0.89	65.24			
宁波	来自	0.98	0.05	0.25	45.13	0.04		0.01
芜湖	来自		0.01	1.30	40.08		1.05	
镇江	来自	0.43	0.02		9.60		1.01	0.05
上海	来自	1.75		3.08		0.49	5.43	6.98
上海	运往	4.68	0.34	7.91		0.69	5.39	3.85

资料来源:《中国旧海关史料》,京华出版社2001版。

通过口岸货物的转口比率也可以观察口岸体系内的物流脉络,各口岸的货物中转率可以这样获取:

$$货物中转率=(洋货复往外洋及香港+洋货复往通商口岸\\+土货复往外洋及香港+土货复往通商口岸)/\\进出口总值\times 100\%。 \quad (1-1)$$

根据计算发现(见表1-4),晚清时期,长三角地区口岸货物中转率基本上比较稳定,在所选取的1900—1905年中,上海的中转率大约60%左右,其他口岸都比较低,仅宁波与南京部分年份保持1%—2%。

表1-4　　长三角地区口岸货物中转率(%)(1900—1905)

	芜湖	南京	镇江	上海	苏州	杭州	宁波
1900	0.28	0.43	0.94	59.88	0.23	0.31	1.21
1901	0.28	0.22	0.53	60.32	0.43	0.16	1.00
1902	0.18	0.24	0.53	59.91	0.67	0.11	0.99
1903	0.39	0.22	0.56	66.17	0.58	0.09	1.23
1904	0.14	1.31	0.57	64.08	0.51	0.07	1.18
1905	0.05	0.24	0.32	60.14	0.15	0.12	1.54

表1-5　　长三角地区口岸中转比例(%)(1900—1905)

	1900		1901		1902		1903		1904		1905	
中转	外洋或香港	国内口岸	外洋或香港	国内口岸	外洋或香港	国内口岸	外洋或香港	国内口岸	外洋或香港	国内口岸	外洋或香港	国内口岸
芜湖	0.00	0.28	0.00	0.28	0.00	0.18	0.00	0.39	0.00	0.14	0.00	0.05
南京	0.00	0.43	0.00	0.22	0.00	0.24	0.00	0.22	0.00	1.31	0.00	0.24
镇江	0.24	0.70	0.14	0.39	0.10	0.43	0.03	0.53	0.05	0.51	0.01	0.31
上海	21.12	38.76	16.47	43.85	17.98	41.92	19.69	46.48	21.70	42.39	17.87	42.27
苏州	0.00	0.23	0.00	0.43	0.00	0.67	0.00	0.58	0.00	0.51	0.00	0.15
杭州	0.00	0.31	0.00	0.16	0.00	0.11	0.00	0.09	0.00	0.07	0.00	0.12
宁波	0.00	1.21	0.00	0.99	0.00	0.99	0.00	1.23	0.00	1.18	0.00	1.54

原因相对比较明朗,因为商品首先会集中在上海,内地需要时再从上海转运,通过内陆水道或大运河两三天就可以到镇江,"从那里装轮船沿长江上驶到汉口及中途城市,那样就能避开从上海绕道长江到镇江的危险航道"[1]。

此外,将晚清口岸之间的埠际贸易数据整理后,可以发现长三角地区贸易通道的强度与等级。表1-6计算了口岸城市之间的贸易通道物流系数。

表1-6　　长三角地区各口岸间物流等级及系数(晚清时期)

	联系通道	物流系数	联系通道	物流系数	联系通道	物流系数	联系通道	物流系数
第一级	上海—杭州	21 216.0	上海—镇江	19 574.7	上海—宁波	18 948.7	上海—芜湖	12 027.3

---

[1] 李必樟译编:《上海近代贸易经济发展概况:1854—1898——英国驻上海领事贸易报告汇编》,上海社会科学院出版社1993年版,第69页。

续 表

	联系通道	物流系数	联系通道	物流系数	联系通道	物流系数	联系通道	物流系数
第二级	上海—苏州	2 525.6	上海—南京	2 310.2				
第三级	镇江—芜湖	162.1	镇江—宁波	135.4	芜湖—宁波	126.7		
第四级	南京—镇江	34.7	苏州—杭州	21.7				
第五级	芜湖—南京	5.8	苏州—宁波	4.3	镇江—杭州	3.3	芜湖—苏州	2.8
	南京—宁波	1.4	南京—杭州	0.8	宁波—杭州	0.2		
	芜湖—杭州	0.0	南京—苏州	0.0	镇江—苏州	0.0		

注：第一、二、三、四、五级通道系数为12 000—22 000，2 000—2 600，100—150，21—100，0.2—5。

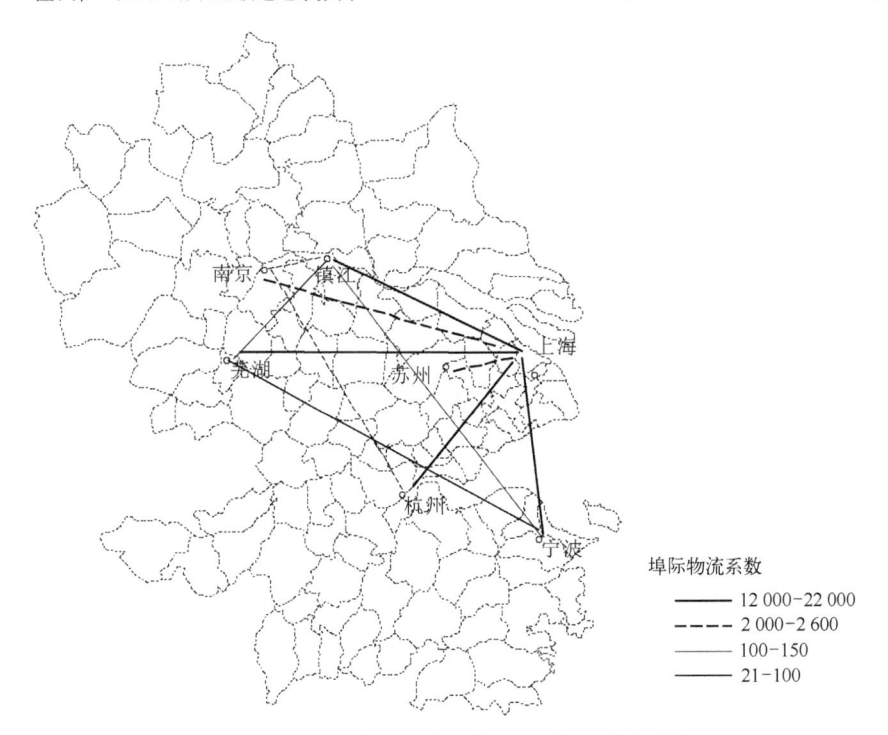

图1-5 长三角地区开放口岸之间联系(晚清时期)

将表1-6的数据直观地反映到地图上,从图1-5中,可以看出近代开埠以后,区域经济要素流动通道的改变,形成了以上海为中心,上海—杭州、上海—宁波、上海—镇江、上海—芜湖为轴心的要素流动线路,与之前经验描述中发现的"Σ"型结构转变是一致的。特别需要说明的是,由于晚清时期农业经济仍然占显著的主导地位,区域之间的分割是广泛存在的,是常态,点线轴的联系才是近代早期经济地理变迁的显著特征。这种空间形态也暗示着近代早期还处在发展的最开始阶段。下面将着重观察长三角地区近代经济密度的变化。

二、经济密度的空间变化

经济学上的经济密度一般是指每单位土地的经济总量,或者说每单位土地经济活动的地理密度。晚期开埠引发的经济发展,从农业经济向商品性农业、家庭商品性手工业、城市工业经济的转变,促成了经济活动由乡村日益向城镇与都市集中,表现为经济密度的空间变化。

经济密度一般包括国内生产总值密度、就业密度、人口密度等。限于现存的历史数据与记录,晚清时期长江三角洲地区各县(市镇)的生产总值与就业数据无法获取,现在主要依赖人口密度数据来观察经济密度。虽然仅仅依靠人口密度不能精确地估计经济活动的空间变化与地理集中程度,但人口与产出密度高度相关,近代长三角地区特定地区人口的集中,促进商品化农业、手工业的集中,为该区域带来更多的利益,使得该区域就业密度、产出密度的增长。

如前所述,晚清时期,随着漕粮海运以及苏州通江入海的出口——刘河港的淤塞,苏州的经济地位逐渐下降。相反地,沿海地区随着商业和贸易的繁荣而迅速崛起。至1842年前后,尽管当时的上海在长江三角洲城镇网络体系中的地位略高于周边一些县城,但仍在苏州之后,苏州仍然是长三角地区的首位城市。就城市人口而言,上海约37万,苏州约50万,国内各省与江南地区大量的商品交换,仍主要集中在苏州市场上完成。随着上海的开埠,中外贸易的重心渐渐移入上海,至19世纪60年代随着上海港内外贸易规模的扩张及城市经济的发展,长江三角洲经济中心已由苏州移至上海,上海地区的经济密度迅速提高。

关于太平天国时期区域人口的损失,根据曹树基的估计数据,可以得出表1-7的数据,以府为单位比较太平天国运动前后(1851、1865)长三角地区人口的变动。在太平天国运动期间,由于上海、松江地区所受影响相对较小,江南城乡富户、贫民纷纷涌向上海,拥有大量财富的苏州地主、富商大贾纷纷卷产

"争趋沪滨",使得上海成为"通省子女玉帛之所聚"①,从而为上海工商业起飞提供了物资人口基础。相反的,苏州、江宁、镇江、常州及杭嘉湖等府饱受战火摧残。在《甲子冬闱赴金陵书见》中,毛祥麟描述道,"自沪至昆(山),炊烟缕缕,时起颓垣破屋中。而自昆至苏,境转荒落。金阊门外瓦砾盈途,城中鲜有完善,……。由是而无锡、而常州、而丹阳,蔓草荒芜,所见一律。……余若奔牛、吕城、新丰诸镇,向称繁庶,今则一望平芜,杳无人迹。"②

表1-7　　　长三角地区各府州人口增减(1851—1865)　　　(单位:万人)

府州厅	1851年	1865年	人口增减(%)
杭州府	361.8	72.0	−80.1
镇江府	248.4	52.2	−79.0
湖州府	290.7	63.2	−78.3
江宁府	622.5	149.4	−76.0
常州府	440.9	119.6	−72.9
苏州府	654.3	229.0	−65.0
嘉兴府	309.0	109.1	−64.7
绍兴府	636.2	260.0	−59.1
严州府	99.1	46.9	−52.7
宁波府	264.1	174.0	−34.1
台州府	300.1	202.6	−32.5
太仓州	197.1	144.7	−26.6
扬州府	798.1	616.0	−22.8
松江府	291.5	263.0	−9.8
通　州	303.8	311.4	2.5
海门厅	79.1	83.8	5.9
合　计	5 896.7	2 896.9	−50.9

资料来源:曹树基《中国人口史·第五卷·清时期》,复旦大学出版社2001年版,第455—489页。

如表1-7所示,战争导致了江南地区大量的人口死亡和土地抛荒,以苏州为中心的传统江南人口向上海口岸的迁移,加速了长江三角洲地区城市体系的兴衰演替以及区域内经济密度的变化,造成了江南地区中心城市的历史性位移,条约口岸上海取代了苏州、南京、杭州,成为江南新的中心城市;从实际上来看,由于新型的外向化经济、交通运输条件、技术变革,引发了以上海为

---

① 段本洛、张圻福:《苏州手工业史》,江苏古籍出版社1986年版,第201页。
② 《太平天国史料专辑》,上海古籍出版社1979年版,第135页。

中心的新政治经济力量中心的出现,重构江南的经济秩序和人文秩序,由此导致区域空间经济密度的重大变化。

表1-8为1820—1910年间长三角地区分府的人口密度,以该时段人口密度数据为基础,得到长三角地区人口密度分布如图1-6。以苏州为中心向以上海为中心的经济地理的变迁,以及长三角地区经济密度的变化,可从长三角地区人口分布特征的变化中窥见一斑。因为前工业化时代以农业经济与农业生产方式为主,基于区域经济开发的角度,人口密度的高低可以作为地区经济发展水平的一个重要的指标,一般而言,人口密度的变化也可反映一个地区经济发展的变化及其经济空间格局的演变。由于自秦在全国范围内实行郡县制以来,中国只存在着一种政区模式,即地域型政区,一直到民国中期以前,点状的城市型政区一直不是政区的一种[①]。因此,人口统计数据均以面状的行政区划为基础,故而,以此为基础的人口密度可以标示农业经济形态下的经济密度。

表1-8　　长三角地区分府人口密度(1820—1910)　　（单位:人/平方公里）

地　区	1820年	1851年	1865年	1880年	1910年
江宁府	675.0	800.0	192.0	213.2	262.8
扬州府	426.6	510.9	394.4	383.9	363.2
镇江府	475.2	537.8	113.0	157.8	308.1
通　州	408.1	442.7	453.7	479.5	535.8
海门厅	566.9	622.8	659.8	727.6	884.3
苏州府	873.7	967.6	338.7	350.0	373.9
松江府	633.1	701.2	632.7	613.9	578.5
常州府	531.7	601.7	163.2	203.5	316.3
太仓府	764.8	850.7	624.5	593.4	536.5
嘉兴府	874.1	962.9	340.0	354.0	383.0
湖州府	414.6	469.3	102.0	123.8	182.4
杭州府	436.9	494.4	98.4	116.6	164.0
绍兴府	565.0	666.6	272.4	279.9	294.8
宁波府	396.8	444.8	293.1	309.2	344.3
严州府	173.2	117.5	55.6	60.8	72.8
台州府	248.6	268.9	181.5	189.9	208.0
温州府	179.4	198.6	210.8	222.9	249.4

资料来源:曹树基:《中国人口史·第五卷·清时期》,复旦大学出版社2001年版,第71—87、102—109页。

[①] 吴松弟:《市的兴起与近代中国区域经济的不平衡发展》,《云南大学学报(社会科学版)》2006年第5期;《20世纪之交的中国城市革命及其性质》,《南国学术》2014年第3期。

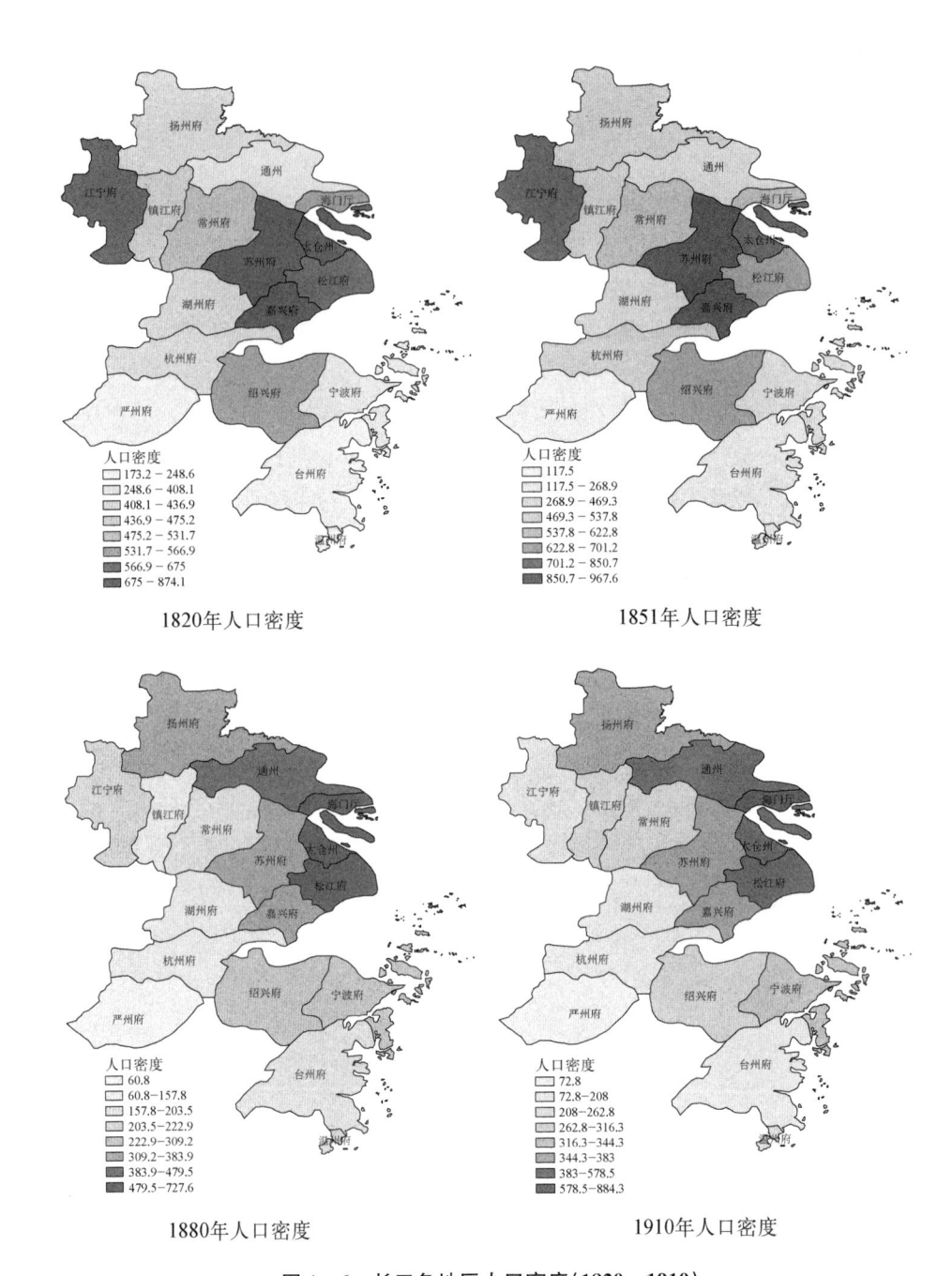

图 1-6　长三角地区人口密度(1820—1910)

数据显示,在口岸开放前的1820年,长三角地区人口分布以嘉兴、苏州、太仓为中心,三府人口密度依次为874.1人/平方公里、873.7人/平方公里、763.8人/平方公里,一直维持到19世纪50年代。1851年长三角地区的人口密度以苏州为最高,达到967.6人/平方公里,其下依次为嘉兴962.9人/平方公里,太仓850.7人/平方公里,江宁800人/平方公里。当时的长三角地区是全国人口最密集的地区[1],太平天国运动使得长三角地区人口密度大降,尤其是江宁府、镇江府、常州府、苏州府、杭州府、嘉兴府、湖州府、绍兴府。由于上海、松江地区所受影响相对较小,江南城乡富户、贫民纷纷涌向上海。1865年,长三角地区人口密度在300人/平方公里以上的府、州仅有7个,苏州府、嘉兴府的人口密度下降为338.7人/平方公里、340.0人/平方公里,海门厅、松江府、太仓州的人口密度达659.8人/平方公里、632.7人/平方公里、624.5人/平方公里,区域人口高密度地区由苏州、嘉兴、太仓转向以海门、松江、太仓[2]。

为了测度本区域人口分布的集中性和均衡性,可以采用不均衡指数(U)和集中指数(C)(秦耀辰,2004),其计算公式为:

$$U=\sqrt{\frac{\sum_{i=1}^{n}(x_i-y_i)^2}{2n}}; C=\frac{1}{2}\sum_{i=1}^{n}|x_i-y_i| \qquad (1-2)$$

式中:n为区域数目;x_i为i区人口占总人口的比重;y_i为i区土地面积占总土地面积的比重;U、C的数值越小,表明区域人口的空间结构越均衡。

数据显示(表1-9)长三角地区人口空间结构的变化。1820—1865年间,长三角地区的人口空间结构相对于土地面积的不均衡指数和集中指数是不断上升的;1865—1910年间,不均衡指数和集中指数逐渐下降,人口稠密区和人口稀疏区的人口密度差异趋于减小[3],除去太平天国运动的影响,长三角地区

---

[1] 根据前述曹树基对各省分府人口数的估计,1851年全国共有23个府州级行政单位的人口密度在300人/平方公里以上,人口密度最高的15个府,除安徽太平府(542.7人/平方公里),其他14府州均属于长三角地区,本区域内仅台州府、严州府人口密度在300人/平方公里以下。

[2] 需要指出的是,人口密度虽然能一定程度上反映出区域的人口分布状态,进而映射出区域的经济格局状况,但是人口分布并不是均匀的,不同府州的面积差别较大,因此人口的规模也是差别很大的,人口数量的增减变动在不同的空间所显示出来的效应也是有很大差别的。比如海门厅的面积很小,不及苏州府面积的五分之一,虽然人口密度很高,但所辖区域的人口规模并不大,并不能形成很强的区域辐射力量。此外,区域大部分人口是聚集于不同规模的城市节点上的,不同府州所辖城市的个数也不同,因此实际上人口的这种集中分布格局会更加突出。

[3] 虽然1865年区域人口分布的不均衡指数和集中指数相对前一时段变化较大,反映了非常态的政治事件影响,即太平天国战争对区域人口空间结构的影响。

人口的不均衡性仍超出1820年。以往的研究显示,发展中国家在城市化进程的早期阶段,随着城市化进程的推进,经济发展密度的提高,城乡经济板块与人口分布的差异将缩小。但在实际上存在一个波动的过程,晚清长三角地区人口密度的变化显示,在近代城市发展的早期,城乡与区域人口的集中程度上升,区域不平衡程度上升。

表1-9　　　　长三角地区人口空间结构指数(1820—1910)

指　　数	1820年	1851年	1865年	1880年	1910年
不均衡指数(U)	0.017 730	0.019 019	0.025 34	0.022 827	0.018 626
集中指数(C)	0.151 190	0.157 428	0.243 221	0.218 360	0.162 977

1895年之前,上海最重要的经济功能是作为中国最大的贸易口岸以及商业贸易中心,20世纪以后,上海迅速成长为中国以至远东的工业、商贸、金融和经济中心[①]。1900年前后上海开始从贸易中心向工业中心转变,尤其是轻工业,1902—1911年的海关报告认为"近几年来上海的特征有了相当大的变化,以前它几乎只是一个贸易场所,现在它成为一个大的制造业中心"[②]。学界普遍认为到20世纪二三十年代,上海已经成为中国的工业中心。

晚清长三角地区人口密度的不平衡与空间位移,强化了本章第三节"一"中对于区域经济的联系的认识,以人口为标识的经济密度的空间变化与区域经济地理的变迁是一致的。

三、经济距离的空间演变

以下从交通的可达性,讨论区域各点之间的经济距离,以及要素流动的效率。

当国外的工业品通过口岸城市行销内地,国内的农副产品也经口岸城市集中出口国外,以口岸城市为中心的外向化市场流通体系,逐步取代了明清时期形成的国内内向化市场体系。由于市场的扩大与商品化外向化程度的提

[①] 张忠民:《上海经济的历史成长:机制、功能与经济中心地位之消长(1843—1956)》,《社会科学》2009年第11期。
[②] 徐雪筠等译编:《上海近代社会经济发展概况(1882—1931)——海关十年报告》,上海社会科学院出版社1985年版,第158—159页。

高,中国的对外贸易大幅度增长,尤其是上海成为中国南方最大的口岸城市(见图1-7)。经由上海港进出口贸易的商品特征比较明显,即外国机制工业品与中国农副手工业产品之间的交换,出口的茶大部分来自长江流域,尤其是下游的三角洲地区。

图1-7标识了近代东南中国的贸易港口体系,以及港口的贸易集聚度,大体上形成了以上海与香港为中心的南北两大"T"字型贸易港口圈,形成了近代中国沿海新月弧形发展地带,并具有从东南沿海向内地的推进趋势。

经济距离是指商品、服务、劳务、资本、信息等空间传递的难易程度,是指两个地区之间经济要素流动的难易程度。对于商品贸易而言,距离包括时间成本、货币成本,交通运输基础设施的位置、质量、时间可达性,可以极大地影响到地区之间的经济距离。

以下通过基于城镇节点与通商口岸之间经济距离的计算,以晚清时期87个城镇节点为目标点,进行空间扩散分析,获取城市与内地之间的经济距离,借此观测区域内部经济联系的效率。

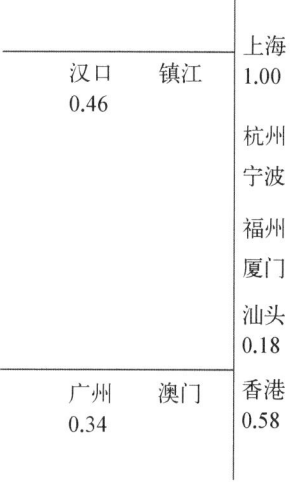

汉口　镇江
0.46

上海
1.00
杭州
宁波
福州
厦门
汕头
0.18

广州　澳门
0.34

香港
0.58

图1-7　东南中国港口体系示意(近代时期)

注:数值为1890—1920年年均贸易量与上海的比值,0.10以下的标识从略(数据来自近代海关贸易统计)。

(一)交通网络的选择

如前所述,晚清时期长三角地区的铁路、公路刚刚兴起,并未形成规模效应,陆路交通以驿道为主,相比较而言,水运交通占有很重要的地位。自1895年清廷允许中外小轮驶入内河后,内河轮运发展迅速,水网地带内河均通行小轮。另外,尽管晚清时期陆路交通并不特别重要,水运占有较大的比重,但在城市之间短距离的物资人员联系中,陆路交通仍然占有一定的权重。因此,在进行城镇节点空间扩散时,选择水路和陆路交通网络作为扩散路径。为了体现不同道路和航道的等级差别,为不同等级的道路和航道设定不同的行驶速度,并为没有道路和航道通过的区域设定了默认速度(见表1-10)。对于道路等级和速度按照驿道等级进行设定,对于航道的等级及速度参考河流等级及航运史等相关文献资料进行估计,所有陆路和航道均视为开放状态。

表 1-10　　　　长三角地区交通等级及速度设定(晚清时期)

交通网络	名　　称	类型	速度(公里/h)
水路	长江、京杭大运河、太湖、高邮湖、射阳湖	开放	15
	钱塘江、富春江、吴淞江、黄浦江、灵江、新安江	开放	10
	低等级水系	开放	5
陆路	官路	开放	20
	支路	开放	15
	小路	开放	10
	默认	开放	5

(二) 城镇节点权重的确定

由于不同等级的城市,对周围地区的经济辐射影响力是明显不同的,为了显示不同等级城市影响力的差异,对于不同等级的城市赋予不同的权重(分值)。鉴于数据的不足,对晚清时期各城镇节点权重(分值)的赋予,参考当时该城镇的行政等级,分为省级驻所、分巡道驻所、府级驻所、县级驻所四个等级,分别给每个等级赋予不同的分值(见表 1-11)。晚清时期长三角地区各城镇的行政等级,反映了鸦片战争前该地区的城镇等级,以此作为区域空间经济变革的起始样本。

表 1-11　　　　长三角地区城市等级及作用分值(晚清时期)

级别	行政等级	城　　市	赋值
一级	省级驻所	江宁(两江总督)、苏州(江苏巡抚)、杭州(浙江巡抚)	100
二级	分守、分巡道驻所	上海(苏松太道)、镇江(常镇通海道)、宁波(宁绍台道)	75
三级	府级驻所	常州、海门、湖州、嘉兴、绍兴、松江、台州、太仓、通州、严州、扬州、定海	50
四级	县级驻所	六合、江浦、句容、溧水、高淳、丹阳、金坛、溧阳、仪征、泰州、兴化、高邮州、宝应、靖江、江阴、无锡(金匮)、宜兴(荆溪)、常熟(昭文)、昆山(新阳)、吴江(震泽)、太湖厅、青浦、川沙厅、南汇、金山、奉贤、崇明、嘉定、宝山、泰兴、如皋、长兴、安吉、孝丰、武康、德清、嘉善、平湖、桐乡、海盐、石门、海宁州、余杭、临安、于潜、昌化、富阳、新城、萧山、诸暨、上虞、嵊县、新昌、余姚、分水、桐庐、淳安、寿昌、遂安、镇海、慈溪、奉化、象山、宁海、天台、仙居、黄岩、太平、玉环	25

(三) 城镇节点的空间扩散

以晚清时期长三角地区 87 个城镇节点为目标点,以陆路和水路交通网络为扩散路径,在空间结构分析信息系统中,选择点状空间扩散。由于当时交通线路的速度都比较低,在考虑水运交通的情况下,长三角地区的水域(主要包括长江、运河、太湖、高邮湖、射阳湖等)视为均值环境,因此,扩散类型选择非阻隔扩散,扩散方式为指数扩散,依据每个节点的权重,生成城镇节点的加权空间可达性扩散图(见图 1-8),其内在思想源于绪论中对于"经济效率"的定义——"时间成本节约",该时间成本的表现形式——空间可达性(以时间进行度量)。

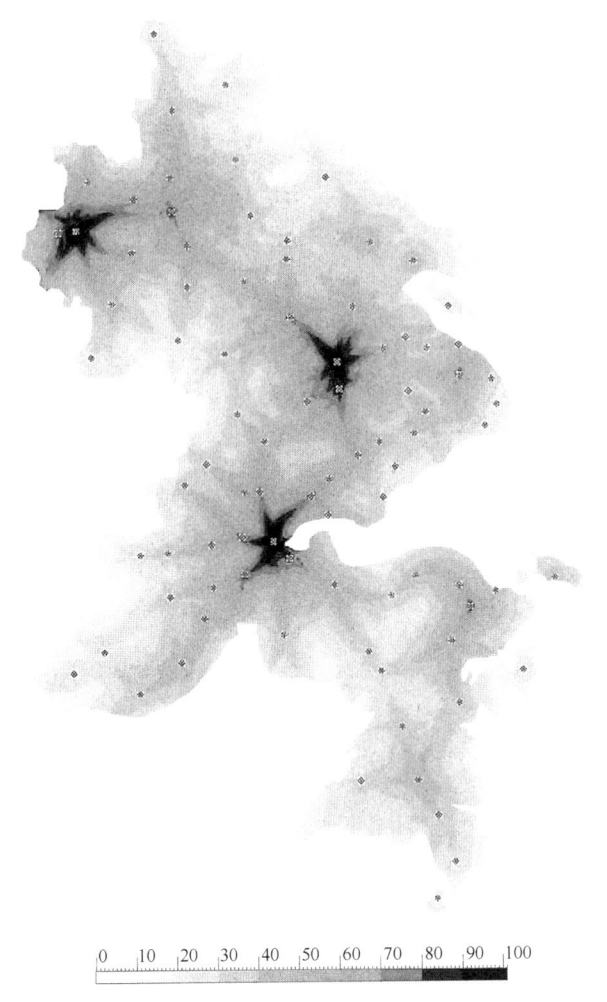

图 1-8 长三角地区各城镇节点空间可达性(晚清时期)

城镇节点的加权空间扩散表现出以江宁、苏州、杭州为一级核心,以上海、镇江、宁波为二级核心,沿主要交通线路呈星型环状扩散,核心区分值较高,距离核心越远,分值越低。苏州、江宁、杭州虽然作为同一行政等级,在进行空间扩散时有着相同的权重,但由于苏州居于区域中心的位置以及周围腹地相对密集的水陆交通网络,其影响范围相对较大。扩散分值分布的空间格局大致为沿通往福建的官路及长江、京杭运河的"之"型结构,这也大体上反映了上海取代苏州成为区域经济中心以前长三角地区的空间结构特征。

上海开埠后,凭借独有的地理优势,很快成为全国的贸易中心,其辐射作用较强,苏州作为距离上海较近的通商口岸,主要是作为上海的中转口岸,其影响作用完全被上海所掩盖。镇江港位于大运河和长江的交汇处,具有优越的地理位置,便利的水道交通。晚清末期,在长三角各通商口岸中,镇江的贸易地位仅次于上海,其与南京一起,凭借长江可以快速进入内陆腹地,拉近与口岸与内地的经济距离,共同构成了长三角地区的次级贸易中心。镇江吸引了长江芜湖以下、大运河淮阴以下的腹地出口物资,同时作为中转港口,为内地输入洋货。如果说上海是长三角的门户与长三角内陆经济距离最短,镇江则是长三角顶点以上内陆的门户,与内地的经济距离更短。与之相比,杭州、宁波与内陆的空间距离比较遥远。从上海到镇江,得益于良好的道路状况与市场准入条件,缩短了边缘与中心的距离,从而形成大规模的聚集区,交通的便利使得周边地区成为聚集地区的有机组成部分。如果加入各通商口岸的因素,则表现为以上海为核心、镇江、南京为次级核心的不规则环形扩散,越向外围分值越低。在接下来的第二章第二节中,将有比较明显的显示。

四、简评: 空间演变与经济发展

沿着张敏、顾朝林对要素流的空间类型与重心的观察与计算[①]的思路,加入区域空间资源配置的要素,存在以下三种区域内部要素空间流动模式。结合本节对长三角地区的计算与分析,可以得出:(1)上海与杭州、镇江、宁波、芜湖之间是区域的"极核交互型",已经形成;(2)上海与无锡、苏州等属于次区域的"核心—边缘集散型",正在萌芽状态,还没有形成;(3)上海与江湾、昆山、松江等属于更小地理尺度的"邻域渗透型",正在形成中;(4)上海对南通、无锡等逐渐开始的经济辐射属于中心"溢出型",还没有形成。

---

① 张敏、顾朝林:《近期中国省际经济社会要素流动的空间特征》,《地理研究》2002年第3期。

第一章　晚清时期经济空间的重构与绩效(1842—1914) / 73

故而,可以将区域内部要素流动的微观基础图示为三种模式(见图1-9):第一,(Ⅰ)"点"—"点"辐射式,(Ⅱ)"点"—"线"交互式;第二,(Ⅲ)"点"—"线"辐射式,(Ⅳ)"点"—"面"交互式;第三,(Ⅴ)"点"—"线"—"面"辐射式,(Ⅵ)"点"—"线"—"面"交互式。

流动类型	模式(1)	模式(2)	模式(3)
辐射式	"点"—"点"(Ⅰ)	"点"—"线"(Ⅲ)	"点"—"线"—"面"(Ⅴ)
(图论)	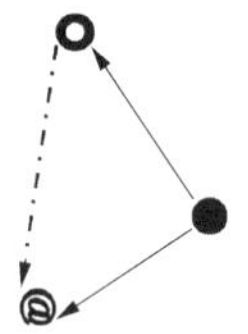	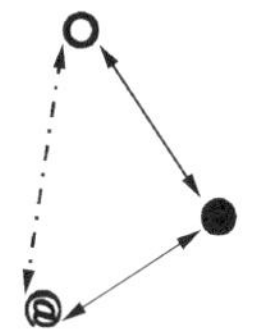	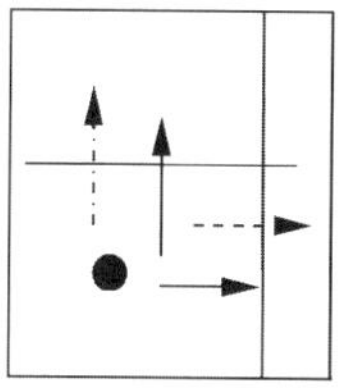
示例	上海—杭州、芜湖……	上海—镇江、南京……	上海—镇江、芜湖、杭州……
交互式	"点"—"点"(Ⅱ)	"点"—"面"(Ⅳ)	"点"—"线"—"面"(Ⅵ)
(图论)	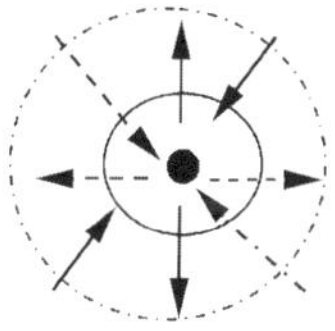	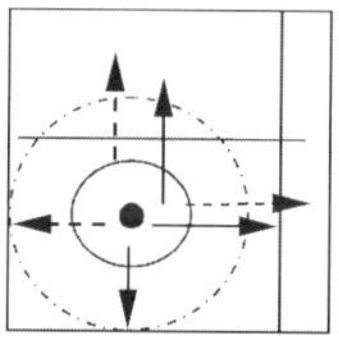	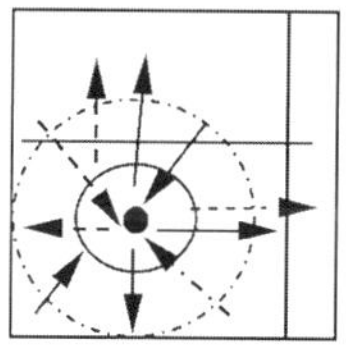
示例	上海与宁波、镇江……	上海与苏州、无锡……	上海与南通、无锡……
空间模式	双核型	核心—边缘型	邻域渗透或溢出型

图1-9　要素流动空间模式示意

该类型的要素空间流动模式,仅在于近代中国已经形成"地域化经济"的地区[①]普遍存在,其他区域仅出现其中某一种或数种情形。基于空间扩散与传导引发的经济增长,仅在近代中国的局部先发地区存在。

当区域经济相对封闭时,距离与密度是决定区域市场潜力的主要因素。当区域实行对外开放以后,与国际市场的距离或国际市场的准入变得重要,边

---

① 迈克尔·斯多珀(2004)用经济学的术语如此定义:"地域化的经济是由依赖地域特定资源的经济活动构成的,这种'资源'可以是仅出自某一个地方的特殊要素,或者更复杂一点,只能从某种特定的组织内部或企业——市场关系中获得要素,包括地理邻近性,或者说地理邻近的关系比其他方式能够更有效地产生这种特殊要素。"

境或沿海地区常常获得来自区位优势的经济利益。贸易模式的改变通常会改变区域的市场潜力,之前处于优势地位的地区,随着与外部市场距离的拉大,失去了领先地位。

本章通过以上三个方面,解读了晚清时期,长江三角洲地区经济地理变迁的背景、逻辑、效率。由于开放与融入世界经济体系,使得上海等沿海沿长江航道的口岸城市获得更高的外部市场准入度,并通过联系国内外市场,成为新的区域中心与经济走廊。原有的以扬州—南京—苏州—杭州—宁波为顶点的"之"字型城镇发展轴线逐渐被以沿江—沪宁—沪杭—杭甬为轴线的"Σ"型空间结构取代。由于晚清农业经济仍然占显著的主导地位,区域之间的分割是广泛存在的,是常态,点线轴的联系才是近代早期经济地理变迁的显著特征。这种空间形态也暗示着近代早期还处在发展的最开始阶段。

经济密度的空间变化也反映了这一特征,人口最密集区从传统的苏州、嘉兴、太仓,转移至海门、松江、太仓和通州。如何理解近代早期经济密度的空间变化?在晚清长三角地区尚未对外开放贸易前,处在以农业经济为主的发展阶段,人口主要分散在农村,即使最大的城市(例如苏州)规模也比较有限。城市居住区一般是城市城墙之内的街坊,这类城市一般毗邻交通要道(例如苏州在大运河沿岸),提供剩余农产品的交换。晚清开埠以后,快速增长的对外贸易,带动了乡村手工业化后的分工,商业与贸易迅速带来了城市的发展,尤其是以上海为首的口岸城市。

基于地理距离、交通条件、城市发展,推算得出的经济距离,可以测定市场准入度。上海成为全国的贸易中心,在镇江以下的长三角地区,上海的时间可达性优于其他口岸,与这些地区的经济距离缩短。镇江成为长江三角洲顶点以上内陆的门户口岸,从时间可达性方面可以迅速到达安徽中北部、江苏中北部、河南、山东南部,与这些内陆地区经济距离最近。

在晚清时期的长三角地区,作为中心城市,上海的相对优势不断强化,同时,由于区内交通与自然禀赋的关系,中心城市与市镇之间形成了有效的连通机制,促成了区域性亚中心的形成。由于江南蓬勃发展的市镇经济,促成了空间交易成本的下降,于是地区内流通比较顺畅,经济空间逐渐趋向市场原则,首次萌生了"经济区"的态势。

第二章 民国时期经济空间重构与绩效（1915—1949）

与全球化第一阶段的晚清时期不同，及至民国时期出现了很多新的变化。从全球大环境来看，由于海路运输成本的持续下降，来自国外的商业竞争日益加剧，促成了贸易保护政策的兴起。政府对于资本的控制程度提高，政策目标对经济的影响逐渐增大，世界性的经济民族主义影响到长江三角洲地区。至20世纪30年代，大萧条影响了人口流动，加剧了世界区域之间的经济壁垒。这也是重商主义时代到工业化时代的一个共同的特征，使得长三角地区经济地理的变革出现了一些新的特征：经济联系更加有效率，经济活动进一步集中，产业上下游关联效应增强，次区域经济发展空间分异形成。

第一节 经济空间变革的背景

民国以来，在种种外压下，国内出现了技术救国、制度革新等思潮，通过引进国外的近代工业、交通与技术等，使得区域经济结构变化加速，对区域空间结构的演变产生了重大影响，主要表现为现代交通运输业的发展，以及实业建设与现代工业的成长，改变了传统农业经济时代的低效率，使得区域经济空间变动加快。

一、交通运输的发展

第一次世界大战结束后，外商轮船公司恢复了在中国沿海和长江的航运，但此时本国轮航运业已经初步具备与外国轮运势力抗衡和竞争的能力，改变了外国轮运势力独占或垄断的局面，不仅仅是内河支流，也包括沿江沿海航线。国民政府1927年建都南京，江浙成为东南要区、畿辅重地，尤其是伴随着国民政府十年经济建设，对于交通运输的需求量大大增加，内河轮运业发展较快。除内河招商局在各地继续扩大经营外,各地华商竞相设立轮局,购置小轮,开辟航线,增设航班。这个时期华商小轮与外商小轮在内港航线上展开了激烈的竞争,并逐步取得了优势。大约在20世纪30年代,江浙沪大部分地区已初步形成以沪、杭、嘉、湖、甬、绍、苏、锡、常、镇、宁等城市为中心的内河小轮航运网路,所有可以通航小轮船的内江、内河几乎都开辟了轮汽船航线,内河轮汽船遂成为区域内部城镇之间主要的交通工具,在扩大市场、联系城乡、商品人员信息流通等方面发挥了重要作用。一般而言上海最新的经济咨询当天能够传递到周边城镇。

同时,继1908年沪宁铁路和沪杭铁路建成通车以后,1911年津浦铁路建成,将天津、济南、徐州、蚌埠、南京等重要城市联系起来。1930年底南京轮渡工程开工兴建,到1933年底正式投入使用。随着南京轮渡工程建成通车,津浦、京(宁)沪两条干线联运接通,大江南北货流畅通,旅客过南京无须换乘,行旅方便;沪宁、沪杭铁路线成为区内重要的交通动脉。上海、广州、武汉、南京等沿海沿江城市,通火车之后,铁路货运量在货运总量中大致在20%—30%之间[①]。一般而言,"地方大量笨重货物多利用轮船装载。客运方面以铁路迅速、正确之优点,有独占之势"。此外,1920年以后,随着汽车在陆路交通上的大量使用,江苏的太仓、松江、扬州等地出现了一批以经营汽车运输为业的商办汽车公司。不过,就民国时期的陆路交通而言,公路运输多半为行政、军事需要,传统的城乡陆上运输主要是人畜力运输工具。

民国时期,随着铁路公路的修建、轮运的扩大,尤其是水陆联运等当面的发展,以及商品流通数量与结构的变化,港口的发展速度出现了明显的差异。上海港依然是龙头所在,1843年上海港的进出口额为120万吨,1936年上海港的数据为1 400万吨,而镇江、苏州则日趋衰落,失去昔日的繁盛,交通运输上的集中趋势得以强化。

二、近代工业的发展

第一次世界大战期间,西方各国工业生产大幅萎缩,贸易量锐减,输入中国的洋货急剧下降,从而使国内进口洋货价格上涨。相比之下,国产商品销售价格较低,晚清已经出现的进口替代现象进一步增强,同时部分国货具有出口的趋势与能力,尤其表现在棉纺织品的进口替代、火柴等手工业品的出口导向

[①] 宓汝成:《帝国主义与中国铁路:1847—1949》,上海人民出版社1980年版。

上。及至1927年后,在南京国民政府经济政策的推动,以及20世纪20年代国内实业发展的基础上,本国资本主义工业迅速发展,一般称之为1927—1937年的黄金十年。

以上海为中心的沪宁杭三角地带是中国近代工业最集中的区域,仅上海一地就占有当时全国约半数的工业生产能力。国民政府实业部于民国21—26年(1932—1937)登记的3 935家工厂中,上海、江苏、浙江共有2 436家,占总数的61.9%(见表2-1)。

表2-1　　　　长三角地区各省市工厂数及全国占比(%)(1937)

省(市)	厂数 个	厂数 (%)	资本数 千元	资本数 (%)	工人数 个	工人数 (%)
上海市	1 235	31.39	148 464	39.73	145 226	31.78
南京市	102	2.59	10 213	2.73	4 462	0.97
江苏省	318	8.08	39 562	10.58	105 223	23.03
浙江省	781	19.85	27 183	7.37	39 795	8.71

资料来源:国民党政府经济部:《工厂登记统计》民国21—26年。

据1932年杭州、宁波、永嘉、嘉兴、吴兴、绍兴六地统计,机制工厂数发展到489家,资本额1 555.9万余元。其中,杭州226家、宁波103家、永嘉77家、嘉兴22家、吴兴49家、绍兴12家。至1937年,浙江省机制工厂增加到781家,资本额21 718.3万元,分别为辛亥革命前后的26倍、47倍[①]。中国丝织工业主要分布在江浙两省,上海、杭州、苏州、南京、吴兴为纺织业重地。棉纺织业更以江苏(包括上海)最为发达,1927年全国华商厂73家。其中浙江3家,江苏43家,占全国半数以上,且大半在上海,其次在无锡。上海、无锡、常州、南京、镇江等地的面粉工业也发展起来,尤以上海最为发达,无锡次之。除轻工业外,上海还建立了钢铁工业,现代工业日渐发达,工业产值占全国工业总产值的1/4以上。根据1936年的统计,埠际贸易中工业品占34%,手工业品占42%,合计占76%,农产品占24%[②]。

1937年抗日战争爆发,为了保存工业生产能力,支援抗战的军需物资,补充后方的民用供给,南京国民政府决定将沿海工厂内迁。经国民政府协助内

[①] 实业部国际贸易局:《中国实业志·江苏省》《中国实业志·浙江省》,1934年版。
[②] 吴承明:《中国资本主义与国内市场》,中国社会科学出版社1985年版,第270—271页。

迁的厂矿有447家,自动迁移100多家,合计共有600余家。但是,从全国工业的分布情况来看,工业仍然主要分布在沿海、沿江少数大城市。1945年抗日战争胜利,原先迁至内地的很多骨干企业纷纷回迁,工业布局重心重新聚集在沿海通商口岸地区。抗战胜利后,由于内战及恶性通货膨胀,1948年上海全市面粉厂的开工率约为年生产能力的37.5%,到1949年1至5月间,锐减到10%左右;卷烟工厂在1948年底已停闭三分之二;1949年1月,全市74家毛纺织工厂中,全部停工者24家,局部停工者48家,只有2家勉强照常生产;1949年4月,上海1000余家机器工厂开工的不到100家[1]。目前学界一般认为,截至1947年国民政府尚未完全恢复1936年的工业生产能力。

尽管如此,民国时期工业发展,改变了千年以来的传统社会生产方式。黄汉民认为,新兴工业起步早、发展快,行业门类较多,但工业的整体结构演进缓慢;机器制造工业不断增长,但它在工业总产值中的地位弱小,并没有起到突破性的推进作用[2]。但是,罗斯基认为战前上海经济的情形与19世纪初的纽约比较类似,同时,根据日本等国近代经济转向完成的经验,近代部门的规模与其重要性不必成正比,第二次世界大战前中国经济近代部门发展所产生的影响,不能仅依据其规模下结论,而应该注重制造业的发展与其他经济部门之间的相互关系[3]。

从资本的形成而言,随着市场容量的扩大,商业资本开始向产业资本转化。商业资本具有两种次级形态,即商品经营资本与货币经营资本,彼此之间是可以互相转换的,商人不生产商品,经由货币资本在市场上转化为商品,进而实现资本循环,在流通中获得增值。前近代传统商业资本是独立于生产之外的,用于交换与流通环节,局限于流通领域,但在近代准资本主义的生产方式下,商业资本的位置发生改变,逐渐从属于生产资本,成为产业资本再生产的一个职能资本与组成部分[4]。

从产业的成长而言,随着市场容量的扩大,产业地方化与地方经济成长逐渐形成。马歇尔认为产业区源自三种力量:知识溢出、为专业技能创造固定市场的优势、与巨大的本地市场相关的前后向关联。生产者希望选择接近大

---

[1] 戴鞍钢、阎建宁:《中国近代工业地理分布、变化及其影响》,《中国历史地理论丛》2000年第1期。
[2] 黄汉民:《近代上海工业结构历史演进分析》,《学术月刊》1991年第4期。
[3] 罗斯基:《战前中国经济的成长》,浙江大学出版社2009年版,第76—77页。
[4] 马克思:《资本论》(第3卷),人民出版社1975年版,第297—303、366—367页。

的需求市场,以及大的生产资料与消费品的供给市场。这一区位优势一旦形成就很容易延续下去,如果两个地区除了最初的经济规模有微小差别外,其他地方完全相同,那么这种差别也会在这些关联作用下,随着时间的推移而不断增大。

第二节 近代晚期空间演化的逻辑

重塑经济地理的主要驱动力是聚集效应、迁移、专业化、贸易,因为聚集的规模效应以及生产要素与人口的自由流动会促进经济活动趋于集中,交通成本的下降会促进专业化分工、产业内贸易的发展。

有三类区域基础性设施及相关服务能扩大区域之间的规模经济、要素流动与贸易:(1)提高生产力的区域基础设施,例如电力、通讯、互联网等;(2)提高流动性的区域基础设施,例如高等教育、职业培训等;(3)促进贸易的区域基础设施,公路、铁路、航运等。

一、区位选择与循环因果

在农业经济生产阶段,经济活动均衡地分布在各个地区,生产率因土地、气候存在差异。随着经济向制造业发展,一些地区的区位优势发挥出来,对企业、工人更具有吸引力,首先是"第一性"的地理优势,其次是"第二性"的历史因素。

背靠富庶的长三角腹地,上海拥有独特的资源与空间优势。"上海的地理位置使它成为进口的大集散地,货物多半被卸在上海,就地贮藏,内地需要时再由水道或大运河经过两三天的路程,运到长江边的镇江府,从那里装轮船沿长江驶到汉口及中途城市,那样就能避开从上海绕道长江到镇江的远程危险航道。"[1]墨菲认为,地理位置是近代上海发展的一个主要因素,其他口岸也曾获得了很好的发展机会,但都错失了[2]。樊卫国认为,从某种意义上说,上海地处口岸就是一种重要的经济资源,"一方面便于得到国内的原料,另一方面又

---

[1] 李必樟译编:《1854—1898年英国驻上海领事贸易报告汇编》,上海社会科学院出版社1993年版,第69页。
[2] 罗兹·墨菲:《上海——现代中国的钥匙》,上海人民出版社1986年版,第98页。

便于得到进口原料,而且两者可以互调余缺"①。"中外通商,……今以上海为首冲,缘长江各口遍开商埠,而上海居长江入海之处,商轮由海入口,必于是焉始,是为江之关系。"②

由于镇江位于长江、大运河的交汇处,长江三角洲顶点,地理位置有利于发展对内陆的贸易。1887年镇江领事报告认为,虽然河南可以在上海购买洋货,但河南全省的洋货完全由镇江供应,因为如果没有镇江这一条约口岸,洋货就无法大量深入到内地。苏北、山东的济宁州、徐州和海州等也从镇江运入大量布匹③。

1918年疏浚整治黄浦江后形成的港区范围与码头布局,基本维持到1949年。此时,无论上海港的集中分散能力、与国内外的联络,港口的投资环境、城市金融,以及港口本身的通航能力、辅助设备,都已经具备了国际贸易大港的基本条件。上海港优越的地理区位,在以港兴市的积极开拓下取得了良好的效益,奠定了上海成为长三角以至远东的大都市的基础,培育其成为长三角经济的枢纽中心。

民国初年,镇江江滩日涨,河道淤塞,金山已经连到南岸,运河南段入口被阻塞,镇江江滨以下至北固山几乎封闭,不通船只。英租界江边只有太古轮船码头一处,"上下货物不便,亦为商务凋敝之由"。"加以近岁小轮发达,民船吃水较前为深,而大小两闸口不挑浚者近二十年,九、十月间内河涓滴俱无,即光绪十八年新开之荷花塘四周,亦约有二、三里之广亦久不挑浚,致小轮民船无处停泊,内地出入货物因虞危险,多不投镇埠,是又足为商务之一障碍也。"④民国中期镇江沦落为淮扬、里下河一带的总汇而已。"如以江流逐渐倾向左岸,江岸淤沙日积,不便停检,而镇江遂成僵死之港,非如中山先生之计划,修竣运河,整治港面,不特旧日之盛况不可复观,且有江河日下之势,幸近日省政府已有改建港岸积极建设之计划。"⑤

"镇江商业,本来是上海附近最大的副区,在长江以北,山东以南,安徽以北,河南以东,凡是洋货的输入,土货的输出,都在镇江转输。它的贸易范围,可算很广,但是从京汉、津浦两铁路筑成之后,山东、安徽、河南各地的贸易,都

---

① 樊卫国:《近代上海的市场特点与口岸经济的形成》,《上海社会科学院学术季刊》1994年第2期。
② 吴馨等修、姚文枏等纂:《上海县续志》,卷一,《疆域·形胜》,民国七年刻本。
③ 姚贤镐编:《中国近代对外贸易史资料》,中华书局1962年版,第825页。
④ 李恩绥辑、李丙荣续辑:《丹徒县志摭余》,卷三,《外交》,民国七年刻本。
⑤ 《中华交通地志》,《省志·江苏省、上海市、浙江省》,世界与地学社1937年版,第3页。

转移到天津、汉口、浦口三处,因此,贸易的数额,日减一日,交通机关的迟速,和商业情形的盛衰,适成正比例,那么要发达的商业,一方面固然要改良商品,一方面对于交通机关也当日求便利,那才可言商业竞争呢!"①

在陆运竞争不断加大的情况下,作为区域性中转城市,镇江的地位下落,让位给具有较好工业基础的无锡。苏南苏北的经济中心由苏州、扬州,转移到无锡、南通,有着全国模范县荣誉的无锡一度被称为"小上海"。南通"是一个不靠外国人帮助,全靠中国人自力建设的城市",南通"与中国内地城市不同,除街道比较狭窄外,一切都像上海的公共租界,市内有各种商店,西式楼房到处可见"②。

宁波港航道自开埠之后到中华人民共和国成立前的一百余年中,从未进行过疏浚,因此两岸宽度及深度逐渐变窄变浅,江北岸码头前沿的宽度从1841年的290米左右到中华人民共和国成立前夕不足250米,招商局江天码头等前沿水深仅有2.7米③。

"在一定的条件下,上海的经济区位决定了上海具有发展贸易的较低交易成本,发展工业的较低经营成本;而当上海经济发展到一定程度以后,又会出现工商业都市经济的聚集效应,从而使初始的地理区位优势进一步向人才、资本、技术的高密化、集约化发展,推动城市经济向产业结构更合理、更有竞争优势的方向迈进。"如第一章第二节所述,区域选择与循环因果因素在民国时期没有发生很大的变化,上海快速强化了其优势地位,无锡、南通等更多的城市也提高了自身的区位优势与循环基础,只有镇江的相对区位优势呈现下降。

二、交通运输与要素流动

交通运输基础设施的位置与质量、运输的可得性可以极大地影响到两个地区的经济距离。在近代中国,因为船运是将商品运往国内外市场最经济的方式,沿海与可以通航的流域是经济高密度区。随着技术的进步与通信交通成本的下降,经济密度的走势得以重新塑造。

交通基础设施的改变对于培育地方经济意义重大。"我的计划,首先注意于铁路、公路的修筑、运河、水道的整治,贸易港口、商业街道的建设。因为这

---

① 王钟麟:《全国商埠考察记》,世界书局1926年版,第24页。
② 徐雪筠等译编:《上海近代社会经济发展概况1882—1931——海关十年报告》,上海社会科学院出版社1985年版,第249页。
③ 陈德义:《"五口通商"后的旧宁波港》,《宁波文史资料》,第2辑,1985年,第37页。

些都是发展实业的重要条件,必须先有这些交通、运输和商品流通的重要条件,否则虽然全部具备了发展实业的要素,也没有办法去发展。"①

轮船取代帆船导致运营成本增加。在节省时间方面,除了上述的减少挂靠港口外,另一办法则是减少在港时间,增加航行时间,这又对港口的货物集中能力和货物存储能力提出更高的要求。

为了提高经济效益,轮船都在减少途中靠岸的次数,而且都集中于少数大商埠以承接航运业务。先把货物先卸于上海港,再通过固定而廉价的区域航线船只转运②。

除那些不从事农业、渔业劳动的人家之外,江南地区几乎每户都有一条或几条船,男人、妇女都会划船。船运成本低,距离只是一个时间问题,如果顺风的话,运输重量增加但费用几乎不增加。这使得贸易、人口、城市、产业,集中在水运便捷的河道沿线,水运网络直接影响到贸易与经济流通网络。

1912—1920年沪宁铁路客运由488万人次增加到820万,增长68%;货运由49万吨增加到140万,增长186%。沪甬杭铁路1915年至1920年,客运由337.59万人次增加到357.1万人次,货运由48.2万吨增加到58.7万吨③。沪宁运输业务比沪甬杭发展更快。

1913年津浦铁路全线贯通,1916年建成上海站至新龙华间的铁路,联结了沪宁、沪杭两条铁路,形成宁沪杭铁路。1927年京汉、粤汉、陇海等铁路干大部分均已贯通。1931年宁杭铁路通车,经过湖州,并在句容有支线通镇江④。1934—1936年初,轮船招商局先后与沪宁、杭甬等铁路办理了联运协作⑤。1937年后,原沪杭甬铁路的新龙华至日晖港改为新日支线,开始办理黄浦江水陆联运业务,之后又在市内修建了联运沪宁、沪杭线的真西支线⑥。

1901年苏州海关税务司客纳格预测,如果沪宁铁路建成,将增加苏州对上海大市场依赖的势头⑦。沪宁铁路于1908年3月建成通车。沪宁铁路干线1908年运载乘客数大约325万人次,收入138.5万元;1910年乘客数增至近

---

① 孙中山:《中国实业如何能发展》,上海《民国日报》副刊"星期评论",1919年10月10日。
② 徐雪筠等译编:《上海近代社会经济发展概况1882—1931:海关十年报告》,上海社会科学院出版社1985年版,第258页。
③ 徐雪筠等译编:《上海近代社会经济发展概况1882—1931:海关十年报告》,上海社会科学院出版社1985年版,第219—220页。
④ 张其昀编:《本地地理》(上),南京钟山书局1934年版,第101页。
⑤ 张后铨主编:《招商局史(近代部分)》,人民交通出版社1988年版,第231、418—420页。
⑥ 徐之河等主编:《上海经济(1949—1982)》,上海人民出版社1983年版,第459页。
⑦ 陆允昌编纂:《苏州洋关史料》,南京大学出版社1991年版,第92页。

425万人次,收入170万元;1911年收入再增,约近200万元①。

1914年,沪杭甬线宁波至曹娥江段铁路通车。但是曹娥江至杭州对岸的西兴这一段,从第一次世界大战停工后,直到1936年才再次动工,1937年11月通车。1937年前,从宁波始发的火车只能开到曹娥江边上的百官,沪杭甬铁路依然不通。

在陆路交通路线的建设方面,江苏省以上海为中心,向南北两翼拓展。浙江省以政治中心、省会——杭州来拓展的,连接上海。

浙江所建成的沪杭铁路、杭江铁路、沪杭公路、京杭公路、杭徽公路、萧绍公路等都是围绕省会杭州展开的,绍兴、金华、衢州、严州、处州等所需绸布均直接向上海输入,不再由宁波转口。从宁波出发的仅有沪杭甬铁路甬曹段,连接宁波和福州的沿海大通道。这样宁波港处于陆路交通的末梢。

1937年,连接上海与长三角各地的主要公路干线,有沪桂干线、沪杭路、锡沪公路、苏沪公路、沪太路、上嘉路、上宝路、上松路、青沪路等。小型公路把上海与长三角大多数中心市镇联系起来。公路的修建主要不是为了商业,而是为了旅行与一般汽车的通行。由于公路运行维护的成本高昂,汽车货运量极其微小②。上海的长途汽车行驶路线包括常熟、无锡、太仓、青浦、闵行、松江等处,通过这些地方再和江苏其他城市相联系③。

运输成本的下降促成了远距离贸易的可能。随着成本的进一步下降,相近地区之间的贸易成为主导,促成了生产向区域中心城市的集中。随着运输成本的降低,自然地理的重要性逐渐降低,而随着生产中心城市的出现,经济地理的重要性逐渐上升。

据20世纪30年代的调查,鄞县、慈溪、奉化、镇海、定海、象山、南田、余姚等"与宁波县生密切的关系之各县,整数交易,多用过帐方法",以"雨洋"或"过帐洋"为汇划本位,而浙江的其他地方都是以银圆为本位④。这就便利了以宁波为核心的经济区的形成。杭州不仅为浙省杭、嘉、湖、绍、金、衢、严处各属之金融枢纽,即"远如皖省徽州、江西上饶各地,亦均以杭州为金融中心"。歙县钱市以屯溪、杭州为标准,休宁全县钱市以屯溪为中心,屯溪又以杭州、上海为

---

① 徐雪筠等译编:《上海近代社会经济发展概况1882—1931——海关十年报告》,上海社会科学院出版社1985年版,第161—162页。
② 徐思予:《江苏省之公路运输》,《国民经济建设》1936年第1期。
③ 王昌年编:《大上海指南》,光明书局1947年版,第224页。
④ 实业部国际贸易局:《中国实业志·浙江省》,1932年版,第123—130(乙)页。

归依①。苏州商埠设在盘门外青阳地,邻近运河,有定期的小轮船往来上海、杭州、镇江之间,"在二十年以前,商业发达,市面热闹,有税关,有日本领事馆,有苏经丝厂、苏纶纱厂,但自沪宁铁路修成以后,水路交通,渐为陆路交通所夺,青阳地虽离车站很远,贸易从此日趋衰落,到了现在,往游其地,荒草颓屋,满目凄凉,繁盛商市,移到接近车站的阊门一带马路"②。

众所周知,单纯的商业活动只能改变物质财富的空间配置,并不能创造出新的物质财富。布罗代尔把贸易区分为两种不同类型:一种是低级形式,如集市、店铺和商贩等;另一种是高级形式,如交易会和交易所等③。低级形式的市场交易活动通常是与地方性的、自给自足的经济相联系的,只能成为生产活动与消费活动的一种中介,而不能改变该地区要素的稀缺性与基本的资源禀赋。被布罗代尔称之为高级的市场贸易方式,超越了地方的界限而日益演变成为全球性的贸易行为,能改变该地区要素的稀缺性与基本的资源禀赋。近代长江三角洲地区的流通空间显示,区域商品与要素的流动已经促成了地方化经济与产业内贸易的形成。

三、经济聚集与扩散

在地区经济的发展过程中,自然出现从毗邻区向密集区的溢出效应与过程,一个地区整体的要素增长率与毗邻地区的经济密度呈现正相关。通过溢出效应,毗邻地区的需求增长会促进整体要素生产率的更快增长。上海得益于毗邻优势,信息、人才等资源优势,成为中心。资本与劳动力等生产要素会流向报酬最高的地区,因为这些地区生产要素稀缺。

为了实现规模经济,需要在一个经济板块聚集人口与资源,相对大量的人口不仅提供制造业生产所需要的人口,也提供了消费品市场。随着从农业生产向工业生产的转变,人口自然集中到沿海地区,沿海城市成为地区制造业增长的发动机,首先从国内市场中获益,然后快速转向面向区域市场与世界市场的进出口。

徐新吾、黄汉明④辑录的 1933 年价格的上海历年工业总产值,显示了上海工业的快速增长,1896—1936 年年增长率为 9.6%,上海人口 1890 年不到 50

---

① 《中国经济志(安徽省歙县、休宁)》,1935 年版,第 85、63 页。
② 王钟麟:《全国商埠考察记》,世界书局 1926 年版,第 20 页。
③ 费尔南·布罗代尔:《资本主义的动力》,三联书店 1997 年版。
④ 徐新吾、黄汉民:《上海近代工业史》,上海社会科学院出版社 1998 年版。

万,1910年超过100万,1930年达到350万。20世纪30年代上海工业生产开始从劳动密集型向资本密集型产业转变,一些低增加值的产业逐步向外地特别是江苏迁移。沿着由1908年建成的沪宁铁路线延伸的工业带,集中了江苏全省工业总产值的79%。

在经济发展的早期,经济迅速集中到城镇,资本、消费者、工人的集中迅速带来了生产优势,运输成本又限制了利益外溢。人口的集中有助于更好地保持城市地区基础设施与公共服务。农村地区居民与人口涌入城镇,减少了农业剩余劳动力,同时降低了农村劳动力市场工人之间的竞争。劳动力节约型的技术进步解放了劳动力,促进向城市移民,提高了劳动生产率。上海从其他地区吸引了劳动力进入,同时,上海的资本与企业家反过来流向长三角其他地区,最直接的表现是无锡成为"小上海",20世纪30年代成为中国第五大工业城市,很大程度上是由于上海资本向无锡的流动,南通的情况也是类似。

城市的功能更多在于通过规模报酬递增、更多专业化的投入带来生产效益与劳动力市场的聚集。在总结区域经济空间结构形成与演变机制模型研究成果时,发现空间规模收益递增是经济空间结构产生和演变的原动力,而人口、产业聚集、区域可达性的变化与技术发展都对区域经济空间结构的形成有着重要的影响。

根据已有的认识,制造业与服务业领域内部的报酬随规模增加而递增。从轻工业到重工业,再到高科技产业,内部规模经济从微不足道变得非常重要。所以小工业集中在小城市,大工业集中到大城市。例如"淞口以南接近沪埠,水陆交通尤适宜于工厂,故十年之间,江湾南境客商之投资建厂者,视为集中之地,而大势所趋,复日移而北,自棉织以外,凡金木玻璃卷烟以及化学制造之属略备"。"近如花边一业,发源于烟台,由上海传至浦东高桥一带,其法纯恃手工以洋线结成各式花边,美国上流妇女衣服恒以此为缘饰,航海销售获利颇厚,又以吾国妇女工价低廉,习之亦极适宜,一时大场江湾首先推行,城厢罗店月浦杨行等处继之,花边公司之名乃大著。"宝山境内的工厂大多为棉织,"一因妇女素谙纺织,改习极易,一因土布价落,设厂雇工兼足维持地方生活也"。①

可以这样概括不同地理层级的经济聚集的形式与意义:在市镇这一级,经济聚集促进农产品的销售与分配,产生规模效益;在中等城市这一级,则推

---

① 张允高、钱淦、吴叚、王钟锜等纂修:《宝山县续志》,卷六,《实业》,民国十年本。

动地方制造业的兴起,形成有特色的地方经济;在大城市这一级,经济聚集促成基础设施的改进、创新技术与服务的出现。

由于规模报酬递增的存在,熟练的劳动力是人力资本、教育程度、技术禀赋与才能的体现,在熟练工人密集的地方可以获得更高报酬。有能力的工人与企业总是会优先向高密度先进地区流动,促成该地区聚集了大量的技术人才,提供更高的报酬。在地区经济的发展过程中,自然出现从毗邻区向密集区的溢出效应与过程,一个地区整体的要素增长率与毗邻地区的经济密度呈现正相关。通过溢出效应,毗邻地区的需求增长会促进整体要素生产率的更快增长。上海得益于毗邻优势,信息、人才等资源优势,成为中心,进而延伸到周边地区。

上海经济的急速发展吸引了长江下游省份大量劳动力流入上海,上海的资本与企业也反流入长江下游省份,主要是江苏南部浙江北部。20世纪30年代,上海工业生产开始从劳动密集型产业向资本密集型产业转变,一些低增加值的产业逐步向外地特别是江苏省迁移。正是因为有了上海所提供的最重要的资本支持,南通才在张謇的领导下,崛起为一座新的工业城市;无锡从20世纪初的小市镇,成长为20世纪30年代中国第五大工业城市[①]。

上海向宁波的工业转移不如向南通、无锡那样多,但在上海从事工商业的宁波人更多。据1941年的不完全统计,由宁波人在上海开设的大小工商企业,就有2 746家,从事呢绒、绸缎、纱布的行业就有120家,金融类有50家(钱庄14、银号5、银行17、证券交易所14)[②]。宁波工厂所需原料,大部分由上海转来,即使从国外进口的人造丝、火柴厂所需的化学药品等还须通过上海港转运而来[③]。

苏南浙北地区乡村积极种植棉花等经济作物,传播改良的品种与生产技术,大规模地推广使用商品性化学肥料,以及动力农用机械,例如灌溉水泵、机械磨坊等[④]。根据马德斌的估算,20世纪初长江下游省份(江苏、浙江、上海)

[①] 马德斌:《制度与增长:近代上海与江浙地区工业化的数量及历史验证》(袁为鹏译),载朱荫贵、戴鞍钢主编:《近代中国:经济与社会研究》,复旦大学出版社2006年版,第13—14页。

[②] 陆友金:《宁波的人力资源交流环》,载陆红军《人力资源发展跨文化学通论》,百家出版社1991年版,第223页。

[③] "甬埠工业不能充分发展,原料缺乏,当为最大原因。"(民国《鄞县通志》,《食货志》,丙编"工业")

[④] 马俊亚:《混合与发展:江南地区传统社会经济的现代演变(1900—1950)》,社会科学文献出版社2003年版,第67—69页。

的人均收入高于朝鲜、东北,仅次于日本、中国台湾,人口与日本相当,是中国台湾的10倍,所以认为长江下游省份已经成为东亚的第二大工业区。可以视为中心城市对乡村手工业的带动,促成了区域经济要素的扩散,从城市到城镇、农村。

从宁波工厂设立的情况看,可以发现主要满足地方生活需要的轻工业、小工业,利用本地资源,占有本地市场,例如1921年设立的39家工厂中,食品加工、棉纺织业、日用品、公用交通占33家,相对属于"重"工业的电力厂、机器修理厂只有6家,还不到工业总资本的7%。1932年存有的158家工厂,多数为小型的织布厂、针织厂、碾米厂,新设的大型厂仅仅有恒丰布厂、立丰面粉厂、冷藏公司三家[①]。

前现代农业依赖土地且缺乏规模经济,因而形成了分散的空间经济形态;近代商业发展起来后,促进了经济的增长,产生新型商业城市,改变了经济增长的空间平衡;随着近代工业发展起来后,经济增长对土地的依赖性相对下降,规模经济与空间集中形成,必然造成经济增长的空间不平衡。同时,伴随着自给自足的封闭经济向开放经济的转变,在国际或区域贸易的推动下,经济活动将会高度集中在贸易成本最低的区域,比如沿海、沿江、交通线两侧或国家、区域的边界地区。

四、政策与市场的互动

除了地理因素外,墨菲也强调,在租界创立的早期,外国控制上海所提供的安全保障,有利于资本在上海集中,从而形成了经济发展的一个重要促进因素[②]。唐振常(1989)、张仲礼(2002)、张忠民(2008)等人也认为租界对经济发展的作用主要是安全,能提供安定的社会环境,对一个工厂来说,安定的环境有时比地价、运费等条件更为重要。

晚清以来中华帝国与欧美列强的交涉总是失败,一开始归咎于自己的军事不如人,后来又认为自己的机器不如人,于是兴起了洋务运动,中体西用,发展官商合办企业,甲午战争、庚子赔款后才意识到制度方面的缺陷。

贸易刺激创新,也带来更激烈的竞争。贸易与FDI带来的要素价格的变

[①] 《宁波资本主义工商业简史》,载《浙江文史资料选辑(十二辑)》,政治浙江省委员会文史资料委,1979年,第146页。
[②] 罗兹·墨菲:《上海——现代中国的钥匙》,上海人民出版社1986年版,第103页。

化可能对创新不利(Helpman,2004),所以,尽管贸易与经济增长之间存在正相关关系,一国开放以后能否继续保持经济增长仍然是未知的,这取决于制度的创新。1930年国民党政府裁厘加税,裁撤内地常关和全国厘金局,改征营业税和统税。原先设在安徽、江苏的两个米厘局和常关取消,芜湖腹地各县的米船分别集中鲁港、裕溪口待价而沽。

胜因在谈到实业救国时认为:"近今十年,国家于新创之实业,亦未尝无维持奖励之意,施及于今终无明验大效,此则经制不定之害也。"提出五条建议:(1)国家需要改良行政机构,保障国民经营,保护其财产;(2)统一整顿度量衡、货币,维护市场公平公正;(3)保证市场上商品流通顺畅,市场活跃,互相补充调剂;(4)让有才干的人去充分发挥才华,废除将人才束缚在科举考试上的不良制度;(5)保护、奖励、提倡实业,并形成一股热潮,使人们的精力集中到实业建设上来①。

钟衡臧在发起成立"工业建设会"时认为:辛亥革命的胜利引来了中国资本主义发展的广阔前景,全国建立了许多旨在振兴实业的社团②。上海"工业建设会"是其中比较有影响力的一个,推动了上海工业中心的形成。

张謇办厂之始得到政府的支持,取得"二十年内百里之间不得有第二厂"的专利权,对于保证大生纱厂早期成功和发展南通近代工业起到一定作用。可是,张氏一再援引这种带有封建特权性质的"专利权",不准他人染指南通甚至海门,这就关闭了其他民族资本在南通设厂的大门,既不利于其他民族资本的发展,也因没有同业的借鉴和竞争,削弱了大生自身的活力。相反,外地人到无锡投资则不受限制或排挤。1922年以后,南通的工业发展趋向停滞,无锡则继续发展。到1936年,无锡的工业投资总额比1929年增加了一倍以上,达2 400余万元,为江苏第一号工业城市③。

在国际生丝竞争中,农民收入下降的主要原因是世界性的经济萧条与家庭缫丝的质量问题,传统的饲养蚕丝方法,对于蚕的病毒传播没有预防;在蚕的生长过程中,温度与湿度得不到调节,蚕业供应不一定能及时,蚕茧的质量也不均;采用家庭手工的方式,抽取的纤维折断率高、不均匀。民国长江三角地区生丝业发展的挫折,表明农村缫丝业技术发展滞后导致的失败。为此,政

---

① 《东方杂志》1910年第7卷第6期。
② 《民声日报》1912年2月28日。
③ 单强:《工业化与社会变迁近代南通与无锡发展的比较研究》,中国商业出版社1997年版,第17页。

府与其他机构引入技术改良。苏州附近浒墅关女子蚕业学校,向附近农村传播新的技术知识。

为了改进技术,必须引进蒸汽机械,将家庭个体劳动方式转变为工厂集体劳动①。1936年开弦工村进行蚕桑缫丝业改革,组建合作工厂,代替家庭手工业。当时村里并没有足够的资金来资助工厂,工厂所需的资金总共为49 848元,村社社员入股的总金额为2 848元,约占总额的5.7%。蒸汽机与机器是从女子蚕业学校借来的,工厂向省农民银行借贷15 000元,但是政府认为工厂设在农村,万一破产无法拍卖不动产,政策上不予支持,后来,开弦工村向最近的震泽镇获得3 000元的短期贷款,开弦弓村工厂的资金主要还主要不是来自农民自己的集资②。1927年国民政府成立后,政府才开始比较多地推荐农村丝业与合作运动。"在所有省份中,凡蚕丝生产有所发展者,均属地方当局与国民政府合作,或为改善蚕丝工作中的状况而采取的特殊措施。江苏、浙江两省之所为,可作为全国各地为振兴蚕丝业而采取措施的典型。过去,蚕都由农民饲养,他们的保守态度以及缺少资金的条件,阻碍了引进改良办法来改进工业的可能性。"政府成立蚕丝业委员会,制定鲜茧参考价,帮助农民改良蚕种,同时政府对此项工作给予资金支持。

卜凯(J. L. Buck)通过对比中国与美国各类农产所需的劳动力,发现在中国小麦生产所需的工人是美国的23倍,谷米是13.8倍,高粱是13.2倍,黄豆是7.1倍,棉花是5.6倍,红薯是5.7倍③。虽然中国都市中的若干工业部门已经采用蒸汽机、电动机,但是粗笨的手制农具在农村中还占有统治地位。

生丝及丝绸的生产主要集中在江苏省苏州府的吴县、吴江,以及浙江省北部的湖州府、嘉兴府、杭州府,丝织业逐渐成为专门化的生产,植桑、养蚕、缫丝首先是在小农家庭完成(与制棉、纺纱、织布一体化一样),然后随着蚕茧储藏方式的改进,才集中到缫丝厂完成。家庭劳动力比雇工便宜,在高度商品化的长江三角洲,经营式农业让位于小农家庭生产④。同样的,人口压力也会趋向

---

① Zhang Li, *Peasant Household Economy under the Influence of International Trade, Industrialization, and Urbanization: A Case Study of Wuxi Peasants' Response to Economic Opportunities, 1860s - 1940s*. Dissertation of UCLA (University of Colifornia Los Angeles), 2002, pp. 263 - 264.
② 费孝通:《江村经济——中国农民的生活》,商务印书馆2002年版,第172—200页。
③ 卜凯:《中国农家经济》(张履鸾译),商务印书馆1936年版。
④ 黄宗智:《长江三角洲小农家庭与乡村发展》,中华书局1992年版,第69—73页。

于提高地租,从而有利于租佃制而不是经营式农业。它的根源在于生产成本与交易成本。

小农经营普遍存在,农业生产技术的改进比较困难,但是农村中也并不是没有采用新式农具。在江浙两省的京沪苏杭一带,普遍采用戽水机器,甚至采用电力戽水。在交通便利、工业发展的无锡,80%的农家使用机器戽水,靠近城区50%的农家采用新式的掼稻机(用足转动的改良农具),远离城区只有20%的农家采用这种农具[①]。1933年中国农村经济研究会在无锡庄前、孙巷两村调查时,见到的一个奇怪的现象是,机器戽水不如牲畜戽水。

19世纪70年代—20世纪30年代,世界原材料、食物、初级产品对工业制成品的贸易条件指数与中国的贸易条件指数具有惊人的一致性,都呈缓慢的下降趋势。第一次世界大战前中国贸易条件指数波动略大,第一次世界大战后两者彼此高度一致。这种一致说明,中国近代时期用农产品与国际工业产品进行交易所获得的利益与世界同类贸易的利益水平相当,中国没有在此过程中获得比国际平均水平更大的贸易利益,也没有在此过程中丧失超过国际平均水平的贸易利益。1931年大水灾使得中国农村经济破坏很大,接着是世界性的经济危机的袭击,到处爆发所谓"丰收成灾"的呼声。

五、简评:近代空间经济的演化

由于晚清与民国是一个连续的经济变革阶段,参照第一章第二节"四"对于区域经济地理的变迁以及经济发展度量的解释,建立一个空间价值度量等式

$$Q = F(l) + G(k) + \sum F \qquad (1-3)$$

其中 $F = F_{out} + F_{in}$,同时,$F = a \cdot k \cdot e^{-lxy}$

具体说明此处从略。

表2-2表述了民国时期长江三角洲地区,以13个主要城市为中心的经济空间的影响因子,分别表示区位、自然禀赋、要素资本投入、市场准入度(规模)等相关因素在经济空间结构形成中的正向或负向的作用。与晚清相比,在新一轮的经济空间结构演变中,多个次中心城市获取或丧失了部分优势。

[①] 薛暮桥:《旧中国的农村经济》,农业出版社1980年版,第46页。

表 2-2　　　　　　　　长三角地区经济空间形成因子（民国时期）

	区位	自然禀赋	要素资本投入（基础设施）	影响价值（溢出效应）	获益价值（规模效益）	市场规模/准入度
上海	●	◎	●	●	●	●
南京	◎	○	●	○	◎	◎
苏州	○	●	◎	◎	○	◎○
无锡	◎	●	●	◎○	◎	●
镇江	●◎	◎	◎	○	○	◎○
扬州	◎	◎	○	○	○	○
南通	◎	●	●	○	●	◎
杭州	◎	●	◎	○	●	◎
宁波	●	◎	○	○	◎○	◎
绍兴	◎	◎	○	○	○	○
嘉兴	◎	◎	○	○	○	○
芜湖	●	◎	●	○	◎	◎
蚌埠	◎	○	●	○	◎	◎○

注释：●表示该要素对该城市空间价值形成，有显著的正相关；◎表示该要素对该城市空间价值形成，存在正相关；○表示该要素对该城市空间价值形成，存在负相关。如果在民国时期，同一要素前后的影响作用发生逆转，则同时标记。

在城市化的早期阶段，农业或资源型产品具有支配地位，经济密度不高，经济发展的动力主要是企业、工厂的内部经济，提高经济密度、区域的空间差异不直接影响到经济的发展。由于存在规模效应和极化效应，上海凭借着区位、资源、信息等方面的优势，迅速发展，稳定地成为长三角地区的综合中心城市。

开放口岸有利于获取联系国外市场的通道，同时会推动地区基础设施的投资与改良。长江三角洲地区近代流通与生产的空间显示，口岸商埠与内地的双向互动促成了近代经济的成长：(1)口岸城市的外部市场准入度高，带动了区域要素流通的增长，并形成地方化经济；(2)上海口岸与沪宁、沿江经济轴，与内部市场联系密切，借助资源禀赋、地方消费市场与劳动力、与上海的毗邻地缘、工业资本投入等优势，形成了上海工业中心、无锡南通纺织轻工业中心，形成"现代"的功能性城市。正如道格拉斯·诺斯所说，发展方向的扭转，往往要借助于外部效应，引入外生变量或依靠政权本身的变化。随着外部资本主义的介入，长三角地区前近代以内生演化力量为主的发展模式被打破，逐渐演化为以外力为主导的发展模式，推动了该地区流通与生产空间的扩张与经济的成长，形成了以口岸城市为导向，具有一定层级的空间发展"阶梯"，这一结构本身还处在失衡的状态之中。

随着世界一体化程度的加深,世界市场对于区域发展的影响超过国内市场对之影响,近代市场潜力的提高归功于贸易的迅速增长,近代长三角地区的变革即肇始于此。通过参与世界贸易与分工,社会资源的配置方式得以优化,同时通过对外交流获取知识、资源、资本(内陆地区通过口岸获取),并形成了区域之间的激励、学习机制。这一过程推动了区域城乡之间的产业演进,打破了前近代小农经济下的均衡状态。这一演进在产业内部与区域之间都是不均衡的,存在空间与发展级差,也是经济发展过程中不可逾越的过程。

在近代从传统向现代发展的过程中,形成了传统非资本主义部门(经济)与现代资本主义部门(经济)的并存。在新式商业最为发达的上海,传统的大商行如米行、豆行、丝行、茶行等也得以成长;上海钱庄的资本与营业额也在不断增长,直到20世纪30年代以后才逐渐为新式银行所取代;1936年上海的土布号减少一半,绸缎庄增加一倍,中药行增加五倍,营业额超过西药业;铁路轮船显著地改变了区域交通形式,但传统的木帆船依然兴盛。就技术而言,先进技术与资本集中在现代工业部门,为资本密集型产业;传统部门的技术水平变化微弱,为劳动密集型产业,均获得各自的比较优势。传统农业部门的工资收益低于现代工业部门,促成了农业剩余劳动力向城市与工业部门,尤其是乡村工业部门的流动。新式银行、保险公司、信托公司、证券交易所等金融工具主要集中在通商口岸,尤其是上海。20世纪20年代末上海集中了全国4/5的总行机构与全国1/2的资金,广大农村主要通过民间借贷来完成融资。从经济结构上,近代经济处于一个失衡的状态,但由于传统与现代之间存在过渡产业,结构性二元结构具有自我消解的内在动力。

在上海超强辐射的掩盖下,其他口岸的辐射作用与空间可达性较弱,变成了区域性的中转口岸。从这种意义上看,随着技术进步,全球化增强,民国时期上海的发展,加强了集中趋势,加剧了地区不平等。有限的原始人力资本、物资资本集中到那些经济增长潜力高的先进地区。远离新密度区的地区发展将会滞后,即使劳动力、资本可以自由流动,生产率、收入的不平等由于路径依赖被锁住,需要较长的时间才可能出现变化。这一特征也是区域近代化经济起飞阶段的特征之一,而不是马尔萨斯式的"高度均衡陷阱"下低水平、封闭式的循环。在大城市与乡村之间存在中等城市与市镇,空间的二元结构不具有显著的稳定性,具有自我消解的内在动力,1978年来长江三角洲地区的经验证实了这一点。

第三节 经济地理的变迁与绩效

不断增长的城市、人口迁移、专业化生产是发展不可或缺的部分,这是以往地区经济变迁的经验,也是当前正在经历的变迁。民国时期,长三角地区与世界市场联系更加紧密,更多地参与世界分工,促成了近代农村外向化、商品化农业与手工业的发展,促成了城市工业的发展,加速了人口从农业向工商业的迁移,加速了专业化分工与城市的发展。这成为民国时期长三角地区经济地理变迁的主要脉络。

一、区域经济的联系与分割

经济增长是不平衡的,试图在空间上均衡分配经济活动的意图,只会阻碍经济增长,但是可通过增强经济联系,促进远离经济机会的人口收益更多的财富,同时实现不平衡增长与相对平等的发展。与晚清阶段相比,民国时期长三角地区经济联系的强度增加、通道增多、回路结构更加明显,首先来关注民国时期市场流通体系的新变化。

(一)以通商口岸城市为中心的流通体系

1912—1933年间,在长三角地区各口岸中,上海港的贸易额所占比例不断攀升,占绝对的优势地位,贸易额占全国的比例由1912年的15.71%增长至1933年的44.01%,占长三角的比例由1912年的68.04%增长至1933年的92.30%,从而致使其他口岸贸易额占长三角的比例非常有限。宁波港的进出口贸易额所占比例除1918—1922年低于南京港外,其他年份均位居第二位。南京港的进出口贸易额所占比例除1912—1914年间以及1927年、1928年低于镇江港、杭州港外,其余年份均在镇江、杭州前列。镇江和杭州的进出口贸易额所占比例基本持平,镇江略强;苏州港则次之。

从时间变化来看,上海贸易额所占比例总体上呈上升趋势,南京则是先升后降,镇江、杭州在总体上呈下降趋势,宁波、苏州则在波动中下降(见图2-1)。与晚清时期相比,在进出口贸易额所占比例方面,南京和宁波的地位有所提升,而镇江则呈现衰落趋势。

从1912—1933年进出口吨位所占比例看,上海占有绝对优势,进出口吨位比例最高达73.73%;其次为南京和镇江,进出口吨位所占比例分别为23.79%、23.00%;再次为宁波,进出口吨位所占比例为6.99%;苏州和杭州所

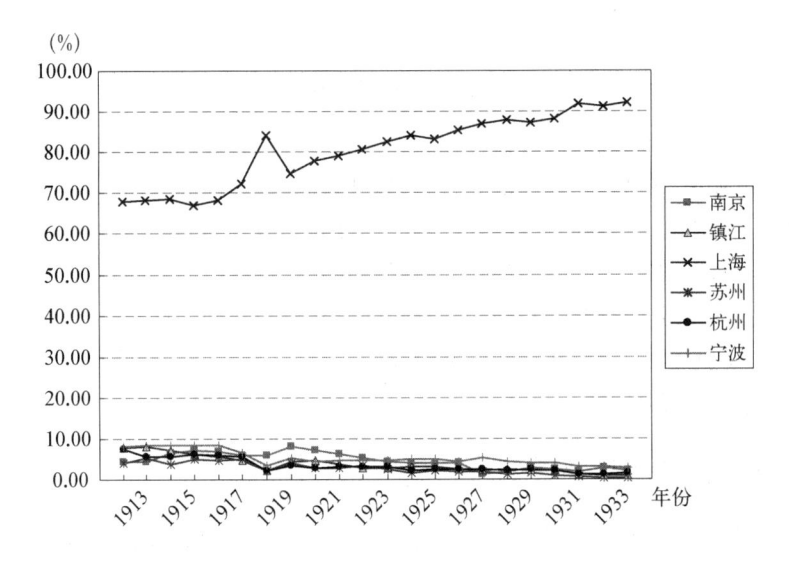

图 2-1　长三角地区各口岸贸易额占比(1912—1933)

资料来源：据实业部国际贸易局编撰《最近三十四年来中国通商口岸对外贸易统计(中部)》，1935年版，第168页，第三表乙。

占比例较小，大部分年份不到1%。从进出口吨位所占比例的变化趋势看，上海所占比例虽有波动，但总体呈增加趋势；南京和镇江则是先增后减；宁波则相对稳定；苏州和杭州占比例较小，总体上呈下降趋势（见图2-2）。与晚清时期相比，在进出口船舶吨位所占比例方面，镇江的相对地位呈现衰落。

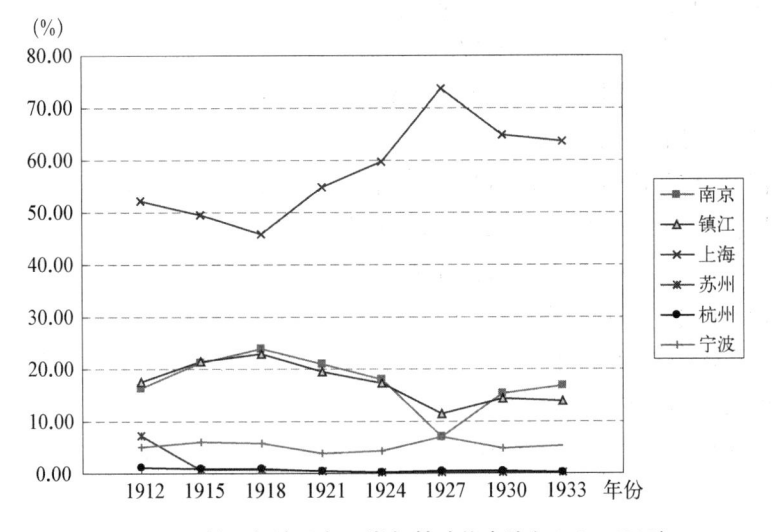

图 2-2　长三角地区各口岸船舶吨位占比(1912—1933)

如果对比图2-1与图1-2,可以明显地看到上海中心的强化。

上海的绝对优势不仅反映在进出口贸易额所占比例上,也反映在与其他口岸的埠际贸易上。1936年,由南京、镇江、苏州、杭州、宁波输往上海的贸易值占各该口岸输出总值的百分比分别为53.3%、44.5%、100.0%、92.3%、93.1%,由上海输往南京、镇江、苏州、杭州、宁波的贸易值占各该口岸输入总值的百分比分别为59.5%、30.1%、97.0%、99.8%、84.9%(见表2-3)。这说明在当时,长三角地区的货物流通已经完全形成以上海为中心的局面,其他口岸均以上海作为总汇枢纽,土产大都运往上海出口,外货亦由上海购入。尤其是苏州、杭州、宁波,进出口贸易货值几乎全来自上海,完全成为上海的附属口岸。通过这些口岸的中转,使得上海与广大的腹地连接起来,联通原料产地与商品市场。

表2-3　　　　长三角地区各口岸埠际贸易占比(%)(1936)

		芜湖	南京	镇江	上海	苏州	宁波	杭州
苏州	运往				100.0			
杭州	来自	*			99.8			
苏州	来自	2.8			97.0			
宁波	运往	0.1	*	*	93.1			*
杭州	运往				92.3		*	
芜湖	来自	0.4	1.9	0.5	85.5		*	
宁波	来自	0.4	2.1	1.3	84.9			*
南京	来自	8.1		*	59.5		*	
南京	运往	3.4		3.5	53.3		2.4	
镇江	运往	2.6	*		44.5		4.0	
镇江	来自	4.2	7.9		30.1		0.1	
芜湖	运往	0.4	2.7	1.1	23.2	0.3	0.2	*
上海	来自	1.2	1.7	0.6	*	0.1	3.5	2.6
上海	运往	4.6	1.0	0.4	*	0.5	3.0	2.1

资料来源:郑友揆、韩启桐:《中国埠际贸易(1936—1940)》,1951年版,第14—15页,第24—25页。

注:*为不及0.05%者。

如果对比表1-3与表2-3,可以显著地发现,镇江、宁波在区域埠际流通中的独立性下降,尤其是宁波,相对贸易量的下跌超过绝对贸易量的增长,显示出区域经济流动的集中化趋向。芜湖对上海的进口与出口的比例均下降，显示出该区域的分离倾向。

与表1-3相比，虽然绝对中转数量增加较多，但与晚清相比变化仍然不是很显著，上海的货物中转率略有下降，大约仍在60%左右，其他城市都有所上升，其中以镇江、南京表现比较明显，由1%以下增加到2%—5%（表2-4，表2-5）。

表2-4　　长三角地区各口岸货物中转率(%)(1914—1919)

	芜湖	南京	镇江	上海	苏州	杭州	宁波
1914	0.66	0.99	2.54	58.28	0.02	0.19	1.58
1915	0.62	1.79	4.54	62.11	0.01	0.22	2.79
1916	0.28	3.91	4.54	57.90	0.02	0.89	1.95
1917	0.28	0.43	0.94	59.88	0.31	1.21	2.05
1918	0.28	0.22	0.53	60.32	0.16	1.00	1.71
1919	0.18	0.24	0.53	59.56	0.11	0.99	1.56

表2-5　　长三角地区各口岸货物中转率(%)(1914—1919)

	1914		1915		1916		1917		1918		1919	
中转	外洋或香港	国内口岸	外洋或香港	国内口岸	外洋或香港	国内口岸	外洋或香港	国内口岸	外洋或香港	国内口岸	外洋或香港	国内口岸
芜湖	0.00	0.66	0.00	0.62	0.00	0.28	0.00	0.28	0.00	0.28	0.00	0.18
南京	0.04	0.95	0.50	1.29	3.05	0.86	0.00	0.43	0.00	0.22	0.00	0.24
镇江	0.01	2.52	0.00	4.54	0.00	4.54	0.24	0.70	0.14	0.39	0.10	0.43
上海	24.00	34.28	30.94	31.16	29.41	28.49	21.12	38.76	16.47	43.85	17.88	41.68
苏州	0.00	0.02	0.00	0.01	0.00	0.02	0.00	0.31	0.00	0.16	0.00	0.11
杭州	0.00	0.19	0.00	0.22	0.00	0.89	0.00	1.21	0.00	0.99	0.00	0.99
宁波	0.00	1.58	0.00	2.79	0.00	1.95	0.00	2.05	0.00	1.71	0.00	1.56

民国时期，相对于政治中心南京，上海一度被称为"经济首都"，这与上海在长三角地区（以及全国）的经济权重是一致的。

表2-6、表2-7、图2-3采用1936年的埠际贸易数量，来观察长三角地区口岸之间联系通道与强度的变化，与图1-4的比较可以看出，晚清到民国期间，长三角地区口岸间的物流量有所增长。就空间的联系通道而言，虽然主要的物流通道没有显著的变化，但民国时期各口岸之间的回路联系增强，出现

网络化联系的趋向。这暗示着民国时期经济建设与地方产业的发展,以及产业内贸易的增强。

表2-6　　　　长三角地区埠际贸易额(单位:海关两)(1936)

	芜湖	南京	镇江	上海	苏州	杭州	宁波
芜湖		89 348	462 815	135 354	21 229 146	—	10 906
南京	614 083		—	735	4 490 110	—	2 325
镇江	255 949	482 052		—	2 831 732	—	4 864
上海	5 279 953	7 352 971	2 362 791		187 600	314 014	11 342 279	14 935 385
苏州	60 571	—	—	2 278 388		—	—
杭州	3 265	—	—	9 614 816	—		1 764
宁波	56 813	333 100	210 349	13 679 405	—	336	

资料来源:郑友揆、韩启桐:《中国埠际贸易(1936—1940)》,1951年版,第2—3页。

表2-7　　　　长三角地区各口岸间物流等级及系数(1936)

	联系通道	物流系数	联系通道	物流系数	联系通道	物流系数	联系通道	物流系数
第一级	上海—宁波	28 614.8	上海—芜湖	26 509.1	上海—杭州	20 957.1	上海—南京	11 843.1
第二级	上海—镇江	4 194.5	上海—苏州	2 592.4	南京—芜湖	2 592.4		
第三级	镇江—南京	482.8	镇江—芜湖	391.3	南京—宁波	335.4	镇江—宁波	140.2
第四级	芜湖—宁波	67.7	芜湖—苏州	60.6	芜湖—杭州	3.3	宁波—杭州	1.8
	苏州—杭州		苏州—宁波		南京—杭州		南京—苏州	
	镇江—杭州		镇江—苏州					

注:第一、二、三、四、五级通道系数为12 000—27 000,2 600—4 300,100—500,21—100,2—70。

(二)长三角地区的空间分异

长三角的资源分布相对而言还是比较分散,民国时期产业发展颇有进展,促成了区域要素的流动,空间经济自然演化的趋向,形成了区域性资源的网络

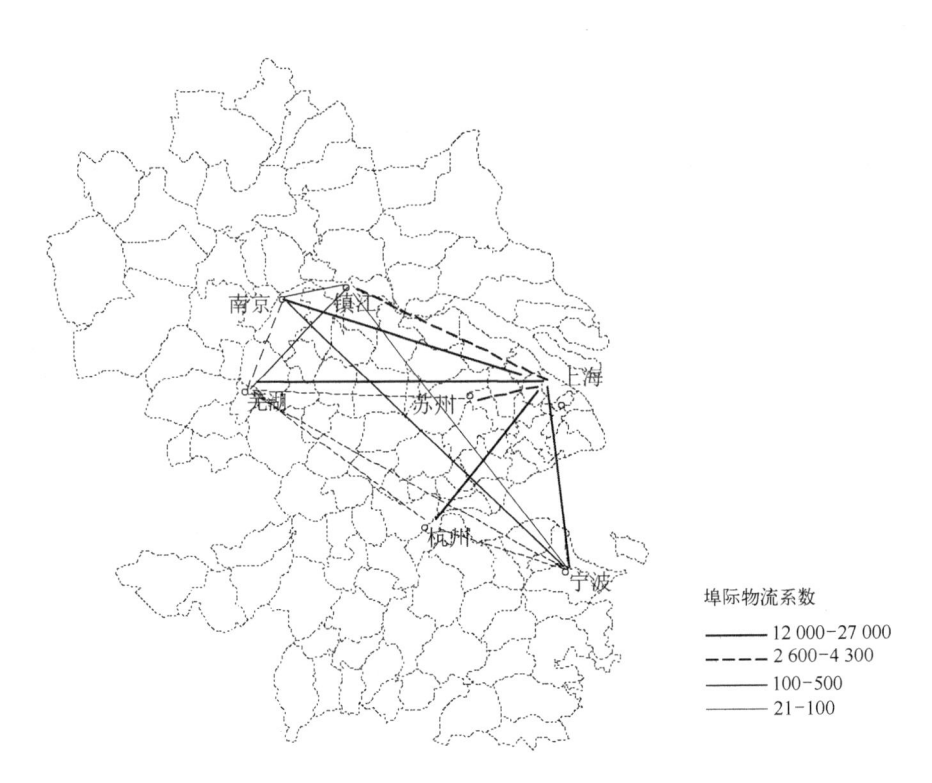

图 2-3　长三角地区各口岸间物流系数(民国时期)

埠际物流系数
── 12 000—27 000
－－－ 2 600—4 300
── 100—500
── 21—100

化流动。

　　长三角地区口岸与中心城市之间形成了多重的相互对应结构,在上海中心之下,无锡、苏州、杭州等江南城镇成为次一级区域中心,形成了区域的双核空间结构(图2-4)。彼此之间的差别主要体现在作用力与反作用力的强度上,区域性的中心城市具有较高的空间作用力。

　　在第一章中考察晚清时期长三角区域的经济联系时,发现还没有形成明显区内分割。民国时期是长三角地区经济空间分异的形成时期。

　　经济地理学与区域经济学中的"经济区",是指在一定的地理空间范围内,由一组经济活动相互关联、组合而形成的,专业化地域生产、市场交换统一的经济地域单元。一般认为,经济区是社会生产地域分工发展到资本主义阶段以后的表现形式。划分经济区常用的四项指标为:区域性、综合性、专业化、中心城市。其中,内在联系、中心城市、交通要道都是综合经济区划分的重要原则,基本的测度维度是商品、资金、资源、人才市场

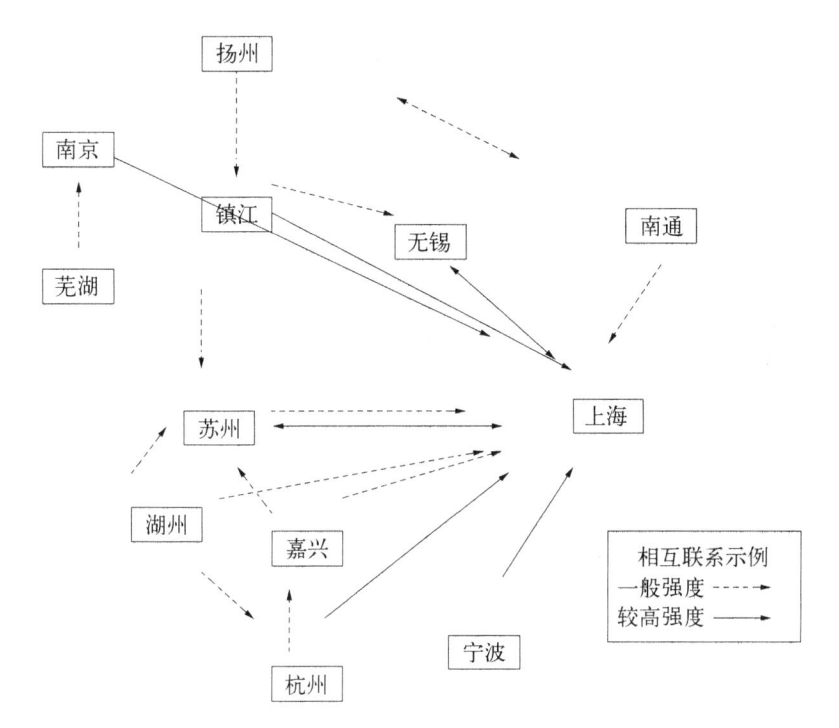

第二章　民国时期经济空间重构与绩效(1915—1949) / 99

图 2-4　以商品、资金、信息等相互关系展示的空间双核结构

形成的网络,因此划分经济区是明晰区域内部商品与要素流动的一个路径。

按照以上所述的经济区划分标准,结合文字描述与统计数据,探讨、划分区域内部的空间分异,精确到县一级。划分的基本步骤如下:(1) 根据城镇关系和各地的商业、金融与工业情形,确定各亚区域的中心城市;(2) 通过《通邮地方物产志》中各县市之间的源汇(Origin-Destination)数据,计算各县市之间物流的来源地与输出地,确定各县市出产货物及行销路线,确定各县市经济主要从属于哪一个城市与区域;(3) 参考《工商半月刊》和《实业志》(江苏、浙江篇)以及安徽部分县的实业调查,核实根据《中国通邮地方物产志》[1]计算的数据是否符合经验观察的事实。根据以上的数据统计与经验证实,进行分形聚类处理,可分为的次区见表 2-8。

---

[1]　交通部政治局:《中国通邮地方物产志》,商务印书馆1937年版,第11—36页(江苏省)、第9—21页(浙江省)、第5—16页(安徽省)。

表 2-8　　　　　　　　长三角地区次级经济带(民国时期)

次区	等级	中心城市	所属各县(核心部分)	所属各县(边缘部分)
沪锡经济带	一级	上海、无锡	上海县、宝山、金山、奉贤、松江、青浦、嘉定、太仓、昆山、海门、常熟、吴县、吴江、无锡、江阴、武进、宜兴、溧阳、金坛	川沙、南汇、崇明、启东
宁镇扬地区	二级	南京、镇江、扬州	江宁、丹阳、来安、全椒、滁县、句容、溧水、高淳、江浦、六合、仪征、扬中、江都、丹徒、盱眙	凤阳、怀远、寿县、凤台、淮阴、淮安、滁县、天长、高邮、宝应、嘉山、泗县
通泰地区	三级	南通、泰州	南通、如皋、靖江、泰兴、泰县	兴化、东台
嘉兴湖州地区	三级	嘉兴、湖州	嘉善、平湖、海盐、海宁、桐乡、德清、长兴、吴兴	武康、安吉、孝丰
杭州地区	二级	杭州、绍兴	崇德、于潜、临安、余杭、萧山、富阳、昌化、新登、诸暨、上虞、新昌、嵊县	广德、郎溪、歙县、休宁、祁门、黟县、绩溪、金华、兰溪、东阳、义乌、永康、武义、汤溪、龙游、衢县、建德、淳安、桐庐、遂安、寿昌、淳安、分水
宁波地区	二级	宁波	鄞县、慈溪、奉化、镇海、象山、南田、定海、余姚、宁海	黄岩、天台、仙居、临海
芜湖地区	二级	芜湖	当涂、和县、繁昌、合肥、庐江、无为、巢县	宣城、宁国、铜陵、南陵

如图 2-5 所示,民国时期长江三角洲地区次一级亚区的界限不是非常明显,这一模糊的空间分异与区域内部联系通道的变化是一致的,至少显示出如下信息:(1)以上海为中心包括无锡、苏州的小三角洲地区,区内要素流动高,经济联系密切,形成了一定程度的集中趋势,并向周围地区延伸,例如长江口北岸、嘉兴湖州地区、绍兴地区;(2)杭州地区、宁镇扬地区、南通泰州地区、宁波地区,甚至包括芜湖地区都成为沪锡中心区的外围。

如果要获得区域内部联系的更详细特征,还需要关注经济要素在地域上的分布,即各地区经济密度的特征。

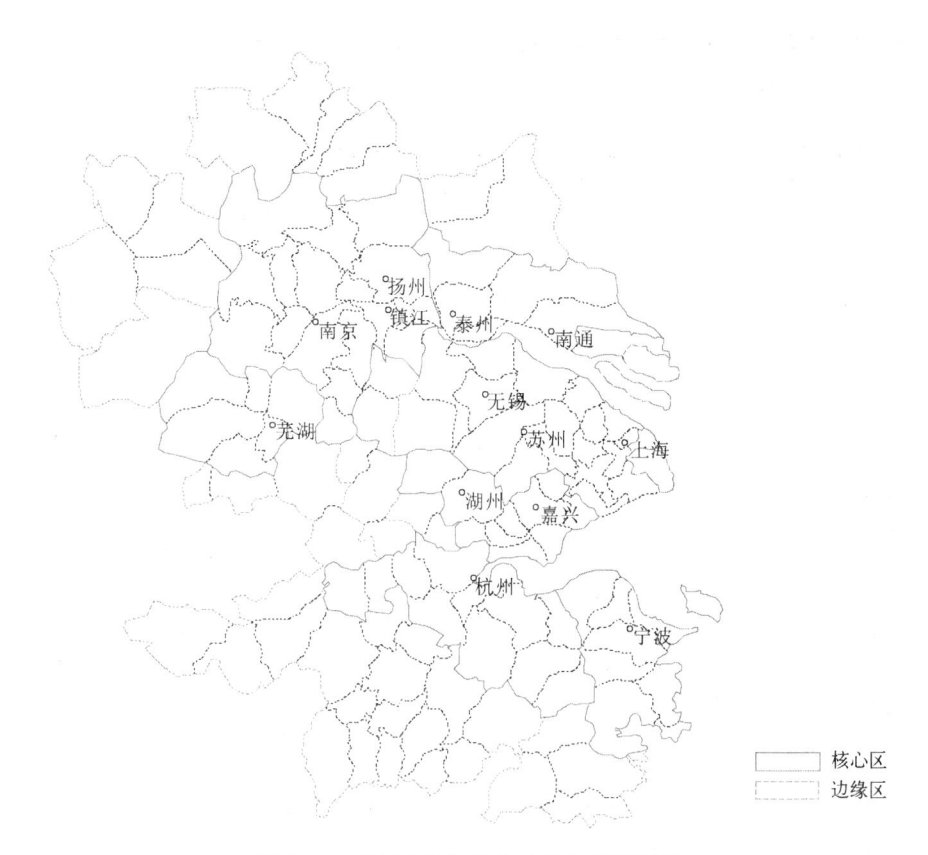

图 2-5　长三角地区空间分异(民国时期)

二、经济密度的空间变化

在第一章第二节中讨论晚清长江三角洲地区的经济密度时，主要采用人口密度数据，及至民国时期，伴随着该区域近代工业的兴起，可以增加工业投资来度量区域经济密度的空间变化。

(一) 基于人口的度量

参照中华民国实业部国际贸易局所编的《中国实业志·江苏省》及《中国实业志·浙江省》中所载的各行政单元面积及人口密度数据，计算得各县市人口密度如表2-9。其中，每平方公里人口数在800以上的有4县市；600—799人的有5县市；400—599人的有24县市；200—399人的有32县市；200人以下的有27县市。每平方公里人口数在200人以下的县市中，江苏省有3县，其余24县均属浙江省；大都位于长三角西部和南部区域。此外,城镇之间人口密度的差距不断呈现扩大的趋势,也即乡村人口向城市集聚的趋势增强。

表2-9　长三角地区县级及以上行政区人口密度(1932)　　(单位：人/平方公里)

县(市)	人口密度	县(市)	人口密度	县(市)	人口密度	县(市)	人口密度
上海市	952	松江	449	昆山	296	临海	168
杭州市、杭县	880	丹阳	443	仪征	289	宁海	168
南京市	819	镇海	442	启东	285	句容	166
上海	752	嘉善	438	崇明	282	天台	164
无锡	687	平湖	431	高淳	282	新登	160
泰兴	647	常熟	430	兴化	273	长兴	154
绍兴	633	桐乡	428	宜兴	264	江浦	150
海宁	605	金山	409	川沙	250	安吉	133
南通	553	如皋	402	诸暨	248	桐庐	115
崇德	547	余姚	399	高邮	242	武康	112
扬中	537	嘉兴	393	金坛	236	仙居	97
嘉定	530	青浦	382	嵊县	235	南田	91
江阴	530	吴江	374	江宁	216	寿昌	90
鄞县	523	吴兴	363	溧阳	213	遂安	88
江都	512	吴县	359	六合	213	孝丰	88
镇江	500	武进	343	宝山	203	临安	84
泰县	498	奉贤	342	宝应	**202**	淳安	73
萧山	483	慈溪	336	象山	193	建德	72
南汇	482	上虞	326	余杭	186	于潜	63
海门	478	太仓	325	新昌	181	昌化	57
靖江	472	定海	322	奉化	177	分水	53
温岭	462	海盐	304	富阳	177		
德清	457	玉环	304	溧水	173		

资料来源：各县市面积数据来自《中国实业志·江苏省》第一编总说,第3—19页及《中国实业志·浙江省》第一编总说,第4—25页;人口密度据1932年各县(市)域人口及面积获得。

表2-10　长三角地区县级及以上行政区人口密度分级(1932)

人口密度 (人/平方公里)	县(市)
800以上	上海市、杭州市、杭县、南京市
600—799	上海、无锡、泰兴、绍兴、海宁

续 表

人口密度 （人/平方公里）	县（市）
400—599	南通、崇德、扬中、嘉定、江阴、鄞县、江都、镇江、泰县、萧山、南汇、海门、靖江、温岭、德清、松江、丹阳、镇海、嘉善、平湖、常熟、桐乡、金山、如皋
200—399	余姚、嘉兴、青浦、吴江、吴兴、吴县、武进、奉贤、慈溪、上虞、太仓、定海、玉环、海盐、昆山、仪征、启东、崇明、高淳、兴化、宜兴、黄岩、川沙、诸暨、高邮、金坛、嵊县、江宁、六合、溧阳、宝山、宝应
200 以下	象山、余杭、新昌、奉化、富阳、溧水、临海、宁海、句容、天台、新登、长兴、江浦、安吉、桐庐、武康、仙居、南田、寿昌、孝丰、遂安、临安、淳安、建德、于潜、昌化、分水

基于 ArcView 软件，将人口密度赋予各市、县的行政中心点，采用权重距离递减法（Inverse Distance Weighted）进行空间内插，从而得到长三角地区的人口空间分布格局（见图 2-6）。由图可以看出，以上海市、南京市、杭州市为中心的地区为人口密集区域，泰兴、南通、无锡人口也较密集，在人口空间分布格局图上表现为以县级及以上城市为中心的人口分布格局，周边地区人口分布相对稀疏。

总体上看，长三角地区的人口密度北高南低，东部高，西部低，大体以人口密度为 353 人/平方公里的等值线为界线，将整个区域划分为人口密集区与人口稀疏区。

民国时期，上海市、南京市、杭州市的行政等级较高，加上经济基础较好，人口分布较为密集。南通和无锡在民国期间经济发展相对较快，两地的机器大工业在长三角地区处于领先地位，工业的发展又带动了商贸业的繁荣，从而吸引了大量的人口，因此，相对于周边地区，无锡和南通的人口也较为密集。长三角地区的北部和东部地势平坦，而西南和东南地区有着大片的山地，受经济发展基础及地形地势等自然条件的影响，西南及东南地区人口分布较为稀疏，大部分区域人口密度在每平方公里 200 人以下。在晚清时期城市人口仅仅限于上海、杭州等少量城市，而且城市人口规模比较小。及至民国时期，与本章第三节中显示的区域内部联系的强化一致，高密度经济区容纳了更多的人口，区域人口密度不平衡性加剧。

人口与产出密度高度相关，但仅仅依靠人口密度则低估了经济活动的地理集中程度。因为伴随着经济的发展，从农业经济向工业经济的转变过程中，

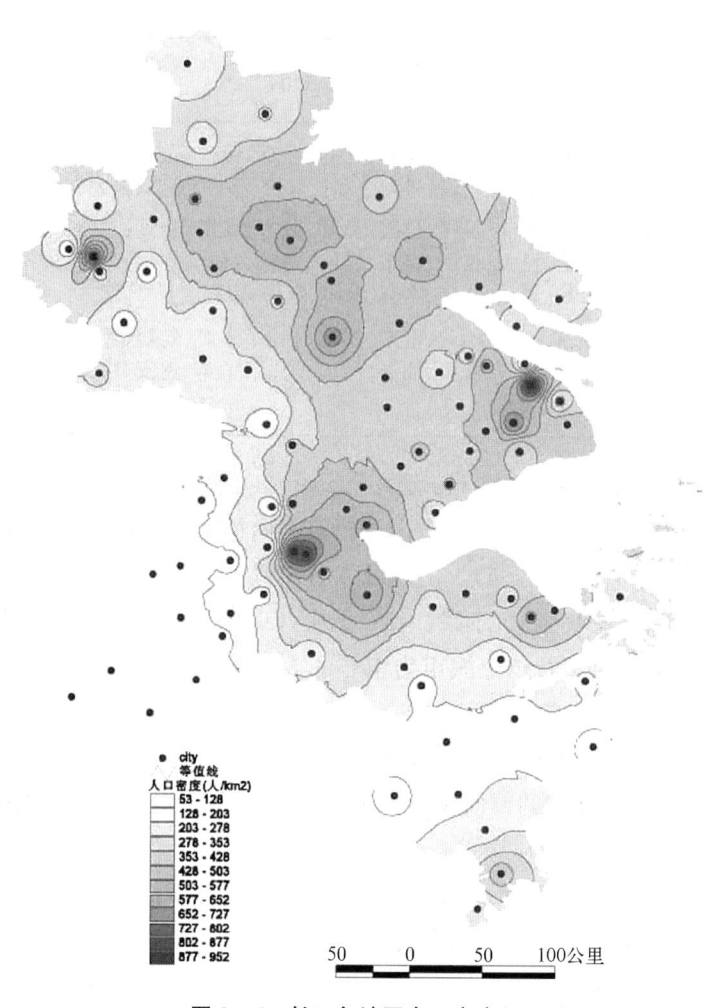

图 2-6 长三角地区人口密度(1932)

原来分散在乡村的人口向城市迁移,城镇人口上升。工业化后的分工与贸易促进了城市化,聚集经济给企业与工人带来更多的利益,城市的就业密度与产出密度增加。

(二) 基于工业投资的度量

与口岸城市贸易相伴随的是生产,不断增加的贸易诱导了资本与企业的集中,其中以上海最为显著,外国资本与民族资本先后开始在这里建立近代工业,利用当地原料与劳动力生产工业制成品,就近销往内地。

1900年前后上海开始从贸易中心向工业中心转变,尤其是轻工业中心。

大约到20世纪上半叶,在国内埠际贸易中,随着外贸埠际转运比例的下降,外贸中心的影响力减弱,但是大市场依然存在,且更能发挥资源配置的作用,于是,工业中心的功能形成。上海地区的人口在1890年不到50万,1910年超过100万,1930年达到350万[①]。1920年上海对国内通商口岸的土货出口的份额占土货总出口的61.74%,以后长期维持在62%—72%之间。

近代工业发展最重要的指标之一是用电量。如图2-7所示,1911—1930年,上海售电总量年增长25.00%,工业用电量年增长40.71%,上海工业用电的增长与比例超乎寻常。同期,上海对国内通商口岸土货出口价值量与工业用电量之间的相关系数 $R^2=0.964\,922$,两者的增长率基本一致。

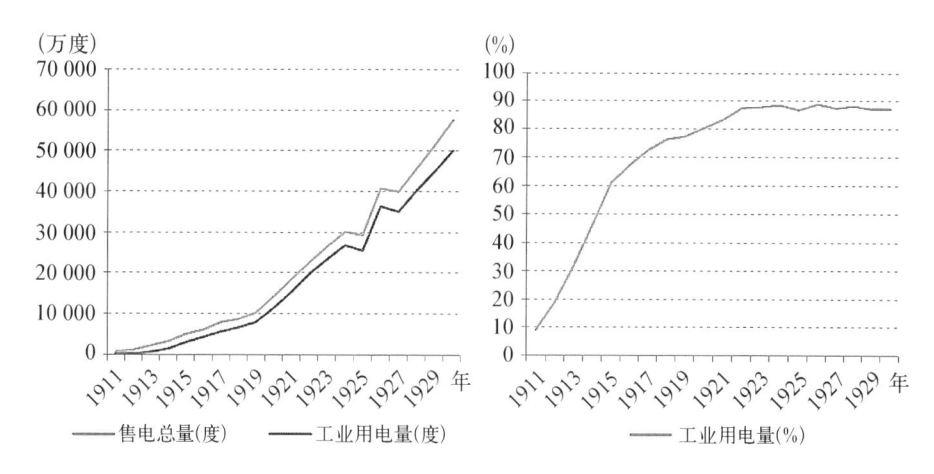

图2-7　上海售电额与工业用电额(1911—1930)

资料来源:《中国旧海关史料》,京华出版社2001年版,江海关历年贸易统计。徐雪筠等译编:《上海近代社会经济发展概况(1882—1931)——海关十年报告》,上海社会科学院出版社1985年版,第209页。《上海工部局电气处营业概况》,《工商半月刊》第1卷第7号,1929年4月1日。建设委员会:《中国各大电厂纪要》,1931年,第1—34页。黄寄萍:《上海电力公司历年营业及工程状况》,《申报年鉴》,1933年,第33—34页。

故而,在20世纪30年代王亚南认为,更需要关注生产以及生产方式:"关于今日中国社会的经济性质问题,已早不是商品化成分,对自然经济成分,是否占有优势的问题,而是一般占优势的商品本身,是采取前资本主义的小商品生产形态,抑或是采取资本主义商品生产形态的问题。"[②]根据国民政府经济部1948年4月的调查,合乎工厂法规定的工厂占23.53%,工业经营的规模仍然

---

① 邹依仁:《旧上海人口变迁的研究》,上海人民出版社1980年版。
② 王亚南:《中国半封建半殖民地经济形态研究》,人民出版社1957年版,第56—57页。

较小,其中重工业的机械、冶炼、电工器材、交通用具制造四业的总占比仅18.26%,平均每厂工人约42人,人均使用动力1.35匹马力①,资本主义工业化生产仍然未取得领导地位。但是,我们不必拘泥于现代经济部门的规模。第二次世界大战前上海经济转型的情形与19世纪初纽约类似,根据日本等国近代经济转向完成的经验,近代部门的规模与其重要性不必成正比,战前中国经济近代部门发展所产生的影响,不能仅依据其规模下结论,而应该注重制造业的发展与其他经济部门之间的相互关系②。"在大工业已经占着支配地位的社会,工场手工业是可能更有资本主义性质的,但在经济落后,大工业不发达的社会,工场手工业却是更可能具有非资本主义性质的。"③汪敬虞也认为中国手工工厂向机器大工厂过渡,不是发生在大机器工业出现之前,而是发生在大机器工业出现之后④。徐新吾、黄汉民辑录的1933年价格的上海历年工业总产值,证实了上海工业的快速增长,1896—1936年间工业部门的年均增长率为8.7%,1912—1936年的年均增长为9.6%⑤。

如果考虑到近代上海的资本主义大生产并没有系统形成,但同时又出现了一个显著的工业增长,那么这一工业化生产是否形成空间上、产业上的集聚?

图2-8采用赫芬达尔指数⑥测度了全国工厂分布的集中度。其中,指数在100以下,说明其具有高度的竞争性;在1 000以下,表明市场不具备垄断性;在1 000到1 800之间,表明市场具备一定的集中度;高于1 800表明市场具有高度的垄断性和集中度。从图中可以看出,上海合乎工厂法的工厂数并不具有明显的垄断性,天津、台湾、广州也有一定的竞争力;同时,上海不合乎工厂法的工厂数与工厂总数,均具有高度的集中度与垄断性。这些所反映的正是前述的现代与非现代工业的过渡形态。

近代中国最早的地方工业分类始于1929年,上海特别市政府社会局将

---

① 谭熙鸿、吴宗汾主编:《全国主要都市工业调查初步报告提要》,国民政府经济部全国经济调查委员会,1948年,第20—33页。
② 罗斯基:《战前中国经济的成长》,浙江大学出版社2009年版,第76—77页。
③ 王亚南:《中国半封建半殖民地经济形态研究》,人民出版社1957年版,第61页。
④ 汪敬虞:《论中国资本主义两个部分的产生——兼论洋务企业和中国资本主义的关系问题》,《近代史研究》1983年第3期。
⑤ 徐新吾、黄汉民:《上海近代工业史》,上海社科院出版社1998年版,第311—342页。
⑥ 赫芬达尔指数 $H = \sum_{i=1}^{n} S^2$ 被广泛用来测度某一市场中企业的垄断程度。在此,用于测度全国工业生产的集中度。其中,H 为赫芬达尔指数,S 为某地域(或城市)在全国工业厂份额的百分数 $(0 < S \leqslant 100)$,N 为地域(或城市)数目。

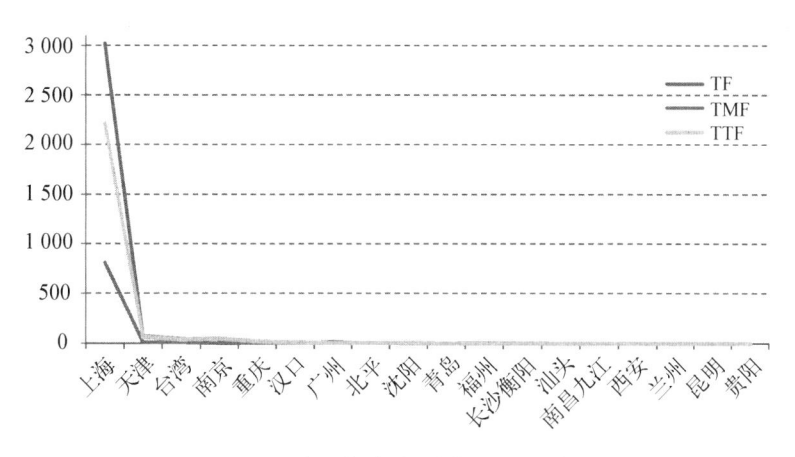

图 2-8　全国各地域(城市)工厂集中度

资料来源：谭熙鸿、吴宗汾主编：《全国主要都市工业调查初步报告提要》，国民政府经济部全国经济调查委员会，1948 年。其中，工厂总数为 TF、合乎工厂法工厂数为 TMF、不合乎工厂法工厂数为 TTF。

1 781个工厂分为 8 大类[1]。上海是近代中国唯一可以遵照当时国际制造业标准分类法进行工业分类的城市，在其分类中，第一级为 16 大类，第二级为 87 小类(依本国工业状况有所调整)，第三级为 161 细类(依本国工业分类习惯，并参酌其产品与所用的原料及机器)[2]。近代上海的工业企业门类较全，配套效果较强，专业化协作能力较强，以机械行业为例，众多小厂合作可以完成大部分生产工序，制造某些零部件，逐步可以仿制新式轻纺工业机器。此外，在各类企业集聚之地，便于在产业的上下游联系中获得增长机会，例如，附属于口岸的航运业需求促成了船舶修造与机器修理厂的发展，进出口贸易的扩展促成了仓库、报关、保险业的发展。

故而，除了矿场外，规模较大的工厂(如机器造船厂与纺纱厂，水、电、煤气工业和烟草工业)，都集中在上海等通商口岸。上海提供了举办近代大工业所必需的现代金融、交通、动力、技术、信息等方面的有利条件，以及现代化的经济组织，从而形成工业集聚效应。此外，由于租界享有各项特权，尤其是产权保护，为经济增长奠定了良好的制度基础。无论是外资企业，还是本国资本的近代企业，绝大部分集中于此，便于利用机器、熟练工人、资本等要素。近代上海工业不仅具有总量上的优势，而且是全国唯一的工业集聚城市，现代工业，

---

[1]　上海特别市政府社会局编：《上海之工业》，中华书局 1929 年版。
[2]　刘大钧：《中国工业调查报告》，经济统计研究所，1937 年，第 14 页。

尤其是规模较大的工业,通过在上海的集中,获得聚集经济所带来的报酬递增效应。

表2-11为1933年江浙省长三角地区各市县工业企业状况。表中统计的工厂并不局限于使用动力的现代工厂,有些市县如绍兴、吴兴县等工业企业虽然很多,但大部分工厂为织绸业等小作坊,资本额较低,每厂的平均人数亦较少。大机器工业主要集中在上海市、无锡县、杭县、南通县、南京市,这五个地区的工厂资本额占长三角各市县工厂资本总额的85.61%,工人数占75.98%。资本总额在前十二位的市县的工厂资本总额占长三角地区的94.78%,这些县市大都分布在沿江—沪宁—沪杭—杭甬沿线,而以沿江和沪宁沿线更为集中(见图2-9)。到20世纪上半叶,在国内埠际贸易中,随着外贸埠际转运地位的下降,上海外贸中心的影响力渐趋衰微,但工业中心地位的兴起,使得上海仍在全国埠际贸易中对其他口岸保持着强大的辐射力和影响力[①]。

表2-11　　　　　　长三角地区各县市工业统计(1933)

城　市	厂数	工人总数	产品总值(元)	资本总额(元)	资本总额(%)
上海市	3 485	245 948	727 725 779	190 870 310	71.52
无锡县	315	63 764	77 264 274	14 070 378	5.27
杭县	403	14 693	19 180 460	8 384 313	3.14
南通县	66	12 418	25 426 942	7 668 551	2.87
南京市	678	9 853	23 437 616	7 486 000	2.81
镇江县	337	4 741	8 497 000	4 711 000	1.77
南汇县	409	13 632	6 107 660	4 317 000	1.62
吴县	279	8 399	15 233 054	3 886 000	1.46
武进县	98	9 040	22 592 383	3 136 000	1.18
海门县	2	3 360	4 889 360	3 096 928	1.16
句容县	3	525	2 509 536	2 812 202	1.05
鄞县	205	7 741	13 521 610	2 515 300	0.94
启东县	1	2 382	4 345 166	1 980 979	0.74
江浦县	3	930	1 727 400	1 728 857	0.65
江阴县	63	7 975	7 042 000	1 692 000	0.63
崇明县	15	2 070	5 456 000	1 579 000	0.59
嘉兴县	34	4 349	2 816 640	1 075 000	0.4

---

① 唐巧天:《上海外贸埠际转运研究(1864—1930)》,复旦大学博士学位论文,2006年,第114—115页。

续 表

城 市	厂数	工人总数	产品总值(元)	资本总额(元)	资本总额(%)
太仓县	2	2 046	3 815 500	950 000	0.36
萧山县	15	2 740	4 177 824	800 000	0.3
绍兴县	393	5 284	50 742 000	623 300	0.23
吴兴县	318	6 167	4 528 800	478 200	0.18
昆山县	40	1 380	429 800	398 000	0.15
常熟县	57	2 867	1 349 600	316 000	0.12
江都县	52	913	1 894 700	272 000	0.1
余姚县	104	2 774	7 009 500	260 000	0.1
德清县	13	3 609	2 075 000	230 000	0.09
泰县	1	42	2 441 500	224 000	0.08
海盐县	9	744	194 900	216 000	0.08
松江县	62	6 145	1 738 460	202 500	0.08
海宁县	57	3 224	1 272 775	165 500	0.06
吴江县	34	1 085	1 297 800	135 860	0.05
嘉善县	22	755	235 800	114 000	0.04
丹阳县	18	961	427 859	98 100	0.04
奉化县	32	2 067	2 425 000	81 500	0.03
奉贤县	4	574	2 624 300	79 000	0.03
诸暨县	1	263	172 200	50 000	0.02
川沙县	20	261	1 136 600	43 000	0.02
临海县	14	104	70 000	42 000	0.02
青浦县	2	138	83 000	40 000	0.01
富阳县	1	266	174 400	40 000	0.01
定海县	1	44	77 540	9 600	0

资料来源：据刘大钧《中国工业调查报告》（下册），1937年，第2编《地方工业概况统计表》。
注：民国《工厂法》规定的工厂为使用动力、雇佣工人30人以上，该编统计不限于符合《工厂法》之厂家。

1933年，江苏省符合《工厂法》第一条规定，即使用动力、雇佣工人30人以上的华厂共有411家，投资总额达6 509.2万元，总产值达19 746万元。江苏的近代工业主要集中于南京至上海的长江沿岸地区，其中大部分分布在以沪宁铁路为中轴的长江南岸至太湖流域东北部的狭长地带，苏州（吴县）、无锡、常州（武进）、镇江、南京是其中的集结点。这一带是江苏，也是全国棉纺织业、丝绸业、粮食加工业及机器制造业最发达的地区之一，它集中了全省工业投资额的75%，全省工业总产值的79%。从轻工业三大行业来看，这一带棉纺业

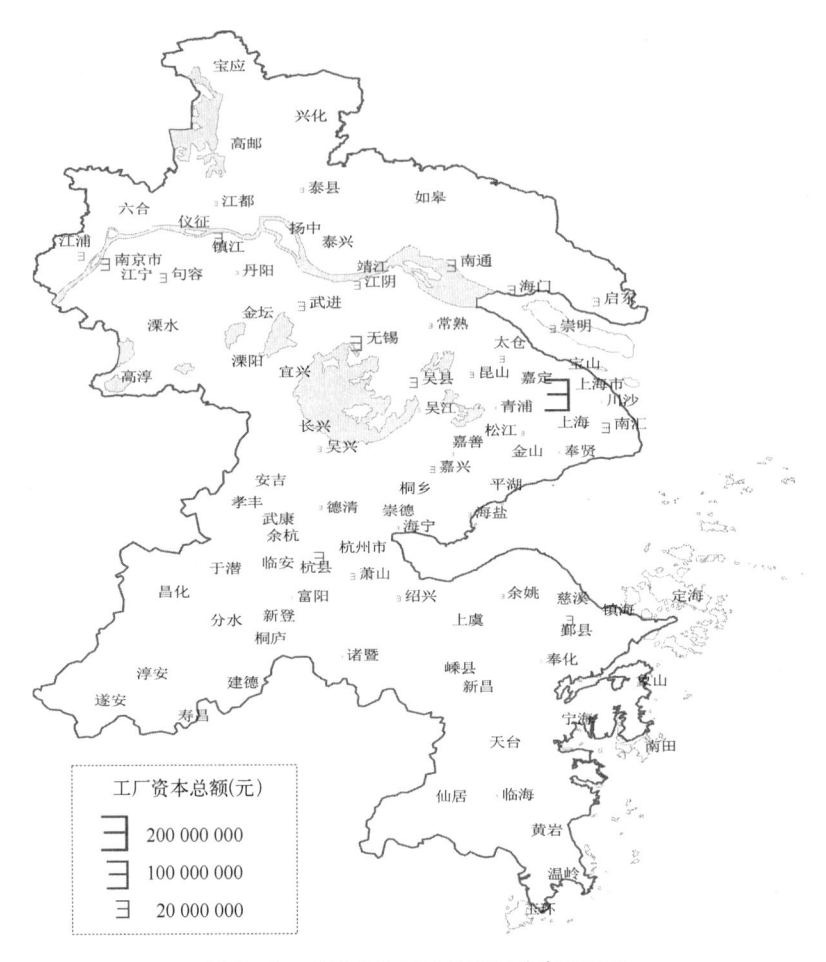

图 2-9　长三角地区工业空间分布(1933)

产值占全省棉纺业总产值的64%,缫丝业总产值占全省的100%,面粉业总产值占全省的71.5%。江苏近代工业较为集中的另一地区,是以南通为中心,北自扬州,南至启东、海门、崇明一带的长江北岸区域。这里以棉纺织工业为主,其产值占江苏全省棉纺织工业总产值的36%,面粉工业总产值亦占江苏全省的8.9%。除了这两个地区外,江苏其他地区的工业极为稀疏,其投资额只占全省的2%,产值亦只占全省3%[①]。相对于江苏板块,浙江板块近代工业相对不发达,仅杭县、鄞县等少数市县近代工业较为集中,大部分地区近代工业

---

① 林刚、唐文起:《1927—1937年江苏机器工业的特征及其运行概况》,《中国经济史研究》1990年第1期。

较弱。

对比图 2-6 与图 2-9,可以发现近代长三角地区人口密度高的城市分别是上海、杭州、南京、无锡,沪宁走廊是人口密度最高的分布带;从工业投资的地区分布来看,近代工业主要集中在上海、无锡,尤其是沪宁铁路沿线地带。这也是从事近代经济史学者所不能理解的特殊现象——为什么近代长江三角洲地区的江苏板块与沪宁通道比浙江板块与沪杭通道要先进很多?从区域经济密度的空间分布,可以找到答案,其更深层的原因是近代以来区域经济地理格局的变迁所致。江苏的近代工业主要集中于南京至上海的长江沿岸地区,分布在以沪宁铁路为中轴的长江南岸至太湖流域东北部的狭长地带。这一经济走廊,不仅是江苏,也是全国棉纺织业、丝绸业、粮食加工业及机器制造业最发达的地区之一,它集中江苏了全省工业投资额的 75%,全省工业总产值的 79%[1]。

江苏南部、浙江北部已经明显有别于传统的农业经济区域,成为工业化生产单元,近代中国工业化下的生产空间,在东部地带局部的点(城市)、线(经济走廊)、面(区域)初步形成,维持甚至强化了之前基于流通层面的优势地位。

三、经济距离的空间演变

交通运输基础设施的位置与质量、运输的可得性可以极大地影响到两个地区的经济距离,尽管两个城镇距离更高一级城市的直线地理距离相等,但其中一个靠近高速道路,另一个则没有便利的道路到达更高一次的城市,后一个城镇距离密集区市场的距离则遥远,于是经济距离可以测定市场准入度。以下通过城镇节点与通商口岸之间的经济距离的计算,观察区域内部经济联系的效率,基于城镇节点的空间扩散,对这一空间演变进行解释。

(一)交通网络的选择

民国时期,铁路和公路交通的兴起,使得城镇之间的联系更加便捷。商办内河小轮航运业大规模地普遍发展起来,内河小轮航运网络更加密集,所有可以通航小轮船的内江、内河几乎都开辟了轮汽船航线,内河轮汽船成为区域之

---

[1] 占有全省轻工业三大行业中,棉纺业总产值的 64%、缫丝业总产值的 100%、面粉总产值的 71.5%。

间的重要交通工具。鉴于此,在进行城镇节点空间扩散时,选择水路和陆路交通网络作为扩散路径。不同类型的道路和航道的行驶速度及无交通线路区域的默认速度见表2-12。其中,所有道路和航道的类型均为开放。

表2-12　　　长三角地区交通等级及速度设定(民国时期)

交通方式	名称	类型	速度(公里/h)
水路	长江、京杭大运河、太湖、高邮湖	开放	20
	钱塘江、富春江、吴淞江、黄浦江、灵江、新安江	开放	15
	低等级水系	开放	8
陆路	铁路	开放	40
	公路干线	开放	45
	公路支线	开放	30
	未建成公路	开放	20
	默认	开放	5

(二) 城镇节点权重的确定

民国时期,除了较为完整系统的市县人口数据外,各城镇的经济统计数据明显不足。故而,结合人口数据、各县市县分等与赋值,综合确定各城市节点的规模权重。运用功效系数法对人口数据进行标准化处理,公式为:

$$M_i = c + \frac{A_i - A_{\min}}{A_{\max} - A_{\min}} \times d \quad (2-1)$$

式中 M_i 为标准化处理后的作用分值,c、d 均为已知正常数,c 的作用是对变换后的值进行"平移",以避免最小值为0,d 的作用是对变换后的值进行"放大"或"缩小",使其得到合理的分布,A_i 为个体 i 某项指标的原始数据,$A_{\min}$ 为所有评价个体某项指标原始数据的最小值,$A_{\max}$ 为所有评价个体某项指标原始数据的最大值,M_i 的取值范围为[c, $c+d$]。

取 c 为20,d 为80,使 M_i 的取值区间在[20,100],从而得到各城市的人口分值;赋予直辖市(上海市、南京市)的等级分值为100,省辖市(杭州市)为80,一等县为50,二等县35,三等县20,以人口分值和等级分值的平均值作为城市的综合分值,并依据各城镇的综合分值,进行K-Meams聚类分析,将所有县市划分为五个等级(见表2-13)。

表 2-13　　　　　　长三角地区各县市等级及赋值(民国时期)

城市	等级	分值	城市	等级	分值	城市	等级	分值	城市	等级	分值
上海市	1	100	泰县	4	39	青浦	5	30	高淳	5	22
南京市	2	71	黄岩	4	39	天台	5	30	仪征	5	22
杭州市	3	56	海宁	4	39	金坛	5	30	崇德	5	22
如皋	3	51	杭县	4	38	昆山	5	30	奉贤	5	22
南通	3	50	长兴	4	38	新昌	5	30	德清	5	22
绍兴	3	49	泰兴	4	38	平湖	5	30	溧水	5	22
江都	3	48	淳安	4	37	奉化	5	30	宝山	5	21
吴县	3	45	仙居	4	37	象山	5	30	桐乡	5	21
无锡	3	45	上海	4	36	富阳	5	29	扬中	5	21
常熟	3	45	新登	4	36	嘉善	5	29	金山	5	21
武进	3	44	江阴	4	35	玉环	5	29	余杭	5	21
鄞县	3	43	高邮	4	34	海盐	5	29	川沙	5	21
吴兴	4	42	兴化	4	34	遂安	5	29	江浦	5	21
余姚	4	41	宜兴	4	33	建德	5	29	桐庐	5	21
镇江	4	41	南汇	4	33	海门	5	27	孝丰	5	21
诸暨	4	41	丹阳	4	32	宝应	5	25	安吉	5	21
江宁	4	40	温岭	4	32	崇明	5	24	临安	5	21
萧山	4	40	定海	4	32	六合	5	24	昌化	5	20
临海	4	40	松江	4	32	靖江	5	24	寿昌	5	20
嵊县	4	40	镇海	4	31	启东	5	23	于潜	5	20
吴江	4	40	溧阳	4	31	慈溪	5	23	武康	5	20
嘉兴	4	39	上虞	4	31	句容	5	22	分水	5	20
宁海	4	39	太仓	5	30	嘉定	5	22	南田	5	20

(三) 城镇节点空间可达性扩散

将民国时期长三角地区 92 个城镇节点作为目标点,以陆路和水路交通网络为扩散路径,选择点状空间扩散赋值,扩散类型选择非阻隔扩散,扩散方式为指数扩散,生成了城镇节点的加权空间可达性扩散图(见图 2-10)。

民国时期城镇节点加权空间扩散与区域经济中心转移到上海以前(1850年)有很大的不同。由于上海规模实力的进一步增强,城镇节点的加权空间扩散表现为以上海为中心,沿主要交通线路的星形轴向扩散。沿江、沪宁、沪杭、杭甬沿线分值较高,尤以沪宁、沪杭沿线以上海为顶点的三角区域分值最高。分值分布的空间格局反映了民国时期"∑"型的区域空间结构特征。

图 2-10 从线与面的层次,展示了长三角主要城市的空间联系、分割与距离。民国时期各通商口岸的加权空间扩散表现为以各口岸为中心,沿主要交通线路的星形轴向扩散。在新式交通的影响下,上海的空间可达性更远,其触

|0 |10 |20 |30 |40 |50 |60 |70 |80 |90 |100

图 2‑10　长三角地区城镇节点空间可达性(民国时期)

角沿交通干线深入更广阔的腹地。在上海超强辐射的掩盖下,其他口岸的辐射作用与空间可达性较弱。与晚清时期相比,南京和镇江的辐射作用与空间可达性相对减弱。上海所在的沪锡地区成为长三角的中心地带,与长三角邻近地区的空间距离缩短。沪锡经济走廊成为区域的核心,镇江、杭州等成为所在地区的中转型城市,将农产品与生产要素转运到无锡、上海[1],上海拉近与长

---

[1] 镇江港"实际上只是苏北里运河沿线各地棉花、小麦输往无锡、常州加工,无锡、常州各工厂加工生产的棉纱、棉布和面粉,运往苏北里运河沿线各地农村的转口港"(单树模:《镇江的兴起和发展》,《江苏城市历史地理》,江苏科学技术出版社 1982 年版,第 149 页)。

三角周边地区的经济距离。

民国时期,随着全国一些重要口岸如天津、汉口、青岛、大连等直接对外贸易的迅速发展,上海外贸埠际转运在全国外贸中的地位持续下降,由全国外贸转运中心降为华中区域性的外贸转运中心。到1930年,上海外贸转运占全国外贸比重仅为15.9%[①],已无法与其高峰时期相提并论,但上海在长三角地区的聚集作用进一步增强。

四、简评:经济增长的空间差异

1936年的埠际贸易数量显示了长三角地区口岸之间联系通道与强度的变化,与晚清时期相比,民国期间长三角地区口岸间的物流量有所增长。就空间的联系通道而言,虽然主要的物流通道没有显著的变化,但民国时期各口岸之间的回路联系增强,出现网络化联系的趋向。这暗示着民国时期经济建设与地方产业的发展,以及产业内贸易的增强。随着农业经济走向工业经济,人口与经济生产的空间分布更加密集,空间的网络化联系更强。

近代长三角地区人口密度高的点状城市分别是上海、杭州、南京、无锡,沪宁走廊是人口密度最高的分布带;从工业投资的地区分布来看,近代工业主要集中在上海、无锡,尤其是沪宁铁路沿线地带。这解释了为什么近代长江三角洲地区的江苏板块与沪宁通道比浙江板块与沪杭通道要先进很多?从区域经济密度的空间分布,可以找到答案。民国时期,上海市在近代工业的带动下,城市实力进一步增强,南京作为国民政府的首都,城市规模也迅速增大。第二次世界大战期间,民族资本主义工业蓬勃发展起来。这些近代工业大部分仍分布在沿江—沪宁—沪杭—杭甬为轴线的一些点上,从而使得从"之"型到"Σ"型发展轴线进一步强化。

其更深层的原因是近代以来区域经济地理格局的变迁所致。从交通的可达性可以发现区域各点之间的经济距离,以及要素流动的空间效率。在新式交通的影响下,上海的空间可达性更强,其触角沿交通干线深入更广阔的腹地。在上海超强辐射的掩盖下,其他口岸的辐射作用与空间可达性较弱,变成了区域性的中转口岸。从这种意义上看,随着技术进步,全球化增强,民国上海的发展,加强了集中趋势,加剧了地区不平等。有限的原始人力资本、物资资本集中到那些经济增长潜力高的先进地区。远离新密度区的地区发展将会

---

① 唐巧天:《上海外贸埠际转运研究(1864—1930)》,复旦大学博士学位论文,2006年,第114—115页。

滞后，即使劳动力、资本可以自由流动，生产率、收入的不平等由于路径依赖被锁住，需要较长的时间才可能出现变化。

近代早期的经济增长是建立在专业化分工与贸易基础上，但现代经济增长是源于生产函数的变化，表现为知识（科学与技术）的积累与采用，以及随之的生产与生活方式的改变。一般认为，斯密式早期经济成长取决于市场规模及其扩大，主要是经济总量的增加。相反，库兹涅茨增长则是19世纪以来的近代工业化式增长，通常意义上的近代经济转型是指后一种。

从文明的演进来看，所谓的"近代经济转型"，即农业经济文明向工业经济文明、低效小生产向高效大生产的转化，是一个不可逆的进程。近代中国的经济增长，发端于口岸及其腹地的外向化经济，激活了从流通领域开始的社会经济再循环进程。无论是早期外商在华经营的工业，均围绕着外贸而展开，至于本国的商业与经济成长，更发端于此，故而有近代中国商业革命一说。根据比较优势学说的假设与原则，在生产分工中，任何一方在所有物品的生产上均享有比较优势，比较优势的本质是互利的。再依据从地域分工和贸易而来的资源禀赋理论，各地均能生产出价格相对低的商品，则具有相对优势，因此形成区域内部，以及区域之间生产、贸易、消费的循环。问题的关键在于，能否从一般的市场交换经济转向市场配置资源的经济形态。

由于近代工业化大生产的效率优势，在资本主义生产方式下，资本、劳动、土地等要素就流向生产领域，推动资本主义工业的兴起，城市新兴工业有所发展，工业部门开始增多，结构也日趋复杂。刘大钧也认为"吾人采用工业化之界说为'各种生产事业机械化及科学化，而其组织与管理亦科学化及合理化'"，"工业化不独可改变我国现有之生产与分配制度，同时更形成人民之心理，态度与观念的重大改变"[1]。工业经济增长对土地的依赖性相对下降，规模经济与空间集聚形成，加剧了经济增长的空间不平衡。生产的技术、资金、人才、安全等因素趋向于集中，繁忙而安全的城市成为现代经济活动的中心，于是，现代工业便不成比例地集中于上海。大体而言，没有工业革命的近代中国，正在试图从传统的农业经济转型近代工商业经济，虽然仅仅局部区域得以实现，近代上海即为唯一的一例，从一个传统的手工业、商业经济，逐渐转向现代工商业经济。

作为近代中国经济增长的样本，长三角地区的经济转型是一种质变，具有相对清晰的逻辑与轨迹，具有明显可见的空间效率优先原则。

---

[1] 国民经济研究所：《工业化与中国工业建设》，商务印书馆1944、1945、1946年版，第3、7页。

第三章 改革开放前经济空间的重构与绩效(1953—1978)

中华人民共和国成立后,由于行政管理与计划安排人为地分割市场,长江三角洲地区的交通网络更多地呈现垂直状态,近代以来区域内部灵活自由的市场消失。就中心城市而言,上海港作为联系与促进长江三角洲经济交流与发展的功能弱化,上海由全国的商业、工业、金融、航运中心,变为单一的现代制造业基地(一般称之为老工业基地)。此外,在计划经济的安排下,区域内部各城市的商业功能由国家或省级的计划部安排,市场上产品的供销关系、供销地域,一般都由计划部门按照条块分割的原则进行规定,在这样的经济环境下,上海与浙江、江苏的市场联系、经济绩效均发生了转折。

第一节 经济空间演变的背景

1949年中华人民共和国成立后,市场一度仍然能发挥作用,但是在三年国民经济恢复后,"1953年开始实行计划经济,限制以至取消市场调配资源的功能"[①]。随着计划经济逐渐落地,区域经济空间发展的基础剧变,长江三角洲地区市场联系、资源配置方式也随之剧变,政策作用主要表现在产业上,就发展而言可以观测的是经济指标,就市场而言可以观测的是交通建设。

一、整体向上的经济调整

1949—1952年国家采取一系列方针、政策,治理1940年代后期的恶性通货膨胀,恢复被战争破坏的经济建设,取得了明显的进展。图3-1展示了江浙沪三省市国内生产总值及第一、二、三次产业的产值变迁。在1852—1978

[①] 吴承明:《吴承明集》,中国社会科学出版社2002年版,第238页。

年的近30年中,三省经济发展出现多次波折,例如20世纪60年代几次显著的衰退,但整体而言仍然存现向上的趋势,尤其是第二产业发展较为迅速,超越了之前的历史增速。

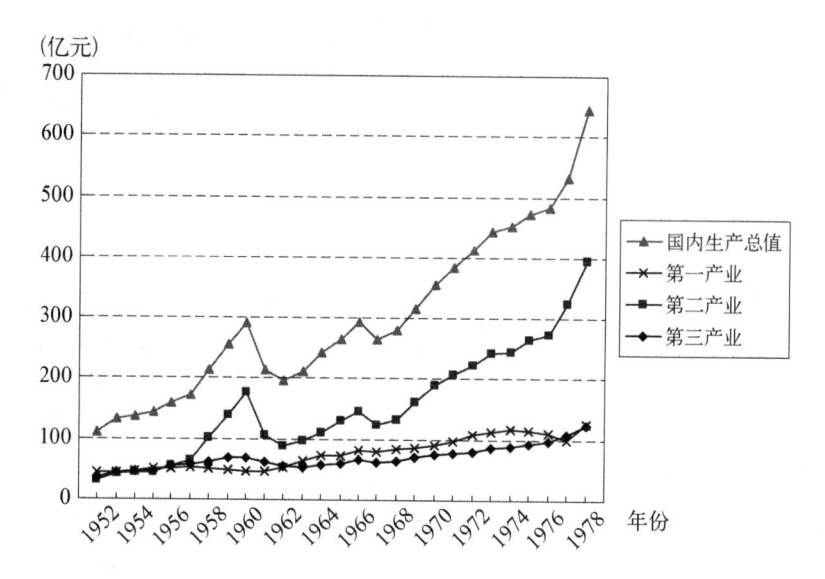

图3-1 江浙沪三省市GDP及三次产业产值(1952—1978)

数据来源:据《江苏五十年》、《新浙江五十年统计资料汇编》、《新中国五十年统计资料汇编》。

以1952年为例,江浙沪三省市三种产业的比例为40.09∶27.86∶32.05,第二产业甚至不及第三产业,所占比例较低,当时长三角地区依然以农业为主。根据艾伦(R. C. Allen)的估测,工业革命前夕英格兰农业人口的比例已经下降到45%[1],可见当时长三角地区的经济结构同比依然落后。在"一五"时期(1953—1957)工业化目标导向之下,至1957年计划提前完成后,区域内三次产业比例调整为30.2∶36.7∶33.1,其中,国内生产总值年均增长6.89%,第二产业年均增长10.17%,第三产业年均增长6.29%,第一产业年均增长3.69%,势头良好。一般认为悲剧始于1958年的"大跃进"与人民公社化运动,在首次卓有成效的工业化成绩面前,高指标、浮夸风等冒进思想泛滥,基于计划安排的经济建设的弊病显示出来,以至于在"二五"(1958—1962)时期,工业建设模式被过渡夸大,基本建设投资迅速扩大并失去控制。基于大规模投资下的经济增长方式,一方面使得国民经济在1958—1960年获得了较快的增长,工业

---

[1] 罗伯特·艾伦:《全球经济史》,译林出版社2015年版。

出现了短暂的繁荣。数据显示,1960年江浙沪三省市的国内生产总值高达292.44亿元,尤其是第二产业的比例达到60.68%,在当时明显失衡。1962年长三角三省的市国内生产总值下降为197.27亿元,"二五"(1958—1962)期间本区域国内生产总值平均增长速度为-2.09%。1963—1965年不得不暂停下一个五年计划,重新采取措施加大发展农业等基础产业,压缩基本建设投资,调整过高的工业指标,特别是重工业指标,调整经济结构内部的权重关系。1963—1965年国内生产总值平均增长恢复为5.57%,1965年国内生产总值达264.32亿元,三次产业比例为27.87∶49.22∶22.90。与1957年产业比例相比,一产基本恢复,但三产下降明显。由于计划经济安排的逐渐扩大,基于市场的经济部门萎缩。

中华人民共和国成立后的第二次经济衰退是"三五"(1966—1970)早期。当时最初计划是正确思路的继续,重点解决"吃穿用"等民生问题,并在此基础上恢复经济建设,但由于国际局势与外部环境的剧烈变化,使得经济计划出现重大转折。按照对时局的判断,以"备战、备荒、为人民"为战略方针,在国防建设优先的前提下,加快了大小"三线"的规划与安排,出现局部的逆向选择,从而使得这一时期江浙沪三省市国内生产总值的平均增长率下降为4.92%。至1970年,国内生产总值达355.07亿元,三次产业比例为25.55∶53.34∶21.11,在维持一产份额的基础上,继续加大二产发展。"四五"(1971—1975)的早期,继续进行已有的"三线"建设,发展各大区域性的独立工业体系,至1973年开始调整回1956年的思路,同时重视沿海地区发展,强调经济发展的平衡性、强调经济发展的效益,江浙沪三省市国内生产总值平均增长率为5.37%,但是重化工业优先进一步被贯彻,三次产业比例为24.34∶56.25∶19.41。1976—1980年进行"五五"计划后,第二产业内部的轻工业发展速度开始超过重工业,产业内部关系获得良性调整,1976—1978年,江浙沪三省市国内生产总值平均增长率为7.51%,至1978年国内生产总值达645.77亿元,三次产业比例为19.64∶61.27∶19.10,工业化导向的发展趋势继续。

二、计划下的产业经济

如前所述,尽管20世纪前半叶上海及其周边的工业化进程比较迅速,甚至速度一度超过当时的台湾地区,但是1949年成立的新中国是一个落后的农业大国,经济技术水平很低,上海的工业化也主要表现在轻工业上[1]。当时衡

---

[1] 刘大钧:《上海工业化研究》,商务印书馆1940年版。

量国民经济发展水平的重要标志是重工业的规模和水平,虽然发达国家的经济发展正在由工业化中期向工业化后期过渡。发展中国家因为苏联实行计划经济的巨大成就而效仿之,当时主流的社会思潮对于现代化的发展认识也是如此[①],这事实上也是后发国家成功地实现工业化的基本路径。新独立的国家,出于对国家现代化的强烈愿望,采用干预与管制的方式,快速地发展国民经济,建立独立完整的国民经济体系,尤其是独立完整的工业体系(以重工业为主体),是当时实现强国富民的基本选择之一。

在发展经济的指导思想上,一直存在自由贸易与保护主义的两种思潮,虽然自由主义有着源远流长的历史,但一直受到挑战,在计划经济的思路下,我们看到的"一五"计划中,初期所拟定的过渡时期总路线,虽然提出重视重工业与轻工业的关系,但是明确以发展重工业为主的工业化道路。"二五"期间更是明确提出了"以钢为纲"的重工业化道路,重工业超前发展的战略,是"赶英超美"的技术路径之一,一直持续近20年,成为当时国民经济发展的基本指导思想,对于国家、区域、产业发展带来了深刻的变化。

很显然,在这种产业政策方针的指引下,在计划经济的详细规制下,资本密集投入到重工业上,故而其增长远远快于国民经济其他各产业的增长。如前述,1953—1978年间,长三角地区三次产业结构的演变,除1959—1962年非正常因素影响外,表现为第二产业比重的上升、第一产业和第三产业比重下降的趋势(见图3-2),升降的趋势基本上呈现加速。同时,在产业发展布局方面,在著名的十大关系的指导下,在1949—1978年间,全国大区域发展战略与政策以平衡发展、平衡布局、缩小差距为其基本特征,沿海地区的发展受到限制。加上当时国际形势比较紧张,中国的工业项目布局和厂址选择比较多地考虑国防和安全的需要[②],所见的大小"三线"建设即为这一情形的反映,于经济发展效率上损失尤多。

从近代经济发展的历史遗产而言,当时的工业偏集于东部沿海一隅,全国工业总产值77%以上集中在东部沿海狭长地带,尤其是上海地区,差不多占有50%的份额。1949—1952年的三年恢复时期,国家工业建设重点是在老重工业基地东北地区,其次是华东与华北,大体上呈现反向的趋势。"一五"期间苏联所援建的156个项目,大约仅1/5分布在沿海地区,且没有一项在江浙沪。

---

① 实际上在第二次世界大战前已经形成这一思想,第二次世界大战后被验证并扩大实践。
② 陆大道:《中国区域发展的理论与实践》,科学出版社2003年版,第109—116页。

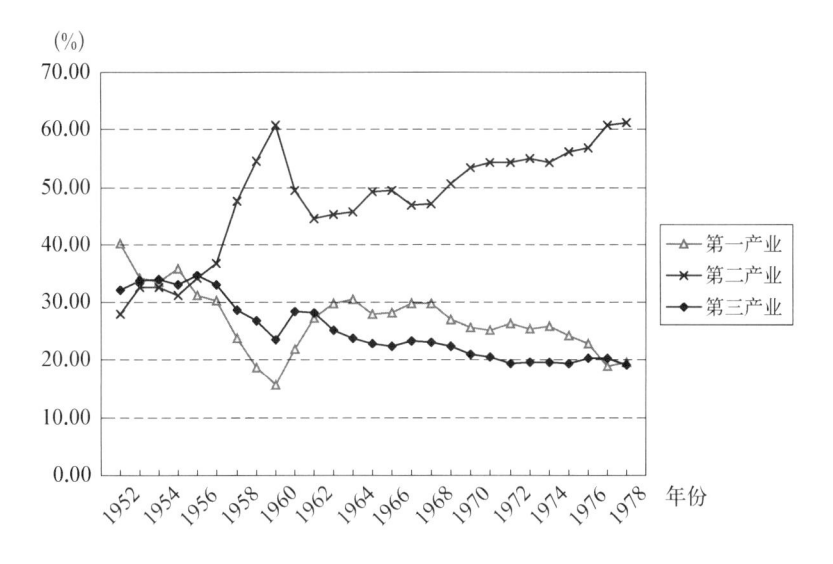

图 3-2　江浙沪三省市三次产业比重(1952—1978)

数据来源:《江苏五十年》、《新浙江五十年统计资料汇编》、《新上海五十年国民经济和社会历史统计资料》。

国内自主规划设计建设的 694 项重点工程,整个沿海地区也只占 32% 左右。在上述的经济发展计划思路下,当时的工业基本建设的重点由沿海转到内地,以上海为中心的长江三角洲地区,没有大型的原材料项目且配套项目也很少,大多在近代原有的工业基础上,进行适当的技术升级改造。整体而言,沿海地区尤其是长江三角洲地区的工业增长速度低于内地,远远低于其应有的潜力。

1957 年左右国内掀起"大跃进"群众运动,全国工业基本建设投资失去控制,恶性膨胀,小工业遍地开花,使得国民经济全面失调,农业大幅度减产,财政赤字大量增加。20 世纪 60 年代初,由于中苏、中美关系相当紧张,因此在工业布局上突击进行"三线"建设,"分散、靠山、隐蔽、进洞"成为"三线"工业布局的准则。"三五"、"四五"期间,建设重点转移到更加深入内地的"大三线"地区,从而形成了中国经济建设一次规模空前的西移。1952—1975 年间,全国基建总投资中,沿海地区约占 40%,内地占 55%[①],内地投资在"三五"时期达到最高,为 66.8%。国家在经济基础较差的西南、西北地区的投资比重,由"一

---

① 其余部分为统一购置的运输工具等不分地区的投资共约占 5%。

五"时期占全国的16.9%上升到"三五"时期的35.1%。在东部发达地区中,同期上海市的投资仅占全国的3.6%,居全国的第13位。

从"四五"后期到"五五"初期,国家投资的地区重点开始逐步向东转移。1971—1972年间,大小"三线"仍分别是全国和地方上工业投资的重点。由于经济发展计划安排不灵,能源、原材料极其紧张。此时,国际形势发生了重大变化,中美邦交正常化,导致工业战略布局与投资方向着手东移,能源、原材料等薄弱环节受到重视。自1972年中美联合公报发表后,我国开始引进国外大项目。1973—1980年间以引进项目为中心的工业建设,是针对60年代后期以来全国工业结构上存在的主要问题而安排的,这时期工业布局总的特征是由内地向东部特别是沿海社会经济发达区域逐渐转移。大部分重点项目配置在海岸带和长江沿岸,靠近海水及淡水水源,其中部分企业利用水运,提高了企业的投资和运营效果。长江三角洲及长江下游沿岸的上海金山化纤一二期工程、栖霞山化肥厂、南京烷基苯厂、宝钢、仪征化纤厂、仪征石化厂等都是这一时期的重点项目。

综上所述,1949—1978年间,由于中央对国际形势和战争危险估计严重,加上思想上急于求成,导致生产力布局的指导方针出现了一些较大的偏差,过分强调国防原则和地区平衡发展,追求地区经济自成体系,在工业布点上搞大分散,特别是在"一五"时期和"三线建设"时期国家投资地区布局大规模西进,没有发挥沿海老工业基地应有的作用,宏观与微观经济效益均较低下。

三、基础交通的发展

中华人民共和国成立后,工农业生产开始复苏,城乡物资交流渐趋活跃,国家开始着手全面恢复公路交通,在修复原有公路的同时,开展大规模公路建设。1949—1957年公路交通建设得以恢复与初步发展。1958—1966年,掀起了全民办交通的高潮,新路建设在这一阶段有了很大成绩,尤其是县乡一级公路建设,有了初步发展,弥补了近代长三角地区陆路建设的不足。1966—1978年间,经历了"文化大革命"停顿与反复,原有的公路受到明显的损坏。截至1978年,虽然江浙沪三省市公路的等级与品质仍然很低,但是,江苏省公路线路里程发展到17 721公里,浙江省为17 384公里,上海市为1 978公里,里程数增长速度远远高于晚清、民国时期。

中华人民共和国成立后的铁路建设是在接管、改造既有铁路的基础上发展起来的。长三角地区铁路营业里程在中华人民共和国成立后增长不明显,截至改革开放前,江苏省铁路营运里程少有增加,包括苏南沪宁铁路、苏北的陇海铁路、徐州南京段津浦铁路、连接安徽的宁芜铁路,营业里程共 732 公里;浙江省铁路营业里程有所增加,萧甬线、金千线、杭长线相继建成,至 1978 年,铁路营业里程由 1949 年的 482 公里增至 830 公里。上海市铁路营业线路也有所增加,由 1949 年的 341 公里增至 1978 年的 245 公里。1968 年南京长江大桥的建成通车,使津浦、沪宁两线接通,自此京沪铁路贯通,增强了运输能力。长三角地区陆路交通网如图 3-3 所示。

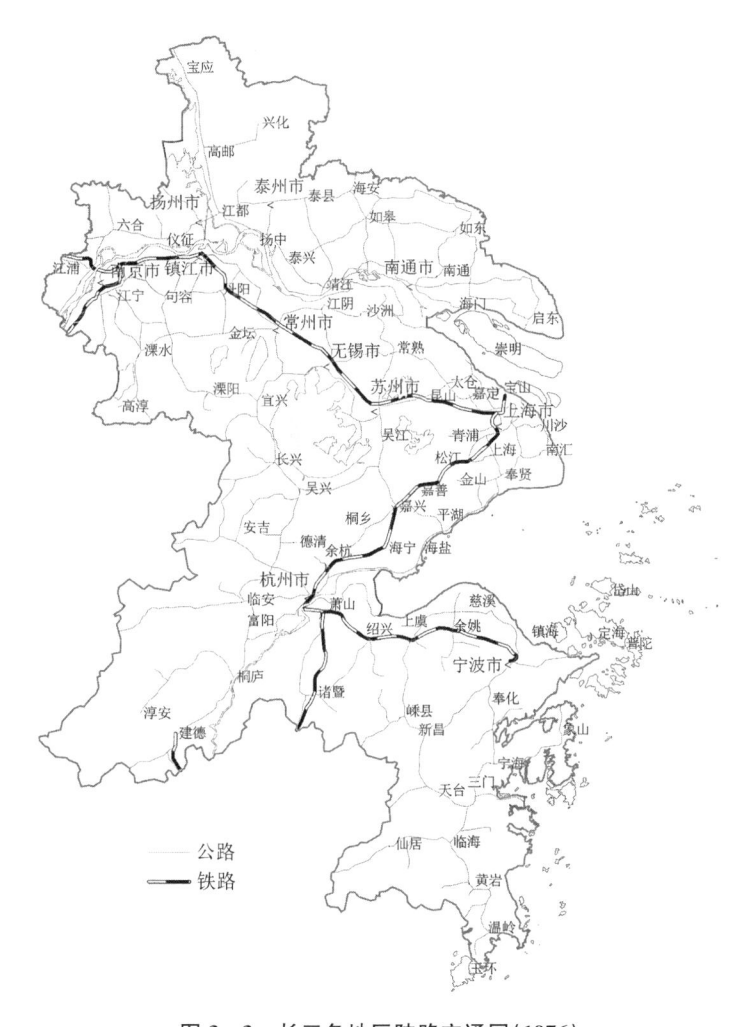

图 3-3 长三角地区陆路交通网(1976)

资料来源:《中国地图册》1976 年第三版。

长三角地区的航道虽然遍布各地,但由于中华人民共和国成立前长期缺乏疏通管理,淤积堵塞严重,大部分只能通航小型机动船和木帆船,效率很低。中华人民共和国成立后,曾组织较大规模的航道养护和航道工程建设,使通航里程大大增加。京杭大运河是沟通南北的水运主通道,也由于长期淤积,航运功能不能有效发挥。1958年扩建京杭运河苏北段,对从徐州蔺家坝至邗江都天庙404公里航道进行拓宽浚深,但由于后来的经济困难时期,部分扩建项目未全部完成。长三角地区水运交通网如图3-4示。

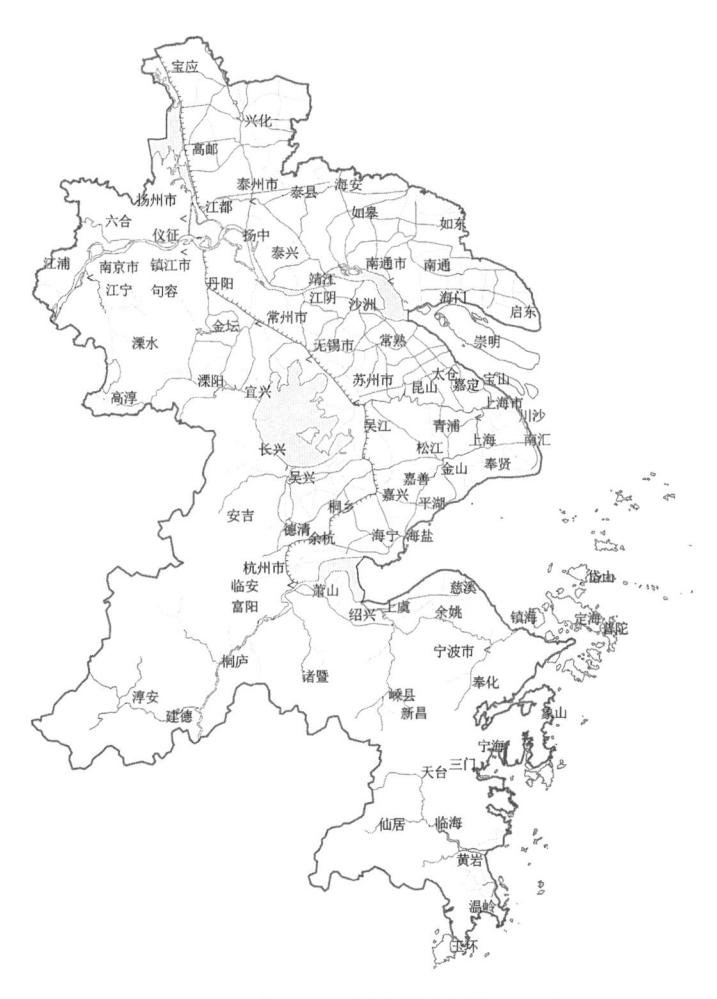

图3-4 长三角地区水运交通网(1976)

资料来源:《中国地图册》1976年第三版。

1952—1978年江浙沪三省市客运量中,就公路、水运、铁路三种方式所占的比例来看,1952年时三种方式占比基本比较平均,随后公路占比显著上升至最高、水路显著减少、铁路略微减少,以1978年为例,公路、水运、铁路分别占66%、22%、12%。在货运量中,1952年时三种方式也基本比较平均,随后水运缓慢上升、公路比较稳定、铁路缓慢下降,以1978年为例,分别占45%、33%、22%[①]。

改革开放前,由于前述的原因,国家建设的重点转向远离沿海的中西部地区,对沿海经济、海运投资有限,再加上非开放的经济环境,以及"文革"的破坏因素,海运业并无明显发展。在严格的计划经济体制下,港口的经济腹地范围都由交通部或省级交通主管部门划定,港口来往的资源也受到计划的约束。再加上沿海制造业尚未发展,全国的经济发展趋向于内向化、内陆化。一般而言,在改革开放前,上海与长三角地区的工业制成品由港口城市流向腹地,农副产品和工业原料、燃料从内陆腹地流向港口城市。当时长三角地区主要港口货物吞吐量如表3-1,均处在一个比较低等级的水准,这与当时的经济政策、商业流通环境是一脉相承的。

表3-1　　　　长三角地区各主要港口吞吐量(1952—1978)　　　(单位:千吨)

年份	宁波港	上海港	舟山港	南京港	镇江港	张家港	南通港
1952	245	5 595		1 274	454		83
1957	605	16 494	269	3 111	1 080		437
1962	749	25 562	250	6 010	1 600		716
1965	867	31 939		6 466	873		1 354
1970	1 000	39 910	234	7 646	1 561	94	1 610
1975	1 306	55 807	220	15 473	2 818	1 013	2 548
1978	2 144	79 546	760	28 036	33 89	2 006	3 016

第二节　空间演化的方式

在一般的常识中,交通基础设施的平均分布将会促成经济活动地理分布的均衡,高度集中似乎应该是有问题的。中国一度通过发展落后地区的交通

---

① 交通部综合规划司:《新中国交通(1949—1999)五十年统计资料汇编》,人民交通出版社2000年版。

设施促成企业的迁移与产业的转移,但在实际上效果并不明显。因为,持续下降的运输成本强化了商业、生产、技术、服务的地方化进程,较低的成本促成了地区之间的自由流动,但多数密集型产业依然聚集在一起。

一、区位消逝与计划形成

改革开放前,我国实行高度集中的计划经济管理体制。著名的经济学家刘国光教授曾把计划经济体制概括为五个方面:以公有制为主的所有制、以中央政府为核心的实行计划与行政性指令而由企业接受并执行的经济决策体系、强调整体利益一致性的经济利益主体、由计划和指令来配置资源及统收统支的经济调节体系、政企不分以政府代替企业实施产、供、销、人、财、事等管理的经济组织体系[①]。在这种经济体制下,生产要素与产品配置受到中央政府的高度控制,各种经济要素不能自由流动,企业与地方政府基本上没有赋予配置经济资源的职责,更缺乏发展区域经济的任务与能力,地区经济增长速度的快慢在很大程度上受中央宏观区域经济政策的影响,区域发展的格局也主要受制于中央政府的偏好。

中华人民共和国成立后,对城市工商业进行改造,增大了对城市的生产性投资,变消费性城市为生产性城市,上海先后失去了全国乃至东亚最大的金融和贸易中心的地位,只被定为全国最大的工业基地,功能相对单一。这不仅对上海自身发展产生了不利的影响,而且也使得整个长江三角洲地区的地缘经济失去了整合功能。这段时期长江三角洲地区以及全国其他城市之间相互联系的纽带主要是通过计划调拨。产供销、人财物的集中管理使得国有企业脱离市场,缺乏竞争,影响了企业的效益和效率,并由此产生了一些积重难返的弊端。城市功能定位的错误与重复,城市基础设施的老化,积累了大量的问题,影响和阻碍了长江三角洲地区的进一步发展。

这一时期,国家发展的重点放在加快工业化进程上,采取以农补工,剥夺农业来发展工业,城乡差距迅速扩大,传统的城乡二元对立的格局进一步强化。1953年中央政府为了缓解农业生产特别是粮食生产与大规模工业生产建设的矛盾,制定了粮食统购统销的政策,后又扩大到食油、棉花及其他重要工农业产品,包括计划收购政策、计划供应政策与政府的统一管理与控制政策。统购统销政策在推动中国工业化的同时,也导致了一些十分突出的后果。一

[①] 刘国光、沈立人:《中国经济的两个根本性转变》,上海远东出版社1996年版,第54—58页。

方面城乡商品交换与市场功能严重削弱,城市与城镇的物资集散与交易中心的作用弱化,许多传统市镇陷入衰退,大部分城镇被撤销;另一方面导致了企业与市场的脱节,企业只管生产不问销售,企业的生产与管理日益僵化。

高度集中的计划经济体制对长三角区域经济的发展及相互关系产生了重大影响,使得城市的经济发展速度快于各县域的经济增长速度,城市处于快速聚集的向心发展阶段;城乡之间的社会经济联系弱化,基本上被分割成两个相对独立的地域单元与经济单元;城乡之间的联系主要体现在"农产品进城、工业品下乡"的产品交换关系上,城市之间的社会经济联系也趋于弱化,城乡二元结构突出。改革开放前,政府将城市发展置于农村发展之上,基本粮食的价格控制压低了农业收入。高关税壁垒、进口限令、工业产品特许维护了制造品的价格,抑制了农民的购买力。以最终国内需求为核心的内向型发展战略,通过国家完备的财政分配机制,降低城乡之间的地区个人人均可支配收入与消费的差异。

二、计划下的城市与乡村

20世纪50年代初,国家激励农户向城市迁移,参与战后国家重建与工业化发展,试图通过快速城市化推进工业化。城市建设总方针是围绕工业化有重点地新建、改建、扩建城市,确保了当时国家工业建设的中心项目所在的重点工业城市的建设,取得了较好的效果。在当时的国内外经济政治环境下,要依靠自己的力量迅速实现工业化,有赖于国家集中社会资源直接进行大规模的工业投资。为了优先保证工业尤其是重工业的投资,国家大量压缩基础设施等"非生产性投资"。

1958—1978年是中国经济与城市发展的非常时期,城市的发展经历了由超速发展到逆城市化再到基本停滞。本来鼓励移民城市,及至1953年,农村移民超过了政府的预期,于是开展限制人口移动,统一安排工作,在城市实行粮食配给制度。在随后的"大跃进"运动中,政府暂时放弃对农村人口向城市移民的限制,及至20世纪60年代中期,城市人口快速增长。随后形成了一代城市知识分子的下乡运动,基本延续到"文革"结束,大致终结于1980年。城市经济活动几乎陷入停顿,发展速度放慢。直到1976年以前,国家有关部门一再强调要认真贯彻执行"严格控制大城市规模、发展小城镇"的方针。

在这样的城市发展政策下,城市的发展注重政治、军事以及行政隶属关系,对经济的辐射关系考虑较少,城市发展很大程度上受国家计划安排的工业项目的制约。

在乡村,1953年后江南农村生产关系被彻底改组,"剥削"的地主、商人阶层消失,分散的农村家庭经济改组为大规模的集体经济,开始有计划地进行农业生产技术的改进与推广。进行大规模的农业集体化,在当时看来是符合农村经济现代化,因为通过技术进步、规模经济实现现代化的经济发展,也曾确实提高了粮食的亩产量。1979年后苏南成功使用的农业技术仍然是20世纪中叶出现的新技术,例如手扶拖拉机、水稻插秧机、收割机等小型水田耕作机械,以及新型化肥、农药、种子,新的移植方式,仍然采用之前使用的方法:农业生产资本集约化、资源利用合理化、农业经济外向化等①。

由于扩大复种面积,水利技术上改进,肥料增加,江村1936年亩产350斤,合作化后1956年达到559斤。根据费孝通的估计,农业虽然增长约60%,但仍然抵不过民国时期全部副业的收入,所以,农业虽然增产,但还是有民众仍感觉日子过得不如以前。1936年有132户家庭饲养650张蚕茧,但1956年只饲养了130多张。虽然因为技术提高,每张种产量增加一倍,价格也有所提高,但总收入仍只有过去的60%,其中一个原因是:民国时,产桑与养蚕地区分工合作,但合作化后农业社在原料上要求自给,而原材料高度匮乏的农业社所拥有的技术人员即便闲置也不能用上。1956年调查发现农业合作社仅限于农业,所有加工性质的生产活动都交到其他系统部门,集中到城镇去做,甚至像砻糠加工都不允许在农业社进行。以前太湖流域航船繁荣,在600多户人家的开弦弓村,拥有航船160条左右,航行范围很广,东到上海、浦东,南到杭州,北到长江,西到宜兴、句容,往来贩运各地的特产,1956年几乎全部停顿。农业增长是毫无疑问的,但农村副业也衰退很多②,很多农村的集体副业仅保留了为粮食生产提供肥料的养猪一项。

民国时期太湖流域地区农村家庭收入主要来自农村手工业、副业。1957年费孝通在江村调查发现,一个中等家庭的实际年现金支出250元左右,每人可以从农业社获得35.5元(除去用于口粮的46.5元),整个家庭收

---

① 黄宗智:《长江三角洲小农家庭与乡村发展》,中华书局1992年版。李伯重:《江南农业的发展(1620—1850)》,上海古籍出版社2007年版。
② 《关于费孝通的"重访江村"的一些材料》,中国科学院哲学社会科学部,1957年5月18日,第6—16页。

入142元,剩下的不足部分需要副业来帮助填补①。由于强调以粮为纲,集体副业与家庭副业受到限制,加上管理上的统一指挥,不考虑地区当时情况,分配上的平均主义,经济发展陷入停滞。20世纪50年代的农村合作社运动,渐渐地将农村的个体经济纳入集体经济,农民的收入几乎以集体来分配,但集体经济又受到平均分配的制约,没有激励机制。1966年农业与副业的比例为87.8∶11.9②。在集体经济之外,农民自发形成了社队工业。1967年吴江庙港乡缫丝厂,由开弦弓村周围的7个大队集资联办的,通过这种方式提高生活必需的收入。这种社队企业没有非常固定的副业方向,灵活机动,弹性比较高,参与的农民不离土不离乡,作为农业经济的补充。由于很多乡村搞社队工业产生了比较好的收益,社队企业逐渐在苏南地区普及开来。

1958年兴起社队企业的第一次高潮,中央召开工作会议号召发展地方工业。从政府的角度,兴办工业可以发展地方经济。从农村合作社来看,兴办企业可以提高集体收入。中华人民共和国成立30年来,乡村工业得以迅速发展,主要依赖农村劳动力的比较优势,所需的资金主要来自农业剩余。家庭经营体制的确立,使得农村的劳动力资源得以流动到非农产业中。以农民为主体的家庭联产承包责任制这种诱致性制度变迁,极大地提高了农民的劳动积极性,促进了农业产量与农业剩余的增长,然后农民可以自由支配这些剩余,并将这些资源投入到经济收益更好的非农产业中去。同时,政府以农产品价格调整的强制性的制度变迁,增加了农业剩余。在计划经济条件下,尽管物资极其匮乏,但农业与乡村非农业之间的要素不能自由流动,后来政府放开了对农村非农产业发展的限制,同时对城市国有企业放权让利,从而使得一部分生产要素从计划的缝隙里,通过市场流入农村的社会企业③。中国的改革是从工农业基层生产单位直接解决微观激励与效率问题开始的,包括农业中的家庭联产承包责任制、国有企业放权让利改革④。

但是,从某种意义上看,那些违反经济资源配置方式与空间布局的经济体制无法促成良好的经济增长,从可持续发展的角度来看,仍需要构建合理的空间结构。

---

① 《关于费孝通的"重访江村"的一些材料》,1957年5月18日,第6—16页。
② 费孝通:《三访江村》,载《江村经济(中国农民的生活)》,1986年,第226页。
③ 于秋华、于颖:《中国乡村工业发展的制度分析》,《财经问题研究》2006年第12期。
④ 林毅夫:《制度、技术与中国农业发展》,上海人民出版社2005年版。

三、城乡分割下的经济效率

作为经济发展的一个重要的内生变量,制度及其变迁对区域经济的发展以及由此而导致的区域关系的形成与演变有着重大的影响:利益主体的自由性制度影响到个人、企业甚至地方政府参与经济活动的能力与积极性,市场制度制约经济要素在区域间的配置效果与流动形态,政府管制会左右经济运行的绩效,行政区划体制直接改变了区域空间结构与空间关系,等等。总之,制度决定资源配置的优化程度及其效率,在经济发展中起着最重要、最根本的作用。

20 世纪 50 年代初开始,国家为推进工业化,建立了全面控制经济生活的计划经济体制,将城市和农村分割为两个失去市场联系的部门。城市以工业活动为主,城市就业和生活几乎全由国家统一控制。农民必须从事农业生产,承担国家规定的各项生产任务。1958 年,全国人大常委会通过了《中华人民共和国户口登记条例》,户籍制度正式确立。并配套制定了粮食供给制度、副食品与燃料的供给制度、住宅制度、生产资料供给制度、教育制度、就业制度、医疗制度、养老保险制度、劳动保护制度、人才制度、兵役制度、婚姻制度、生育制度等。这些制度将公民分成两种身份不同、待遇不同的经济利益集团——农业人口与非农业人口、居民与农民,在城乡之间人为地设立起一道森严的壁垒。乡村人口向城镇的自由流动中断,同时使农村人口也失去了向城市进行投资的权利,人口与资金的聚集过程也随之中断,造成了我国城市化与工业化的脱节,形成了我国独有的"没有城市化的工业化"道路。[1]

为了保证国有企业的积累,最大限度地发展重工业,国家全面接管了国有企业管理者的自主经营权。为了保证农民创造的剩余能流向重工业,国家加速实行了农业合作化与大规模的人民公社,并实施粮食统购统销制度,制定城乡分割的户籍制度。为了配合发展重工业的大规模投入与高密度资本供给,政策人为压低资本与其他生产要素价格。在稀缺生产要素价格被抑制的情况下,需要高度集中的计划体制来配置资源,摒弃市场机制。这些强制性的制度安排,最大限度地集中了全国的资源,在比较贫穷落后的基础上迅速建立起相对独立完整的工业体系,但是同时也产生了比较优势丧失、产业结构失衡、经济效率低下等问题。

中国本来是资本稀缺、劳动力丰富的国家,因此发展劳动密集型产业比较

---

[1] 张小林:《乡村空间系统及其演变研究:以苏南为例》,南京师范大学出版社 1999 年版。

合理,然而发展重工业需要较多的资本,吸收农业剩余劳动力有限,不符合当时的资源比较优势结构。优先发展重工业,轻视轻工业、农业与第三产业发展,阻碍了城市化、工业化进程,农业剩余劳动力被阻隔在农村,农民被排除在工业化的进程之外,形成城乡二元结构。以行政计划的方式配置资源,劳动激励机制不足,资源配置效率与生产效率低下。1952—1981年全要素生产率平均增长比较乐观的估计仅有0.5%,1952—1978年人均GDP年均增长2.34%,低于世界同期2.56%的水平①。

城市与乡村的分割管理制度,在形成的最初时期,对于减轻城市和工业化进程中的就业压力,保障城市工业的优先发展,维护社会稳定,确实发挥了积极作用。与其他国家大体相同,中国在工业化初期的资本积累,在很大程度上也是通过工农产品的"剪刀差",即农业剩余向工业的转移来实现的。但是,这种差别化的管理制度,也构成了一系列社会排斥。在这种集体排他的制度设置下,最终导致无论在经济效率还是社会公平上都使城乡社会存在严重的分歧,使得城乡之间出现"二元"分割状态。城市的行政中心地位十分突出,城市的行政管理职能明显强化。城市规模的大小与行政级别相对应,行政等级越高,城市规模越大;城市的影响范围也与行政等级之间存在相互呼应的关系,地级市可影响整个辖区范围,县城影响范围可覆盖全县。行政等级体系与城镇规模等级体系之间存在较高的对应关系,形成了明显的城市规模行政级别法则,城乡二元结构强化,城市化进程受阻,城市人口增长缓慢,城市人口的增长以自然增长为主。

四、空间分散与聚集

1966年至20世纪70年代,国家的投资大多流向内陆省区,上海与沿海地区的公司迁往内陆或贵州、湖北、四川等内地。随着对外贸易与投资的开放,出口导向型工业(服装、电子、皮革、玩具等)集中在沿海地区,国内导向型工业(金融、有色金属冶炼)散处各地。

根据已有的认识,制造业与服务业领域内部的报酬随规模增加而递增。从轻工业到重工业,再到高科技产业,内部规模经济从微不足道变得非常重要。服务业的集中程度高于制造业,主要原因是:(1)前者(例如银行、广告、

---

① 林毅夫、蔡昉、李周:《中国的奇迹:发展战略与经济改革》,格致出版社、上海人民出版社2012年版。

保险公司、医院、学校)可以节约土地、增加密度;(2) 由于存在外部经济,服务性公司之间相互服务的需求更大。

计划经济时代国家安排下的均衡发展战略,阻止了经济发展过程中的前后向联系,以及报酬递增收益。为了实现规模经济,需要在一个经济板块聚集人口与资源。相对大量的人口不仅提供制造业生产所需要的人口,也提供了消费品市场。在从自然资源向工业转变的过程中,人口自然集中到沿海地区,沿海城市成为地区制造业增长的发动机,首先从国内市场中获益,然后快速转向面向区域市场与世界市场的进出口。

根据前述章节的计算,近代上海港的货物中转率维持在50%—60%。1952年上海港货物中转率为22.7%,"一五"期间的1957年上升到41.9%,"二五"及三年调整时期基本稳定在1957年的水平,"三五"、"四五"期间又继续上升,1975年为49%,1980年为54%,1982年为50.8%[①]。简而言之,中华人民共和国成立后30年间,上海港的中转优势处于闲弃状态。

就上海与长三角地区的经济关系而言,在国家政策安排的缝隙中,民间层面或跨地区的经济协作成为这一时期空间经济联系的主要渠道。

1949年后,各省短缺的煤炭、木材、钢材及有色金属等物资,采取余缺调剂等方式以本省工农业产品同外省地区协作交换。实行国家计划经济体制后,主要物资由国家计划分配调拨。20世纪50年代中期以后,生产、建设规模日益发展扩大,对物资的需求量日益增加,国家计划分配的物资数量、品种都难以满足经济发展的需要,各地开始重视并自发地进行物资协作。江苏主要用超产的工业品或富余的农副产品直接到外省换取所需的煤炭、钢材、木材、毛竹等物资。1963年,江苏一些地、市、县开始组织"自拉煤",如镇江、南通、扬州等地组织汽车到山西的阳泉、河南的焦作和新乡等地拉煤。

1957年中共中央决定建立上海局,以协调上海、江苏、浙江这3个省市之间的联系,增强经济上的互助互补,并在此基础上组建了华东经济协作区。1960年中共中央决定重建华东局,代表中共中央督导6省1市工作,重点仍然是财政经济工作,到1966年"文革"开始后华东局解体。由于上海和江苏经济上相互依存,民间的往来仍然频繁。"文革"期间上海市的知识青年下放到江苏和江苏籍的老职工退休还乡等因素,意外地给江苏特别是沿江两岸,带来了

---

① 程潞:《上海市经济地理》,新华出版社1988年版,第173页。

经营管理人才和科学技术力量,以及市场供求信息,有利于长江沿岸尤其是苏州、无锡、常州、南通4市乡镇企业的发展①。

自中华人民共和国成立后实行计划经济体制开始,纵向行政性管理取代了横向市场性联系,江浙沪三地完全服从于自上而下的垂直式领导。在这种背景下,长三角地区内部的经济联系与合作,除了如上所述的民间层面,已无重要的实质性内容。这一做法,不仅导致上海的城市功能退化,成为单纯的制造业中心,而且还使江浙两省以及下属各地市间也缺乏横向整合的基础,背离了区域经济发展的逻辑,区域发展内在的递增潜力被抑制。直到重新界定社会主义的"商品经济",并对外开放对内改革后,才渐渐走上本来正确的轨道。

五、简评:改革前的空间演化

只有通过进口替代,发展国内制造业,财富才能从资源密集型的发展中国家向资本密集型的发达国家转移。发展中国家优先发展重工业思想,受到马克思、列宁与第二次世界大战前苏联工业化成功经验的影响。20世纪50年代后,出于实现国家现代化的强烈愿望,中国采用干预与管制的方式,是建立在当时主流的社会思潮对于现代化的发展认识的基础上。

当时,中国人均国民生产总值(GNP)极低,伴随着极低的教育水平、极其匮乏的基础设施。由于主要从事初级农产品的生产和出口,绝大多数制造品都依赖进口,对于政府而言,首先的任务就是独立地发展自身经济,实现经济起飞消除贫困。因为缺乏工业化,尤其是作为军事与经济基础的大型工业,所以优先发展先进的大型重工业成为现代化的前提。1919年孙中山就提出了中国工业化计划,指出优先发展关键与基础产业,并通过引进外资来发展工业。1953年"一五"计划的目标是优先发展重工业,建设社会主义工业化的初步基础。1957年提出工业水平10年内赶超英国,15年内赶超美国。

中华人民共和国成立以后的计划经济配置,切断了区域内部、区域之间的经济联系,民国以来初步形成的长三角经济区逐渐淡化、被遗忘。均衡发展、促进地区经济活动规模的增大成为主流思路。我们知道统一开放的经济环境,会促进劳动力等要素的自由流动、资本市场的一体化、服务业的自由贸易,

---

① 祝兆松主编:《上海计划志》,上海社会科学院出版社2001年版。

并且通过经济上的一体化,降低区域之间的边界效应,缩减边界直至边界消失。中华人民共和国成立后 30 年中,长三角地区正好走过相反的路线。在计划的安排下,区位要素对于产出的促进作用被阻止,城市与乡村之间隔离,要素自由流动缺失,自然的结果是区域经济经济发展的无效率。

本来发展中国家的禀赋结构(包括资本、劳动、自然资源)的特征是,自然资源或非熟练工人相对富裕,人力资本与物质资本相对稀缺。在人力、物质资本缺乏而自然资源、非熟练工人富裕的国家,具有比较优势的产业是劳动密集型、资源密集型。20 世纪 50 年代以来的发展战略是违背比较优势的。20 世纪 80 年代开始的转型,是建立在对改革之前的不良绩效的内在原因与约束条件的理解的基础上。

第三节 经济地理的重塑与度量

按照经济的发展轨迹,不断增长的城市、人口迁移、专业化生产有助于提高密度,缩短距离,减少分割(削减经济边界壁垒,进入世界市场获取规模与专业化收益),但中华人民共和国成立后我们经历的却是一个基本相反的发展过程,将民国时期延续下来、尚不完善的经济地理结构彻底改变。

一、区域经济的联系与分割

(一)失衡的计划安排

中华人民共和国成立后上海作为长三角地区的一极仍然具有不可撼动的地位。1952 年上海的工业以轻工业特别是棉纺织工业为主体,集中在棉纺织、面粉、卷烟、造纸、皮革、肥皂、火柴、橡胶 8 个行业,占全部工业总产值的 88.2%,基本上以小规模和作坊式经营为主;重工业比重极低,钢产量仅 0.49 万吨,机械制造主要为生产零配件和配修,大部分机器设备、主要原材料和生活日用机械产品都依赖进口。第三产业比较发达,占国民生产总值的 42.6%,固定资产投资占 49.5%。这时的上海仍有远东的贸易、金融、航运中心之称。其中商业、饮食、服务业最发达,一些服务业,如金融、交通、邮电、外贸、房地产在全国和远东都相当有地位。

1949—1952 年为恢复沿海老工业基地期间,由于基本隔断了海外经济联系,内移是一个必然的趋势。20 世纪 50 年代上海 104 户企业迁入安徽的合肥、芜湖、安庆、淮南和蚌埠等地。安徽发往苏、沪、浙的销项价税占其发往全国的 60.42%[①]。

自"一五"计划开始,实施重工业优先发展的赶超战略,全面推行计划经济,经济体制以公有制为主体,同时国家又强调各省级行政区都要建立起相对独立的、比较完整的工业体系。国家首先是集中力量恢复东北南部的重工业基地,同时,在恢复、改造上海轻工业中心时,为了弥补国外原料来源的缺口,一方面在江苏等地种植棉花供应上海,一方面将工厂内迁到安徽,甚至华北、西北。完成了经济恢复以后,1953—1957年"一五"期间,国家开始有计划地将工业向内地迁移,苏联与东欧援建的工业 63.5% 分布在内地。

从20世纪50年代初期至改革开放前,上海由开放的亚太经济金融中心,转变为封闭的中国重工业基地,江浙与之差距拉大,上海的极化与扩散功能因行政分割的限制而消失。以上海为中心的都市经济圈被强制性的制度变革分割开来。但是,由于地缘相邻,周边城市的经济仍然保持与上海这个工业高地的联系。

20世纪50年代是上海经济的转折点,由消费性城市变为生产性城市,由远东的经济中心变为中国的重工业基地,轻纺工业受到抑制,原材料工业过度膨胀,机械电子加工工业长期粗放型发展,整个工业化水平与国外发达地区的距离逐步拉大;由于片面推行重工业发展,忽略了城市功能建设,城市经济的其他功能严重萎缩,投资、生产、生活环境逐步恶化,上海从一个多功能经济中心变成单一的工业基地。1960年,工业占全市国民生产总值的77%,重工业第一次超过轻工业,钢铁、机械、电力等重工业投资占全部工业投资的80%以上;第三产业内,大量撤并商、饮、服务营业机构,内贸商业网点和机构逐步减少,钱庄关闭,批发合并,零售有关有转,至1978年,零售网点减少到42%;缩并金融结构,只剩下4家,且仅作为国家财政的金库,取消金融市场,金融中心不复存在;外贸集中,洋行自动歇业,私营进出口全部并入国营外贸公司,上海的外贸中心作用大大萎缩;房地产业原是上海的一大支柱产业,20世纪50年代土地公有,实行福利分房,房地产业自然消失。第三产业最终只占国民生产总值的19.4%,第一产业占2.7%。

20世纪70年代末,上海重化工业超前发展,工业形成了以冶金、纺织、

---

① 李善同、王道树、刘云中:《中国省际贸易的空间相关性与贸易区的划分——基于"金税工程增值税数据"的分析》,载《国务院发展研究中心调查研究报告》2006年第19期。

石化和机械电子"四大金刚"为主的门类齐全的工业体系,建成一批大中型骨干企业,科研试制力量也相应增强。"四大金刚"的工业产值占全市工业总产值的84.2%。重化工业膨胀,自我服务比重过大,轻工业仍然以纺织工业为主。重工业与轻工业的比例基本为53∶47。到1978年,第二产业比重占77.4%,第三产业占18.6%。以自行车、缝纫机和手表等"老三件"为代表的生活日用品领先全国。这样的工业结构格局一直延伸到20世纪80年代末期。上海经济日益内向化,产业更加自成体系、自我循环,城市功能也更加单一①。

据表3-2,从1952年到20世纪70年代末,由于工业化的推进,江浙沪三省市的工业增加值都在提高,相应的是农业与第三产业都在递减。但是上海工业化的速度远远超过江浙两省,工业增加值占GDP的比重由1952年的49.70%到1978年的76.05%,江浙两省的工业化速度相对要慢得多,直到20世纪70年代中后期工业比重才超过农业。

表3-2　　　江浙沪三省市三次产业结构比较(%)(1952—1978)

年份	上海市	江苏省	浙江省
1952	5.92∶52.43(49.70)∶41.65	52.65∶17.62(15.76)∶29.73	66.37∶11.33(9.34)∶22.30
1957	3.88∶58.66(54.10)∶37.46	45.98∶22.12(19.21)31.90	51.76∶21.28(17.41)∶26.97
1962	5.32∶69.41(68.52)∶25.27	42.05∶25.06(22.67)∶32.89	46.69∶27.13(24.50)∶26.18
1965	5.72∶73.03(72.07)∶21.25	43.32∶31.82(28.25)∶24.86	46.65∶30.41(27.11)∶22.94
1970	4.74∶77.12(76.50)∶18.15	39.49∶35.72(32.76)∶24.79	46.67∶32.41(29.35)∶20.92
1975	4.03∶77.18(76.11)∶18.79	36.70∶43.23(39.48)∶20.07	46.54∶33.99(30.25)∶19.47
1978	4.03∶77.36(76.05)∶18.61	27.57∶52.60(46.98)∶19.84	38.06∶43.26(37.96)∶18.68

数据来源:《江苏五十年》、《新浙江五十年统计资料汇编》、《新中国五十年统计资料汇编》。
注:括号内为工业增加值所占比重。

1952年上海的工业GDP比重比江苏高出34.81个百分点,高出浙江41.10个百分点。到1975年,上海的工业GDP占整个GDP的比重分别比江苏和浙江高出33.95个百分点和43.19个百分点。1952年,上海的人均GDP分别是江苏和浙江的3.3倍和3.8倍。到了1978年,差距扩大到5.8倍和

---

① 张建华:《大上海都市圈经济发展研究》,复旦大学博士学位论文[D],2004年,第36—44页。

7.5倍(见表3-3)。在20世纪50年代初期,长江三角洲各个城市的工业以轻工业为主,上海与江浙两省的差距与20世纪70年代相比要小得多。而到了20世纪70年代末期,上海与江浙两省的产业结构与产业层次落差较大,上海远远领先于江浙两省,是一个明显的经济极化过程。

表3-3　　江浙沪三省市人均GDP比较(单位:元)(1952—1978)

年　份	1952	1957	1962	1965	1970	1975	1978
上海市	430	713	803	1 042	1 446	1 898	2 497
江苏省	131	157	161	208	249	329	430
浙江省	112	151	163	191	211	235	331

数据来源:《江苏五十年》《新浙江五十年统计资料汇编》《新上海五十年国民经济和社会历史统计资料》。

至1978年,上海市的国内生产总值达272.81亿元,是1952年的7.44倍,占长三角地区的49.98%;人口为1 098.28万人,占长三角地区的15.98%,其中市区人口557.38万人;人均GDP达2 497元,是长三角地区人均GDP794元的3.14倍;城市化率58.75%,比长三角地区城市化率21.57%高37.18个百分点。上海作为长三角地区的中心,城市人口规模和经济实力在中华人民共和国成立后都有了很大提高,相对于民国时期,极化地位进一步增强。

(二) 相对均衡的城市间联系强度

计算城市间经济联系的经典模型是引力模型,引力模型的基本形式为:

$$F_{ij} = k \frac{m_i \times m_j}{r_{ij}^2} \quad (3-1)$$

式中m_i、m_j分别为城市i和城市j的规模,k为介质常数,规模因研究问题的不同可以取为人口规模、工作机会等,r_{ij}表示城市间的距离。这一模型的应用使人们解决了一些经济地理分析问题,然而在实践中发现其与实际情况有一些明显出入,从而需要对模型进行修正。汉纳斯和弗德林汉姆认为模型需要三个重大修正,主要是基于距离因子、规模因子和介质常数三个方面(Haynes & Fotheringham,1984)。在距离选取方面,一些学者认为选用道路交通距离更能真实反映两个城市之间的经济联系。距离的指数通常用来表示相互作用对空间分离的敏感性,指数越大,表明距离摩擦对两个中心的预期相互作用的削弱越强。在其他条件相同的情况下,距离对经济发达地区两地间相互作用的削弱相对于落后地区较弱。距离指数的选择也存在较大的争议,指数取值1和2的较多。鉴于长江三角洲地区属经济发达地区,且目前交通和通信技术日益发达,距离的概念越来越弱化,城市间经济往来也比较频繁,因此,选取距离指数为1,并借鉴已有研究成果,采用的经济联系强度模型如下:

$$R_{ij} = \frac{\sqrt{P_i V_i} \times \sqrt{P_j V_j}}{D_{ij}} \qquad (3-2)$$

式中,P_i、P_j分别为i城市和j城市市区的总人口(万人),V_i、V_j分别为i城市和j城市市区的地区生产总产值(亿元),由《中国城市统计年鉴》(2006)获得;D_{ij}为城市i和城市j之间的公路交通距离(公里),《由中国公路地图册》(2007)获得。R_{ij}表示城市间绝对经济联系量。

依据公式计算得到各城市之间的绝对经济联系量,加总得到各城市与其他城市的经济联系总量。如表3-4所示。从该表的数据中可以看出,长江三角洲16市中,上海作为全国最大的城市,其经济中心的地位比较突出,与区域内其他城市之间的经济联系量较高,联系总量占区域内经济联系总量的22.77%。这一方面是由于其城市规模较大,经济实力强;另一方面是由于上海处于长江三角洲地区的中心区,其到达区内其他城市的距离相对较短。南京、杭州的城市经济联系总量分别占9.16%、8.48%,居区内第二、第三位,这并不是由于其靠近区内最大规模城市上海,而因为是计划经济安排下的中心,到区内其他城市距离相对较近。改革开放后城市人口规模与经济规模快速上升的苏州、无锡,此时在城市经济联系总量偏低,仅占5.14%、4.25%。

二、经济密度的空间变化

区域经济密度的空间变化是区域经济地理变化的一个重要方面,对特定区域经济密度进行时空分析,可以较为精确地反映出这一地区各种人文、社会、经济要素的综合发展历程。

(一) 基于人口密度的考察

在前述章节中对晚清与民国时期长江三角洲地区经济密度的空间变化进行考察时,分别采用人口密度、工业投资密度的空间变化进行度量。及至改革开放前,可以获取该地区比较完整的国内生产总值密度数据。

表 3-4　长三角地区各城市间绝对经济联系量 (1978)

R_{ij}	上海市	南京市	无锡市	常州市	苏州市	南通市	扬州市	镇江市	泰州市	杭州市	宁波市	嘉兴市	湖州市	绍兴市	舟山市	台州市
上海市	0	19 890	7 103	7 084	7 379	9 542	11 933	7 275	10 618	11 544	17 408	4 142	3 617	7 514	4 208	17 570
南京市	19 890	0	1 978	1 099	3 258	4 768	974	591	1 629	5 253	5 987	2 113	1 654	3 138	1 336	5 373
无锡市	7 103	1 978	0	396	716	1 823	1 177	632	968	2 390	3 337	716	630	1 484	791	3 276
常州市	7 084	1 099	396	0	873	1 675	606	301	802	2 133	2 776	741	615	1 327	646	2 649
苏州市	7 379	3 258	716	873	0	2 057	1 896	1 113	1 707	2 469	3 874	631	654	1 638	945	3 962
南通市	9 542	4 768	1 823	1 675	2 057	0	2 227	1 615	1 530	4 428	5 628	1 410	1 181	2 726	1 300	5 317
扬州市	11 933	974	1 177	606	1 896	2 227	0	186	446	2 667	3 265	1 272	853	1 766	746	3 035
镇江市	7 275	591	632	301	1 113	1 615	186	0	428	1 733	2 185	778	476	1 165	504	2 057
泰州市	10 618	1 629	968	802	1 707	1 530	446	428	0	3 276	3 846	1 604	947	1 873	867	3 503
杭州市	11 544	5 253	2 390	2 133	2 469	4 428	2 667	1 733	3 276	0	1 784	676	446	501	533	1 939
宁波市	17 408	5 987	3 337	2 776	3 874	5 628	3 265	2 185	3 846	1 784	0	1 466	1 018	710	154	930
嘉兴市	4 142	2 113	716	741	631	1 410	1 272	778	1 604	676	1 466	0	248	499	228	1 054
湖州市	3 617	1 654	630	615	654	1 181	853	476	947	446	1 018	248	0	423	266	964
绍兴市	7 514	3 138	1 484	1 327	1 638	2 726	1 766	1 165	1 873	501	710	499	423	0	236	819
舟山市	4 208	1 336	791	646	945	1 300	746	504	867	533	154	228	266	236	0	267
台州市	17 570	5 373	3 276	2 649	3 962	5 317	3 035	2 057	3 503	1 939	930	1 054	964	819	267	0
总量	146 827	59 043	27 418	23 723	33 173	47 228	33 049	21 038	34 044	41 773	54 368	17 577	13 993	25 818	13 026	52 715
比例(%)	22.77	9.16	4.25	3.68	5.14	7.32	5.13	3.26	5.28	8.48	8.43	2.73	2.17	4.00	2.02	8.18

资料来源:《江苏五十年》《新浙江五十年统计资料汇编》《新上海五十年国民经济和社会历史统计资料》。

人均GDP可以反映人均经济增长,能够比较充分地反映区域差异的内涵,并且从官方统计数据中容易获取,数据的可信性和完整性好。因此,选取各市、县1978年的人均GDP作为评价指标,基于ARCVIEW软件,将人均GDP赋予各市、县的行政中心点,采用权重距离递减进行空间内插,从而得到长三角地区的经济空间格局(见图3-5)。

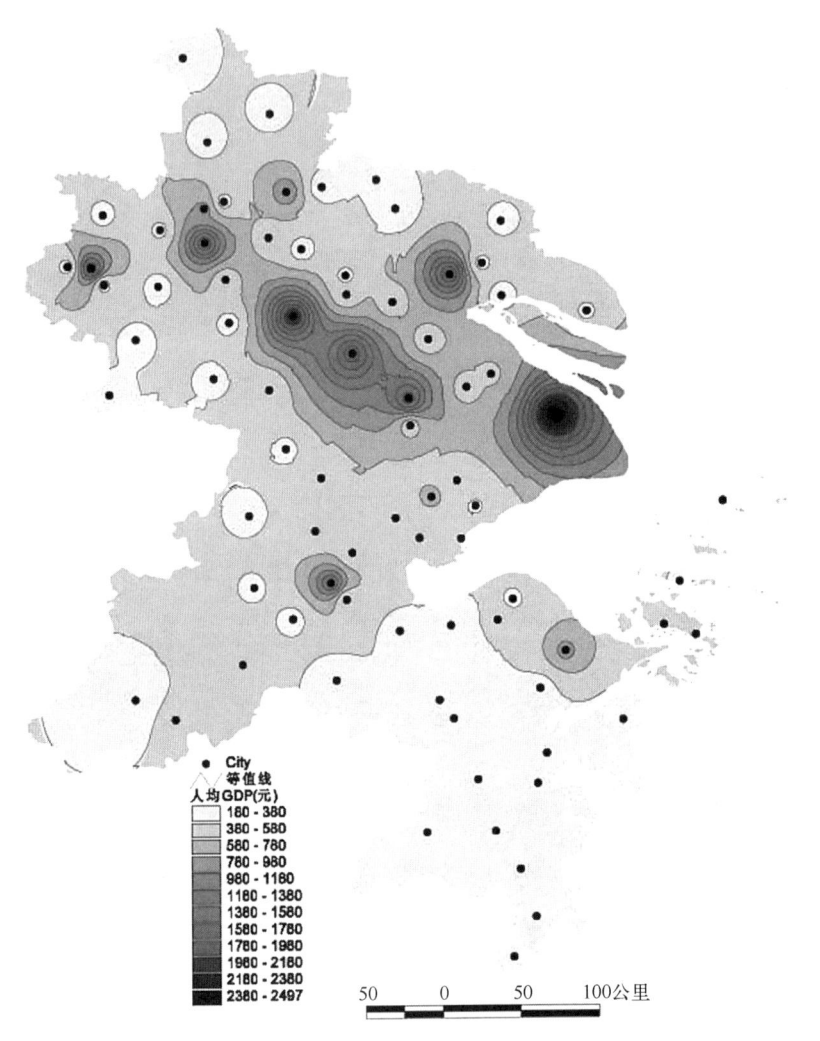

图3-5 长三角地区经济等高线(1978)

1978年,长三角各县市中,人均GDP高于区域平均值794元的县市仅有11个(不包括上海市所辖的10县),均为县级以上城市,其余大部分县的人均

GDP 都很低。人均 GDP 从高到低依次为上海市、常州市、无锡市、南通市、镇江市、苏州市、南京市、杭州市、泰州市、扬州市、宁波市、嘉兴市。人均 GDP 介于区域平均水平的 0.5—1 倍之间的有 20 县市,其余 56 县的人均 GDP 不及区域人均 GDP 的一半。这表明改革开放前,长三角地区经济发展水平的区域差异较大,县级以上城市与县之间存在较大的差距,大部分县经济比较落后,城乡二元结构现象非常突出。长三角地区的经济空间格局表现为以主要城市上海、苏州、无锡、常州、镇江、扬州、南通、南京、杭州、宁波为中心,向外围经济实力逐渐减弱。其中沪宁沿线城市经济实力较强,尤其是上海和苏锡常地区,为经济发展水平较高的轴带。杭州、宁波则表现为孤立的经济中心,周围大部分区域经济水平较低。江苏板块经济实力较强,而浙江板块地区经济实力相对较弱,尤其是长三角西部和南部大部分地区,经济水平普遍偏低。城市与周边地区经济发展水平差距较大,城市好比区域中的孤岛,呈现出孤立的繁荣,而周边地区经济则比较落后。

在计划经济时代,政府制定了一系列宏观经济政策,并且使之制度化,人为地创造了重工业优先发展的环境。由于这些宏观经济政策与市场机制有着极大的冲突,为了保证政策的实施,人为地取消了任何形式的市场,包括农村集贸市场、生产资料市场和消费品市场,制定了城乡分割的户籍管理制度和人口流动制度,把越来越多的乡村居民排除在工业化大门之外。单一的、高度集中的计划管理体制为非常规的工业化道路提供了制度保障,却导致城乡差距不断扩大,二元经济结构日益呈现刚性。城市通过计划经济的自上而下的方式聚集了较强的经济实力,行政区划人为割裂了经济的自然联系,阻碍了区域内生产要素的自由流动,户籍制度和用工制度限制了劳动力资源的合理流动,条块分割的制度安排导致行业垄断、部门割裂和地方割据。作为省内主要交通网络的公路网,通常都是以省会城市为中心向各自的边缘辐射,省区之间经济联系较少,使城市极化作用所形成的外部经济难以溢出,对内造成规模不经济。城市没有对周边地区形成一种带动发展的局面,城乡之间应有的经济社会联系被割裂开来。因此,导致了以行政中心城市为核心,周围地区为边缘的大量相互独立的核心-边缘结构。周边地区大都依附于行政中心而发展,成为与行政中心联系较为紧密的腹地,而腹地的资源禀赋条件也决定了核心的发展规模,不同的核心-边缘系统之间联系较弱。

(二) 基于城市等级的计算

中华人民共和国成立以后至改革开放前的近30年间,虽然受政治运动和计划经济时代产业政策的影响,长三角地区的经济发展比较缓慢,但较之中华人民共和国成立前,城市规模和经济实力仍有长足的发展。

1978年长三角地区地级及以上城市市域的主要经济指标如表3-5(参照现行市域范围)。由表3-5数据可知,改革开放前,上海的经济发展水平远高于其他地区,除上海外,仅南京市的人均GDP高于区域平均水平,其余城市的人均GDP均较低。上海市、南京市、杭州市的城市化水平在20%以上,其余地区城市化水平较低,城乡二元结构比较突出。

1. 地级及以上城市中心等级的划分

城市等级结构是一个非常复杂的多维问题,它是在综合群体内所有城市在城市群体系中的地位和作用的基础上建立起来的级别体系,是高层面的结构形态。任何一种单因素评价都很难有效地反映城市等级的复杂性和多维性(张思锋,2002)。因此要综合评价城市的实力,就必须从各个侧面选取反映城市实力的多种评价指标,并且组成一个科学的评价指标体系,作为分析、评价的共同尺度(顾朝林,1992)。城市中心性是指一个城市为它以外地方服务的相对重要性,是衡量城市功能地位高低的重要指标。目前,学者们多采用多变量统计分析法对中心性进行综合度量。多变量统计分析法通过统计分析给出各单因素指标的权重,避免了多项指标综合评分法中权重估计的主观性和随意性,只要指标体系选择得当,其评价结果更符合实际情况,有较高的准确性。目前,常用的多变量统计分析法主要有主成分分析法、层次分析法、因子分析法、模糊综合评价法、相似理想解排序偏好(TOPSIS)法、得分法和熵值法等。

陈田(1987)通过对15个经济变量进行主因子分析,定量研究了我国城市经济影响区域的空间组织系统。顾朝林(1991)结合图论原理和因子分析方法,基于33个变量建立了"综合实力指数",确定了31个城市经济区,并提出这些经济区可以根据区域间相互作用的强度聚合为9个更大的城市经济区。周一星(2003)采用劳动力指标、流量指标和开放指标3大类14项指标确定了223个地级以上城市的中心性指数。叶依广(2004)运用主成分分析方法,通过建立一套涵盖5个层次16个方面共34个指标的城市指标体系,对长江三角洲15个城市的综合实力进行计算和比较。李平华(2005)采用7个指标作为城市的人流、物流、信息流资料确定了江苏省13个地级城市的中心性等级。

表 3-5　　长三角地区各市主要经济指标(1978)

城市	总人口（万）	非农人口（万）	城市化率(%)	GDP（亿元）	人均GDP（元）	工业总产值（亿元）	社会消费品零售总额（万）	财政收入（万）	财政支出（万）	城乡居民储蓄存款余额（万）
上海市	1 098.28	645.23	58.75	272.81	2 497	514.01	541 000	1 906 700	260 100	181 800
南京市	412.38	156.36	37.92	34.42	844	60.01	122 633	108 538	17 798	21 141
无锡市	365.21	70.33	19.26	24.93	687	50.69	93 066	93 984	11 553	14 269
常州市	290.99	45.22	15.54	17.57	605	34.86	60 222	62 128	9 259	8 986
苏州市	506.27	84.52	16.69	31.95	634	48.96	128 374	82 766	13 547	17 650
南通市	722.71	50.75	7.02	26.91	408	33.58	106 722	55 048	16 126	21 892
扬州市	398.43	45.16	11.33	14.38	363	15.90	65 629	20 265	9 934	5 683
镇江市	233.89	32.86	14.05	12.18	527	17.93	46 055	21 924	9 045	4 949
泰州市	452.98	37.01	8.17	14.79	314	16.79	67 562	21 769	7 591	5 415
杭州市	505.55	116.06	22.96	28.40	565	43.96	93 580	94 102	16 170	20 714
宁波市	457.70	63.42	13.86	20.17	437	19.38	70 663	49 697	11 176	15 190
嘉兴市	289.40	35.51	12.27	13.29	460	11.81	44 547	23 614	6 320	4 344
湖州市	221.46	29.34	13.25	8.88	402	8.47	32 682	16 078	4 758	4 864
绍兴市	378.43	31.61	8.35	11.29	299	9.34	36 775	18 621	7 383	6 900
舟山市	87.16	13.45	15.43	3.88	447	2.42	19 219	6 075	2 775	3 151
台州市	452.71	25.98	5.74	10.13	225	6.50	41 079	11 897	9 871	4 401
长三角	6 873.55	1 482.81	21.57	545.98	794	894.61	1 569 808	2 593 206	413 406	341 349

数据来源：《江苏五十年》，《新浙江五十年统计资料汇编》，《新中国五十年统计资料汇编》。

注：由于行政区划调整，统计数据中各市的统计范围为市管县体制下的市域范围，包括所辖县。

魏丽(2006)采用模糊综合评价法对我国 15 个主要城市的实力等级进行了评价。

由于长三角地区改革开放前的统计数据并不很完善,在此仅选取比较有代表性的非农业人口和工业生产总产值来反映长三角地区地级及以上城市市域的规模和经济辐射影响力。依据各城市非农业人口数(P_i)和工业生产总值(V_i)分别计算各城市的非农业人口指数(K_{P_i})和经济职能指数(K_{V_i})。计算公式为:

$$K_{P_i} = \frac{P_i}{\frac{1}{n}\sum_{i=1}^{n}P_i} ; K_{V_i} = \frac{V_i}{\frac{1}{n}\sum_{i=1}^{n}V_i} \qquad (3-3)$$

在分别计算非农业人口指数和经济职能指数的基础上,进一步计算各城市的中心职能强度(K_{E_i}):

$$K_{E_i} = \frac{K_{P_i} + K_{V_i}}{2} \qquad (3-4)$$

根据中心职能强度的计算结果,运用 SPSS 统计软件,对其进行 K-Meams 聚类分析,将 16 个城市划分为三个不同的等级,结果如表 3-6 所示。

表 3-6　　　长三角地区 16 市的中心职能强度及等级(1978)

城市	等级	K_{P_i}	K_{V_i}	K_{E_i}	城市	等级	K_{P_i}	K_{V_i}	K_{E_i}
上海市	1	6.96	9.19	8.08	扬州市	3	0.49	0.28	0.39
南京市	2	1.69	1.07	1.38	泰州市	3	0.40	0.30	0.35
杭州市	2	1.25	0.79	1.02	镇江市	3	0.35	0.32	0.34
苏州市	2	0.91	0.88	0.89	嘉兴市	3	0.38	0.21	0.30
无锡市	2	0.76	0.91	0.83	绍兴市	3	0.34	0.17	0.25
南通市	3	0.55	0.60	0.57	湖州市	3	0.32	0.15	0.23
常州市	3	0.49	0.62	0.56	台州市	3	0.28	0.12	0.20
宁波市	3	0.68	0.35	0.52	舟山市	3	0.15	0.04	0.09

由中心职能强度及等级划分结果可知,上海市作为一级中心,具有较强的辐射吸引能力;南京和杭州分别作为江苏省和浙江省的省会城市,中心职能强度也较高,是区域的二级中心城市;苏州、无锡、南通作为省辖市,凭借以前积

累的雄厚的经济基础,城市规模和经济实力仍然位于前列。从 16 市的中心职能强度看,除上海外,江苏省各市的中心职能强度较大,浙江省除了杭州市居第三位,宁波市居第八位,位于扬州、泰州、镇江之前,其余城市的中心职能强度均小于江苏省各市。表明经过后近 30 年的发展,长三角地区经济发展的重心仍然在江苏板块,浙江板块的经济实力和城市规模相对较弱,大约延续民国时期的趋势。与目前的城市地位相比,当前在长三角地区具有突出地位的宁波市在改革开放前的中心强度也相对较弱。

2. 县级及以上城市等级的划分

1978 年长三角地区辖 1 直辖市、7 省辖市、3 区辖市、86 县,共 97 个节点。由于统计数据限制,将上海市所辖 10 县并入上海市,将宁波地区镇海县并入宁波市,考虑到包括所辖县的上海市规模较大,和其他县市不具可比性,因此,将上海市作为一级中心,对长三角地区其他 85 个节点进行等级划分。由于县级城市的统计数据中非农业人口和工业总产值数据并不完整,因此选取总人口(P_i)和地区生产总值(V_i)两个指标,按照前述计算地级市中心职能强度的数据处理方法,计算得出长三角地区县级以上城市的中心职能强度,并根据中心职能强度的计算结果,运用 SPSS 统计软件,对其进行 K - Meams 聚类分析,将其划分为五个不同的等级,结果如表 3 - 7。

表 3 - 7　　长三角地区县级以上城市的中心职能强度及等级划分(1978)

城市	等级	K_{Pi}	K_{Vi}	K_{Ei}	城市	等级	K_{Pi}	K_{Vi}	K_{Ei}
上海市	1				无锡	4	1.48	1.36	1.42
南京市	2	2.61	8.5	5.55	萧山	4	1.54	1.27	1.41
杭州市	3	1.54	4.47	3.01	江阴	4	1.45	1.36	1.41
无锡市	3	0.98	3.95	2.47	常熟	4	1.42	1.36	1.39
苏州市	4	0.83	2.95	1.89	黄岩	4	1.73	1.03	1.38
南通	4	2.18	1.57	1.87	吴兴	4	1.36	1.38	1.37
宁波市	4	1.32	2.32	1.82	如东	4	1.58	1.12	1.35
常州市	4	0.61	2.86	1.74	宜兴	4	1.46	1.17	1.32
武进	4	1.92	1.53	1.73	江都	4	1.48	0.97	1.23
兴化	4	2.04	1.37	1.70	泰县	4	1.52	0.92	1.22
泰兴	4	1.97	1.23	1.60	绍兴	4	1.60	0.82	1.21
吴县	4	1.65	1.40	1.52	南通市	4	0.51	1.89	1.20
如皋	4	2.00	0.92	1.46	慈溪	4	1.28	1.01	1.15
启东	4	1.60	1.24	1.42	海安	4	1.35	0.92	1.13

续 表

城市	等级	K_{Pi}	K_{Vi}	K_{Ei}	城市	等级	K_{Pi}	K_{Vi}	K_{Ei}
嘉兴	4	0.96	1.31	1.13	仪征	5	0.72	0.51	0.62
海门	4	1.43	0.81	1.12	金坛	5	0.73	0.47	0.60
诸暨	4	1.39	0.78	1.09	建德	5	0.63	0.57	0.60
丹阳	4	1.10	1.06	1.08	丹徒	5	0.75	0.41	0.58
余杭	4	1.18	0.97	1.08	临安	5	0.66	0.49	0.58
沙洲	4	1.11	1.02	1.07	平湖	5	0.64	0.50	0.57
吴江	4	1.04	1.07	1.06	宁海	5	0.74	0.36	0.55
宝应	4	1.23	0.78	1.00	奉化	5	0.64	0.44	0.54
余姚	4	1.08	0.93	1.00	象山	5	0.67	0.38	0.52
镇江市	4	0.42	1.58	1.00	安吉	5	0.58	0.42	0.50
温岭	4	1.39	0.58	0.98	桐庐	5	0.50	0.49	0.50
临海	4	1.35	0.60	0.97	淳安	5	0.61	0.37	0.49
高邮	5	1.16	0.70	0.93	德清	5	0.53	0.45	0.49
鄞县	5	1.01	0.84	0.93	高淳	5	0.57	0.39	0.48
江宁	5	1.05	0.70	0.88	嘉善	5	0.50	0.44	0.47
溧阳	5	1.02	0.67	0.85	普陀	5	0.42	0.52	0.47
海宁	5	0.84	0.85	0.84	天台	5	0.67	0.27	0.47
上虞	5	1.01	0.62	0.82	新昌	5	0.57	0.33	0.45
桐乡	5	0.85	0.70	0.78	溧水	5	0.53	0.35	0.44
嵊县	5	1.00	0.55	0.78	海盐	5	0.46	0.39	0.43
六合	5	0.92	0.61	0.77	仙居	5	0.57	0.28	0.43
昆山	5	0.77	0.76	0.76	定海	5	0.45	0.38	0.42
邗江	5	0.79	0.71	0.75	泰州市	5	0.27	0.53	0.40
靖江	5	0.88	0.62	0.75	玉环	5	0.47	0.25	0.36
太仓	5	0.63	0.73	0.68	扬中	5	0.37	0.34	0.36
长兴	5	0.78	0.56	0.67	三门	5	0.49	0.22	0.35
扬州市	5	0.48	0.85	0.67	江浦	5	0.39	0.26	0.32
富阳	5	0.78	0.53	0.65	岱山	5	0.30	0.22	0.26
句容	5	0.79	0.45	0.62	嵊泗	5	0.12	0.09	0.10

由县级及以上城市的等级划分结果可知,改革开放前长三角地区的城市体系中,除了上海市规模较大之外,其余大部分城市规模等级偏低,城市体系发育还不完善。由于一些县所辖面积较大,人口规模和经济实力较强,因此远远超过所属省辖市及相邻区辖市。如南通市、镇江市、扬州市、泰州市,虽然行政等级相对较高,但由于所辖面积较小,因此在以总人口和GDP指标进行中

心职能强度衡量时,远远落后于一些普通县。

改革开放前,无锡市的实力超过苏州,宁波的地位也不如现在突出。目前经济实力较强的昆山、太仓以及张家港(前为沙洲县)在改革开放前亦相对落后,而兴化、泰兴、如皋、启东、江阴、常熟以及目前已经被并入市区的无锡县、南通县、武进县、吴县、萧山县在当时的地位则相对较高。

三、经济距离的空间演变

经济距离是指商品、服务、劳务、资本、信息等空间传递的难易程度,是指两个地区之间经济要素流动的难易程度。对于商品贸易而言,影响因素包括时间成本、货币成本,交通运输基础设施的位置、质量、时间可达性。此外政策在内的人为壁垒同样可以增加距离,地方保护主义政策可以导致地方分割。由于计划体制的直接安排,这一段时间长三角区内的经济距离比较难以计算,不过最终的数据颇类似于晚清的早些时候,令人深思。以下基于城镇节点的空间扩散,对这一空间演变进行解释。

(一) 交通网络的选择

中华人民共和国成立后,在相对稳定的发展环境下,城乡物资交流渐趋活跃,交通运输日益繁忙,陆路交通已经连接成网,使得区域之间的联系更加便捷。至1978年,江浙沪客运总量中,水运的比重仅为21.6%,人员往来主要依靠陆路运输。在进行城镇节点空间扩散时,选择陆路交通网络作为扩散路径,陆路交通网见本章图3-3。由于当时的公路标准都比较低,不再对其进行等级划分,所有铁路也按统一等级处理。公路、铁路的类型、速度及无交通线路区域的默认速度见表3-8。

表3-8　　长三角地区陆路交通网络的类型及速度设定(改革开放前)

名称	类型	速度(公里/h)
铁路	封闭并阻隔	45
公路	开放	50
默认	开放	10

(二) 城镇节点权重的确定

依据本章城镇等级划分时所计算的城市中心职能强度,确定各城镇节点的规模权重。由于依据人口和GDP计算得出的上海市中心职能强度值较大,与其他县市不具可比性,为了凸显其余城市之间的规模差异,将上海市的作用分确定为100,其余城市则依据中心职能强度按功效系数法进行标准化处理(计算公式同式(2-1)),取 c 为20,d 为50,使 M_i 的取值区间在[20,70],即上海以下城市最高得分为70。经过计算各城市的作用分如表3-9。

表3-9　　　　　长三角地区各县市分值(改革开放前)

城市	作用分	城市	作用分	城市	作用分	城市	作用分
上海市	100	江都	30	海宁	27	安吉	24
南京市	70	泰县	30	上虞	27	桐庐	24
杭州市	47	绍兴	30	桐乡	26	淳安	24
无锡市	42	南通市	30	嵊县	26	德清	24
苏州市	36	慈溪	30	六合	26	高淳	23
南通	36	海安	29	昆山	26	嘉善	23
宁波市	36	嘉兴	29	邗江	26	普陀	23
常州市	35	海门	29	靖江	26	天台	23
武进	35	诸暨	29	太仓	25	新昌	23
兴化	35	丹阳	29	长兴	25	溧水	23
泰兴	34	余杭	29	扬州市	25	海盐	23
吴县	33	沙洲	29	富阳	25	仙居	23
如皋	32	吴江	29	句容	25	定海	23
启东	32	宝应	28	仪征	25	泰州市	23
无锡	32	余姚	28	金坛	25	玉环	22
萧山	32	镇江市	28	建德	25	扬中	22
江阴	32	温岭	28	丹徒	24	三门	22
常熟	32	临海	28	临安	24	江浦	22
黄岩	32	高邮	28	平湖	24	岱山	21
吴兴	32	鄞县	28	宁海	24	嵊泗	20
如东	31	江宁	27	奉化	24		
宜兴	31	溧阳	27	象山	24		

(三) 城镇节点的空间可达性扩散

以86个城镇节点为目标点,以陆路交通网络为扩散路径,选择点状空间扩散赋值,陆路交通的速度较快,水域等必然对其形成阻隔,因此,扩散类型为阻隔扩散,阻隔主要为长三角地区现有的水域(主要包括长江、太湖、长荡湖、滆湖和高邮湖等),扩散方式为指数扩散。依据每个节点的权重,生成了城镇节点的加权空间扩散图(图3-6)。

改革开放前,城镇节点的加权空间扩散表现为以上海为核心,南京、杭州为次级核心的星形扩散,越向外围分值越低。分值较高的区域集中在沪宁、沪杭沿线,其次为沿通泰轴线和杭甬轴线的区域。由于改革开放前,仅有南京长江大桥可以跨越长江,因此长江的阻隔作用明显。沿江南岸的苏锡常地区,受上海的辐射作用较强,分值较高。江北的通泰区域分值相对较低。沪宁、沪杭和宁杭所围成的三角区域是长三角地区的核心区,三角形顶点的上海、南京、杭州为区域中辐射作用较强的城市。上海的影响范围最大,南京次之,同样为省会城市的杭州则相对弱于南京。苏锡常的规模实力较强,但其辐射作用被上海所掩盖,宁波的辐射作用则不明显。

图3-6 长三角地区城镇节点加权空间可达性(1978)

各城镇的加权空间扩散表现为以上海为核心、南京为次级核心,沿主要交通线路的星形扩散。改革开放前,由于高度集中的计划经济体制及落后的沿海制造业,长三角港口群发展缓慢,上海港作为核心港口,辐射作用较强。南京港作为长江下游的主要港口,相对远离上海,可凭借长江与内地广大区域沟通,辐射作用亦较强。其他港口的规模较小,辐射作用不明显。这些隐约暗示着改革开放前,长三角地区空间结构的合理度"倒退"到民国以前。

四、简评：空间结构的演变

众所周知,1948年以前上海的第三产业占比一度达到58%,当时的上海是远东最大的金融城市,金融业营业额是香港的1倍、东京的3倍;20世纪三四十年代,上海、南京、杭州等地成为我国的轻纺工业中心。20世纪50年代后,中国逐步全面推行计划经济,长三角地区成为计划经济的重镇,中央指令性计划对资源配置的作用体现得非常突出。国家利用长三角地区原有的工业基础,恢复、改造和新建,使得上海由国际金融中心转变为大工业城市。这时,上海虽然是全国最大的经济中心,但其国际性金融贸易中心(交易中心)的地位完全消失,由此退化为全国工业中心(生产中心),第二产业比重偏重(大约在70%以上)。其时,整个长三角的工业化程度长期高于全国平均水平10—15个百分点。作为生产基地,上海向全国提供轻工业产品。上海对自身产业结构大调整过程中,优先发展第二产业,第三产业比重在1948年以前曾为58%,至1978年降至18%。

20世纪五六十年代在上海曾设有中共中央华东局,管辖范围即现在的华东六省一市,主要的是经济上的职能,设有计委、经委、农委等机构,协调区域内经济方面的事宜。但在当时的计划经济体制下,要想进行区域协调,非常困难。在计划经济体制下上海经济发展始终沿着发挥"老工业基地"的轨迹前行,上海原有"金融中心"、"贸易中心"、"工业中心""经济中心"的功能和地位失去,区域之间内在的经济联系消逝。在这样的制度束缚下,民国时期形成的基于市场原则的空间经济地理格局基本不复存在,代之而起的是基于国家规制下的空间区域经济联合体。

第四章　改革开放后经济空间的重构与绩效(1979—2012)

在推进市场经济体制的过程中,必须将孤立、分散的区域空间转变成开放、系统的经济区域。市场化、全球化的经济变革,使得区域的经济活力得到了空前的释放,市场机制与经济一体化,促进了人流、物流、资金流、信息流等经济要素的自由流动,促进了人口向经济先发地区迁移,经济活动进一步集中,经济聚集形成知识溢出效应、劳动力市场的蓄水池效应、产业关联效应,使得经济活动更有效率。同时,专业化分工得到加强,新型贸易(主要是产业内贸易)开始增加,这一切引发了与近代中国特征类似的经济地理变迁。

1978年后为了提高经济绩效,推行计划经济体制向市场经济的转型,带来经济的持续快速增长。如今,持续的技术创新、产业结构升级、相应的制度变迁成为现代社会经济长期增长的驱动力。除了物质或人力资本积累、生产率提高等直接的内生因素外,决定经济绩效的根本性的因素,一般说来有:地理、制度、文化与社会资本(林毅夫,2008)。

第一节　经济空间变革的背景

20世纪70年代以来,世界资本的强度大大增加,正在重新回到第二次世界大战所终止的资本流动时代。第二次世界大战后东亚经济发展的轨迹大致是从农业集约化与农村地区工业化开始,然后是城市的扩展与制成品的出口。改革开放后长三角地区加入了这一潮流。

一、发展战略的改变

众所周知,1978年底,国家的工作重点转移到现代化建设上来。随着经济发展战略的转轨,理论界在对中华人民共和国成立以来中国生产力布局经验教训进行总结的基础上,对过去那种以牺牲效率目标为代价的平衡发展战略进行了批判,并重新探讨了社会主义生产力布局原则体系,把效率原则和效益目标放到第一优先的地位。受不平衡发展理论的影响,在改革开放后的很长一段时期内,国家投资布局和区域政策由过去主要强调备战和缩小地区差别,逐步转移到以提高经济效益为中心,向沿海地区倾斜。

十一届三中全会还确定了中国实行对外开放、对内搞活经济的重大战略方针。1979年批准广东、福建两省,在对外经济活动中,实行特殊政策、灵活措施。1984年进一步开放14个沿海港口城市,其中包括长江三角洲地区的南通、上海、宁波。1985年中央、国务院决定把长江三角洲、珠江三角洲和厦漳泉三角地区59个市县开辟为沿海经济开放区。1988年3月进一步扩大了沿海经济开放区的范围,开放辽东半岛、胶东半岛以及沈阳、南京等地的140个市县。为进一步深化改革、扩大对外开放,1990年党中央、国务院作出开发开放浦东的决策。1992年十四大继而提出"以浦东开发开放为龙头,进一步开放长江沿岸城市,尽快把上海建成国际经济、金融、贸易中心之一,带动长江三角洲和整个长江流域地区经济的新飞跃"的战略决策。1992年邓小平南巡讲话以来,在进一步巩固沿海地区对外开放成果的基础上,逐步加快了中西部地区对外开放的步伐,相继开放了一批沿边城市、长江沿岸城市和内陆省会城市,设立了三峡经济开放区,由此形成了沿海、沿边、沿江和内陆省会(首府)城市相结合的多层次、多渠道、全方位的对外开放格局。

随着沿海地区改革开放新格局的展开,长江三角洲地区开始成为国家基础工业的重点投资地区,尤其是20世纪90年代初国务院提出浦东开放、开发以来,"以浦东开发为龙头,带动长江三角洲乃至整个长江流域发展"的国家区域发展新战略基本形成,长江三角洲地区进一步发展成为20世纪90年代国家、地方和海外投资的热点,刺激了地方经济的飞跃,同时促成大批区域性基础设施建设,从根本上改善了区域的投资环境,促进了工业化和城市化的发展。

浦东开发开放后,长江三角洲地区再一次成为政府、产业、学术界关注的热点。1992年6月,国务院主持召开了一次长江三角洲及沿江地区规划座谈会。其成果之一是《九十年代长江三角洲及沿江地区经济发展总体思路》的报告,该报告以点轴开发理论为基础,强调由龙头地区(浦东)、沿长江的中心城市发展外向型经济,带动长江经济带的发展。其中对长三角14城市提出的发展目标和思路是:重塑上海作为全国经济中心城市的功能,到2010年,建成国际经济、金融、贸易中心之一。初步实现金融、贸易、产业、管理四个方面与国际经济接轨。上海与长三角要"共同协商、共同建设、共享利益、共同繁荣"。江浙13市利用交通条件与浦东接轨,产业主要沿江、沿路、沿港布局:宁波依托北仑港建成重化工工业基地,杭嘉湖、绍兴以及舟山地区,设立若干经济开发区。江苏沿江7市要通过交通通讯、港口等形成基础设施网络,形成连接一起的一条沿江工业走廊,其中包括两个经济核心区,即以无锡为核心的苏锡常区,以南京为核心的宁镇扬区。前者突出形成外向型的高技术产业群和加工工业基地,后者建成重化工业基地。其中,江苏7市还要建成商业、金融、信息、科技文化的中心。1993年,上海正式提出推动长三角大都市圈发展的构想,新的长三角经济圈实行强强联手,由江苏、浙江、上海两省一市组成。

改革开放以来的改变促进了经济增长,主要表现为:(1)对私人产权的保护与鼓励;(2)从计划到市场的转变改变了社会资源的配置方式;(3)通过对外开放获取了大量的知识、资源与海外市场,促使中国迅速成长为世界工厂;(4)中央权力的下放促成了区域竞争的形成。实现积极的对外开放战略,从计划到市场体制的改变,使得中国突破历史上的"马尔萨斯制约",实现罕见的快速经济增长[①]。

二、交通状况的变化

改革开放30年来,"要想富,先修路",这句话传遍神州大地,取得了举世瞩目的成效。在经济地理的话语中,交通与通信技术一般被称为"空间压缩"技术,通过空间压缩可以缩小时空距离,实现所谓的时间节约。因为交通与通信技术的进步,可以加快要素流动与资本空间循环,提高劳动生产率,获得更多的产品剩余。

20世纪90年代以来,长江三角洲地区加快了公路主骨架、水运主通道、港站主枢纽和交通支持系统的建设,初步形成了集装箱运输系统、能源运输系统和外贸物资运输系统。

(一)陆路交通

改革开放以来长江三角洲地区陆路交通网的演化状况如图4-1所示。

---

① 华民:《"马尔萨斯制约"与经济发展的路径选择——对世界经济发展的重新认识》,《复旦学报(社会科学版)》2005年第5期。

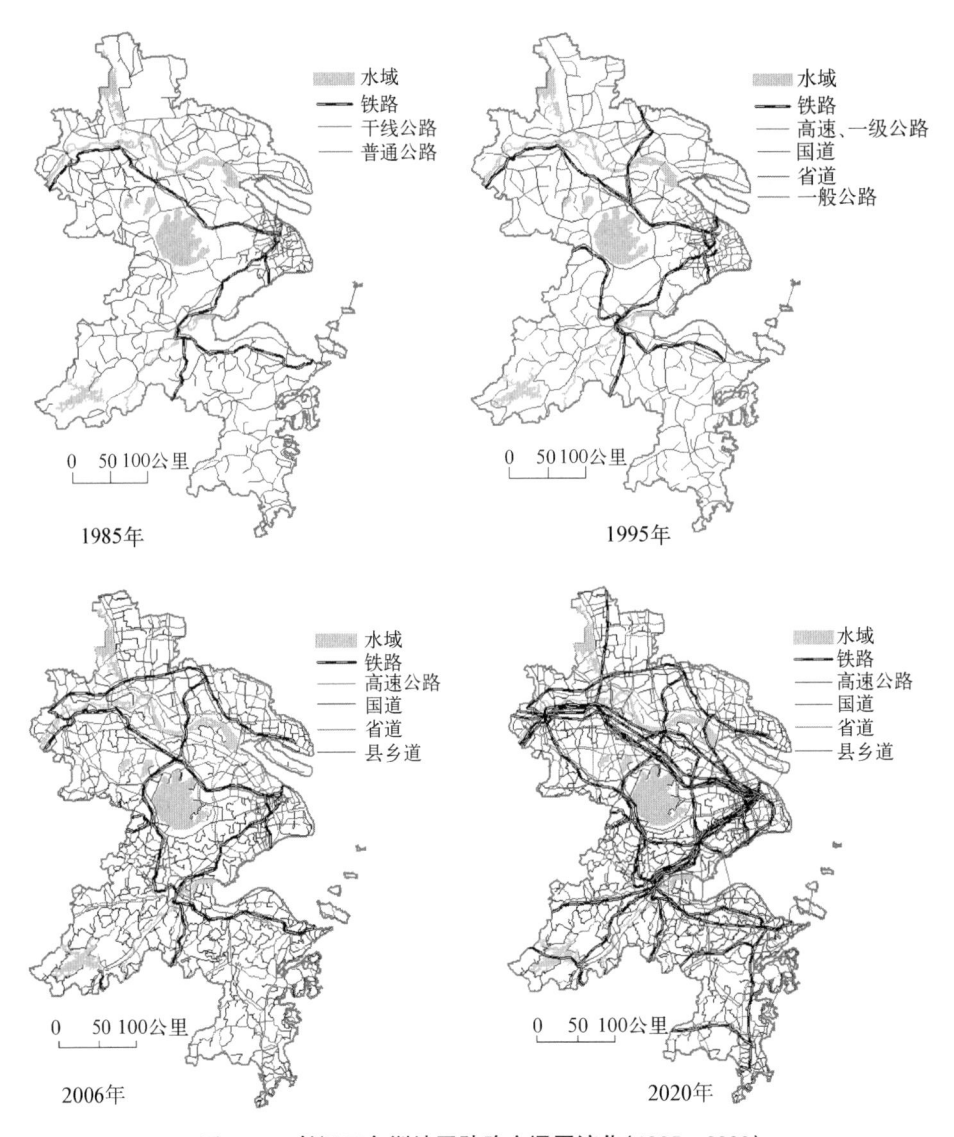

图4-1　长江三角洲地区陆路交通网演化(1985—2020)

在公路建设方面,1996年沪宁高速公路通车,长江三角洲地区进入了高速公路大发展的阶段。1998年和2002年,沪杭甬、乍嘉苏高速公路依次全线通车,成为沟通浙北、苏南的快速通道。同时,跨江大桥①等的兴建和竣工,促进了长江南北的陆路联系。2008年杭州湾跨海大桥建成后,宁波到上海的距离

---

① 如江阴长江大桥、南京长江二桥、润扬大桥、南京长江三桥、苏通大桥等。

缩短为120公里,苏南地区到宁波的公路时间只要两个多小时。在铁路建设方面,铁路电气化改造及复线工程的建设使得原有路线的运输能力大大提高,同时一些新的铁路线的修建,使得铁路网的覆盖范围进一步扩大。2005年新长铁路(江苏新沂—浙江长兴)建成通车,改善江苏省东部地区陆路交通。2005年横穿苏中的宁启铁路建成,使得扬州、泰州、南通之间铁路相连。2010年通车的沪宁城际铁路是沟通长三角交通的区域快线,随着宁杭城际、沪杭城际的陆续建成,由高速铁路串起的"铁三角"快速交通模式将最终确立,使得长三角地区的要素流动大大提高。

(二) 水运

"八五"和"九五"以来,江浙两省重点整治京杭大运河苏南段。江苏境内全线208公里航道全部达到四级航道标准,同时改造了苏申外港线、苏申内港线、申张线、锡北线等苏南干线航道网。浙江全线改造完成京杭大运河、长湖申线、杭申线、六平申线等干线航道410公里,上海重点整治了蕴藻浜航道,全长3.6公里达到三级航道标准。上海国际航运中心集装箱运输的集疏运系统中,通过公路、长江与沿海、铁路的集装箱集疏运量分别占总运量的48%、51%和1%[①]。目前,以京杭大运河为纵轴,以苏申外港线、锡澄运河、长湖申线等为骨干的航道网,成为长三角地区的内河运输网络。在交通部综合规划司编制的《2006—2020年全国内河航道与港口布局规划》中,规划的长江三角洲高等级航道网以长江干线和京杭运河为核心,三级航道为主体,四级航道为补充,由23条航道组成"两纵六横"高等级航道网(见图4-2)。

(三) 航空

改革开放以来,随着区域经济联系的日益密切,以及旅游业、临空型产业的发展,对航空运输的需求逐渐加大,航空运输逐渐发展起来。目前,长江三角洲机场众多,密度正在逐渐加大。民航运输机场主要有上海虹桥机场、上海浦东机场、杭州萧山机场、南京禄口机场、无锡硕放机场、常州奔牛机场、南通兴东机场、宁波栎社机场、台州黄岩路桥机场和舟山朱家尖机场。其中上海虹桥机场和浦东机场为全国性枢纽机场,杭州萧山机场、南京禄口机场和宁波栎社机场为区域性枢纽机场,其余为地方性机场[②]。

[①] 朱方海:《长江内河集装箱运输发展研究》,武汉理工大学硕士论文,2003年。
[②] 徐循初、阮哲明:《长江三角洲地区综合运输发展历史与对策研究》,《城市规划汇刊》2003年第5期。

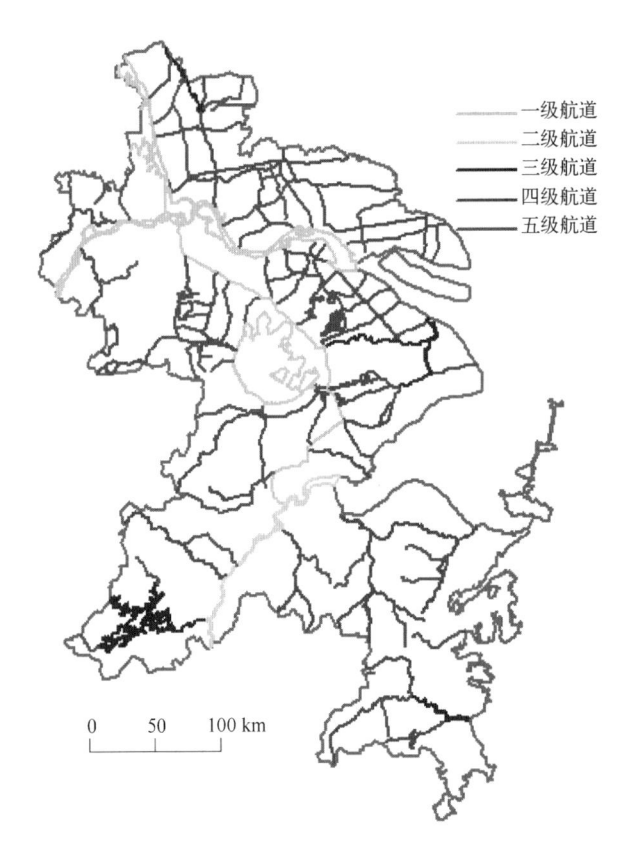

图 4-2　长江三角洲内河航道网(2010)

(四) 港口体系

20 世纪 90 年代以来长三角掀起了一股港口建设热潮,尤其是加快了集装箱码头的建设。1992 年,1996 年,1998 年,2004 年,嘉兴港、常熟港、常州港、太仓港分别建成通航。上海港、宁波港、南京港都经过扩建。现有特大型和大中型港口包括上海港、宁波港、舟山港、南京港、镇江港、扬州港、江阴港、张家港港、南通港,还有一批小型港口(张冬平,2005)。形成以上海洋山港为中心、宁波北仑港为南翼、南通洋口港为北翼的三位一体格局。2003 年长江三角洲沿海港口(包括长江干线南京以下港口)完成货物总吞吐量 9.1 亿吨,其中外贸货物吞吐量 3.1 亿吨,上海港、宁波港已迈入亿吨大港行列,货物吞吐量分列我国港口第 1、第 2 位。2007 年上海港和宁波—舟山港集装箱吞吐量,在世界港口中的排名分别为第 1、第 11 位。

三、外资的引进

随着改革开放的深入开展,越来越多的跨国公司把中国作为其全球投资战略的重点。外商投资带来了先进的科技和管理,扩大了地方的进出口,增强了商品的竞争力,扩大了劳动就业,促进了地方经济的发展,增强了区域参与经济全球化的能力。由于外商投资对区域经济的拉动作用,外商投资的区域差异在一定程度上加剧了区域经济差异,改变着区域经济空间格局。

改革开放初期,外商直接投资主要集中在珠江三角洲区域,长江三角洲地区外商投资所占比重很小。1984年江浙沪实际利用FDI金额为3 079万美元,占全国的比重只有2.45%,随后实际利用FDI的金额逐年增长,至1991年增至50 013万美元,占全国的比重增至11.46%。1992年以后,随着对外开放的深入和浦东的开发开放,FDI开始向长江三角洲区域扩散。1992年,江浙沪实际利用FDI金额达29.56亿美元,比1991年增加了4.91倍,占全国的比重达26.85%,比1991年增长了15.39个百分点。1992—2001年,江浙沪实际利用FDI金额平稳增长,占全国的比重维持稳定。2001年以后,随着珠江三角洲吸引FDI的步伐放缓,长江三角洲实际利用FDI总量飞速增长,2006年江浙沪实际利用FDI增长为334.28亿美元,是1992年的11.31倍,占全国的比重达48.12%。

在改革开放初期,江浙沪三省市的FDI主要集中在上海市,上海市占70%以上,江浙地区所占比例较少。自1990年开始,江苏省实际利用FDI迅速增长,逐渐超过上海,占江浙沪的比例基本维持在50%上下。与江苏省相比,浙江省实际利用FDI较少,2000年以后浙江省实际利用FDI稳步增长,至2006年占江浙沪的比例为26.59%(见图4-3)。据相关统计结果,1992—2005年间,长三角地区累计实际利用外商直接投资1 895.75亿美元,占全国累计实际利用外资总额的31.64%,是中国利用外资最多的地区。上海、江苏、浙江吸引世界"500强"投资的项目个数分别占全国的22.3%、12.3%和3.3%[①]。

目前,外资、合资企业已成为长江三角洲地区城镇工业的一个主要组成部分,同时,通过土地批租获得的大量城市建设资金使城镇面貌大为改观。为吸引投资,区域内大中城市纷纷以老城为依托,在距老城区一定距离之外开辟各

[①] 于涛方、吴志强:《1990年代以来长三角地区"世界500强"投资研究》,《城市规划学刊》2005年第2期。

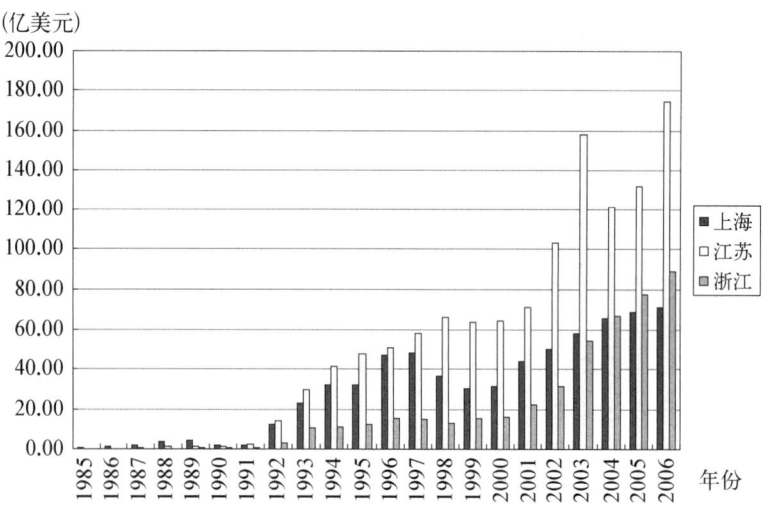

图 4-3　江浙沪三省市 FDI 利用额(1985—2006)

种类型的开发区,如上海的浦东开发区、苏州新加坡工业园区、南京江宁经济技术开发区等,这些开发区成为城市空间扩展的新的生长点,使城市空间随之外延。

四、经济一体化趋向

目前,长江三角洲地区外向型的高新技术产业与加工制造业高度聚集,对外贸易发达,外贸依存度高达 67%,区内 90% 以上的能源、原材料由区外调进。交通运输已经成为该地区国民经济发展的重要基础。

改革开放以来,飞速发展的交通通信网络使资源、资本、人才、知识、信息等生产因素实现了快速的流动,甚至土地、区位等不可移动的生产要素也被赋予了一定的移动性,从而使得生产的各环节、产品的各部件可以在空间分离的地区大规模生产,推动了生产过程的全球化。经济日益全球化及由此引起的投资和贸易自由化,使各种生产、服务要素和产品在全球迅速流动。经济全球化有利于生产要素在全球范围内的合理配置与利用,加速了国际产业和技术的转移,加速了全球范围内的产业结构调整速度,使得生产的分散和集中并存。在跨国公司的推动下,一方面将发展成熟的产业在全球范围进行最优配置,在发展中国家和地区大规模专业化批量生产,以扩大规模效益。另一方面,导致生产、销售的分散和管理、研发的集中,不同产业的高层管理环节、研发环节等相对聚集于世界网络的高级节点,如纽约、伦敦、东京等。

长三角地区是我国对外开放的前沿阵地,各级政府都采取积极的措施,招商引资,促进本地经济的快速发展。这种竞争态势,极大地改变了计划经济条件下经济相互封闭、来往稀少的局面,加速了区域内各种产品要素的流动和产业的转移;区位功能开始分化,服务业逐渐替代了中心城市和中心城区的工业基地职能,外围城区逐渐成为制造业的聚集区;大量的农村劳动力和各类专业人员涌向城市,扩大了城市规模、提高了城市化水平,产业和人口的聚集使城市间的规模经济性和外部经济性相互渗透。

在信息化时代,城市和区域不再是静止空间,而是在地域和功能上相互融合、相互渗透的动态的弹性空间、流动空间。作为有机体的区域系统,内部物质、人才、信息、技术、资金、能量的快速流动,必然使其内部环境、内部组分快速变化,其内部空间结构必然呈现柔性化趋势。由于生产要素的快速流动,空间作用日益深化,空间联系日益复杂化,空间结构将处于聚合与分裂、均衡与非均衡的动态变化之中。城市和区域之间的联系由原来的等级体系的联系向网络式互动联系转变,区域间不同等级城市的横向联系增强,空间结构将呈现多中心、扁平化、网络化的趋势。区域经济关系不再是一成不变,而是更加柔性化、复杂化,随时都可以发生空间的重组。

随着21世纪全球化进程的加快与城市竞争加剧,长三角各城市也纷纷意识到在激烈竞争的世界经济中,必须通过城市合作来增强整体竞争力,只有积极推进长江三角洲的区域合作,加快区域经济一体化进程,充分发挥区域整体优势,才能长久保持经济高速增长的发展态势,以强大的综合竞争优势在国内外经济竞争中立于不败之地。城市与区域合作在长三角不断涌现,上海的优势和对上海的期望更加凸显,长三角地区其他城市不约而同地提出接轨上海,与上海做"前店后厂"的关系。《2006—2010年长江三角洲地区区域规划纲要》对长三角地区的总体功能定位是:我国综合实力最强的经济中心、亚太地区重要的国际门户、全球重要的先进制造业基地、具有较强国际竞争力的世界级城市群。

第二节 空间演化的过程与机制

重塑经济地理的主要驱动力是聚集效应、迁移、专业化、贸易,因为聚集的规模效应以及生产要素与人口的自由流动,会促进经济活趋于集中,因为交通成本的下降会促进专业化分工、产业内贸易的发展。

一、开放与基础建设

1990年经国家批准设立浦东开发区,位于上海市黄浦江以东、长江口西南的三角形地域,以外向型、国际化为发展目标,实行经济特区和经济技术开发区政策。借助于浦东的开发开放,上海开始重点吸引长三角地区的企业来上海开办销售中心或分公司。浦东新区的陆家嘴金融贸易区、金桥出口加工区、外高桥保税区、张江高科技园区等开发小区的发展均已形成规模,成为上海先进生产力的聚集地。到2001年浦东新区累计引进独资、合资项目7 192个,总投资370亿美元,占上海利用外资总额46%;同时吸引内资项目5 000多个。内外资的相继注入,使浦东新区的外贸出口额已占到上海市的40%以上。

为推动和加强长江三角洲地区经济联合与协作,促进长江三角洲地区经济可持续发展,1992年由上海、无锡、宁波、舟山、苏州、扬州、杭州、绍兴、南京、南通、常州、湖州、嘉兴、镇江14个市经协委(办)发起、组织,成立长江三角洲14城市协作办(委)主任联席会,至1996年共召开过五次会议。1997年以上14个城市的市政府和新成立的泰州市共15个城市组成长江三角洲城市经济协调会。

2000年上海港吞吐量已经突破2亿吨。由于上海先天不足,长期以来受长江口拦门沙的障碍,上海港通航航道水深仅7米,3.5万吨级以上的船舶需候潮通过。外高桥新港区的建设,缩短了出海距离,但航道水深不足依然是个难题。2004年,上海启动为期22个月的长江口深水航道二期疏浚工程,航道深水提高到10米,3.5万吨级船舶可以全天候通过。随着世界远洋船舶大型化,在洲际航运干线上,5 000标准箱以上,吃水13—15米的超大型集装箱船已经成为主流,15米以下水深的港口只能作为支线港。2002年6月在中央政府的统筹规划下,启动了洋山深水港的建设,这是上海与长江三角洲经济融入世界经济一体化,参与世界市场化的一个适应。洋山深水港口西北距离上海南汇芦潮港32公里,南距宁波北仑港约90公里,距国际航线104公里,是距离上海最近的具备15米水深的港区与航道。2006年洋山深水港完成二期工程,年吞吐量达到500万标准箱。洋山深水港设计年吞吐量1 500万标准箱,整个工程预计2020年完成。

为了实现长三角经济一体化,2002年开始建设以上海为中心、300公里半径的三小时交通圈,拓宽沪杭甬高速公路,兴建浙江至上海国际航运中心的快速通道,连接宁波与上海的杭州湾跨海大桥,连接浦东、崇明、海门的沪崇苏通道。另外,长三角地区的县级市制定了"连接上海"的合作规划,上海则加大了结构调整、产业外移的力度。市场互相开放,资本双向流动的结果将是推动新一轮经济发展。市场运作体系的成型与高速道路交通网的建成,已经为提升三角洲各城市间经济合作的水平,把现在一般意义上的区域经济协作推向更高层次的产业整合和经济一体化提供了所需要的基本条件。

2005年,长江三角洲共有公路8.9万公里,路网密度0.81公里/平方公里,公路客运量22亿人次,占客运总量的94%。2006年,江苏公路货运量达8.43亿吨,占货运总量的68.55%,浙江的公路货运量达8.93亿吨,占货运总量的63.41%。可见,公路特别是高速公路已成为长江三角洲人员和货物流动的主要通道。

随着交通运输的飞速发展,长江三角洲地区的区位条件不断改善,节点城市的可达性大大提高,推动了长江三角洲更广泛地融入全球经济活动。

近年来,长三角正在掀起一场以"3小时都市圈"为目标的规模浩大的"路桥运动":世界最长的跨海大桥、8车道沪宁高速公路、宁杭高速以及连接苏沪杭的高速公路等重大基础项目正式动工,11条连接长三角各大板块的轨道交通网加紧规划建设,从长江口北岸南通,到杭州湾以南的宁波,西至南京的10万平方公里范围内,一个纵横交错、通江达海的现代化快速交通网在"十二五"末形成。

二、要素流动与集散

改革开放以来,在体制创新和政策导向的双重作用下,长三角地区的市场经济有了迅速的发展。上海逐渐恢复了大都市应该具有的产业与技术的辐射功能,长三角各城市各地区之间的经济联系大大加强,各城市之间、城市与县级单位之间,乃至各县之间的互相推动与合作,重新得到强化。基于现实的需要,以上海为中心的长三角经济区重新提起。1982年12月22日,国务院发出通知,决定成立上海经济区,希望借此解决区域内因条块分割、地区封锁、行业壁垒所造成的矛盾,解放生产力,同时尝试出走一条依靠中心城市和工业基地,跨省市、综合性的区域经济发展道路。

从 20 世纪 90 年代起,上海再次重视"大流通、大市场"的地位,促进金融、保险、证券交易的发展,使上海逐渐成为大地域范围内的资金流、信息流、商品流、人才流的汇集点与辐射地。上海逐渐恢复作为亚太地区经济中心城市的功能,到 2000 年第三产业的比重已上升到 50% 以上。

长三角地区工业生产持续多年的高速增长,已凸显出经济增长对能源消耗的依赖度不断提高这一问题。各地电力、煤炭、石油等主要原材料均出现了供不应求的紧张状况。而在长三角周边,尤其是安徽,在能源、原材料和农副产品提供、劳动力输入等方面具有优势。长三角地区劳动密集型与部分资本密集型产业开始向内地转移。

如果没有 1979 年后劳动力被吸引到农村工业中去,农村依然会停留在无休止的"没有发展的增长"中,现代农村工业虽然位于农村,但技术装备、管理方式等方面源于西方近代工业,性质上与传统农村工业完全不同。

在中国农村,农业、手工业、乡村工业、乡镇工业之间没有明显的界线,农村、城镇之间的人口是流动的,空间也是可以流动的。很多城镇就是因为人口集中从农村演变而来,居住在该城镇的人口依然从事农业,相反,农村居民有一部分不经营农业。很难在农村与城镇、农民与工人之间划出一个明显的界限。当然,在 20 世纪 50 年代以后实行严格的城乡户口政策以后,这一界线被明确划分出来,但 1979 年后随着乡镇工业的发展,这一界线又模糊起来。

根据李伯重 1983 年与 1994 年两次前往无锡县参观的体会,1983 年时发现农村居民相当贫困,大多居住在土坯与稻草建成的老房子里,很少人家有彩电、电话,没有自来水,自行车是主要的交通工具,但因为价格较高,很多家庭无法购买。1994 年时发现农民几乎都搬进了样式美观的两三层楼砖房,室内设施堪比美国中产家庭住家,彩电、洗衣机、自来水已经普及,电话、煤气、录像机、摩托车等正在迅速普及[①]。1979 年前无锡县基本上还是一个以农业经济为主的县,农村人口占有绝大部分。1993 年农村工业产值已经占到该县工农业总产值的 85%,农业人口大多转移到农村工业中。

就城市而言,"浦东开放模式",是指由中央政府发动,地方政府推动,开放与开放相结合,内外联合,相互促进的区域经济发展模式。该模式着重发

---

① 李伯重:《理论、方法、发展趋势:中国经济史研究新探》,清华大学出版社 2002 年版,第 241—243 页。

展以金融贸易为核心的第三产业,吸引以跨国公司投资为主体的重化工业和高新技术产业,进而塑造以金融贸易为核心的区域化、国际化聚集性增长中心。最近10多年来,长三角地区(尤其是苏南、浙北、浙东)已经奠定了非常良好的基础设施、产业发展基础、对外联系通道、市场网络与市场制度,加工制造业的发展,反过来又促成服务业的需求,形成规模效应与聚集效应。

这是因为聚集可以共享专业化劳动市场,获取更多的市场信息。(1)首先,生产资源市场拓宽,为生产的内部规模经济创造条件(增加规模,降低成本),同时,共享生产资料可以促进高度专业化的商品与服务的供给;(2)增加知识溢出,允许企业与工人之间的相互学习;(3)生产与贸易行业互相渗透,带来人口与消费市场的集中。聚集经济不仅依赖规模(大城市或大产业),而且依赖城市之间的互动。根据已有的认识,制造业与服务业领域内部的报酬随规模增加而递增。从轻工业到重工业,再到高科技产业,内部规模经济从微不足道变得非常重要。

三、政策因素

研究发展与转型问题的经济学家认为,制度塑造一个社会的激励,是一个国家经济绩效与长期经济增长的根本决定因素,良好的制度可以促进人力资本、物质资本的积累,获取更好的技术,改善资源配置。良好的制度会促进经济动态增长,反之,则使得经济停滞(Friedman,2005;North and Thomas,1973)。于是问题的关键是好的制度与坏的制度是如何形成?确实促进或阻碍经济增长么?

林毅夫认为,社会主义国家由于追随其时主流的但不恰当的思潮——鼓励资本稀缺的经济体在20世纪50年代优先发展资本密集型的重工业,忽视了经济中大量没有自生能力且需要扭曲制度保护的企业,所以这一制度安排是次优的,导致转型中无法实现动态增长。1978年后改革阻碍发展的制度,激励企业家与劳动者,增加物资、人力资本的积累,并提高经济资源的配置,提升技术水平与产业结构[①]。

区域之间经济增长的趋同,并不是市场机制的"自然结果",而是市场机制与政府干预的共同结果,特别是政府在地区之间进行的大规模的财政转移支

[①] 林毅夫:《经济发展与转型:思潮、战略与自生能力》,北京大学出版社2008年版,第17页。

付,从而实现消费、公共服务、工资收入等均等化[①]。在过去20多年中,国内逐渐建立起推动城市化进程的公共制度,创建了土地市场,制定了规范土地使用权利分配的管理条例。

吴柏均从经济总量、产业发展与产品结构、市场组织和空间经济等角度分析了长江三角洲区域经济增长的格局和演化,揭示了长三角经济高速增长在于政府主导下行政动员资源能力的充分利用、自由的市场交易规模扩大和非国有经济的兴起[②]。

长江三角洲地区的一体化协调发展,必须在中央政府的统一指导下,以区域的总体效益为准则,推动区域内部经济活动的协调发展,建立统一有效公平的市场竞争秩序,推动区域经济持续平衡发展,实现空间资源配置的优化。今后长三角区域一体化的核心是制度合作,统筹协调区域内各城市的定位与分工、资源合理配置、基础设施衔接、环境保护、人口综合管理等重大问题,最终实现长三角地区就业、就医、就学、社保等资源和制度能够真正互通和均质化。

四、简评:改革开放以来的演化机制

20世纪90年代末期,以上海为中心,苏南、浙东北为两翼的空间结构格局已经形成。这一格局是通过2条空间辐射轴的扩散形成的,分别是沪宁交通轴带和沪杭、杭甬交通轴带。呈放射状的主轴的形成,推动了长江三角洲逐步形成以上海为中心的核心—边缘结构。这种核心—边缘结构可以通过上海与长江三角洲地区其他中心城市的经济联系强度得到反映。

改革开放以来,地区开放、技术进步与生产专业化,为毗邻地区之间互相满足中间产品的需求提供了可能性,极大地促进了贸易的增长,并产生了规模经济效益。劳动力市场与资本市场的拓展、运输条件的改善带来了市场规模的扩大,逐渐形成的地区溢出效应,促进了经济规模的增加以及经济空间的扩大,客观上促成了长江三角洲区域经济体的形成。通过以上对1978年与2006年长三角城市之间的绝对联系量,以及客货流量的对比观察,可以看出区域经济联系强度的增加。

但在同时,也发现了长三角地区经济一体化的艰难历程。在文化与资源禀赋相近的长江三角洲地区,历史上一直存在比较密切的经济联系,存在比较

---

① 胡鞍钢等:《中国地区差距报告》,辽宁人民出版社1995年版,第358—359页。
② 吴柏均、钱世超等:《政府主导下的区域经济发展》,华东理工大学出版社2006年版。

互补的经济结构。为何它在最近20多年的经济发展中却不能形成一体化的经济格局?按理说一个主权国家内部的区域经济联合,在强有力的中央政府的主导下,应该更加容易操作。为何无论是中央还是地方政府的组织协调都具有一定的困难?

洪银兴认为,按照统一有效的市场竞争规则来看,如果长江三角洲区域内的市场主体不能形成一个充分、公平、有效的市场竞争,如果市场竞争被地区行政权力垄断或寻租,就无法实现市场范围内资源的有效配置[①]。因为中国经济体制具有明显的转轨时期特征,作为市场竞争主体的企业中存在相当数量的国有或国有控股企业,直接受影响或影响到地方政府的行政决策。一旦地方政府被赋予市场利益主体或竞争主体的角色,地方政府就会替代企业主体进行决策、竞争,地方政府的决策首先考虑到的是区域内部的利益,寻求区域内部利益最大化,采用非市场的方式垄断竞争,形成基于特定亚区域的利益决策,形成市场竞争的行政扭曲,形成资源配中过高的社会成本,形成亚区域之间的盲目竞争。地方分散主义经济体制,使得主权国家内部的亚区域竞争成为区域一体化的阻碍。

上海在长江三角洲区域经济发展中,要学习、服务、依托、接轨江苏与浙江,充分利用市场机制推进协调发展,真正实现优势互补。以上海为龙头的长江三角洲地区,已经成为国家经济、科技、文化最发达的地区之一,成为最具有活力与增长潜力的三大经济带之一,成为中国经济发展的重要增长极。从发展趋势来看,以上海为龙头、苏浙为两翼的长江三角洲经济一体化进程发展已经成为必然。

第三节 经济空间效应及其度量

不断增长的城市、人口迁移、专业化生产是发展不可或缺的部分,是北美、西欧、东北亚地区经济变迁的经验,也是当前东亚、南亚、东欧国家正在经历的变迁。经济增长是不平衡的,因此要改变计划经济时代均衡发展的思路,在促进经济增长的同时,形成更有效的经济地理空间结构,在实现不平衡增长的同时,获得相对平等的发展。

[①] 洪银兴、刘志彪等:《长江三角洲地区经济发展的模式和机制》,清华大学出版社2003年版。

一、区域经济的联系与分割

前述的计划经济时代,省域是国家贯彻计划的行政单位,也是一个完整的计划经济实体,长江三角洲区域于是形成了3个近乎独立的经济单元:江、浙、沪。它们分别按照国家的区域发展战略进行行政安排,缺乏市场导向,虽然地域上比较临近,但空间关联很小。这一时期区域的空间结构的主要特征有:(1)资源导向的产业发展——以地方资源作为产业结构、产品结构导向;(2)区域市场——以地方市场为供给导向,以国内贸易尤其是区域内贸易为产品流动导向;(3)空间均衡——各省区建立起独立的工业体系,空间均衡发展。

(一) 区内经济联系的脉络

为了获得某一区域经济重心的空间变化,假设该区域由几个次区域单元构成,其中第 i 个小区域单元的中心坐标为 (X_i, Y_i),该小区域单元某种属性意义下的区域重心坐标为:

$$\bar{x} = \sum_{i=1}^{n} M_i X_i / \sum_{i=1}^{n} M_i, \ \bar{y} = \sum_{i=1}^{n} M_i Y_i / \sum_{i=1}^{n} M_i \qquad (4-1)$$

所以,若属性值 M_i 为各个次区域单元的面积,则空间均值 $(\bar{x}, \bar{y})$ 就是区域的几何中心。当某一个空间特征的均值显著区别于区域几何中心,说明重心的偏离。刘兆德(2003)根据这一原理,利用 GIS 手段,以县市区为基本地域单元,利用 ArcInfo 软件求出长江三角洲每一个单元的几何中心的横纵坐标。结果表明,1985—2001 年的 16 年间,长江三角洲的人口重心向西南方向移动,经济重心持续向南偏东转移,总的方向是向南偏移[1]。

依据公式(4-1),可以计算得出长三角地区各城市之间的绝对经济联系量,加总得到各城市与其他城市的经济联系总量。如表 4-1 所示。

从该表数据可以看出,长江三角洲 16 市中,上海作为全国最大的城市,其经济中心的地位非常突出,与区域内其他城市之间的经济联系量较高,联系总量占区域内经济联系总量的 27.18%。这一方面由于其城市规模较大,经济实力强,其市区总人口是区内第二位城市南京的 2.51 倍,地区生产总值是区内第二位城市杭州的 3.91 倍;另一方面是由于上海处于长江三角洲地区的中心

---

[1] 刘兆德:《长江三角洲地区经济高速增长及其效应研究》,中科院南京地理与湖泊研究所博士学位论文,2003 年,第 38—39 页。

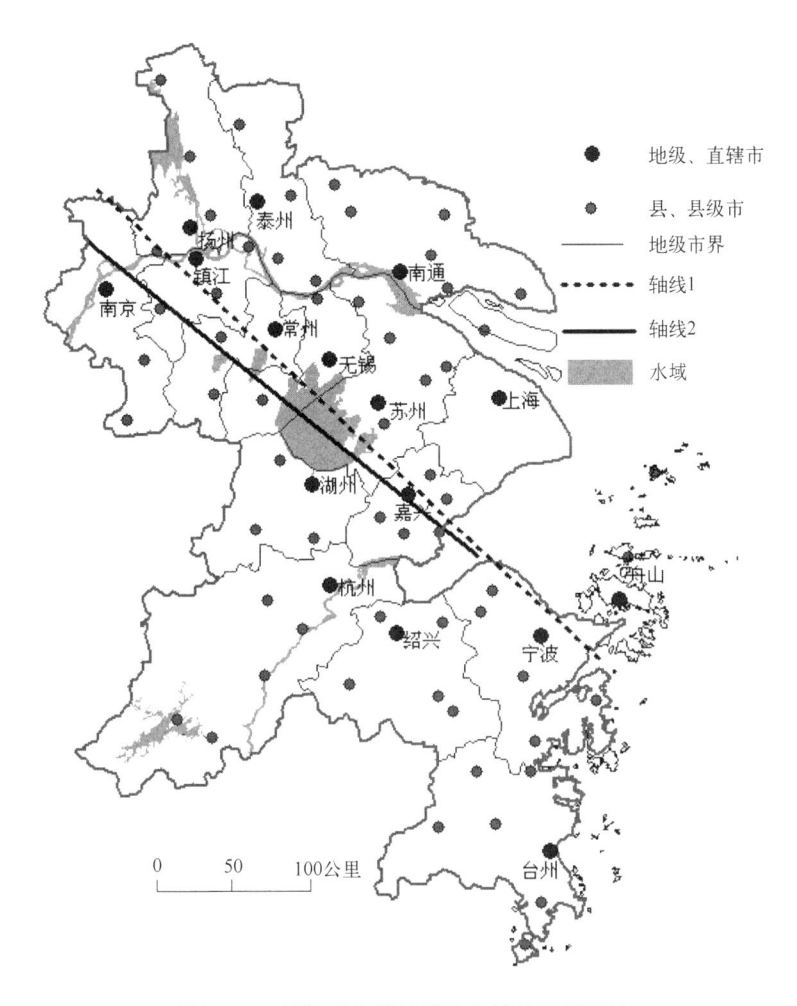

图 4-4 长江三角洲城镇分布轴线图(2010)

注:轴线 1 表示长江三角洲 16 个地级及以上级别城市的分布轴线,轴线 2 表示长江三角洲 76 个县、县级市及城市市区的分布轴线。

区,其到达区内其他城市的距离相对较短。苏州、无锡的市区人口在区内分别居第五、第四位,地区生产总值在区内分别居第四、第五位,而城市经济联系总量却分别占 11.76%、11.03%,居区内第二、第三位,这也是由于其靠近区内最大规模城市上海,同时区域位置靠近区域的中心,到区内其他城市距离相对较近。南京和杭州分别作为江苏省和浙江省的省会城市,无论是城市人口规模还是经济规模,都仅次于上海,然而由于其在区域中的位置偏居一隅,因此城市经济联系总量偏低,仅占 9.06%、10.31%。此外,宁波作为浙江省经济实力

表 4-1　长江三角洲各城市间绝对经济联系量（2008）

R_{ij}	上海市	南京市	苏州市	无锡市	常州市	镇江市	南通市	扬州市	泰州市	杭州市	嘉兴市	湖州市	绍兴市	宁波市	舟山市	台州市
上海市	0	11 433	23 134	16 717	9 410	2 774	4 519	2 647	1 632	16 579	4 526	3 005	1 658	4 613	850	1 753
南京市	11 433	0	2 785	3 722	3 836	3 051	689	2 345	841	3 050	502	804	339	1 067	204	429
苏州市	23 134	2 785	0	6 039	2 878	660	1 119	614	370	3 779	1 315	1 081	353	917	166	339
无锡市	16 717	3 722	6 039	0	7 076	970	1 079	914	566	2 732	710	676	278	787	146	301
常州市	9 410	3 836	2 878	7 076	0	1 160	834	962	434	1 923	405	631	199	576	107	223
镇江市	2 774	3 051	660	970	1 160	0	198	1 763	311	622	121	171	68	210	40	84
南通市	4 519	689	1 119	1 079	834	198	0	209	156	558	120	124	61	190	36	76
扬州市	2 647	2 345	614	914	962	1 763	209	0	511	637	122	169	71	222	42	89
泰州市	1 632	841	370	566	434	311	156	511	0	339	71	74	38	119	23	48
杭州市	16 579	3 050	3 779	2 732	1 923	622	558	637	339	0	1 677	1 918	2 154	2 635	494	832
嘉兴市	4 526	502	1 315	710	405	121	120	122	71	1 677	0	302	134	287	61	103
湖州市	3 005	804	1 081	676	631	171	124	169	74	1 918	302	0	155	333	68	118
绍兴市	1 658	339	353	278	199	68	61	71	38	2 154	134	155	0	493	80	134
宁波市	4 613	1 067	917	787	576	210	190	222	119	2 635	287	333	493	0	891	729
舟山市	850	204	166	146	107	40	36	42	23	494	61	68	80	891	0	123
台州市	1 753	429	339	301	223	84	76	89	48	832	103	118	134	729	123	0
总量	105 249	35 096	45 547	42 713	30 654	12 202	9 969	11 316	5 532	39 927	10 455	9 629	6 215	14 069	3 332	5 381
比例（%）	27.18	9.06	11.76	11.03	7.91	3.15	2.57	2.92	1.43	10.31	2.70	2.49	1.60	3.63	0.86	1.39

资料来源：据《中国城市统计年鉴》（2006）以及《中国公路地图册》（2007）相关数据。

强劲的第二大城市,其经济联系总量偏低,也是由于其在区域中所处的位置偏僻,到其他城市的距离较远。2008年杭州湾大桥的建成通车,宁波的区位条件将大大改善,这将给宁波带来更大的发展潜力,其在区域中的地位也会得到较大提升。

以上,基于引力模型计算得到的长江三角洲16市的绝对经济联系量,上海由于城市人口规模与经济实力,占绝对优势;无锡、苏州由于靠近上海,且临近区域的几何中心,绝对经济联系总量也很大;南京与杭州的人口规模、经济规模都仅次于上海,但由于偏居区域一隅,城市经济联系总量相对偏低;宁波由于位置偏僻,到其他城市的距离较远,因此经济联系量较低。与前一阶段相比,上海的绝对经济量由22.77%上升为27.18%;苏州、无锡由14%、4.25%,上升为11.76%、11.03%;原来排名第二、三的南京、杭州由9.16%、8.48%调整到9.06%、11.31%。

(二) 基于客货流量的度量

在经济发展的初期,有形的物流、人流对区域经济发展的影响最直接。随着现代科技的发展,虽然资金流、信息流的重要性在日益增加,但在一定程度上也要转化为物流和人流。客运量、货运量是运输联系最本质的表征,通过对区域内客货运量的分析即可以进一步明确区域间经济联系特征。

假设区域内各城市客货流量按一定比例输运到区域内其他城市,各城市间的流入(出)量与其自身的客货运量成正比(曹小曙、闫小培,2003)。两个城市本身客流量、货流量数值越大,则这两个城市相互间输运的客货流量的数值也越大。每个城市输送到其他城市的客流量和货流量的数值总和应该等于整个该城市的客流量和货流量的数值。构建运输分配模型如下:

$$C_{ij} = \frac{F_i \times F_j}{\sum_{j=1}^{n} F_j}; \quad F_i = \sum_{j=1}^{n} C_{ij} \qquad (4-2)$$

式中 C_{ij} 表示城市 i 输送到城市 j 的客货流量系数,F_i、F_j 为城市 i、j 本身的客货运量($i \neq j$)。利用运输分配模型构建各城市之间的客货流量系数 $C_{i-j} = (C_{ij} + C_{ji})/2$,定量评价城市经济联系通道网络的等级性。

依据上述公式计算得到主要城市联系通道的客货流量系数如表4-2、表4-3所示。根据计算结果,选取货流量系数大于800、客流量系数大于1300的数据绘制长三角主要城市联系通道的等级体系图(见图4-5、图4-6)。

表4-2　长江三角洲主要城市联系通道流量系数(2010)

联系通道	上海—杭州	上海—南京	上海—宁波	上海—湖州	上海—苏州	上海—台州	上海—南通	上海—绍兴
货流系数	7 923	7 166	6 852	5 429	4 117	4 001	3 803	3 782
联系通道	上海—嘉兴	上海—无锡	上海—舟山	上海—常州	上海—扬州	上海—镇江	上海—泰州	南京—杭州
货流系数	3 686	3 280	2 605	2 336	2 267	2 203	2 151	1 718
联系通道	杭州—宁波	南京—宁波	杭州—湖州	南京—湖州	宁波—湖州	杭州—苏州	杭州—台州	杭州—南通
货流系数	1 643	1 485	1 300	1 175	1 123	985	957	910
联系通道	杭州—绍兴	南京—苏州	杭州—嘉兴	南京—台州	苏州—宁波	宁波—台州	南京—南通	南京—绍兴
货流系数	905	890	881	865	851	827	822	817

资料来源：据《江苏省统计年鉴》(2010)、《浙江省统计年鉴》(2010)、《中国城市统计年鉴》(2010)计算整理。

表4-3　长江三角洲主要城市联系通道的客流量系数

联系通道	苏州—宁波	苏州—杭州	杭州—宁波	苏州—南京	苏州—无锡	宁波—无锡	南京—宁波	苏州—嘉兴
客流系数	4 335	3 645	3 169	3 024	3 067	2 667	2 629	2 405
联系通道	苏州—台州	苏州—常州	杭州—无锡	南京—杭州	苏州—绍兴	宁波—嘉兴	宁波—台州	宁波—常州
客流系数	2 325	2 258	2 242	2 210	2 161	2 091	2 021	1 963
联系通道	宁波—绍兴	南京—无锡	杭州—嘉兴	杭州—台州	杭州—常州	杭州—绍兴	无锡—嘉兴	南京—嘉兴
客流系数	1 879	1 859	1 757	1 699	1 650	1 579	1 478	1 457
联系通道	无锡—台州	南京—台州	无锡—常州	苏州—上海	南京—常州	苏州—南通	无锡—绍兴	南京—绍兴
客流系数	1 429	1 409	1 388	1 389	1 368	1 364	1 328	1 310

资料来源：据《江苏省统计年鉴》(2010)、《浙江省统计年鉴》(2010)、《中国城市统计年鉴》(2010)计算整理。

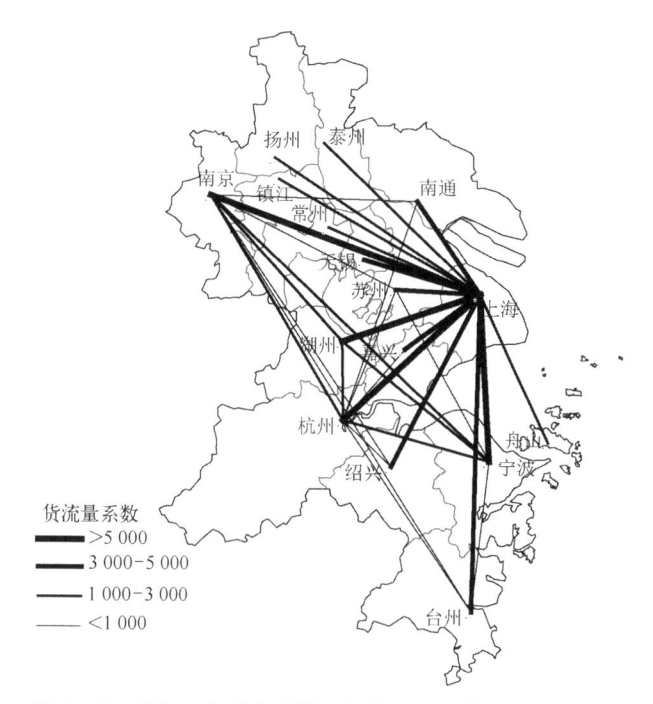

第四章 改革开放后经济空间的重构与绩效(1979—2012) / 171

图 4-5 长江三角洲主要城市间货流通道等级体系(2010)

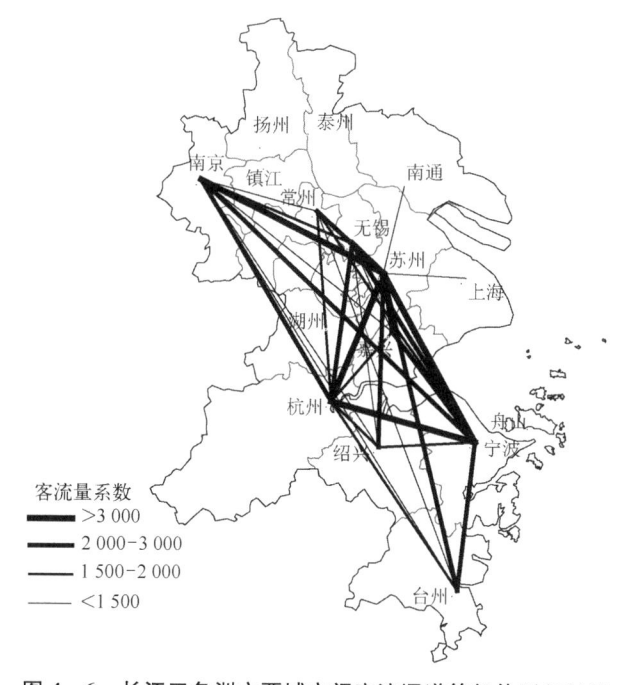

图 4-6 长江三角洲主要城市间客流通道等级体系(2010)

由表4-2、表4-3的数据分析可以得出：

(1) 货流量分布比较集中,呈极核状的分布态势。表现为以上海为中心,南京、杭州为次中心,向外辐射的分布态势,如图4-5所示。货流量系数大于2 000的15条联系通道全部是以上海为中心发出的,这与以上海为中心的放射状交通体系相适应;以上海、杭州、南京为端点的联系通道的货流量系数分别占区域C_{16}^2组联系通道货流量系数总量的53.95%、18.19%、16.59%;其次,以宁波、湖州为中心的联系通道的货流联系量也较高,分别占区域货流系数总量的15.91%、12.81%。

(2) 客流量分布相对离散,表现为以苏州、宁波、杭州、无锡、南京为中心的多中心网络化分布态势,如图4-6所示,因为客运流量表现为双向流动的特征,在多个城市之间分布相对均衡。客流量系数大于2 000的15条联系通道中,以苏州为起点的有8条(含苏州—宁波),以宁波为起点的有6条(含苏州—宁波)。苏州、宁波、杭州、无锡、南京为中心的联系通道的客流联系总量分别占区域内C_{16}^2组联系通道客流联系总量的25.81%、22.90%、19.66%、16.84%、16.62%。

如上,基于运输分配模型对长江三角洲各联系通道的客货流量系数进行分析可知,区域内货流量系数分布比较集中,呈以上海为中心、南京、杭州为次中心的极核状的分布态势;客流量分布相对离散,表现为以苏州、宁波、杭州、无锡、南京为中心的多中心网络化分布态势;货流量系数分布的非均衡性程度较大,集中化指数相对较高。

伴随着长三角地区经济联系的进一步密切,区域经济的分割主要表现在重复建设与区域"边界"。改革开放初期,各地争相上马各类工程,重复建设,例如,长江两岸凡是有深水港货城镇的地方均投资建设港口码头,上海至南京段内建有300多个码头,几乎每公里就建有1座码头。在内河航运方面,由于缺乏协调与统一规划,各省市衔接的地方都出现"瓶颈",形成省市间厚重的"经济边界"。"九五"期间,江苏省投资30多亿元整治内河"三纵四横"及苏南、苏北航道网;浙江省投资28亿元建设内河"十线十五港",航道等级全部是五级即300吨级以上。随着京杭大运河、杭甬运河、其他内河集装性运输的升级,苏北沿江经济带、浙江沿杭州湾经济已经可以通航。但由于上海内河航道等级低,大多为六级即100吨级或以下,难以与江浙两省的内河航道衔接,制约了上海与长江三角洲地区经济联系。

二、经济密度的空间变化

改革开放以后,统一的统计标准的建立和统计数据的完善为采用多变量统计分析方法来评价城市的综合实力提供了前提。目前,常用的多变量统计分析法主要有主成分分析法、层次分析法、因子分析法、模糊综合评价法、相似理想解排序偏好(TOPSIS)法、得分法和熵值法等,其中主成分分析法是应用较多的一种方法。由于影响城市实力的因素较多,不同的评价指标之间可能存在密切的相关性,如果直接运用基于主观赋权的综合评价方法,势必对某些指标重复叠加和强化,从而影响实际评价的效果。主成分分析法能够通过多个指标的线性组合,将众多的具有错综复杂相关关系的一系列变量归结为少数几个综合变量,并且构造的新的综合变量又是相互独立的,既能舍去重叠的信息,又能更集中更典型地反映研究对象的特征,还能避免大量的重复工作。因此本章采用主成分分析法分别对长江三角洲 16 个地级及以上城市(包括所辖县)和 75 个县级及以上城市的综合实力进行评价,并依据评价结果对城市等级进行划分。

(一) 地级及以上城市市域的综合实力评价及等级划分

1. 指标体系的建立及数据获取

城市与区域的发展受到多种因素的影响,城市实力的构成也是一个复杂的、动态的系统,单靠一个或者几个指标往往难以评价和描述城市在发展中存在的状况和问题,必须综合考虑各个方面的因素,这就需要建立合理的评价指标体系。在指标体系的建立上,遵循系统性、全面性、简洁性、可比性的原则,借鉴已有研究,从经济发展水平、居民收入水平、科教实力、基础设施与环境、开放程度五个方面,选取 32 个指标(见表 5-4)。考虑到指标数据的可获得性,选取的 32 个指标的数据均来自 2010 年《江苏统计年鉴》、《浙江统计年鉴》、《上海统计年鉴》以及《中国城市统计年鉴》或由其计算整理而成。

表 4-4　　长三角地区 16 市综合实力评价指标体系(2010)

评价子目标	指　　标
经济发展水平	地区生产总值、人均地区生产总值、地区生产总值增长率、非农产业产值比重、非农人口比重、非农人口、地方财政收入、地方财政支出、金融机构年末存款余额、金融机构年末贷款余额、全社会固定资产投资总额

续 表

评价子目标	指标
居民收入水平	在岗职工平均工资、农村居民人均纯收入、城乡居民人均储蓄年末余额、社会消费品零售总额
科教实力	高等学校在校人数、高等学校教师数、各类专业技术人员数、科学教育支出所占比重
基础设施与环境	公共图书馆图书藏量、医院卫生院床位数、每万人拥有医生数、每万人拥有公共汽车、公路里程、人均绿地面积、城镇生活污水处理率
开放程度	邮政业务收入、电信业务收入、国际互联网用户数、货运总量、实际利用外资、入境旅游收入

2. 评价结果

利用SPSS统计软件的因子分析FACTOR,计算标准化后的指标数据的相关系数矩阵。按照特征值大于1以及累计贡献率(即主成分解释的方差占总体方差的比例)大于85%的原则提取主成分因子,共提取5个主成分,5个主成分的累计贡献率为93.94%,即代替原始指标具有93.94%的可靠性。为了更好地对各因子进行解释,采用方差极大正交旋转法进行旋转,旋转后各主成分的特征值、贡献率、累计贡献率见表4-5。

表4-5　长三角地区16市综合实力评价主成分提取及其权重(2010)

主成分	特征值	贡献率(%)	累计贡献率(%)
F_1	17.06	53.30	53.30
F_2	5.39	16.85	70.15
F_3	3.35	10.48	80.63
F_4	2.75	8.60	89.23
F_5	1.51	4.71	93.94

长三角地区地级及以上城市综合实力评价的各主成分得分见表4-5。为了得到各城市的综合得分,根据各主成分解释的方差占原始指标变量方差的比重,计算各主成分的权重,将各主成分得分乘以权重之后累加,从而得到各城市的综合得分。具体计算公式如下:

$$F_a = c_a / \sum c_a, \quad S_j = \sum S_{aj} \times F_a \qquad (4-3)$$

式中 F_a 为各主成分的权重系数，c_a 代表主成分贡献率，S_{aj} 代表城市 j 在主成分 F_a 上的得分，S_j 代表城市 j 的综合得分。

由于运用主成分分析方法计算的城市综合实力得分，反映的是城市之间综合实力的相对值，所以很多城市的得分为负值。为使结果具有直观性，采用功效系数法对分析结果予以处理，使其全部为正值，同时保持原数据列的区间长度，取 c 为 1，d 为 2.50，使综合得分的取值区间为 [1, 3.50]。长三角地区 16 市的综合得分及功效得分见表 4-6。

表 4-6　　　　　　　　长三角地区 16 市综合实力评价结果

城市	F_1	F_2	F_3	F_4	F_5	综合得分	功效得分
上海市	3.666	0.246	−0.014	0.049	−0.144	2.12	3.50
南京市	−0.207	−0.262	3.501	0.035	0.337	0.25	1.63
无锡市	−0.569	1.607	0.174	0.292	0.578	0.04	1.42
常州市	−0.389	0.353	−0.446	0.125	0.736	−0.16	1.22
苏州市	−0.105	1.679	−0.873	0.935	1.486	0.30	1.68
南通市	−0.046	−1.280	−0.530	1.516	0.496	−0.15	1.23
扬州市	−0.164	−1.322	−0.361	0.806	0.336	−0.28	1.10
镇江市	−0.532	−0.287	0.071	0.110	0.444	−0.31	1.07
泰州市	−0.239	−1.679	−0.271	0.830	0.334	−0.37	1.01
杭州市	0.139	0.575	0.679	0.165	−0.546	0.25	1.62
宁波市	−0.233	1.069	−0.186	0.208	−0.525	0.03	1.41
嘉兴市	−0.416	0.407	−0.489	−0.706	−1.128	−0.34	1.04
湖州市	−0.293	−0.284	−0.476	−0.709	−0.867	−0.38	1.00
绍兴市	−0.572	0.566	−0.011	−0.010	−1.849	−0.32	1.06
舟山市	−0.039	−0.517	−0.322	−2.976	1.745	−0.34	1.04
台州市	−0.001	−0.868	−0.444	−0.669	−1.433	−0.34	1.04

综合得分反映了各城市的综合实力。以市域为研究对象对长三角地区 16 市的综合实力进行评价时，上海的综合实力最高，综合得分和功效得分分别为 2.12、3.50。其次为苏州、南京、杭州，这 3 个城市综合实力差别不大，综合得分分别为 0.28、0.25、0.25，功效得分分别为 1.68、1.63、1.62。虽然南京和杭州为省会城市，但其市域的综合实力则略逊于苏州，主要是由于苏州所辖县的经济实力较强，因此在整体实力上超过南京和杭州。无锡和宁波市域的综合实力相当，综合得分分别为 0.04、0.03，功效得分为 1.42、1.41。其余城市的

综合实力相对较弱。与改革开放前各地级城市的相对地位相比,苏州和宁波的综合实力大大提高。

3. 等级划分

根据长三角地区 16 个地级及以上城市的综合得分,运用 SPSS 统计软件,对其进行 K-Meams 聚类分析,将其划分为三个等级。

第一等级:上海市;

第二等级:苏州、南京市、杭州市、无锡市、宁波市;

第三等级:南通市、常州市、扬州市、镇江市、绍兴市、嘉兴市、台州市、舟山市、泰州市、湖州市。

(二) 县级及以上城市的综合实力评价及等级划分

1. 指标体系的建立及数据处理

结合 2010 年《江苏统计年鉴》、《浙江统计年鉴》、《上海统计年鉴》,根据系统性、全面性、简洁性、可比性的原则,从经济发展水平、居民收入水平、公共基础设施、开放程度四个方面选取 21 个指标(见表 4-7)。

表 4-7　长三角地区 75 个县级及以上城市综合实力指标体系(2010)

评价子目标	指标
经济发展水平	地区生产总值、人均地区生产总值、非农产业产值比重、地方财政收入、地方财政支出、金融机构年末存款余额、金融机构年末贷款余额
居民收入水平	社会消费品零售总额、城乡居民人均储蓄存款年末余额
公共基础设施	公共图书馆图书藏量、医院卫生院床位数、每万人拥有医生数、各类专业技术人员、民用汽车拥有量、公路里程
开放程度	固定电话用户、年末移动电话用户数、公路客运量、公路货运量、实际利用外资、出口总额

2. 综合实力评价

利用 SPSS 统计软件的因子分析 FACTOR,计算标准化后的指标数据的相关系数矩阵。相关系数矩阵中大部分的相关系数都较高(大于 0.3,单边检验值小于 0.05),各变量呈较高的线性关系,能够从中提取公共因子,适合进行因子分析。按照特征值大于 1 以及累计贡献率(即主成分解释的方差占总体方差的比例)大于 85% 的原则提取主成分因子,共提取 2 个主成分,2 个主成分的累计贡献率为 90.81%。采用方差极大正交旋转法旋转后各主成分的特征值、贡献率、累计贡献率见表 4-8。

表 4-8　　长三角地区 75 县级及以上城市综合实力
评价主成分提取及其权重(2010)

主成分	特征值	贡献率(%)	累计贡献率(%)
F_1	14.64	69.71	69.71
F_2	4.43	21.10	90.81

采用与地级及以上城市综合实力评价相同的方法,计算各县级及以上城市的综合得分以及功效得分。取 c 为 1,d 为 5.53,使综合得分的取值区间为[1, 6.53]。长三角地区县级及以上城市的主成分得分、综合得分及功效得分见表 4-9。

表 4-9　　长三角地区 75 县及县级以上城市综合实力评价结果(2010)

城市	F_1	F_2	综合得分	功效得分	城市	F_1	F_2	综合得分	功效得分
杭州市区	1.273	2.188	1.49	2.82	南京市区	1.437	1.534	1.46	2.79
富阳市	-0.200	-0.164	-0.19	1.14	溧水县	-0.098	-0.951	-0.30	1.03
临安市	-0.136	-0.471	-0.21	1.12	高淳县	-0.082	-1.029	-0.30	1.03
建德市	-0.089	-0.835	-0.26	1.07	无锡市区	0.385	1.980	0.76	2.09
桐庐县	-0.194	-0.450	-0.25	1.08	江阴市	-0.218	1.038	0.07	1.40
淳安县	0.065	-1.478	-0.29	1.04	宜兴市	-0.157	0.239	-0.07	1.26
宁波市区	0.244	2.510	0.77	2.10	常州市区	0.113	1.135	0.35	1.68
余姚市	-0.207	0.182	-0.12	1.21	溧阳市	-0.178	-0.262	-0.20	1.13
慈溪市	-0.278	0.738	-0.04	1.29	金坛市	-0.251	-0.082	-0.21	1.12
奉化市	-0.239	-0.188	-0.23	1.10	苏州市区	0.430	2.179	0.84	2.17
象山县	-0.073	-0.895	-0.26	1.07	常熟市	-0.291	1.232	0.06	1.39
宁海县	-0.120	-0.612	-0.23	1.10	张家港市	-0.411	1.461	0.02	1.35
嘉兴市区	-0.365	0.896	-0.07	1.26	昆山市	-0.480	2.448	0.20	1.53
平湖市	-0.366	0.222	-0.23	1.10	吴江市	-0.320	1.094	0.01	1.34
海宁市	-0.281	0.054	-0.20	1.13	太仓市	-0.484	1.075	-0.12	1.21
桐乡市	-0.274	-0.002	-0.21	1.12	南通市区	-0.444	1.617	0.03	1.36
嘉善县	-0.327	0.007	-0.25	1.08	海安县	0.032	-0.937	-0.19	1.14
海盐县	-0.325	-0.075	-0.27	1.06	如东县	0.121	-1.241	-0.20	1.13
湖州市区	-0.138	0.175	-0.07	1.26	启东市	0.074	-0.968	-0.17	1.16
德清县	-0.245	-0.211	-0.24	1.09	如皋市	0.136	-1.200	-0.17	1.16
长兴县	-0.126	-0.555	-0.23	1.10	通州市	0.012	-0.736	-0.16	1.17
安吉县	-0.110	-0.734	-0.26	1.07	海门市	-0.092	-0.358	-0.15	1.18
绍兴市区	-0.480	1.310	-0.06	1.27	扬州市区	-0.236	0.624	-0.04	1.29
诸暨市	-0.110	0.013	-0.08	1.25	宝应县	0.146	-1.647	-0.27	1.06

续 表

城市	F_1	F_2	综合得分	功效得分	城市	F_1	F_2	综合得分	功效得分
上虞市	−0.204	−0.117	−0.18	1.15	仪征市	−0.161	−0.518	−0.24	1.09
嵊州市	−0.069	−0.658	−0.21	1.12	高邮市	0.121	−1.454	−0.25	1.08
绍兴县	−0.363	0.964	−0.05	1.28	江都市	−0.102	−0.421	−0.18	1.15
新昌县	−0.225	−0.369	−0.26	1.07	镇江市区	−0.282	0.744	−0.04	1.29
舟山市区	−0.324	0.318	−0.18	1.15	丹阳市	−0.222	−0.008	−0.17	1.16
岱山县	−0.144	−0.931	−0.33	1.00	扬中市	−0.507	0.615	−0.25	1.08
嵊泗县	−0.341	−0.273	−0.33	1.00	句容市	−0.090	−0.789	−0.25	1.08
台州市区	−0.090	0.488	0.04	1.37	泰州市区	−0.336	0.409	−0.16	1.17
温岭市	−0.105	−0.212	−0.13	1.20	兴化市	0.202	−1.692	−0.25	1.09
临海市	−0.067	−0.709	−0.22	1.11	靖江市	−0.264	−0.077	−0.22	1.11
玉环县	−0.297	−0.107	−0.25	1.08	泰兴市	0.006	−0.900	−0.20	1.13
三门县	0.010	−1.463	−0.33	1.00	姜堰市	−0.069	−0.762	−0.23	1.10
天台县	−0.125	−0.866	−0.30	1.03	上海市	8.125	−0.176	6.20	7.53
仙居县	−0.117	−0.907	−0.30	1.03					

注：其中上海市包括崇明县。

由于长三角地区的首位城市上海的实力较强，在县级及以上城市的综合实力评价中，得分较高，综合得分为6.20，功效得分为7.53。南京、杭州的综合实力得分仅为1.46、1.49，功效得分为2.79、2.82，与上海之间存在着较大的断档。苏州、宁波、无锡的综合得分大致相当，分别为0.84、0.77、0.76，功效得分分别为2.17、2.10、2.09，与杭州、南京相比有一定的差距，但差距不大。昆山、江阴、常熟、张家港、吴江、慈溪、绍兴等县级城市综合得分居于区域前列。

为了更直观地分析，基于ARCVIEW软件，结合各城市综合实力得分，利用等值线法，绘出长三角地区75个县级及以上城市的综合实力等值线图（见图4-7）。由于同一等值线上各点的位势相同，相邻两条等值线之间的位势差相等，所以等值线的稠密程度反映位势变化的快慢。其中等值线越稠密的地区，形成"位势高地"，位势变化越快，中心城市的经济实力越强；等值线越稀疏的地区，形成"位势洼地"，位势变化越慢，中心城市的经济实力越弱。从等值线图可以看出，长三角地区城市实力的空间结构表现为以上海为较强的核心，南京、杭州为副中心，苏州、无锡、宁波为次一级中心的格局。苏州、无锡虽然综合实力较强，但由于距离上海较近，上海聚集了极高的"位势"，周围大部分地区均在上海的辐射范围内，从而使得苏州、无锡的辐射作用相对削弱。

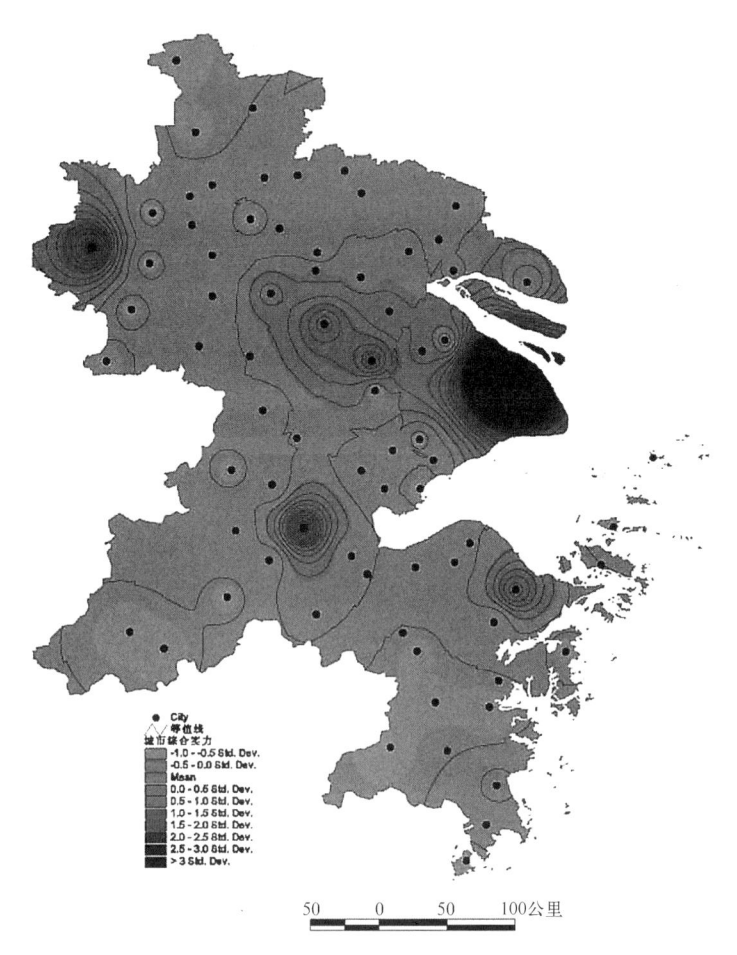

图 4-7 长三角地区县级及以上城市综合实力等值线图(2010)

3. 等级划分

根据长三角地区 75 县级及以上城市的综合得分,运用 SPSS 统计软件,对其进行 K-Meams 聚类分析,将其划分为五个等级。

第一等级:上海市;

第二等级:杭州市区、南京市区;

第三等级:苏州市区、宁波市区、无锡市区;

第四等级:常州市区、昆山市、江阴市、常熟市、台州市区、南通市区、张家港市、吴江市、慈溪市、扬州市区、镇江市区、绍兴县、绍兴市区、嘉兴市区、湖州市区、宜兴市、诸暨市;

第五等级:其余 52 个县、县级市以及城市市区。

工业化后的分工、贸易迅速带来了城市化,随着经济的发展,经济活动也日益集中到城镇与都市。经济发展与转变经历过两个阶段:从农业经济为主演变为制造业导向型经济,然后再向服务业导向型经济转变。目前长三角地区仍处在城市化进程的中间阶段期阶段,随着城市化进程的推进,经济发展密度的提高,城乡经济板块与人口分布的差异将缩小。

三、经济距离的空间演变

改革开放前,与上海等国内大城市之间的距离是决定该区域市场潜力的首要因素。随着开放,与国外的距离变得同样重要,沿海地区市场潜力与增长速度大幅度上升,内陆地区的人口与制造业活动出现一定程度的衰落。以下基于城镇节点的空间扩散,对这一空间演变进行解释。

(一) 交通网络的选择

经过改革开放30年的建设,长三角地区的陆路交通网络获得了长足的发展。自20世纪90年代以后,高速公路大规模兴建,区域内形成了四通八达的快速运输网络,跨江大桥、跨海大桥等重大交通基础设施的兴建与接通,使区域联系更加便捷,陆路交通已成为长江三角洲人员和货物流动的主要通道。2006年江浙沪客运总量的98.8%、货运总量的65.0%依靠陆路运输。陆路交通网现状见图4-1。不同等级交通线路的类型与速度及无交通线路区域的默认速度见表4-10。

表4-10　　长三角地区陆路交通网络的类型及速度(2010)

道　　路	速度(公里/h)	类　　型
高速公路	110	封闭并阻隔
国道	80	开放
省道	60	开放
县乡道	40	开放
长江二桥、长江三桥、江阴大桥、润扬大桥、苏通大桥、杭州湾大桥	60	开放
长江大桥	40	开放
互通道口	20	开放
汽渡通道	10	开放
沪宁铁路	150	封闭并阻隔
沪杭铁路	130	封闭并阻隔
萧甬铁路、浙赣铁路、宁启铁路、新长铁路、宣杭铁路	80	封闭并阻隔
默认	20	开放

(二) 城镇节点权重的确定

依据本章城市综合实力评价所计算的城市实力综合得分,确定城镇节点的规模权重。将城市实力综合得分按功效系数法进行标准化处理[计算公式同式(2-1)],取 c 为 20,d 为 80,M_i 的取值区间在[20,100]。经过计算各城市的作用分如表 4-11。

表 4-11　　　　　长三角地区各县市作用分值(2010)

城市	作用分	城市	作用分	城市	作用分	城市	作用分
杭州市区	42	德清县	21	南京市区	42	如皋市	22
富阳市	22	长兴县	21	溧水县	20	通州市	22
临安市	21	安吉县	21	高淳县	20	海门市	22
建德市	21	绍兴市区	23	无锡市区	33	扬州市区	24
桐庐县	21	诸暨市	23	江阴市	25	宝应县	21
淳安县	20	上虞市	22	宜兴市	23	仪征市	21
宁波市区	34	嵊州市	22	常州市区	28	高邮市	22
余姚市	23	绍兴县	23	溧阳市	22	江都市	22
慈溪市	24	新昌县	21	金坛市	21	镇江市区	24
奉化市	21	舟山市区	22	苏州市区	34	丹阳市	22
象山县	21	岱山县	20	常熟市	25	扬中市	21
宁海县	21	嵊泗县	20	张家港市	24	句容市	21
嘉兴市区	23	台州市区	25	昆山市	27	泰州市区	22
平湖市	21	温岭市	22	吴江市	24	兴化市	21
海宁市	22	临海市	21	太仓市	23	靖江市	21
桐乡市	21	玉环县	21	南通市区	25	泰兴市	22
嘉善县	21	三门县	20	海安县	22	姜堰市	21
海盐县	21	天台县	20	如东县	22	上海市	100
湖州市区	23	仙居县	20	启东市	22		

(三) 城镇节点的空间扩散

以除崇明县外的 75 个县级及以上城镇节点为目标点,以现状陆路交通网络为扩散路径,选择点状空间扩散赋值。扩散类型为阻隔扩散,阻隔主要为长三角地区现有的水域(主要包括长江、太湖、长荡湖、滆湖和高邮湖等)。扩散方式为指数扩散。依据每个节点的权重,生成了城镇节点的加权分值扩散图(见图 4-8)。

|0 |10 |20 |30 |40 |50 |60 |70 |80 |90 |100

图4-8　长三角地区城镇节点加权空间可达性(2010)

目前,在高速公路及快速轨道交通的作用下,城市之间的联系更加方便快捷,城镇节点的加权空间扩散,表现为以上海为核心,沿沪宁、沪杭向外的圈层扩散。以上海为核心的上海、苏州、无锡、嘉兴为核心圈层,分值较高,向外围的沿江区域、宁杭沿线及沪杭甬沿线为中间圈层,其余为外围圈层。核心圈层和中间圈层所覆盖的地域基本为沿江、沪宁、沪杭、杭甬、宁杭沿线所包围的地带。由于诸多跨江大桥的修建,长江南北的沟通能力增强,较之改革开放前,长江的阻隔作用明显减弱,长江北岸的通泰地区也明显受到上海的辐射。这种圈层结构模式反映了目前上海作为区域首位城市的强辐射作用。南京和杭州作为区域次中心,其辐射作用在上海的掩盖下并不明显。整个区域呈现以上海为核心的都市连绵区特征。

2008年,国务院发布了《关于进一步推进长江三角洲改革开放和经济社会发展指导意见》,标志着长三角一体化进入国家战略层面。2010年,国务院正式批准实施《长江三角洲地区区域规划》,这是进一步提升长三角地区整体实力和国际竞争力的重大决策部署。推进长江三角洲地区的资源整合,首要的就是交通整合,没有交通的一体化就不会有长三角的一体化。2003年江苏将太仓、常熟、张家港三个港口整合为苏州港,确立了以上海为中心的一体两翼(苏州、宁波)枢纽中心,在市场经济的作用下,以大流通、大通关的方式保持区域合作。2007年6月26日杭州湾跨海大桥贯通,跨越杭州湾,将上海与宁波之间的距离缩短为120公里。苏南各市车辆只需走苏嘉杭高速至嘉兴,便可直接跨越杭州湾到达宁波,所需时间也只有两个多小时[①]。2009年10月31日上海崇明越江隧道桥通车,崇明到上海市区可缩短至1小时。2011年设计时速250公里杭州至宁波客运铁路专线通车,并设计时速350公里的杭甬铁路客运专线,与沪杭、沪宁、宁杭等线路共同形成长三角地区城市间"1—2小时交通圈"。

四、简评:空间经济的演变

从计划经济转向市场经济能否提高经济地理的效率,事关空间资源配置是否优化,是值得关注的事实。

目前,随着长三角地区城市间"同城化"进程的加快,交通基础设施建设的提速,区域内空间与时间距离正在不断缩短,城市群的扩容是必然趋势。2010年3月长三角城市经济协调会第十次市长联席会议宣布,协调会成员由此前16个增至22个,即长三角核心城市群扩容,增加苏北的盐城、淮安,浙江的金华、衢州,安徽的合肥、马鞍山。长三角城市群的扩容是区域一体化深入的必然趋势。

改革开放30年来,国家主导的均衡开发战略逐渐消退,区域城市之间的联系强度增加,上海的中心地位相对提高,区域经济一体化的趋势增强。经济活动的集中将会促进经济增长与一体化。区域经济一体化的做法,其实质是想通过市场的内部化来把世界市场加以区域性的分割,使得世界市场相对缩

---

① 形成一条从苏南地区到宁波北大门的快速通道,以往,苏南等地必须绕道杭州,费时费力。

小。没有能够组建或参加区域经济一体化的区域,能够获得的国际市场份额显著下降。

长江三角洲一体化的规模优势在于:(1)以更低的人均成本获得更大规模的公共产品;(2)内部市场规模较大,可以提高生产率,促进经济增长;(3)地区经济发展调节性更强,当一个部门或一个亚区的经济发展遭遇衰退,可以将产业或工人转移到邻近的行业或亚区;(4)提供更好、更有效的再分配机制,通过转移获取区域整体更平稳的发展。

最近30多年上海经济变迁的经验,大致可以划分为并非泾渭分明的五个阶段,1979—1990年,1990—2000年,2001—2005年,2005—2012年,2012年以来,分别代表准备启动改革开放、事实改革开放、融入WTO普遍制度下的开放经济、开放下的局部改革经济、开放或改革互动下的纵深改革经济,代表了五种不同形式的经济增长路径、动力方式。

从目前上海的实情来看,我们希冀到2020年,将上海建成国际金融、航运、贸易和经济中心。但是自2008年起,上海经济增长遭遇多年下挫,及至去年以7.5%的GDP增速垫底于全国。转型之后的上海将何去何从?前述的五个阶段经济增长路径与动力方式,都存在不足。那么该怎么办?答案似乎只能从历史与现实的比对中去搜寻,反思在"改革"与"开放"中,我们分别做了什么,现在的开放程度是否足够了。在改革开放之初,芜湖一个炒瓜子的年广久都可以成为企业家。现在的上海还能给人这样的机会吗?只有个人具有这样便利进入市场的可能,方能谈得上与国际市场接轨。如果大门仅仅开了一道缝,貌似打开了,实则不能进出,那么这是开放型经济么?

故而,就开放而言,以自贸区建设为契机,利用上海在全国的战略高度,利用中国经济在全球份额中日益增大的权重,逐步形成全球资源配置力,以开放促改革,实现并提升"四个中心",理论上是可行的,只是试验的大幕刚徐徐拉开,还有很多陈设需要布置,更要设定普众的便利化准入门槛。

此外,现在的情况与改革开放初期不同。当时全球的开放度、要素流动均比较有限。随着服务贸易的兴起,仅仅开放贸易还是不够的,改革比开放更重要。上海需要在全球范围内集聚生产要素、参与经济全球分工与竞争,制度创新尤其重要。就创新而言,通过做好加法与乘法,坚持创新驱动,发展创新经济,建立并完善区域创新体系,完善产业价值链,积极培育自主品牌,努力提升产业能级;同时,通过做好减法与除法,优化经济结构,改变经济发展方式,改革制度性障碍,促进经济转型与率先发展。

2001年以来,上海通过积极融入、借助WTO的契机,推动了新一轮的开放,从局部试点型开放,转向了普遍化与制度化的开放。上海浦东在2005年率先成为国家综合配套改革试验区,以此推动"四个中心"的建设,促成城市能级与城市功能的转向,在改革创新中努力建设作为全球中心城市的新上海,直至令人期待的自贸区试验。

第五章　区域经济活力的源泉：开放与创新(1842—2012)

"问渠那得清如许,为有源头活水来。"一百多年来的上海与长江三角洲地区,历经被动开放下的旧中国、计划经济时代以及改革开放时期的新中国,之所以历久弥新、始终站在全国甚至东亚和世界的前列,就是因为不论在什么样的历史条件下,无论是在什么样的社会环境中,她都有着中国其他地方不可比拟的经济活力,而这一活力的基本表现就是"开放"与"创新"。一百多来的历史一再表明,上海与长江三角洲地区的发展契机无不来自开放,持续成长的动力无不来自创新。当前的上海在"创新驱动、转型发展"下,进一步发展面临的最大问题之一,同样是经济活力的源泉问题。从历史的长时段上考察和分析不同经济制度和经济环境下上海经济发展的活力,不仅仅只是一个简单的经济史研究的问题,更是一个可以为上海与长江三角洲地区当今和未来发展提供制度和经验借鉴的问题。本章将主要以上海为例,探寻170年来区域经济活力的内在源泉。

第一节　经济增长活力之源：理论基础

为什么有些地方经济增长,有些类似的地方却没有,这一直是一个备受关注的问题。经济增长的源泉来自哪里？一般认为是资本投入或劳动投入的增长、技术进步。

如果重新回顾一下古典经济学以来对于经济增长的论述,可以发现：亚当·斯密强调分工与专业化、绝对优势；李嘉图强调比较优势与自由贸易；马克思和恩格斯以及熊彼特强调创新；索洛等人强调生产要素；贝克尔和舒尔茨强调教育与人力资本；罗默和卢卡斯强调内生性增长,特别是规模报酬递增的贡献,即内生性技术创新；诺斯等人强调制度创新对经济增长的作用；鲍默尔强调自由市场机制是资本主义经济增长的关键。

古典经济学一直认为开放、市场交换是经济增长的关键性外部源泉,没有与外部世界的交换,任何一个社会经济主体都会陷入自我循环,自然无法实现分工、专业化。在现代社会中,任何一个经济系统,无论是企业、城市还是国家,本质上都是一个开放的经济交换系统,差别一般是开放的程度、内容、形式、范围。此外,经济增长意义上的"开放"还不等同于一般意义上的对外经济交换或物资交流,因为后者在传统社会也会不同程度地存在,但没有形成经济意义上的活动。正如前述布罗代尔对集市与交易所的界定,"开放"已经是经济生态,其发展趋势必然就是全球经济一体化以及一体化下的全球分工,这样才能形成经济自我生长的循环系统。

我们知道,在经济发展早期,要素投入是经济产出的重要来源与路径,但是,现代意义上的经济增长已经超越了早期的基本假设。创新被认为是经济活力的最终内在源泉,自从熊彼得在20世纪初提出"技术创新"并历经索罗、弗里曼等的优化,创新理论已经得到学者、企业家、政府官员等社会各界的广泛认可。创新理论及创新实践已经成为衡量一个国家、地区、企业是否发展、能否持续发展的重要指标,也是各国各阶层讨论经济活动时首先关注的基本点之一。正如熊彼得所陈述,"我们所指的'发展'只是经济生活中并非从外部强加于它的,而是从内部自行发生的变化……经济发展不是可以从经济方面来加以解释的现象,而经济——在其本身中没有发展——是被周围世界中的变化拖着走。"[①]"创新"就是要解释这种内部变化的动因,也就是经济发展的活力。

"创新"着眼于经济现象之外,现代意义上的创新均需要有一个良好的开放环境,如此才能实现资源的自由流动和有效配置。怎样才能实现经济发展?熊彼特提出的一个标志性认识就是出现"新组合"。在社会经济的演进过程中,人们"能支配的原材料和力量"的组合构成了人类生产的基础,当原有的组合演进为间断,并出现的"新组合"时,"具有发展特点的现象就出现了"。在熊彼特的定义中,借由"企业"实现新组合,新组合的行为主体即"企业家"。同时,熊彼特认为,"不管是哪一种类型,每一个人只有当他实际上'实现新组合'时才是一个企业家"。从这个意义上说,"企业家不是一种职业,一般说来也不

---

① 约瑟夫·熊彼特:《经济发展理论》,商务印书馆1991年版,第70—71页。

是一种持久的状况"。① 如此,熊彼特不仅提出了创新的来源、创新的过程以及创新的标志,也提出了创新的主体,即企业与企业家。

"创新"——特别是经济创新,必然是新要素的新组合,这包括两个方面的内容:第一,要素的流动和配置。要素流动与配置的前提是市场开放,这也就是说,经济创新的前提是经济开放,特别是要素和资源的开放。在开放的环境下,要素才可以自由流动并实现有效率配置。也只有这样,才具有创新发生的环境,并形成创新。当然,绝对的、完全的开放只是一个理想中的模式,特别是对于主权国家或主体而言,开放既受到时间、地点等条件约束,也受到经济发展阶段的条件约束,从这个意义上说,"开放"总是有限度的、有条件的。第二,创新主体的基本制度保障。对于创新主体而言,一个基本制度保障就是私有产权。从这个意义上说,创新本质上是基于私有产权制度下的创新。

自20世纪80年代的改革开放至当今,"创新"以及"创新理论"在中国已经得到了最大程度的泛化和蔓延,其含义早已经从熊彼特所说的"经济创新"泛化至政治、社会、文化等各个领域,以至被认为"创新是民族进步的灵魂",以至于出现言必称"创新"。它们至少已经包括理论创新、体制创新、科技创新、文化创新、空间创新以及其他方面的创新等,甚至包括集成创新。同时,创新的主体一般也被认为已经蔓延至政府、社会、企业、个人,从而形成人们通常称为的"创新体系、创新集合",相应的有政府创新、企业创新、个人创新等,以及"创新国家"、"创新社会"、"创新城市"等。在熊彼特看来,没有创新的社会经济仍然可以延续乃至经济总量的增加,但"仅仅是经济的增长,如人口和财富的增长所表明的,在这里也不能被称作是发展过程。因为它没有产生本质上的新现象,而只有同一种适应过程,像在自然数据中的变化一样"②。因此,只有创新才能促进经济增长与社会发展的新动力,或者说,社会经济的发展一定是建立在创新的基础之上。从这个意义上看,在经济起飞以及现代经济转型中,开放经济下的创新成为经济内在活力不可或缺的源泉。

近代中国处在一个千年未有的大变局,上海更是以其令人目不暇接的变幻被称为"魔都",吸引了无数时人的追逐及后人的追忆。近一个世纪以来,国际经济史学界为理解近代中国"现代经济"的形成,理解这一经济史上的转折,聚焦中国、关注上海,数十年来,围绕上海口岸、经济中心城市的历史及其现代

---

① 约瑟夫·熊彼特:《经济发展理论》,第73、82、83页。
② 约瑟夫·熊彼特:《经济发展理论》,第71页。

性成长,展开了大量的讨论①。早期海外的研究大多从口岸经济的视角,解读上海的近代崛起,后来国内的研究更多地从上海经济中心城市形成或近代化的视角,理解上海近代经济的兴起与发展。但随着近代化思维取向被淡化之后,这些讨论也趋于停顿,以至于如今上海在讨论未来发展方向的"经济中心城市"建设、回忆近代历史时,仍是多年前学界关于近代上海的贸易、金融、工业中心的论述。当我们在后工业化经济、服务经济的时代,瞻望新转向的可能时,尚未厘清从农业经济向工业经济转向中,近代上海是如何实现的。

我们知道,近代中国新经济源于口岸城市与现代工商业,最显著的变化是从传统农业经济转向现代工商业经济,新经济首先是从商业流通领域激活,并逐渐扩展到工业生产领域。在流通领域,口岸开放所带来的商业革命,促进了商品与要素市场的发育,实现社会资源的配置;在生产领域,通过外向化农业、乡村手工业、城市工业的发展,实现社会再生产的循环,使得近代经济增长、经济转型得以实现。

上海是近现代乃至当代中国经济最重要的中心之一。无论在自由市场经济时代,还是计划经济时代,抑或改革开放时代,都是中国最充满经济活力的地区之一。当前上海在"创新驱动、转型发展"下的进一步发展,面临的最大问题之一同样是经济活力的源泉问题。中国(上海)自由贸易区的设立,可以说是近30余年来中国改革开放的深化,同时更是百年来上海经济发展内在脉络的延伸。重新检视百余年来上海经济成长道路上三次历史性转折,或许能在更为深厚的历史积淀的基础上,更加深刻地理解这一历史性的变革,以及其政策指向的得失所求。从历史的长时段,考察和研究在不同经济制度和经济环境下上海经济发展的活力,就不仅是一个简单的经济史研究的问题,也更是一个可以为上海经济的未来发展,提供制度和经验借鉴的问题。

第二节 近代被动开放下的市场化创新

开埠后,近代上海被动形成的自由贸易区制度(包括中外自由贸易、货币自由兑换、1895年后的自由制造)"激活"、拓展了传统社会中市场因素的活动

---

① 域外从墨菲(Rhoads Murphey)、费正清(J. K. Fairbank)到郝延平、林满红、罗斯基(Thomas. G. Rawski)等均予以关注;最近30多年来,大陆诸多学者如张仲礼、丁日初、潘君祥、黄汉民、熊月之、张忠民、戴鞍钢等亦持续跟进探讨。

空间,并赋予其新的属性,从而导致了一系列的制度变革。在"自由贸易"条件下,上海不断地集聚国内外各种资源要素,组合创新,发展进化,迅速由一个原来的"东南壮县"发展为中国最大的工商业都市。

一、被动开放下的市场化

与西方现代经济兴起时的主动对外开放不同,近代上海的对外开放来自19世纪中下叶欧美列强的强权进入,迫使清廷签订了一系列开放市场和割让市场主权的不平等条约。对外开放的直接经济作用是自由市场的形成及新市场的开辟。上海由于其相对优越的地理条件和原有的商业贸易的基础,内外贸易流量和市场关系、商品形态不断拓展。开放促使要素及资源的自由流动和配置,其结果是上海得到了较之于中国其他城市更多的要素和资源。据第一章中海关的统计数据,1844年上海对英国输入货值仅占通商五口输入总值的12.5%,输出货值占总值的11.1%,而同年广州对英国输入、输出货值在五口中的比重则分别高达85.9%和88.7%。但至1853年,上海对英国的进、出口货值占全国的比重已分别提高到59.7%与52.5%,1855年更分别提高到87.8%和60%。从19世纪50年代开始上海的对外贸易已赶上并超过广州,成为中国的外贸中心。

上海开放的另一个直接结果是形成了租界,要素可以在租界内自由流动与配置。相关资料表明,至20世纪二三十年代上海已经大致形成了以租界为中心,密度逐渐由内向外递降的放射状工商、金融业分布格局。"上海自开辟租界以来,各业多半萃于租界。"租界约集中了上海轻工业的70%—80%,商业服务业的50%,金融业的70%。据调查,1931年上海符合工厂法(使用动力设备,平时雇工在30人以上)的华资工厂有712家,租界(不包括越界筑路区)为389家,每"华方里面积"3.93家;华界为304家,每"华方里面积"0.31家,其中靠近租界的闸北、南市的密度远高于吴淞、浦东、闵行等地区。1933年上海(包括农村,面积为527.50平方公里)商业共有7.2万户,两个租界(面积为32.82平方公里)有3.4万户,上海平均每平方公里136.5户,华界每平方公里为76.8户,而租界为1 035.9户;租界密度为华界的13.5倍。这种布局既与人口不同有关,也与环境安全效用的级差相关[①]。

[①] 樊卫国:《近代上海"自由贸易"的历史审视:制度、形态及多重效应》,《上海经济研究》2015年第10期。

制度差异导致的相对经济自由是租界的又一个重要效应,这一点在清末民初现代经济初兴时表现得较为突出。租界开辟后,租界当局一开始即把"自由市场"作为一种基本的制度安排,因列强商品在市场竞争上占据优势地位,其对市场的干预甚少。外国工商业企业率先在上海创办,民族资本的缫丝厂等现代企业随之出现,大部分外资企业设立在租界,许多华资企业也设立在租界里,有的企业虽地处华界,但在租界注册,同样可以免受制于清地方政府。能摆脱专制政府的"羁縻"和"威慑"就是一种经济权利的解放。即使在清廷解禁后,民间投资也不是容易的事,这也是清末不少投资者选择上海的一个重要因素。"有许多中国人的事业都是在外国领事馆注册,借用外国人的名义来出面经营的。"[1]

租界及上海市区是国内华商资本、资金的聚集地,更是外商投资的集中地区。据郑友揆统计,民国以来至1930年每年外国人在华新企业投资在一亿关两以上[2]。列强为了长久地占据、开拓中国市场,把一部分外贸利润转换为直接投资留在中国,以便于利用中国廉价的资源、劳力降低成本和更深地渗透及中国经济。列强的直接投资有维持中国外贸市场和攫取高额利润增强其产品的市场竞争力的双重作用。在动荡不靖的近代中国,拥有大面积租界的上海成为外资注入的首选地区。上海集中了英、美、日等外资的大半,英国的四大集团和十大企业都集中在上海。从近代中国历史看,社会稳定等投资软环境是决定中外资本流动的极重要的因素。上海由于在这方面具有得天独厚的条件,成为外资输入的首选及集中之地。

近代中国最早大规模的要素流通是买办商业,一般被形象表述为"广搜各地物产,统办环球制品",上海更是遐迩闻名的贸易中心,各地行帮在沪设有众多的"申庄",本地商人也在各地遍布分销机构,"上海为吾国第一大埠,其所以成为经济之中心者,赖其贸易之发达也"[3]。这体现为近代海关贸易报表中不断增多的进出口商品名录、不断扩大的市场来源地与销售地,以及不断增长的农产品、原材料、手工业制品的出口,以及相应的机制品的进口。

以往对近代上海口岸经济的研究,主要是从市场的角度,关注上海率先建立的近代化大市场。在该体系中,生产资料市场、劳动力市场、资本市场都已

---

[1] 霍塞:《出卖上海滩》,上海书店出版社2000年版,第179页。
[2] 郑友揆:《中国的对外贸易和工业发展》,上海社会科学院出版社1984年版,第339—341页。
[3] 潘吟阁:《上海之贸易》,载《战时上海经济》第一辑,1945年版,第60页。

完全形成,技术市场、信息市场也开始出现,由于市场门类齐全,体系完整,从而为商业交易方式和手段的进步提供了良好的环境和配套条件[①],促成了上海与全国各地埠际贸易的发展,于是上海的贸易中心地位逐渐形成。海关数据表明,1864—1904年间,北方主要口岸(天津、烟台、营口)70.01%的进口洋货经由上海转口,42.72%的出口土货经由上海出洋。但在1904年前后开始发生变化,1904年北方口岸44.2%的进口洋货、44.9%的出口土货直接完成进出口,及至1930年北方主要口岸(天津、青岛、大连)80.47%的进口洋货、66.9%出口土货直接完成进出口[②]。这一变化意味着什么?

就绝对量而言,近代上海各类进出口贸易整体上均保持稳定或上升的态势,故而,上海的绝对贸易额一直维持在50%左右,变化主要表现在结构上。图5-1、图5-2表示了1866—1931年江海关各类进出口贸易份额的相对变化。图5-1所表示的复往外洋及香港的进口洋货、进口土货,以及来自国内的进口土货,该三类贸易在总的贸易份额中基本稳定。出现显著变化的主要

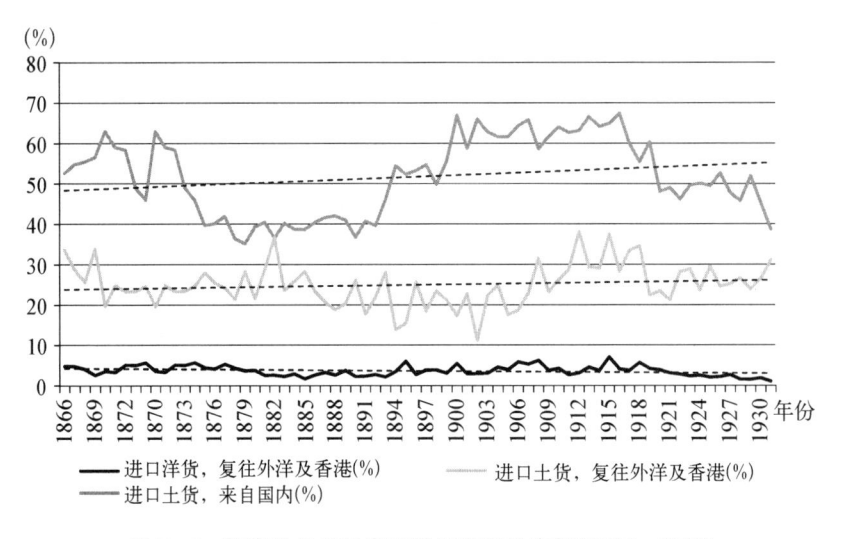

图 5-1 江海关各类进出口贸易份额的变化(1866—1930)

资料来源:《中国旧海关史料》中江海关历年贸易统计,京华出版社2001年版。

注:进口洋货,复往外洋及香港(%): $y=-0.0172x+4.2901$; $R^2=0.0788$。进口土货,复往外洋及香港(%): $y=0.0988x+48.203$; $R^2=0.0452$。进口土货,来自国内(%): $y=0.0325x+23.813$; $R^2=0.0161$。

---

① 张仲礼、沈祖炜:《近代上海市场发育的若干特点》,《上海社会科学院学术季刊》1992年第2期。
② 《中国旧海关史料》,京华出版社2001年版。

第五章　区域经济活力的源泉：开放与创新(1842—2012) / 193

体现在图 5-2 的类别上，其中斜率最小、下降较平缓的是复往国内通商口岸的进口土货；此外，出口土货类目中，"往外洋及香港"与"往通商口岸"呈高度负相关；另一显著的变化是，上海的进口洋货再转运国内通商口岸的比例，降幅最大。合而言之，在近代上海相对恒定的贸易份额中，复出口国内口岸的土货减少、直接出口外洋及香港的土货减少，对应的是出口国内通商口岸的土货增多，弥补了这一减少。

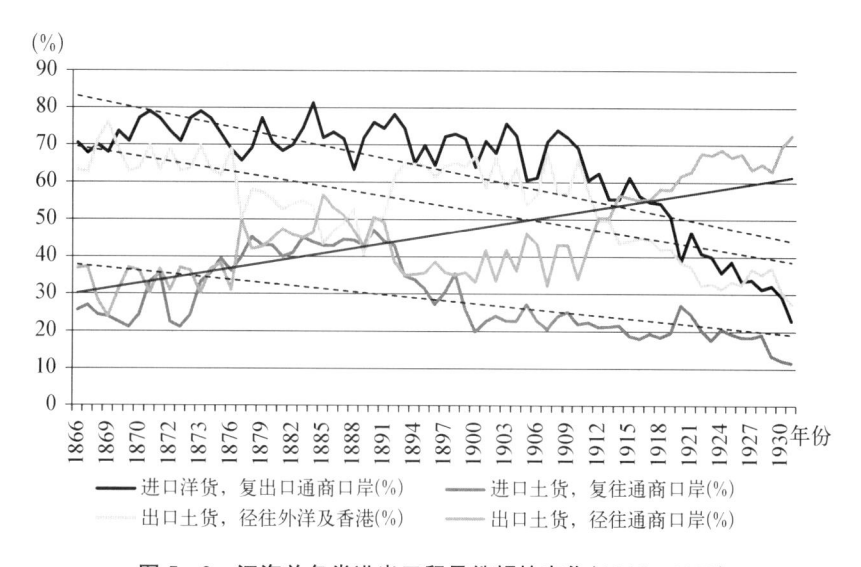

图 5-2　江海关各类进出口贸易份额的变化(1866—1930)

资料来源：《中国旧海关史料》，京华出版社 2001 年版。

注：进口洋货，复出通商口岸(%)：$y=-0.5571x+83.643$；$R^2=0.622$。进口土货，复往通商口岸(%)：$y=-0.2663x+38.018$；$R^2=0.314$。出口土货，径往外洋及香港(%)：$y=-0.4421x+69.945$；$R^2=0.5524$。出口土货，径往通商口岸(%)：$y=0.4461x+29.674$；$R^2=0.572$。

已有的研究从区域关系的角度，也发现了近代上海对其他口岸的埠际贸易影响下降，认为是上海由外贸向工业中心转化，形成了商业、工业、金融多功能的经济中心[1]，但并没有说明彼此之间的关系。那么问题来了，这一进程是如何转化的？单独的商品集散中心，如何转变为要素配置中心？其源头在哪里？

我们知道，商业资本具有两种次级形态，即商品经营资本与货币经营资本，它们彼此之间是可以互相转换的。作为商人因为不生产商品，首先要拥有

---

[1] 唐巧天：《埠际贸易与上海多功能经济中心的形成》，《史学月刊》2009 年第 8 期。

货币资本,并在市场上转化为商品,进而实现资本循环,在流通中获得增值。前近代传统商业资本是独立于生产之外的,用于交换与流通环节,局限于流通领域,但在资本主义生产方式下,商业资本的位置发生改变,逐渐从属于生产资本,成为产业资本再生产的一个职能资本与组成部分①。同时,我们知道,单纯的商业活动只能改变物质财富的空间配置,并不能创造出新的物质财富。被布罗代尔称为高级的市场贸易方式,超越了地方的界限而日益演变成为全球性的贸易行为,能改变该地区要素稀缺性与资源禀赋,促成了要素向收益更高的地点流动。区域性的商品与要素流动促成了地方化经济与产业内贸易的形成,形成更有效率的生产,以更少的投入获得最大的收益。

二、以企业及企业家为主体的制度创新

近代上海的开放并迅速融入全球化经济,参与全球分工体系,获得国内广泛的要素资源,由此为要素的创新组合提供了条件,出现了经济创新的可能。在这一轮经济创新中,首先出现的是企业与企业家创新主体。由于现代技术手段、管理方式上的滞后,且在被动开放的竞争环境中,面对国内外市场,中国企业的发展同时面临显著的压力与动力。一方面,在条约口岸及其制度安排下,相对后发弱小的中国同时面临技术、市场、组织等多重的压力。另一方面,由于国内外大市场的开放,尤其是市场的深度、广度迅速扩大,在差异化竞争下,中国企业在与强大对手的竞争中,同样获得了差异化的优势,例如在成本、文化、市场熟悉度、交易便利化等方面具有的优势。

故而,在近代中国开放条件下的企业与企业家之间的竞争,既蕴藏了无限的机会,也存在众多的风险,为了在市场竞争中生存下来甚至是脱颖而出,中国企业千方百计提高市场竞争力,包括加强管理、降低成本、实施技术创新和产品创新、提高产品的市场适应性和市场占有率等,因此,经济开放与市场竞争作为一种新的经济生态,一度激发了中国企业的积极性和创造性。就已有的研究而言,中国企业大多在向欧美、日本等国企业学习的过程中,逐渐从具有比较优势的领域获得新的发展,例如在纺织业、火柴制造业等方面获得突破。就这一阶段中国企业的创新方式而言,一般称之为"模仿性创新",由于成本低廉、灵活便利,成为中国企业创新的主要路径选择。

例如,近代上海火柴大王刘鸿生创办鸿生火柴厂,为了要与当时充斥市场

---

① 马克思:《资本论》(第3卷),人民出版社1975年版,第297—303、366—367页。

的瑞典凤凰牌火柴及日本猴牌火柴竞争,他高价聘请化学工程师改进技术,提高质量、降低价格。技术人员在经过不断创新改良之后,终于解决火柴遇霉还潮、药头不坚固等问题,成功制造出安全火柴,在市场上获得一席之地。刘鸿生后来创办华商上海水泥公司,也同样十分注意技术引进以及模仿性创新,产品经上海工部局分期化验,"证明象牌水泥之拉力压力,均已超过合格程度,适合各项建筑之用"。[①] 上海另一位著名的实业家吴蕴初,作为天厨味精厂的经理和技师,更是擅长生产创新。所产"佛手"牌味精质量日益完美,1925年获全国地方物品展览会一等奖,次年获美国万国商品博览会大奖,1928年又先后在英、法、美等国取得了专利权。就经济学界所讨论的创新路径与步骤而言,在经济发展的早期,技术进步是最基本的创新路径,而模仿性创新又是具有成本优势的优良方案。

在近代中国被动开放的市场化经济背景下,企业创新也成为本国资本企业与外商企业竞争的有力手段。例如,上海五洲固本皂药厂,总经理项松茂以重金聘请一批从德国、美国留学归来的技术专家,经过严格的科学实验,制造出高质量的五洲固本皂。此前,由于国人未得制皂技术要领,生产出的皂类产品大都因质量低劣而难以打进市场,国内市场几乎为英资中国肥皂公司生产的祥茂皂所独占。经科学比较分析,五洲固本皂的水分、总脂肪、总碱类、松香等技术指标都表明其完全符合国际标准,属于优质肥皂,而祥茂皂则与国际标准相距甚远。五洲固本皂由于质量远胜于祥茂皂,因而一举打跨不可一世的祥茂皂,很快占领了市场。上海美亚织绸厂更是把产品创新作为立厂之本,设置织物实验所专事新产品开发,1936年前每周出一新品,其后每半月出一新品。根据1940年的统计,该厂上市的产品有浪琴绉、青春纱、芙蓉缎、领带绸等27个品种,为消费者提供了宽阔的选择余地。南洋兄弟烟草公司为了应对英美烟公司的激烈竞争,各类牌号的香烟品种就不下100余种。"倘我公司牌子少了,设或被它(英美烟)打垮了一二个,必须另创新牌子,那就更加困难,而且时间不及",因此,在几个主要畅销品牌外,还推出许多品牌作为后备,以适应各地消费者的不同口味,湖北以"白金龙"、"爱国"、"金斧"为主,湖南以"白金龙"、"双喜"为主,江西以大小"长城"、"美女"为主,陕西以"飞艇"为主等,有效地促进了产品的销售,应对英美烟公司产品的竞争[②]。品牌多样化会在一定

---

① 《刘鸿生企业史料》(上册),上海人民出版社1981年版,第176页。
② 左旭初:《百年上海民族工业品牌》,上海文化出版社2013年版。

程度上弥补竞争中的弱势,近代中国民族企业在品牌多样化上的追求和努力,显示了近代民族企业家们的创新。

企业间的竞争实质上是综合实力的竞争,价廉物美的产品往往在市场上具有很强的竞争力,价廉物美又适销对路则会风靡市场。但要做到价廉物美、适销对路,企业必须努力降低成本,不断改进品质,提高生产效率。这就要求企业不断促进科技进步,提高管理水平,扩大生产规模。企业综合实力的竞争,主要就是技术(包括设备、工艺和人才)、管理(包括管理人才和管理制度)和规模的竞争,其中任何一项都关系到效益、成本(价格)、品种和质量。随着竞争的日趋激烈,规模化的重要性越来越凸显,因为企业只有实行一定的规模化生产,才有可能采用先进的技术,并追求效益递增和成本递减,避免成本降低带来品质的下降,使产品既降低了价格又提高了质量。近代本国私人企业为了在激烈的中外竞争中获得生存和发展的权利,纷纷苦练"内功",提高综合竞争实力。

第一,努力推进科技进步。美亚织绸厂、鸿生火柴公司、永安纺织印染公司、天厨味精厂、天原化工厂、上海水泥公司、新亚化学制药厂等,创办之初就非常注重引进先进的技术设备和技术人才,将企业的发展一开始就置于较高的技术平台上,以保证产品质量和较高的劳动生产率。即便是创办较早的企业如恒丰纱厂、章华毛绒纺织厂、大隆机器厂等,在20世纪二三十年代,也主动地进行设备更新和技术革新,以技术促进步,以技术求发展[1]。

第二,逐渐实行科学管理。近代本国私人企业在管理体制上面临的任务,就是废弃以工头制为核心的作坊式管理模式,代之以总经理(厂长)—工程师制、产品成本核算制、新式会计制、标准工作法等一系列新制度和新方法。与科技进步相同步,在20世纪二三十年代,新的科学管理体制也逐步为穆藕初、吴蕴初、刘鸿生、许冠群、蔡声白、郭棣活等一批企业家所认识和采用。即便是工头制占很大势力的荣家企业,1925年也在申新系统的纺织企业中大胆革新,排除重重阻力,推行工程师制,取得了一定成效[2]。

第三,不断追求规模化经营。主要包括增资扩厂和收买兼并两种途径,1925年、1927年、1933年,永安纺织印染公司(简称"永纱")先后买下了大中华

---

[1] 潘君祥:《近代上海形成全国经济中心的内在原因》,《上海社会科学院学术季刊》1991年第2期;张仲礼、潘君祥:《论上海经济近代化的轨迹和发展内因》,《中国经济史研究》1992年第3期。

[2] 徐鼎新:《中国近代企业的科技力量和科技效应》,上海社会科学院出版社1995年版,第44—58页。

纱厂、鸿裕纱厂、纬通纱厂,同时分别在1924年、1929年、1930年三次扩充设备和新建厂房,兼并与扩充并举,生产规模迅速扩大。1927年资本总量、纱锭数、棉纱年产量分别是创办时的1.97、2.79、3.13倍,1931年又是1927年的3.04、2.80、1.93倍,1936年则又是1931年的0.82、1.06、0.80倍[①]。永纱在10多年时间里,从一个棉纺厂扩展为拥有五个棉纺厂、一个印染厂和一个机器工厂的集团企业,在民族棉纺工业中规模仅次于申新系统。正是在不断的努力和创新中,到20世纪30年代,上海已经形成了一批有规模的本国企业及企业集团。在近代上海民族工业中,荣家企业集团、刘鸿生企业集团、吴蕴初天字号企业集团等,都是从小到大、从弱到强,不断扩大企业规模。

此外,近代上海形成了有效的市场经济制度,其中主要是行之有效的行业组织与经济秩序。近代上海经济、社会演进中,行业组织发挥了极重要的作用,尤其民国年间同业公会普遍兴起,成为近代上海行业治理和市场协调的一个基础性制度和功能组织。根据樊卫国的分析,主要表现在两个方面[②]:第一,同业公会树立市场秩序、规范企业经营、维护同业企业正当利益,发挥了市场组织化积极的制度功能。近代上海百年的经济奇迹,在市场发育构建,市场主体生长等方面,起主要作用的不是政府力量而是民间社会组织的力量。民国时期上海同业公会将传统的临路行商交功易事的经济活动,规范为结构性的制度化市场,确立市场交易规则,构成了企业经营的制度环境和民间秩序。上海民族替代工业的兴起及其成就,二三十年代蓬勃展开的社会化国货运动,均离不开华商同业公会积极有效的组织化努力和各项市场化建设。第二,同业组织实现行业价格治理。1931年的经上海市政府核准备案的《上海市同业公会业规纲要》和市商会颁布的《同业公会业规通则》均明确规定,行业定价和核价是同业公会的法定职责。统制经济时期,行业核价尤其重要,对于违规同业,公会可以依仗政府权力处分之。

三、长江三角洲地区的经济增长

在前近代中国社会,以个体家庭为基本经济单位的小生产,与商人资本运

[①] 上海市纺织工业局:《永安纺织印染公司》,中华书局1964年版,第134—135页。
[②] 樊卫国:"共同体化"、"社会化"与"国家化":论近代中国行业组织变迁之阶段性特征——以近代上海为中心,《中国经济史研究》2012年第2期;《略论民国上海各业营业规约》,《史学集刊》2015年第1期;严跃平、樊卫国:《浅析1937年之前的上海同业公会价格协调机制》,《上海经济研究》2012年第9期。

动所形成的区域大市场的大流通方式,组成了前近代中国的"小生产、大流通"的社会再生产方式①。进入近代以后,随着中国逐步融入世界市场,对外部市场的依存度提高,传统的均衡经济被打破,形成新一轮的经济增长,形成新的社会补偿与再生产机制,逐步形成"大流通、大生产"的方式。这是中国历史上首次形成的显著经济增长的样本。

此外,近代中国处于全球化浪潮第一波,其中显著的特征是贸易壁垒小、更多受制于资源禀赋、产业与服务分工不明显、产业间的贸易值微小。由于近代中国基本处于经济增长的起点阶段,较少地受制于产业的细化、国际投资、政策环境等方面的影响,这种简约的经济环境,比较适合验证经济的增长。

关于近代中国经济增长的估算,自刘大中、叶孔嘉以来,相关数据颇有分歧,主要源于对核算的估值不同。众所周知,我们在关注经济增长时,大多以"均质空间"作为逻辑前提,从经济地理学看来,这是难以理解的。2009 年世界银行发展报告,从长时段关注经济发展过程中的地理变迁及其含义,分析了要素集聚、经济增长与区域经济不均衡发展的关系②。

对于非常不平衡增长的大国经济来说,全国的平均值无法相对准确地反映地区经济增长的绩效。所以,首先需要寻找"空间差异",考虑非均质空间上要素与经济活动的分布,从而获得区域性的经济增长图景。2008 年,马德斌选择近代上海与江浙地区,首次估算了区域 GDP 的增长③,并试图从制度方面解释经济增长的原因。不过该文对区域内部的经济差异仍然视而不见。确实,很多经济要素的空间分布是难以清晰化的,但是,从发展地理学的视角看来,经济增长的过程也就是空间经济结构优化的过程,空间的优化与经济增长是同步的。所以,如果特定区域长时段经济增长缺乏准确、连续、有效的计量数据,可以通过观察与计算经济空间的优化过程,来有效地度量其经济增长。

这里重新考察近代长三角地区经济增长,避开单纯计算 20 世纪 30 年代 GDP 的静态数据(或者估算 1910 年前后的 GDP 数据,建立连续的剖面),首次

---

① 张忠民:《小生产、大流通——前近代中国社会再生产的基本模式》,《中国经济史研究》1996 年第 2 期。

② 世界银行:《世界银行报告:重塑经济地理》(*World Bank Report, Reshaping Economic Geography*),2009 年版。

③ 显示出 1933 年长三角地区人均 GDP 大约比全国人均高出 60%,比日据朝鲜、满洲(中国东北)高出 40%—50%,仅次于日据中国台湾与日本本土。Ma Debin. Economic Growth in the Lower Yangzi Region of China in 1911—1937: A Quantitative and Historical Analysis. *The Journal of Economic History*, 2008,68: 355-392。

关注经济增长的地理特征,将区域经济增长的平均数,解析到各亚区,发掘不同地区近代经济增长的高低起伏,从生产与流通的环节上,从空间的角度,寻找近代经济增长特征、演进、绩效。

众所周知,市场开放推动了近代中国的经济增长,因此,增长首先表现在流通环节,然后推进到生产领域。在流通领域,近代口岸开放所带来的商业革命,促进了商品与要素市场的发育。市场准入度的提高与交通成本的降低,提升了市场交易的效率,增强了区域的要素流动。在生产领域,通过外向化农业、乡村手工业、城市工业发展,提高了经济存量与再生产投入,增强了社会再生产的能力。通过观察近代长三角地区流通、生产两大领域经济空间结构的变动,可寻找区域经济增长的源头。

(一)市场化与流通空间

按照库兹涅茨的总结,经济增长的表现特征有:产量增长率提高、增长的范围扩大、不平衡的增长、生产率提高、经济结构加速变革。从传统向近代的转变进程中,经济的增长首先映射到市场,促成市场的形态从初级向高级的演化。在近代长江三角洲地区,大约在1895年以后,传统的商品流通渠道逐渐改变,形成了一个以上海等通商口岸城市为中心,从口岸到内地与农村的商业网。随着市场交易的扩大与商业资本的发展,城乡之间形成了工业制成品与农副产品的劳动分工体系,乡村被纳入城市经济体系,这就是近代的"商业革命",并引发近代中国的"工业成长"。

传统长三角地区的经济中心在苏州,至晚清末期,形成了以上海为龙头的有序的港口分工体系,宁波、镇江、南京、苏州、杭州等其他港口的国内外贸易大多要通过上海的转口来进行。晚清长三角地区各口岸城市的货物中转率[1],基本上比较清晰地反映了这一流通大格局。选取1900—1905年的数据,上海的中转率大约60%左右,其他口岸都比较低,仅宁波与南京部分年份保持1%—2%[2]。

近代开埠以后,区域经济要素流动通道的改变,形成了以上海为中心,上海—杭州、上海—宁波、上海—镇江、上海—芜湖为轴线的要素流动线路。由于晚清农业经济仍然占显著的主导地位,区域内部的分割是广泛存在的常态,

---

[1] 货物中转率的计算方式为:中转率=(洋货复往外洋及香港+洋货复往通商口岸+土货复往外洋及香港+土货复往通商口岸)/进出口总值×100%。
[2] 茅家琦等:《旧中国海关史料》,京华出版社2001年版。

以城市间的点线轴联系为主,这些特征表明近代早期,长三角地区还处在经济增长的初始阶段。

及至民国时期,虽然绝对口岸之间中转的绝对数量增加较多,但整体格局与晚清相比变化不是很显著。上海的货物中转率略有下降,仍在60%左右;其他城市都有所上升,其中以镇江、南京比较明显,由1%以下增加到2%—5%[①]。

晚清到民国期间,长三角口岸间的物流量有所增长。就空间的联系通道而言,虽然主要的物流通道并没有显著的变化,但民国时期各口岸之间的回路联系增强,出现网络化联系的趋向,中心城市的要素集聚增强。这暗示着民国时期经济建设与地方产业的发展,地方化经济的显著增长,以及产业内贸易的增强(这一特征得到第三小节工业投资数据的支持)。这与近代上海从贸易中心演进为经济中心的时间轨迹是一致的。

众所周知,单纯的商业活动只能改变物质财富的空间配置,并不能创造出新的物质财富。布罗代尔把贸易区分为两种不同类型:一种是低级形式,如集市、店铺、商贩等;另一种是高级形式,如交易会、交易所等[②]。低级形式的市场交易活动通常是与地方性的、自给自足的经济相联系,只能成为生产活动与消费活动的一种中介,而不能改变该地区的要素稀缺性与基本资源禀赋。被布罗代尔称之为高级的市场贸易方式,超越了地方的界限而日益演变成为全球性的贸易行为,能改变该地区要素稀缺性与资源禀赋。近代长江三角洲地区的流通空间显示,区域商品与要素的流动已经促成了地方化经济与产业内贸易的形成,形成了中心城市的要素集聚与经济增长。

(二) 工业化与生产空间

口岸开放带动了沿海、沿江地区的外向化经济增长,口岸城市不仅是中国商业与交通最发达的地带,也是近代工业最集中的地带[③]。口岸城市贸易中心地位的确立,也诱导了资本与企业的集中,一些外国资本与民族资本开始在口岸城市建立近代工业,利用当地原料与劳动力生产工业制成品,就近销往内地。长三角地区与世界经济体系发生了前所未有的联系,推动了近代工业的产生和发展,加速了区域经济结构的变迁。

[①] 茅家琦等:《旧中国海关史料》,京华出版社2001年版。
[②] 布罗代尔:《资本主义的发展动力》,生活·读书·新知三联书店1997年版,第67页。
[③] 吴松弟:《市的兴起与近代中国区域经济的不平衡发展》,《云南大学学报(社科版)》2006年第5期。

1895年之前，上海是中国最大的贸易口岸以及商业贸易中心。20世纪以后，上海迅速成长为中国乃至远东的工业、商贸、金融和经济中心[1]。上海人口在1890年不到50万，1910年超过100万，1930年达到350万。1900年前后上海开始从贸易中心向工业中心转变，尤其是轻工业中心。1902—1911年的海关报告认为"近几年来上海的特征有了相当大的变化，以前它几乎只是一个贸易场所，现在它成为一个大的制造业中心"[2]。从本章第二小节所述可知，到20世纪上半叶，在国内埠际贸易中，随着外贸埠际转运比例的下降，上海外贸中心的影响力渐趋衰微，但工业中心地位兴起[3]。学界普遍认为，到20世纪二三十年代，上海已经成为中国的工业中心[4]。

马德斌也认为以往对近代中国GDP的估计忽略了工业增长的地域特征[5]，1930年前中国的工业与服务业增长不成比例地集中在上海，1933年上海的制造业产出占全国总产出的50%，上海的纱锭占全国的50%—60%，发电量占全国的50%。1931年上海吸收了外国在华投资(FDI)的34%，制造业外国直接投资的67%集中在上海，1896—1936年全国外贸的50%经过上海，1936年上海占有全国金融资产的47.8%[6]。徐新吾、黄汉民辑录的1933年价格的上海历年工业总产值，证实了上海工业的快速增长，1896—1936年间工业部门的年均增长率为8.7%，1912—1936年的年均增长为9.6%[7]。马德斌采用刘大中、叶孔嘉、巫宝三等数据，估算了1933年江苏、浙江两省(包括上海)13个部门的国内净生产值，及其在全国的比重，发现江浙二省现代工业占有全国总产值的6.44%(全国的平均水平为2%)，1933年江浙两省现代工业与制造业(包括传统形式的手工业)的净生产值比率为0.34%(全国的平均水平为0.24%)。确实，江苏南部、浙江北部的经济结构，已经明显有别于传统的农业经济。

近代企业绝大部分建立在通商口岸或靠近通商口岸的地方，其中以上海

---

[1] 张忠民：《近代上海经济中心地位的形成和确立》，《上海经济研究》1996年第10期。
[2] 徐雪筠等译编：《上海近代社会经济发展概况(1882—1931)：海关十年报告》，上海社会科学院出版社1985年版，第158—159页。
[3] 唐巧天：《上海外贸埠际转运研究(1864—1930)》(博士学位论文)，复旦大学历史地理研究中心2006年，第114—115页。
[4] 张仲礼：《近代上海城市研究》，上海文艺出版社2008年版，第17页。
[5] Ma Debin. Economic Growth in the Lower Yangzi Region of China in 1911—1937: A Quantitative and Historical Analysis. *The Journal of Economic History*, 2008, 68: 355-392.
[6] 熊月之：《上海通史》(卷4)，上海人民出版社1999年版，第19，21页；张仲礼主编：《中国现代城市：企业·社会·空间》，上海社会科学院出版1998年版，第313页。
[7] 徐新吾、黄汉民：《上海近代工业史》，上海社科院出版社1998年版，第311—342页。

为最多。除了矿场外,规模较大的工厂(如机器造船厂与纺纱厂,水、电、煤气工业和烟草工业),都集中在上海与少数几个通商口岸。上海等通商口岸提供了举办大工业所必需的现代金融、交通、动力、技术、信息等方面的有利条件,形成集聚效应。此外,由于租界享有各项特权,尤其是产权保护,为经济增长奠定了良好的制度基础。无论是外资企业,还是本国资本的近代企业,绝大部分集中在通商口岸地区,便于利用机器、熟练工人、资本等要素。此外,口岸是国内外市场的总汇,各类企业集聚之地,便于在产业的上下游联系中获得增长机会。例如,附属于口岸的航运业需求,促成了船舶修造与机器修理厂的发展;进出口贸易的扩展,促成了仓库、报关、保险业的发展。所以,现代工业,尤其是规模较大的工业,通过在口岸城市的集中,获得聚集经济所带来的报酬递增效应。

随着区域分工的深化,各区域经济发展的专业化倾向强化,同时,区域间竞争的加剧也促成了区域之间相互依赖的加深。按照产业经济学的原理,区域经济发展到一定的程度,必然要带来产业的"梯度转移",实现经济发展的重心逐渐从沿海向内陆辐射,形成区域经济发展合作。通过合作可以冲破要素区际流动的障碍,促进要素向最优区位流动,使得区域资源配置优化。在上海、青岛、武汉、天津、无锡和南通6大纺织工业城市中,1913年的上海的纱锭数名列第一,南通第三,无锡第四(1936年无锡上升为第三,南通第四)①。从生产空间的变化来看,也发现了近代长三角区域经济增长进程中,中心与边缘的集聚扩散效应。

从发展地理学的角度,近代长江三角洲地区的经济增长重新验证了早期的经济增长是从流通领域萌生,然后扩散到生产领域,通过要素流动与效率的提升,以及商业资本的积累促成经济起飞。这与斯密等市场主导学派的分工贸易、比较优势、自由市场机制的经验是一致的,或许,近代开放贸易与市场发育是经济增长的内在源泉。与库兹涅茨定义的"经济增长"不同,在自由市场机制下,通过资本积累、要素投入、制度创新,在内生性技术进步不足的情况下,同样可以形成一个显著的经济增长。以下将相对详细地给予阐述。

(一)近代经济增长的路径

农业依赖土地且缺乏规模经济,因而形成了分散的点状空间经济形态。在近代早期,人口主要分散在农村,即使区域最大城市(例如苏州)的规模也比较有限。城市居住区一般是城市城墙之内的街坊,这类城市一般毗邻交通要

---

① 严中平等编:《中国近代经济史统计资料选辑》,科学出版社1957年版,第128页。

道(例如苏州在大运河沿岸),本身所生产的产品比较少,主要提供剩余农产品的交换,即"小生产、大流通"的形态。

近代商业发展起来后,快速增长的对外贸易带动了城乡的产业分工。要素的流动与效率的提升,促进了城市的发展与经济的增长,改变了经济增长的空间均衡。以进出口贸易带动的市场化,主要受益地区是上海等口岸城市及其毗邻地区,例如沪宁、沪杭沿线地带,江浙的边缘地区所获得回报相对较少。只有比较多地参与国际分工,且能在分工中不断提高效率的产业或地区,才能够有效地提高产量与生产率,获得更多的比较收益与边际收益。

随着近代工业发展起来后,经济增长对土地的依赖性相对下降,规模经济与空间集聚形成,加剧了经济增长的空间不平衡。同时,伴随着自给自足的封闭经济向开放经济的转变,在国际或区际贸易的推动下,经济活动将会高度集中在贸易成本最低的区域,比如沿海、沿江、交通线两侧或国家、区域的边界地区。

通过近代长江三角洲地区生产与流通空间所展示的图景,可以还原近代中国市场化与工业化背景下的经济增长路径。

(二) 近代经济增长的源泉

库兹涅茨认为:"一个国家的经济增长,可以定义为给居民提供种类日益繁多的经济产品的能力长期上升,这种不断增长的能力是建立在先进技术以及所需要的制度和思想意识之相应的调整的基础上的。"近代长江三角洲地区参与世界市场的分工,实现了经济产量的显著提升,市场流通所形成的早期资本积累,以及国内外的资本投入,在技术进步显著不足的情况下,却实现了显著的、持续的经济增长。这又是为什么呢?

从本节对近代长三角地区生产与流通空间的解析中,发现了区域经济增长的空间路径:市镇(成为小区域产品中心)——中等城市(成为地方化经济中心)——大城市(成为创新、服务中心)。近代市场塑造了城镇网络,促成了早期资本在市镇、中等城市、大城市的积累,随着市场交易效率的提高,更多的要素被卷入,市镇提供初始的自然资源,中等城市进行初步的手工作坊式加工,大城市进行技术创新与交易服务,利用比较优势参与世界市场。通过大城市的经济集聚优势,尤其是租界城市相对完善的制度保障、信息与标准,与中小城市的廉价资源、人力相配合,形成区域经济增长的发动机、齿轮、传送带,形成近代中国长三角地区显著持续的经济增长。1978 年以来,中国重启了晚清参与世界经济的进程,在新一轮的全球化浪潮下,尤其是自浦东开放以来,实现了长江三角洲地区更高速的经济增长,也造就了近 30 年的显著成绩。

第三节 中华人民共和国成立后制度约束下的创新

自1949年以后,伴随计划经济对市场经济的全面取代,上海自1842年以来在自由竞争的市场经济中逐步形成的经济地位,出于非经济的原因而逐步衰落,昔日的"金融中心"、"贸易中心"、"工业中心"、"经济中心",逐步蜕变成单一的工业基地、全国的"物资调拨中心"和"工业品采购供应中心"。1949—1978年,中国经济发展总体处于摒弃资本主义自由竞争的市场经济,建立和强化高度集中统一的社会主义计划经济的时期。这也是上海经济发展的一个特殊时期,上海经济发展在经历了旧有市场经济向社会主义计划经济转轨的短暂过渡后,被完全纳入国家高度集中的计划经济体制,形成了与计划经济相适应的商品流通体制,以及公有制一统天下的经济体制。在这一经济制度约束下,上海的经济增长路径与方式发生变化。

一、老工业基地的形成

中华人民共和国成立之初,为了使上海尽快走出工商业萧条的困境,中央调动华东各省的物资支援上海,并收购上海工业品调往华东各省,以实施上海与各地的物资交流,一种非真正意义上的"贸易"流通方式——物资调拨制度,逐步形成。商业贸易额由国家计划安排和控制,地方已无权决定商品物资流动的数量、价格、流通方向。1949—1956年上海市贸易发展最大的变化,是上海与内地商品物资流通方式的改变。从第一个五年计划开始实施后,国家即开始对重要物资实行全国范围的平衡分配制度。在全面进入计划经济时期后,由市计委负责物资的综合平衡,工商局按计划生产和收购,市物资局负责执行计划指标的分配,物资局下属各原材料公司负责供应,形成了服从中央统筹计划的地方物资分级管理机制。

这一时期上海经济制度出现了巨变,即原来私有产权下的企业制度向国有经济、集体经济转变,市场经济向计划经济体制转变。在计划经济下的范畴下,上海因为其良好的工业基础被定位为工业基地(后来一般称为"老工业基地")[1]。由于

---

[1] 朱婷:《20世纪50—70年代上海"老工业基地"战略定位的回顾与思考》,《上海经济研究》2011年第7期。

制度安排的突变,中华人民共和国成立后至改革开放前,上海区域经济发展均与此背景密切相关。

在"全国一盘棋"总体建设方针下,上海"老工业基地"的战略定位逐渐形成。"全国一盘棋"本质上是计划经济,就是中央政府统筹调拨、分配社会资源,进行社会生产、生活再分配的过程,在经济落后、资金和人才短缺的情况下,试图加快工业化建设的步伐,排除市场调节对优先发展重工业战略的干扰,把有限的资金和资源优先用于国家生产建设急需的工业领域,具有一定的效率优势。随着计划经济的扩展、膨胀,越来越高度集中,全国的计划分配、调拨制度得到不断强化,逐步形成了以三级批发贸易体系为实体的中央集权管理体制,一切产品由国营贸易统一收购、调拨,原料由国家物资机构统一分配、调拨,完全切断了上海与全国各地的直接贸易联系,从而使上海经济发展必须以"全国一盘棋"总体建设方针为前提。至于上海在全国这盘棋中的定位,取决于上海自身经济基础,以及国家经济建设总体目标的需要。这与晚清民国时期上海的经济背景、制度安排、发展轨迹几乎相反,于是经济发展完全呈现不同的路径与趋势。

与第三章的相关数据有一定的关联性,根据表5-1、5-2、5-3,1950—1957年,在上海市工业总产值中重工业的比重开始呈现上升的态势,1958年之后第二产业的比重迅速上升,第三产业的比重迅速下降。上海第三产业在三大产业结构中的比例,20世纪50年代基本保持在30%—40%的水平,60年代多数年份保持在20%—30%的水平,70年代全都没有超过20%,1972年下降到解放后最低点17.3%。与此同时,第二产业中的工业比重从1960年到1976年的十几年中,除1962年略低于70%,其余年份始终保持在70%以上,第二次产业的持续发展与第三次产业的持续衰退高度正相关。第三次产业的四大类中,交通、邮电类、金融类和房地产类的比重都呈上升状态,城市商业呈现下降的趋势。第二产业中的工业,尤其是重工业持续上升,第三产业中的服务业,尤其是商贸业持续下降。

表 5-1　　　　　　上海市工业结构(1950—1976)　　　　　(单位:亿元)

年 份	1950	1952	1957	1960	1962	1965	1970	1973	1976
工业总产值(亿元)	36.17	68.06	118.51	310.17	150.23	252.04	410.07	394.53	452.14
轻工业占比(%)	85.8	79.1	70.9	43.7	59.5	56.6	49.4	46.3	46.9
重工业占比(%)	14.2	20.9	29.1	56.3	40.5	43.4	50.6	53.7	53.1
按不变价格		1952年	1957年				1970年		

表 5-2　　　　　　　　　上海市三次产业结构(1952—1976)　　　　　　　(单位：亿元)

年份	国内生产总值(亿元)	第一产业 总值(亿元)	第一产业 比重(%)	第二产业 总值(亿元)	第二产业 比重(%)	工业占比(%)	建筑占比(%)	第三产业 总值(亿元)	第三产业 比重(%)
1952	36.66	2.17	5.9	19.22	52.4	49.7	2.7	15.27	41.7
1956	63.61	2.38	3.7	35.25	55.4	54.1	1.3	25.98	40.9
1958	95.61	3.57	3.7	64.66	67.7	65.8	1.8	27.38	28.6
1960	158.39	4.43	2.8	123.36	77.9	76.7	1.2	30.8	19.4
1962	84.72	4.54	5.3	58.8	69.4	68.5	0.9	21.41	25.3
1965	113.55	6.5	5.7	82.92	73	72	1	24.13	21.3
1966	124.81	6.8	5.5	92.27	73.9	73.1	0.8	25.74	20.6
1968	123.24	8.31	6.8	89.2	72.3	72	0.4	25.73	20.9
1970	156.67	7.42	4.7	120.82	77.1	76.5	0.6	28.43	18.2
1972	170.98	8.54	5	132.82	77.7	77	0.7	29.62	17.3
1974	193.45	9.45	4.9	147.86	76.4	75.4	1	36.14	18.7
1976	208.12	8.79	4.2	158.89	76.4	75.4	0.9	40.44	19.4

表 5-3　　　　　　　　　上海市第三产业结构(1952—1978)　　　　　　　(单位：亿元)

年份	第三产业增加值(亿元)	交通运输、仓储、邮电、通信业	批发和零售、贸易、餐饮业	金融保险业	房地产业	其他
1952	15.27	11.7	68.7	5.96	0.33	13.29
1956	25.98	11.28	71.86	4.77	0.15	11.94
1957	26.07	11.39	70.35	5.1	0.19	12.97
1960	30.8	15.29	55.91	14.19	—	—
1962	21.41	14.11	47.73	17.19	0.23	20.74
1965	24.13	16.91	52.18	12.52	0.29	18.39
1970	28.43	15.8	51.8	17.7	0.28	14.42
1975	38.36	19.1	48.4	15.3	0.42	16.78
1978	50.76	23.7	45.6	13.8	0.53	16.37

资料来源：上海市地方志编纂委员会：《上海通志》，第十七卷《工业(上)》，概述；第十五卷《经济综述》，第 1630 页；第十五卷《经济综述》，第 1657 页。

这一时期上海城市经济中的市场机制被不断削弱,上海与内地在自然经济条件下形成的贸易网络被逐步切断,经过所有制改造后,上海原有"金融中心"、"贸易中心"、"工业中心"、"经济中心"的功能和地位发生根本性转变。在计划经济体制下,上海经济发展始终沿着发挥"工业基地"的轨迹前行,尽管必须承认"老工业基地"战略定位的形成,对上海工业发展确实起到了积极的推动作用,经过长期建设与不断创新,上海形成门类齐全、综合配套能力强、以加工工业为主、基础雄厚的工业体系,成为向全国提供轻工类产品和工业装备类产品的综合性工业基地。

但是,"老工业基地"的战略定位被一再强化,使得上海经济发展越来越受制于国家经济全局,服从于中央计划。在工业迅速发展的情况下,第三产业的比重,特别是第三产业中的商业比重不断下降,使上海原有商业贸易的活力荡然无存。我们知道,为赶超发达国家,新中国选择了违反当时要素禀赋结构所决定的比较优势的发展战略,试图在资本极端稀缺的条件下优先发展资本密集型重工业,并以价格扭曲、资源计划配置等来保护补贴这些企业,导致优先发展部门中的企业在开放竞争的市场中缺乏自生能力,并且资源配置效率低下[1]。上海除了"老工业基地"这一单一功能之外,其他经济功能都不可避免地陷入衰退状态,昔日全国金融、商贸、工业及经济中心的上海,转变成为单一的为全国经济建设服务的老工业基地。

二、计划经济下的开放

有限的可控制的贸易,有限的可控制的经济往来和交流,有限的可控制的科学技术交流,成为计划经济时代的基本色彩。基于经济资源计划单位、人力资源户籍管制下的要素移动和流动,必然是非常有限度的。

就1949—1978年上海与国内、国外市场的商业贸易而言,整体上完全处于国家计划的控制之下,当经济所有制变革完成后,旧的商品流通体制被以国家物资机构、国营商业和供销社为中心的,以计划调拨为主要形式的流通体制所取代,上海的物资供应和产品销售已完全纳入了国家计划分配、调拨的流通渠道,上海商业贸易额的统计类别中,出现了"市外调入"、"调往市外"等项目。1950—1978年上海市外调入额、调往市外额如表5-4所示。

---

[1] 林毅夫:《李约瑟之谜、韦伯疑问和中国的奇迹——自宋以来的长期经济发展》,《北京大学学报(哲学社会科学版)》2007年第4期。

表 5-4　　　　　　　上海市国内贸总额(1949—1978)　　　　　(单位：亿元)

年份	国内纯购进	市外调入	国内纯销售	调往市外	年末库存
1949	8.95	5	10.57	2.7	3.8
1950	13.49	6.07	16.95	5.43	4.47
1951	23.36	10.51	27.18	11.69	5.99
1952	30.6	14.09	21.88	19.22	11.62
1953	32.89	18.48	36.03	34.38	11.68
1954	41.19	22.63	41.09	40.93	14.71
1955	41.63	22.18	36.15	40.02	17.81
1956	52.01	22.55	48.75	49.4	11.78
1957	59	22.38	48.1	47.8	16.17
1958	74.76	27.17	58.85	66.31	14.01
1959	105.4	21.33	76.41	65.08	25.08
1960	108.92	13.94	86.16	64.32	27.93
1961	62.66	11.17	61.08	43.27	27.92
1962	57.12	11.34	51.45	40.28	27
1963	58.47	14.48	47.45	43.26	26.88
1964	63.42	17.27	53.35	47.08	25.12
1965	64.16	18.92	51.79	52.27	20.45
1966	68.23	22	53.29	56.14	24.46
1967	63.06	23.7	55.64	51.59	25.68
1968	72.03	26.98	57.78	60.01	30.32
1969	90.54	27.06	64.58	75.73	31.29
1970	92.15	27.3	64.17	80.81	30.08
1971	86.58	25	62.88	73.47	30.6
1972	88.63	25.01	69.06	67.52	32.46
1973	96.77	25.55	74.59	75.77	34.72
1974	105.32	27.23	82.27	76.83	37.69
1975	111.5	28.59	86.43	83.61	37.5
1976	112.95	29.92	89.99	83.16	36.4
1977	127.05	31.8	92.86	99.49	40.76
1978	141.09	35.8	103.2	110.61	47.27

资料来源：上海统计局：《上海国民经济和社会发展历史统计资料 1949—2000》，中国统计出版社 2001 年版，第 120 页。

从表 5-4 中可以看出，1956 年与 1950 年相比，国内纯购进额、市内调入额、国内纯销售额、调往市外，分别增加 3.86 倍、2.71 倍、1.88 倍、8.1 倍。1957—1966 年上海市购、销、调、存总值的变化，除个别年份外，总体上升幅度很小，增长缓慢且常有倒退反复。与 1967 年相比，1978 年国内纯购进、市外调入、国内纯销售、调往市外分别增长123.7％、51.1％、85.5％、114.4％。这是在全国物资匮乏的年代，在"全国保重点，重点保上海"的方针下，中央在货源分配、调拨方面给予上海的扶持。从出入数据来看，上海市的工业产品大量调拨至各地，零售商品中有很大一部分流向外地。

从中华人民共和国成立之初至改革开放前，中央对进口贸易一直实行严格的控制，上海的进口贸易额受到国家计划配额量的限制，上海出口贸易的货源主要是按国家外贸计划由外省市调拨给上海的，上海出口贸易额度的高低并不能真正反映出上海对外贸易的能力与地位[①]。如表5-5所示，1949—1956年，初期因以美国为首的西方国家的经济封锁与禁运等因素，上海的进出口贸易均有下降。1952年开始，从苏联等国家进口机器设备陆续增加，并逐步恢复与日本、西欧国家的进出口贸易。1957—1966年，上海的对外贸易有明显发展，主要表现在两个方面：首先，贸易往来的国家和地区增多，包括苏联、东欧国家、西欧国家、亚非拉地区；其次，上海进出口贸易中出口贸易为主显著提高，从占全国的28.3％增长至36.94％。1967—1978年，上海对外贸易的发展受到很大影响，处在低水平徘徊之中。

表5-5　　　　上海市外贸总额及全国占比(1950—1978)　　　　(单位：亿美元)

年份	进出口商品 总额(亿美元)	占比(％)	进口商品 总额(亿美元)	占比(％)	出口商品 总额(亿美元)	占比(％)
1949	—	—	—	—	—	—
1950	2.21	19.47	1.17	20.07	1.04	18.84
1951	1.96	10.01	0.96	8.01	1	13.21
1952	1.93	9.94	0.74	6.62	1.19	14.46
1953	2.44	10.3	0.61	5.02	1.83	17.9
1954	3.17	13.03	0.43	3.34	2.74	23.91
1955	3.94	12.17	0.34	1.96	3.6	25.5
1956	4.98	15.52	0.21	1.34	4.77	29
1957	4.9	15.79	0.38	2.52	4.52	28.3
1958	6.95	17.95	0.66	3.49	6.26	31.75
1959	7.96	18.19	0.54	2.57	7.42	32.81
1960	6.73	17.64	0.53	2.71	6.2	33.41
1961	5.81	17.3	0.26	1.8	5.55	37.22

[①] 朱婷：《上海贸易发展功能、地位之嬗变：1949—1978》，《上海经济研究》2010年第8期。

续　表

年份	进出口商品 总额(亿美元)	占比(%)	进口商品 总额(亿美元)	占比(%)	出口商品 总额(亿美元)	占比(%)
1962	5.79	21.7	0.25	2.13	5.54	37.18
1963	6.19	21.23	0.24	1.9	5.95	36.08
1964	6.89	19.87	0.37	2.4	6.52	34.03
1965	8.25	19.43	0.6	2.97	7.65	34.34
1966	9.12	19.77	0.38	1.69	8.74	36.94
1967	8.89	21.4	0.47	2.33	8.42	39.44
1968	8.83	21.81	0.34	1.75	8.49	40.37
1969	8.92	22.14	0.16	0.88	8.76	39.75
1970	9.13	19.91	0.46	1.98	8.67	38.76
1971	10.39	21.44	0.58	2.63	9.81	37.22
1972	13.93	22.11	0.63	2.2	13.3	38.63
1973	23.96	21.84	0.8	1.55	23.16	39.8
1974	25.37	17.42	0.98	1.29	24.39	35.1
1975	23.28	15.78	1.08	1.44	22.2	30.55
1976	21.03	15.66	1.25	1.9	19.78	28.85
1977	23.21	15.68	1	1.39	22.21	29.26
1978	30.26	14.66	1.33	1.21	28.93	29.69

资料来源：《上海对外经济贸易志》，第一卷，上海社会科学院出版社2001年版，第34—35页。

如上所述，中华人民共和国成立后至改革开放前，一度有过显著的增长或低水平徘徊，由于上海对外贸易始终是在国家计划经济的统筹安排下进行，一部分由上海市外贸或受外贸委托的商业供销部门按计划收购，一部分由国家按计划向外省市收购后调拨给上海口岸，货源调拨始终是上海出口商品的主要来源，因此，这一时段的贸易与经济开放度始终处在低水准、可控制的框架内。无论是上海占全国贸易比重的上升抑或下降，上海的对外贸易、经济开放都是明显被束缚、被抑制的。

三、计划经济下的创新

上海市"老工业基地"战略定位确立后，为适应这一战略定位的需要，贯彻、执行"充分利用，合理发展"的方针，上海先后进行了三次工业大改组。1956年至1957年，第一次改组、1958年至1960年第二次改组、1962年至1965年的第三次改组。20世纪50年代，上海工业发展的主要方式，是以提高工人的政治觉悟和社会主义主人公精神,依靠挖掘自身潜力,发动群众性生产运动,仰靠原有工业基础,通过内涵型扩大再生产不断发展。一系列旨在提高劳动生产率的群众性生产技术运动,可谓是社会主义工业建设的一种"创新"手段:增产节约,劳动竞赛,提合理化建议,推广先进经验,开展技术革新、技术攻关、技术比武、技术协作活动,成为广大职工投入发展生产、建设社会主义工业化的重要形式[1]。

1951年、1953年、1956年三次秋后,全国性的增产节约运动就进行了三次;各种劳动竞赛,如合理化建议、评选劳模、学习先进生产者、创先进单位、技术攻关等活动接连不断,这些活动的每一个步骤、每一个环节都在为企业提高效益,解决生产难题。在一系列提高劳动生产率的群众运动展开的同时,上海工业企业在自我创新的积极努力下,技术改造的具体措施也在不断形成、落实。1954年4月,在鞍山钢铁厂的倡议下,一场全国范围的技术革新运动拉开的序幕。技术革新运动的兴起,是"增产节约"、"劳动竞赛"等群众性生产运动的升级,技术革新的初衷是针对群众性生产运动中普遍存在的偏重于单纯依靠群众劳动热情的现象,旨在通过提高工人的技术水平,使群众性生产运动逐渐从竞赛的突击状态中摆脱出来。20世纪50年代后期起,"技术革新、技术革命"活动,成为更为广泛、持久、深入的日常机制。由于工人劳动热情的高涨和工业新技术的应用,劳动生产率得到了大幅度提高,上海工业企业的创新成果也得到了不断积累和更新。对于一个国家经济发展起步阶段来说,重要的是不断的技术创新,对于该类型的技术创新需要给予应有的评价[2]。

在"一五"时期,上海并不是社会主义工业化的重点建设地区(156个重点建设项目都不在上海),"一五"时期上海工业总产值平均年增长率只有14.5%,低于全国18%的发展速度[3]。"二五"计划开始后,为了发挥上海工业配套协作条件较好、科学技术力量较强等有利条件,避免上海自然资源缺乏、工业原料和能源要靠全国支援等不利因素,战略定位又形成了向"高精尖"发展的具体方向,即把上海建成为"制造多种的、原材料消耗少的、轻型的高级产品的工业城市;全国发展新技术、制造新产品的工业基地;机电工业标准设备

---

[1] 朱婷:《1950年代上海国营企业技术发展的路径及特点——以国营纺织企业为例》,《上海经济研究》2014年第4期。
[2] 林毅夫、任若恩:《东亚经济增长模式相关争论的再探讨》,《经济研究》2007年第8期。
[3] 杨公朴、夏大慰主编:《上海工业发展报告——五十年历程》,上海财经大学出版社2001年版,第20页。

和配套产品的供应基地"。1958—1960年,全市加强冶金、机械、化工、电子等基础工业的建设,新建和扩建了一批大型骨干企业。在第二次工业改组的基础上,调整产业和产品结构,增强综合配套生产能力,广泛开展以机械化、半机械化为中心的技术革新、技术革命运动,试制和推广一大批新产品、新技术、新工艺和新材料。

1963年12月,中共上海市第三次代表大会提出"把上海建设成为我国一个先进的工业和科学技术基地"的发展目标。《上海工业赶超世界先进水平的规划纲要(草案)》决定以新材料、新设备、新技术、新工艺为中心,发展新型金属材料、石油化工和高分子合成材料、新型硅酸盐材料、电子器件和电子设备、精密仪器仪表、精密机床和特种设备等6个重点新兴工业,真空技术、激光、红外技术、氧气炼钢和连续铸锭、工业自动化、电子计算机技术等18项新技术。上海组织全市科研单位、高校、工厂企业三结合,全市大协作,集中优势兵力,进行重点技术攻关大会战,在运载火箭、原子能、电子计算机、激光、发电及大型锻压设备制造等方面都取得了突破性的进展[1]。"三五"计划(1966—1970年)则更加明确地提出了"努力把上海建设成为我国一个先进的工业和科学基地"的战略目标。经过长期建设,上海终于形成了门类齐全、综合配套能力强、以加工工业为主、基础雄厚的工业体系,成为向全国提供轻工类产品和工业装备类产品的综合性工业基地。

计划经济时代的上海经济创新主要可以分成两种类别:第一种,是较为广泛的,在创新战略中被称为"依赖型创新战略"。它们主要以群众运动的形式,以技术革新、技术革命为口号,"一参三改造"、"三结合"等,对原有技术、原有设备、原有工艺等,进行有限的改良和改进,一般是差异化补充性非竞争性创新。第二种,是以国家力量,在"赶超"世界新技术的口号下,以科学"攻关"、技术"攻关"等为主要形式的"跟随型创新战略"。它们大多以若干个企业、单位集体组织,一般是比较重要的技术"创新"。

第四节 改革开放以来的开放与创新

20世纪70年代末,当中国南方沿海地区对外开放,并取得显著成绩之际,传统经济中心的上海却面临持续的发展危机。20世纪80年代,上海各界热烈

---

[1] 上海市地方志编纂委员会:《上海通志》,第六卷《政府(下)》,第四章《市政府施政纪略》。

讨论的问题是:"上海向何处去,建设什么样的上海?"1984年姚锡棠等学者在撰写《新技术革命与上海经济结构调整》预测性论证报告时认为,"只有走新的路子,按照新技术革命的要求调整自身的产业结构……才能真正发挥上海在知识水平、经营管理水平和社会文化水平方面比较高的优势,才能在全国四化建设中发挥先锋作用和基地作用,在世界经济之林处于强有力的地位"。姚锡棠等建议上海在调整工业内部结构的同时,加速发展交通运输、邮电通讯、建筑、商业以及其他服务业,让经济发展的重心转回到第三产业。

一、新格局下的主动开放

1979年到2013年是新的历史时期下主动改革开放的时代。上海从计划经济特殊条件下约束性的开放与创新转向对内对外全方位开放和创新,上海在迈向现代化国际大都市的过程中获得了前所未有的发展。1984年上海第三产业的比重接近30%。1990年开启的浦东开发开放,更多的是因势利导,做大增量,推进市场开放、体制改革,及至2000年第三产业占比上升到50.2%,上海的开放经济进入了一个新的阶段。

20世纪90年代至今,上海的主动开放经历了三个大的发展阶段,或者说有三个里程碑式的标志,它们分别是20世纪90年代初的浦东开放开发,20世纪末期的中国加入世界贸易组织,以及2013年的上海(中国)自由贸易区设立。

1978年12月,党的十一届三中全会召开,标志着中国主动走上改革开放之路。1990年4月18日,党中央、国务院正式宣布开发开放的浦东重大战略决策。1992年底,又正式批准建立上海市浦东新区,它的核心是一种对外对内全面的、充分的开放,实现计划与市场机制的结合。上海以浦东开发、开放为契机,最终被推入了中国改革开放的第一线,同时也意味着中国的改革开放进入了一个新的阶段。

20世纪80年代上海还仅限于发展一般的商品市场。浦东开放以后,上海在20世纪90年代则着重发展高层次、国家级的生产要素市场。浦东开发的一个重大效应,就是促进了国内要素市场的巨大发展。同证券市场一起,上海的货币市场、资本市场、外汇市场、房地产市场、技术市场和人才市场也先后培育和广泛发展起来。1999年,上海粮油交易所进入浦东新区。与此同时,银行同业拆借中心、上海产权交易所、上海航运交易所、上海钻石交易所等先后在浦东成立。这些要素市场的有效运行,已经使浦东成为中国的市场高地。浦东要素市场的运行,有力地打破了我国市场经济中的地域界限,为各种要素敞开了自由流动的大门。浦东要素市场的运行,达到了合理配置生产要素、有效利用资源的目的。正是因为要素市场的充分自由度,使上海证券交易所的业务急剧扩大,其投资者遍布 31 个省市自治区,到 2000 年底已拥有上市公司 548 家,上市交易品种 631 个,2000 年有价证券交易额达 49 901.47 亿元。上市公司多是企业界的佼佼者,通过证券市场的融资,大批社会资金汇集到这里以发挥更大的投资效益。人才市场把大批优秀人才吸引到主导产业、高新技术产业领域。产权市场更是专注企业资源优化配置的主题,为一批国有企业走出困境作出了重大贡献。

浦东要素市场起到了市场经济运行变化风向标的作用,使市场经济的各类主体都能从中获得有益的信息,并及时作出相应的决策。比如,浦东房地产交易中心所储存的信息与交易的范围远远超出浦东地区,每季发布的土地投资、批租、房产预售与现售、动拆迁、抵押等 14 大类的权威信息,获得了国内外关注上海房地产人士的高度重视与好评。浦东要素市场的发展,提升了上海城市的功能开发,为恢复上海城市的金融与贸易功能作出了重大贡献。要素市场建立与运行对浦东与上海的直接好处,是大大改善了上海的投资环境,吸引国内外大批跨国公司、财团、金融机构和企业集团总部前来。1997 年亚洲金融危机以后,各地的海外投资都大受影响,而跨国公司和国外财团进入浦东的速度却仍在加快。就经济发展方式而言,以前是依靠低端要素(低廉充足的劳动力、土地)驱动,现在转变为依赖科技创新与服务经济驱动。同时,借助于国家对上海的发展战略,建成沟通国内外、服务国内外的经济平台,形成大区域的资源配置能力。

20 世纪末,中国进入世界贸易组织(WTO)同样是上海开放的里程碑式事件。加入 WTO 以后,上海以及我国的对外开放不失时机地从以试点为特征的政策性开放阶段转入法律框架下可预见的体制性开放阶段;开放的重点领域也从地域开放转向产业开放、货物贸易开放转向服务贸易开放。在 WTO 确定的多边、稳定、无条件最惠国待遇原则下,享受 WTO 各成员贸易投资自由化的便利,促进经济融入世界经济体系,发展对外贸易、吸收外资和参与国际经济合作。

中国改革的总体构架从封闭经济条件下的改革模式转向开放经济条件下的改革模式。深化改革,适应全球化体制,利用规则,开拓新的发展空间,是这一阶段中国应对全球化的重点。"入世"促进中国市场制度的完善,推动国有企业的改革,为国内企业与外部的资金、技术、人才交流清除许多障碍,为中国进一步深化改革创造了难得的历史机遇,是以开放促改革、促发展战略的一次胜利实践。加入WTO标志着我国对外开放进入新阶段,将在更大范围、更深程度上参与国际经济合作和竞争。入世以后,上海立足转变外贸增长方式,着力提高对外经济贸易,依据"大外贸、大口岸、大通关"的思路,形成了货物贸易与服务贸易并举、本市贸易与口岸贸易并举、一般贸易与加工贸易并举、进口贸易与出口贸易并举的指导思想,呈现出全方位、多层次和宽领域的对外开放。

中国加入WTO以后,上海吸引外资进入新一轮加速发展期,不仅数量持续增加,而且外资在三次产业中占的比重也发生了变化。2006年,上海服务业吸收合同外资占全年吸收合同外资的67%,服务业实际吸收外资也占全市实到外资的60%以上;同年,上海服务贸易进出口总额同比增长近30%,占全国服务贸易进出口总额的22%。

2013年上海(中国)自由贸易区的设立,是上海自浦东开发开放以来,推动上海新一轮对外开放战略的又一项重大事件。2013年9月27日《中国(上海)自由贸易试验区总体方案》正式公布。2013年9月29日,中国(上海)自由贸易试验区正式挂牌。试验区范围涵盖上海市外高桥保税区、外高桥保税物流园区、洋山保税港区和上海浦东机场综合保税区等4个海关特殊监管区域,总面积为28.78平方公里。《中国(上海)自由贸易试验区总体方案》提出,"要扩大服务业开放、推进金融领域开放创新,建设具有国际水准的投资贸易便利、监管高效便捷、法制环境规范的自由贸易试验区,使之成为推进改革和提高开放型经济水平的'试验田',形成可复制、可推广的经验,发挥示范带动、服务全国的积极作用,促进各地区共同发展"。也即为全面深化改革和进一步扩大开放,实现制度创新。

根据总体方案,上海自由贸易区主要聚焦于服务业的改革与开放,扩大开放措施涉及金融、航运、商贸、专业服务、文化、社会服务等6大领域18个方面,而服务贸易的开放是上海自贸区的重中之重。在金融领域,建立试验区金融改革创新与上海国际金融中心建设的联动机制。在贸易领域,实施促进贸易的税收政策、金融租赁政策、新的进出口税收政策等。为适应建立国际高水平投资和贸易服务体系的需要,上海自由贸易区还将着力创新监管模式,突破行政审批管理体制,创新金融服务业模式等。上海自贸区有望成为泛亚地区的供应链枢纽、世界领先的大宗商品交易中心,有助于中国经济体制改革和市场进一步开放。

伴随着 2001 年加入 WTO,对外开放从局部试点,迅速转入普遍化、制度化。在开放的旗帜下,在浦东综合配套改革试验的襄助下,改革与创新在平稳、缓缓地前进,2012 年上海三产占比已经升到 60%。2013 年中国(上海)自由贸易试验区的运作,成为中国加入 WTO 后又一次更高层级的开放,超越深圳"特区"、浦东"新区"争取优惠政策的层面,也超越了各类保税区的建制,在探索要素市场开放、政府边界厘清与行政管制放开之余,有望成为"中国经济升级版"的新引擎。纵向而视,2001—2012 年上海 GDP 实际增长率依次为 10.54、11.34、12.34、14.2、11.4、12.7、15.2、9.7、8.2、10.3、8.2、7.5,单单从数字而言,可以给予截然相反的诠释,但大体上与 13 年来上海经济内在的脉动是相互呼应的。2001 年加入 WTO 开启的新开放,延续了浦东开发以来的高速增长,虽然期间一度为改革力度的弱化与经济转型的阵痛所困扰,但再次开启新一轮的改革开放,又为经济再续生机活力,为发展再铸锦绣前程。

二、政府主导的制度创新

改革开放以来,中国经济取得了奇迹般的快速增长,双轨制的渐进改革使得原有计划体制和市场体制之间出现某些制度的不配套。林毅夫等认为,只有完成传统赶超部门内缺乏自生能力企业的改革,消除计划体制中各种制度扭曲存在的原因,才能全面完成向市场经济的过渡,并充分利用后发优势[1]。

在新时期主动开放的环境下,政府导向的创新模式开始形成。在浦东开发开放中,许多制度创新具体体现在"政策创新"上,其中最主要的就是"政策优惠"。浦东开发开放中,浦东新区不仅在国内设立了第一个保税区——外高桥保税区,而且以前原则上不允许外资进入的金融、商业、房地产等行业,在浦东被破例批准。浦东新区内允许外资兴办第三产业,准许外国银行开设支行;外商在浦东新区的保税区进行转口贸易时,对其资材、商品免除关税,并对其人员的出入境签证提供便利。更重要的是外商在实现土地使用权有偿转让后可进行土地开发,使用权限长达 50—70 年。为了"引凤筑巢"吸引外国企业直接投资,特别出台了《浦东新区实施的十项外资优惠政策》。针对上海的财税政策创新则体现在上海在完成上缴中央财政的款项后,剩余部分可自由支配。除了中央、地方政府的资金筹集以外,上海还可以通过社会筹资方式发行建设

---

[1] 林毅夫:《李约瑟之谜、韦伯疑问和中国的奇迹——自宋以来的长期经济发展》,《北京大学学报(哲学社会科学版)》2007 年第 4 期。

债券,并能以政府间借款、世行及亚洲开发银行贷款、海外发行债券等多种方式从海外筹集资金。这些政策创新的意义就在于,列入清单范围的项目和范围,不仅具有开放开发的合法性,而且可以享受名正言顺的改革开放红利,这就是典型的政府主导创新的模式。

诸如此类政府主导的制度创新不仅一直延续,而且还逐渐向其他领域和行业蔓延。特别是在金融创新方面,货币、证券、黄金、期货、证券、外汇、保险市场的创新层次清晰、分工明确。随着金融市场经营主体多元化,货币价格(利率)市场化,上海开始成为国内金融机构集聚程度最高的城市。

上海自贸区的设立,更是政府主导创新模式的集中体现。借鉴TPP、TTIP、BIT、TISA等贸易投资协定理念和新加坡自由港、迪拜自由贸易区等经验,以贸易多元化发展提升贸易功能,实行与国际惯例接轨的外汇管理和税收政策,创新海关监管方式,简化通关手续,推动通关通检业务流程再造,简化预归类审单流程,全面实施区内企业分类监管,推动国际中转集拼和国内空运便捷转关,深化融资租赁改革,下放外资项目核准和企业设立审批权限,创新外资利用方式,鼓励和支持企业开展境外投资,积极发展离岸金融,等等,无不是在政府主导下,以政策创新的形式得以实现和实施。

政府主导的创新模式并不妨碍当今中国的创新主体依然是企业、社会、政府的三位一体。改革开放时代的中国企业成为创新主体的前提条件是企业制度改革。

1978—1998年间,中国国有企业改革经历了一个渐进的历史过程。国有企业改革的基本思路是对国家与企业之间在权利分配关系上的调整。这一时期国有企业改革经历了四个基本阶段,即1979—1982年扩大企业自主权,1983—1986年实施利改税,1987—1991年推广承包制,1992—1998年建立现代企业制度。

中国国有企业改革的路径呈现出明显的路径依赖特征。首先,改革的发生具有路径依赖特征,传统计划经济体制与传统国有企业管理体制内涵的矛盾决定了改革的必要性,历史上曾经进行的改革经验提供了改革初始方式选择的参照。其次,在1978—1998年,国有企业经营管理体制与国家财政能力约束的矛盾并没有从根本上解决,且发展成为更广泛的政府权力与企业权利之间的矛盾。这一矛盾在1978—1991年主要表现为企业收入目标与政府财政收入目标之间的矛盾,在1992—1998年则主要表现为国有资产出资者所有权与企业法人经营权之间的矛盾。这一矛盾也决定了这一时期国有企业改革的路径①。

1993年党的十四届三中全会明确国有企业改革的方向是建立现代企业制度。1997年党的十五大以来,国有企业改革的思路和方针愈来愈清晰和明确。它们包括:坚持以建立现代企业制度作为国有企业改革的方向;要从整体上搞好国有经济,而不是把所有国有企业救活;对国有企业进行战略性改组,抓大放小,对国有大企业进行公司制改组,放开放活大量小企业;把改革同改组、改造和加强管理结合起来;实行鼓励兼并、规范破产、下岗分流、减员增效和再就业工程;积极推进各项配套改革,包括建立有效的国有资产管理、监督和营运机制,建立和健全社会保障体系等。

浦东开发开放以来,按照现代企业制度的要求,相继建立起数千家合资企业和内资企业,这些企业都是产权明晰、自主经营,建立了较规范的法人治理结构。在浦东的上万家市属国有与集体企业,也按照公司制或股份合作制的原则进行了改制。对部分企业根据市场的变化和企业自身的经营情况进行了结构调整和资产重组。浦东的民营经济尤其是科技型民营经济也有一定程度的发展。现代企业制度的建立,增强了浦东经济发展的活力。开发开放以来,浦东经济保持持续、高速、稳定的增长,是与企业活力的增强分不开的。另外,浦东的开发开放还锻造了越来越多的具有国际竞争力的中国企业,这些建立了现代企业制度的企业以浦东为平台,不断扩大对外投资,开展跨国经营,成为中国经济走向海外的重要战略基地。

各类、各级企业以及企业家日益成为创新主体,一个重要的标志就是社会研发费用的上升。2011年上海的研发(R&D)经费支出达到597.7亿元,较2010年(481.7亿元)增长24.1%,占全市生产总值的3.1%。其中,企业研发投入占全市的比例高达69.6%。全市战略性新兴产业总产出10 194.85亿元,比上年增长12.2%。为强化企业的研发主体地位,政府出台政策引导创新资源向企业集聚,其中不乏迅速长大的中小型科技企业。2011年上海市政府出台了《关于推进上海张江国家自主创新示范区建设的若干意见》,重点聚焦股权激励、人才特区、财税改革、科技金融和政府管理创新等五个方面,改革突破、先行先试。

对于在未来全球"研发—生产"的国际分工格局下,上海能否承接各种高

---

① 赵凌云:《1978—1998年间中国国有企业改革发生与推进过程的历史分析》,《当代中国史研究》1999年第5—6期。

技术产品的高附加值价值链,在国际化产业中占据微笑曲线的高端,完成近10年来的夙愿,促成经济增长方式的转变与经济转型升级而言,企业创新具有基础性的意义,同时企业创新也是衡量上海转变经济增长方式的力度、广度和深度最重要的标志。只有在企业、社会研发优势的带领下,上海方有可能真正获得世界城市的地位;上海方有可能利用区位优势吸引企业总部集群布局,通过"总部(头脑)—研发(躯干)"方式辐射带动相关区域经济发展,通过"总部企业对产业链资源的跨区域集中配置,建立覆盖区域乃至全球的生产、营销网络",通过"增强企业的采购、研发、投资和运营能力,促进产业链集聚发展",形成总部集聚效应,既有利于提升主体经济的能级,又有利于通过集聚与扩散效应促成中心城市与周边的良性互动,推动形成可持续创新的世界级城市群。

三、开放与创新的联动

(一)新开放:从局部试点转向普遍化

2001—2005年一般被视为我国加入WTO的过渡期。就开放的内涵而言,从局部、有限、相对封闭的开放试点,正式推向普遍化,推向制度化,不仅促成了商品、资本、人才等要素的流动,也间接影响到下一步的改革。

1. 情景的切换:局部试点的转向

一般而言,改革开放以来,在实行对外开放的战略中,我国把握了国际产业结构调整带来的机遇,在扩大进出口贸易、利用外商直接投资等方面取得显著成效,促成了国内经济的高速、稳定增长。及至世纪之交,全球经济呈现信息化发展趋势,服务贸易国际转移加速,国家间贸易摩擦激增,经济全球化从功能性走向制度化,既有开放战略亟待调整。我国加入WTO以后,对外开放不失时机地从以试点为特征的政策性开放阶段转入以法律框架下可预见的体制性开放阶段;开放的重点领域也从地域开放转向产业开放、货物贸易开放转向服务贸易开放。

加入WTO标志着我国对外开放进入新阶段,将在更大范围、更深程度上参与国际经济合作和竞争。2002年3月人大上海代表团讨论政府工作报告时表示,"上海要在开放的市场中竞争",依据WTO承诺中将上海列为先行开放城市的有利条件,进一步扩大金融保险、信息服务、商贸、旅游、会展等领域的对外开放,积极引进世界著名的跨国公司、航运集团、中介机构来努力促进上海高增值服务业的发展。

主要体现在以下四个方面:

（1）完善招商引资政策。着重引进规模大、技术高、信用好的企业，发挥上海金融、区位、人才等方面的综合优势，消除各种政策障碍，创造良好的投资环境，使上海成为长江三角洲地区、中国乃至亚太地区的跨国公司研发中心、管理中心和营运中心。

（2）对外开放与产业结构的优化升级紧密结合。通过对外开放，大力发展附加值高、关联带动大的产业，促进产业结构优化升级，迅速提高工业的现代化水平和国际竞争力。重点建设张江集成电路和微电子产业基地、上海化学工业区、上海国际汽车城和宝钢精品钢基地，形成分别位于上海近郊东、南、西、北的四大产业基地。

（3）扩大以金融业为重点的服务业领域的对外开放。扩大金融业对外开放，增强金融中心的辐射、服务功能。推进现代物流业等新型产业，着力吸引国际著名物流公司进驻上海，发展现代物流、电子商务等新型业态。

（4）推进投融资体制改革。大力吸引外资参与城市基础设施和其他方面的建设。扩大多元化、市场化筹融资渠道。

上海的对外开放走过了一个从被动到主动、从必然到自由的过程。把上海定位成为国际经济、贸易、金融、航运、信息五大中心，是上海在对外开放中先行一步的表现。2001年初通过的《上海市国民经济和社会发展第十个五年计划》，又为上海的城市功能定位描绘了新的蓝图：调整优化经济结构，不断提高城市的国际化、信息化、市场化、法制化水平，发挥城市综合优势，增强城市综合竞争力，实施科教兴市和可持续发展战略，初步确定社会主义现代化国际大都市的地位。2001年5月国务院批复《上海市城市整体规划（1999—2020年）》，新一轮城市总体规划明确提出，上海的城市建设以技术创新为动力，全面推进产业结构优化和升级，重点发展以金融保险为代表的服务业和以信息产业为代表的高新技术产业，不断增强城市功能，将上海建设成为现代化国际大都市与国际经济、金融、贸易、航运中心之一。

随着市场经济改革的深入、第三产业的兴起，上海从相对封闭转向对内对外全方位开放。从局部区域的开放型发展战略，转向开放战略下的普遍化发展。及至2005年，上海在国际经济、金融、贸易、航运中心、服务、旅游、文化传播等领域取得重要突破，城市的全球综合竞争力显著增强，并逐步成为全球时尚流行前沿发布中心。

2. 上海实践：借力WTO与FDI

入世以后，我国呈现出全方位、多层次和宽领域的对外开放。上海立足转变外贸增长方式,着力提高对外经济贸易,依据"大外贸、大口岸、大通关"的思路,形成了货物贸易与服务贸易并举、本市贸易与口岸贸易并举、一般贸易与加工贸易并举、进口贸易与出口贸易并举的指导思想,在发展规模、运行质量、管理体制等方面都取得了显著的进展。2008年,上海外贸进出口为2000年的6.07倍,年均增长25.3%(其中出口、进口年均增长26.8%、22.9%)。

入世之初,"总部经济"还是停留在少数文件中的一个朦胧的文字组合,而现在,沪上总部经济集聚区已经不下10个。这样的新词汇还有"全球研发中心"、"现代服务业集聚区"、"跨国采购平台"、"枢纽港"、"创意产业园",市场开放成为上海经济活力的新源泉。购物中心、均价折扣店、奥特莱斯、药妆店、SBD(郊外商业中心),这些发达国家用50年时间才完成的商业业态演进过程,上海只用了15年。作为先进业态标志的连锁业,在2005年上海社会消费品零售总额中占27.3%。在上海,平均每1 360人占有一家连锁门店,已经接近发达国家水平。

截至2004年底,集聚上海的跨国公司地区总部达到86家,批准的外商直接投资公司和外资研发中心项目累计分别达到105家和140家。投资主要以先进制造业和现代服务业领域为主,除了IT制造业、汽车、金融、旅游、房地产等之外,设立了一批担保、会展、综合性医院、金融、贸易等服务业外资项目。

服务市场的变化更为明显。2002年,花旗银行网点在外滩开业的场景,曾在国际上引起轰动,因为,这是数十年来在中国境内出现的第一个外资银行零售业务网点。但是,仅仅4年之后,浦江两岸,已经出现了340多家各类外资和中外合资金融机构,上海成为我国引进外资金融机构数量最多的城市。截至2005年,上海外资保险公司保费收入已占市场份额的17.45%。根据央行上海总部的货币运行报告,2006年前三季度,外资银行在新增人民币贷款中的市场份额已经超过五分之一。上海成为国内外资金融机构最密集、开放度最高的城市,已经从国内金融中心迈向亚太金融中心。

据上海市外经贸委统计,2005年《财富》全球500强中共有260家在上海投资,投资项目数达1 282个,其中地区总部20个、投资性公司25个、研发中心32个、跨国采购中心45个、金融机构56个、代表处136个。中国社科院的一项调查表明,世界500强企业中有300家选择在中国建立总部或地区总部,其中45%选择上海。外资总部经济集聚效应初步显现。

2006年12月,WTO过渡期的结束,意味着中国完成向市场经济转型的最后阶段开始。上海充分发挥综合环境较好、比较效益较高、综合竞争力较强的优势,进一步推进政府管理创新,在经济运行上加快与国际通行做法相衔接,切实保护外商合法权益,为各国投资者在上海发展营造更好的环境,创造更多的机会,开辟更广的前景。

上海率先研究应对我国加入WTO有关对策,紧紧围绕"四个中心"战略目标建设,率先建立和完善与国际通行规则相一致的运行规则,以制度优势构建改革开放新优势;加快经济发展方式转变,优先发展现代服务业和先进制造业,构建以服务经济为主的产业结构;扩大对外开放的广度和深度,加快建立与国际接轨的运行规则,推动服务贸易发展,为我国顺利完成WTO过渡期做出了贡献,也推动了上海向全球城市转型。加入WTO成就了中国十年辉煌的经济增长,也初步理顺了国内市场经济的运行机制,但仍有太多改革未尽的领域,如政府采购、服务业准入许可、市场竞争政策。

除了借力于WTO,发展完善市场之外,另外一个关键点即为引入FDI,推动产业升级。2001年以来是上海利用外资的第二个加速期,中国加入WTO以后,上海吸引外资进入新一轮加速发展期,不仅数量持续增加,而且外资在三次产业中占的比重也发生了变化。直至2004年,第二产业一直是外商在上海投资的主要产业,当年占实际利用外资额的比例达到55%。此后,伴随上海产业结构的调整,第二产业吸收外资所占比例逐步下降,第三产业成为外商投资最重要的部门。20世纪90年代以来,上海外资企业在分布上表现出明显的郊区化和向近郊区局部地区(尤其是园区和新城)集聚的特征,并形成了沪西南、浦东和沪西北3大集聚区[1]。

上海实际利用外资2000年31.6亿元,2002年50.3亿元,2004年65.41亿元,2006年71.07亿元,2008年100.84亿元,2010年111.21亿元,2012年151.85亿元。据测算,就短期弹性而言,FDI每增加1个百分点,将使GDP年增加0.048个百分点;就直接的长期影响而论,FDI每增加1个百分点,可使GDP增加0.295 9个百分点[2]。

2006年,上海服务业吸收合同外资占全年吸收合同外资的67%,服务业实际吸收外资占全市实到外资的60%以上;同年,上海服务贸易进出口总额同比增长近30%,占全国服务贸易进出口总额的22%。FDI的引进,优化国际贸易的商品结构,外商直接投资更多流向高新技术产业,加强本土企业与跨国

---

[1] 赵新正等:《上海外资生产空间演变及影响因素》,《地理学报》2011年10期。
[2] 萧政、沈艳:《外国直接投资与经济增长的关系及影响》,《经济理论与经济管理》2002年1期。

公司之间前后向的联系,提升在全球化价值链中的位置。

(二) 创新优先:改革试验与城市转型

当上海新开放的格局基本形成之际,原有的经济发展方式、市场规制、资源配置越来越不适应现实的需要,中央将局部、微观的经济改革实践探索,再度下放到地方,促成了上海浦东综合配套改革试验新特区的出笼。开放再次反推改革,促成了新上海经济中心的成长,虽然由于综合配套改革试验的弱化,留下了一系列未竟的难题。

1. 新特区:综合配套改革试验

改革开放以来的所进行的特区开放,包括浦东开发开放,主要还是迎合了改革初期所需要的渐进和慎重特点,希望使改革能在短时期内取得突破性进展。随着我国加入 WTO、经济全面融入国际竞争体系、社会经济改革进入"全面、系统"的深化改革阶段,已有的开发开放已经远远不够。需要在先行地方,通过地方政府试验一些具有国家层面意义的重大改革开放措施,以综合配套改革推进区域经济的发展。需要将经济体制改革与其他方面改革结合起来,探索建设和谐社会、创新区域发展模式、提升区域乃至国家竞争力。需要实现重点突破与整体创新,率先建立起完善的社会主义市场经济体制,为全国其他地区的综合改革起示范作用。

2005 年 6 月 21 日国家批准成立上海浦东新区综合配套改革试点,目的是以制度创新为主要动力,以全方位改革试点为主要特征,顺应经济全球化与区域经济一体化趋势和完善社会主义市场经济体系的期许,进行一项以全面制度体制建设的方式推进改革的系统工程[①]。

与以往的经济特区、经济开发区相比,国家综合配套改革试验区的特点有三:(1) 改革的驱动力从国家政策支持转向地方制度自主创新。改革试点的主要驱动力,从国家政策优惠,转向制度的自主创新,中央不再给予试验区更多的实体优惠政策,而是赋予其"先试先行权"。比如,中央对浦东综合配套改革试点采取的是"三不"政策,即一分钱不给,一个项目都没有,一条财税优惠政策都没有。国家给予浦东的"最大特权"就是在制度创新方面先行先试的优先权,使地方能在完善市场经济体制乃至行政体制的探索中拥有更大的自主性。在这一过程中,地方更多地从各自区域经济社会发展现状和特点出发,通过区域性的体制机制的率先创新,推动面上的改革。(2) 改革从单纯的经济

---

① 中华人民共和国国家发展与改革委员会:《综合配套改革试点》,2005 年 6 月。

发展转向复杂的综合改革。以往的改革试点主要表现为经济对外开放,着重吸引外资,以增进当地税收,从而带动经济增长,基本上还是停留在促进经济发展层面,尚未涉及深层次的体制改革。浦东综合配套改革试验区则注重社会经济各个层面的体制改革和创新,既关注经济增长的质量,也关注行政管理体制改革,同时关注社会发展和公共服务。(3)改革的广度从单一的城市发展转向整体的区域进步。以往的改革试点以城市为聚焦点,对城市与区域、国家之间的关联性和协调性缺乏关注,这次试图推动城乡之间、城市与区域之间、城市与国家整体战略之间的协调。

浦东综合配套改革试点借鉴国际经验,先行先试、攻坚破冰,把改革引向深入,进一步克服制约经济社会发展的制度性障碍,推动符合浦东实际的体制机制建设,为浦东在更高层次上实现快速发展提供动力,为上海增创发展新优势创造良好的体制环境。主要体现在两个方面:(1)在综合性制度创新上取得突破。从政策创新为主转向制度创新为主,从单项突破转向综合创新,在推进行政管理体制改革、推进经济运行方式转变、探索城乡一体化的发展模式和农村综合改革等方面进行制度创新,进一步构建符合经济全球化、竞争国际化要求的社会主义市场经济体制。(2)在改革的重点领域和关键环节取得新突破。抓住浦东重点领域和关键环节进行先行先试,突破瓶颈,体现改革先发效应。以张江高科技园区为载体推动自主创新,以陆家嘴金融贸易区为载体推进金融改革和创新,以及在建设"服务政府、责任政府、法治政府"等方面取得突破。

作为首个国家级综合配套改革试点,浦东综合配套改革是为从根本上实现国家管理方式的改善所进行的改革,不是浅层次的放权让利,不是一些支持性的政策,而是要探索与管理已经转型或正在转型的国际中心城市的方法与机制。近年来,浦东新区综合配套改革试点重点改革任务,围绕综合配套改革试点,抓重大政策突破,抓功能性项目先行先试。浦东新区坚持"三个导向"原则,以改革促转型为主线,紧紧围绕浦东在发展服务经济和创新经济,提升产业功能、市场功能、城市功能过程中遇到的瓶颈问题,加大改革力度,真正使改革创新成为浦东"二次创业"的根本动力,同时也为转型发展提供体制机制和制度保障。

浦东综合配套改革实施三轮(三年/轮)9年以来,开展了50多项改革试点,涉及金融领域改革、开放经济领域、枢纽港功能培育、口岸监管模式创新、科技创新体系、优化人才发展环境、土地管理制度改革、行政管理体制改革、社会领域改革和改变城乡二元结构。浦东的经济管理体制和社会管理体制发生了显著的变化，但"小政府、大社会"模式仍在完善中，产业结构的调整仍然艰巨，产业能级、自主创新能力不足，商务环境等仍与"四个中心"核心区有着较大的差距，很多深层次的改革不是浦东地方所能单独解决，仍然需要北京对应权力的下放，才能有望实现初衷。

2. 城市能级：转向服务创新的经济中心

承接20世纪90年代浦东开发开放的成果、入世的机缘，浦东综合配套改革，以服务经济发展为契机，以创新为载体，上海的"四个中心"建设取得了显著的进展。

上海经济结构调整与转型的一个方面是制造业能级的提高，另一个方面就是服务业的快速发展。上海面临的土地、能源等要素资源约束日益显现，商务成本不断上升；扩大服务业规模、提升产业能级，是增强城市国际竞争力的必然选择，加快发展现代服务业是实现"创新驱动、转型发展"总方针的战略举措。

"服务经济"不仅包括服务业，还包括部分制造业的延伸，以及三次产业融合发展中形成的以提供服务为主的新兴产业和新业态。包括三个层面的内容：一是从产业结构角度，服务业占主导地位；二是从产业融合角度，三二一产业高度融合、互相服务；三是从服务对象看，不仅仅是本地，还包括全国与国际市场。上海经济结构转型的路径与目标是，加快形成服务经济为主的经济结构。

2011年上海第三产业同比增长11.6%，对经济增长的贡献率达到76.7%，占生产总值的比重达到59.3%，比2010年底提高2个百分点；同时，城乡居民收入明显快于经济增长，地方财政收入也在2010年同期高基数的基础上实现同比增长，经济发展趋向优化。"十一五"期间，上海服务业的增加值年均增速达到11.2%，服务业增加值占全市生产总值的比重从52.1%提高到57.3%。这一比例与全国其他省市相比，相对较高，但与国际同类城市相比，却相对较低。例如，香港第三产业的占比达到90%以上。以此作为参照，上海还有巨大空间和潜力。至"十二五"末，"四个中心"核心功能初步形成，服务业综合服务功能进一步增强，基本形成以服务经济为主的产业结构。

2011年上海的研发（R&D）经费支出达到597.7亿元，较2010年（481.7亿元）增长24.1%，占全市生产总值的3.1%。其中，企业研发投入占全市的比例高达69.6%。全市战略性新兴产业总产出10 194.85亿元,比上年增长12.2%。为强化企业的研发主体地位,政府出台政策引导创新资源向企业集聚,其中不乏迅速长大的中小型科技企业。2011年市政府出台了《关于推进上海张江国家自主创新示范区建设的若干意见》,重点聚焦股权激励、人才特区、财税改革、科技金融和政府管理创新等五个方面,改革突破、先行先试。

按照服务经济、创新经济发展对制度环境提出的客观需求,以陆家嘴金融贸易区、张江高科技园区、虹桥商务区、上海综合保税区为主要载体,上海市从税制、管制、法制等关键环节,学习借鉴全球先进经验和国际通行规则,在贸易便利化、科技投融资体系、服务经济税制改革、土地二次开发等方面取得了一系列的改革突破。服务经济的发展,直接推动城市能级的提升,而"四个中心"的建设过程,又是不断创新的过程。围绕四个中心的建设,上海正在从地区城市转向世界城市。

2008年的世界金融危机打破了全球经济的平衡格局,也对中国经济的发展模式提出了考验。原来的发展依赖外部市场,之后将转向依赖国内市场。以前的经济发展方式依赖低端要素(低廉充足的劳动力、土地、环境)驱动,之后需要转变为依赖科技创新与服务经济驱动。上海城市功能的定位也必须要适应这个转型战略。同时,上海要借助于建设"四个中心"的国家战略,建成沟通国内外、服务国内外的经济平台,形成大区域的资源配置能力。

2009年上海南汇与浦东合并,三港三区联动、功能互补,形成上海综合保税区。2011年,借助于国际贸易技术服务中心、有色金属类大宗商品集散平台、融资租赁特别功能区、空运货物服务中心,集贸易、航运、金融功能为一身的服务平台启动,上海综合保税区正在转型发展为国际一流自由贸易区。洋山保税港区、外高桥保税区、浦东机场综合保税区与相应的港区,以及陆家嘴金融区、虹桥商务区等,构成了上海建设国际航运中心的核心功能区、国际贸易中心的重要平台、国际金融中心的重要突破点。此外,上海黄浦、卢湾两地汇集了金融证券、现代服务、商贸物流、休闲旅游和文化创意等产业的优势资源,2011年浦西"心脏"地带这两区合并,在较大区域内统一产业规划与功能布局,拓展核心城区的辐射面,将催生出一个世界级的中央商务区,与浦江对岸的"大浦东"形成良性互动,进一步均衡上海东西部发展。浦西将成为上海建设国际金融中心的又一核心力量,推动上海中心城市的发展。

在金融集聚区建设方面,陆家嘴金融城范围进一步扩大,外滩金融功能拓展延伸。陆家嘴金融已建成商务楼宇1 006万平方米,未来五年将新增350万平方米。同时,推进一批功能性项目,以及金融城管理体制创新,建设上海股权托管交易中心①。陆家嘴区域将成为上海国际金融中心的核心区域、上海核心中央商务区的重要组成部分和具有重要影响的高端航运服务集聚区。据2011年度"伦敦金融城全球金融中心指数"和"新华—道琼斯国际金融中心发展指数"最新排名,上海分别居全球第五位和第六位,金融影响力进一步提升。

在总部经济方面,入驻上海的跨国公司地区总部共有347家(以及237家投资总部、332家研发中心),其中亚太级别以上总部占比达15%左右(或者正在设立事业部全球总部),制造业总部占比高(在跨国公司地区总部中,制造业总部占比达70%以上)②。总部集聚区日益增多,除了陆家嘴、徐家汇、淮海中路、南京西路等传统集聚区外,还包括市北高新技术园区、普陀长风生态集聚区、大连路国际总部集聚区、世博园区西侧的前滩地区等新兴总部基地,以及张江、金桥、虹桥、漕河泾等开发区,世博园央企总部集聚区。

在航运方面,随着洋山深水港与外高桥港货物集散功能的进一步提升,2011年洋山深水港成为世界第一个集装箱吞吐量超过3 000万标准箱的港口,港口货物和集装箱吞吐量世界第一;浦东机场连续三年货邮吞吐量位居全球机场第三;全球排名前20家班轮公司都有分支机构入驻上海。航运企业和机构加快集聚,新增航运机构300余家,成功引进国内唯一海损理算专业机构中国贸促会理算中心,国际航运服务中心正式启用。

在贸易方面,"十一五"期间,上海社会消费品零售总额累计完成6 036.86亿元,年均增长15.2%,外贸进出口年均增长14.6%。上海推进十大国际贸易平台建设,包括建设大型会展设施平台,建设覆盖全球、服务全国的贸易服务平台,建设中国技术进出口交易平台,打造网上国际贸易中心平台,优化现代服务业集聚区平台,建设近悦远来的消费平台,构建内外贸一体化平台,建设财经信息发布国际信息港平台,建设国际贸易机构集聚平台,加强贸易中心枢纽功能。

3. 新上海:全球中心城市的努力

在城市史的经验中,城市化的起始阶段是人口向城市的转移,随着城市的

---

① 2011年一批高能级金融机构入驻,新增各类监管金融机构43家,累计达到692家,引进新兴非监管类金融机构303家,新增金融专业配套服务机构36家。

② 沈晗耀:《上海:聚焦总部经济》,《上海经济》2012年3月。

发展,更多地表现为要素的转移,先进生产要素流向城市,尤其是经济中心城市。企业的总部及其研发中心、营销中心聚集在中心城市,可以便捷地获取信息、降低交易成本、取得聚集效益。所以,衡量经济中心城市要素聚集能力,不是城市人口的多寡、经济总量的数额,而是城市功能的强弱、城市能级的层次。

上海以浦东的四个国家级开发区为原点,形成中国规模最大、起点最高的城市开发,发展形成了陆家嘴、张江、外高桥、金桥国家开放区,以及洋山保税港区、临港产业区、康桥工业区、南汇工业园区等。除了要继续深化开放、增强配套改革以外,上海更需要从国际中心城市的视角,形成合理的城市功能区布局,完成从开放区到城市功能区的转变,形成现代化的国际大城市区。

在长江三角洲地区,上海是产业附加值最高的中心城市,服务业尤其是生产性服务业的优势地位最为明显;苏州、无锡属于高附加值制造业最为集中的地区;南京、杭州、宁波是区域中具有生产性服务业优势地位的次中心城市[①]。

在江苏、浙江、上海长三角城市联席会议上,长三角"16城市"被改称为"15+1城市",突出上海。2005年长三角写入国家"十一五"规划之中,为了实现这一战略,2007年5月15日温家宝总理在上海主持召开了长江三角洲经济社会发展座谈会,要求长三角充分发挥区域优势,促进地区率先发展。2008年9月7日国务院出台了《关于进一步推进长三角地区改革开放和经济社会发展的指导意见》,以上海为中心的长三角一体化与整合加速。

当前,上海正在构建一批重大的功能性项目和相应的制度平台,利用中国经济在全球份额中日益增大的权重,构建起适应和引领全球经济的国际经济信息发布与管理平台,逐步形成全球资源配置力。例如,国际贸易平台与总部经济区,推动了浦东从传统国际贸易集聚区,向具有全球资源配置能力的国际贸易中心核心功能区演进。

上海利用自身的区位优势吸引企业总部集群布局,通过"总部(头脑)—制造(躯干)"方式辐射带动相关区域经济发展,通过"总部企业对产业链资源的跨区域集中配置,建立覆盖区域乃至全球的生产、营销网络",通过"增强企业的采购、研发、投资和运营能力,促进产业链集聚发展",形成总部集聚效应。由此,既有利于提升主体经济的能级,又有利于通过集聚与扩散效应促成中心城市与周边的良性互动,推动形成可持续创新的世界级城市群。

在全球经济危机发生之后,在我国经济转型的大背景下,上海提出率先转

---

① 赵渺希:《全球化进程中长三角区域城市功能的演进》,《经济地理》2012年第3期。

型发展战略,上海的城市功能将不断地调整、提升和转变。在我国市场化改革日益深入的情境下,在追赶世界城市的浪潮中,上海的城市经营已经由资金导向转向功能导向。在资本的容量、结构之上,进行市场集聚与重组,实现城市资本在功能上的最优。通过功能导向的城市经营,提升产出效益与城市竞争力,实现城市发展模式的战略转变。

从生产经济向服务经济转型的上海发挥城市的创新功能,大力发展以综合服务为核心的总部经济,但也不能偏废主体经济。这些跨国制造业企业总部的入驻,有效带动了上海生产性服务业、商贸业、金融业等第三产业的发展。

此外,在上海中心城市建设的同时,从空间生产再循环的角度,上海需要从新农村建设、发展主导产业、城中村改造等方面推进城乡一体化。推动城乡基础设施、劳动就业、社会事业一体化,实现城乡规划产业统筹发展,以基本服务均等化为目标,用5—10年的时间逐步消除城乡二元结构。

浦东开发开放与制度创新,形成了一类新的功能城区,并促成城市经营逐渐从资金导向转向城市功能升级导向,逐步形成了城市的区域性资源配置与创新能力,形成显著的中心城市效应。当前,正处于从工业化后期向服务经济加快演进的时期,经验提示我们,在发展先进的制造业的同时,我们需要及时改变工业时代的体制,建立适合服务经济发展的机制,建立以现代服务业为主体、战略性新兴产业为引领、先进制造业为支撑的新型产业体系,实现产业调整、经济转型与城市功能优化。

在热议"上海率先转型发展"时,首先需要考虑的是如何率先发展?率先转变经济增长方式、率先提高自主创新能力、率先推进改革开放。从上海城市功能演进的视角,可以看到产业结构调整(二三产业的比例)与城市功能定位的改变如影相随。现在看来,本轮上海经济发展转型能否或多大程度上取得成功,取决于上海城市的发展定位、城市能级,以及上海参与长三角城市产业分工中所处的层次周边城市,甚至是参与全球化产业分工中所处的层次。

(三) 互为表里:自贸区的开放与创新

1. 缘起:改革与开放的互动

20世纪70年代以来,传统产业和劳动密集型产业从发达国家和新兴市场经济体向发展中国家转移,其中也包含着各种高技术产品价值链中的制造环节,特别是低附加值制造环节从前者向后者的转移,从而构成了今日全球"研发—生产"的分工格局。这一进程大约在2008年前后已经基本完成。随着一批发展中国家的崛起与中国沿海劳动力成本的上升,新一轮产业转移正在开始,劳动密集型产品正在流向成本更低的国家和地区,包括中国内地。这一潮流中出现一系列值得关注的重要问题,其中之一是中国沿海,尤其是上海,能否承接各种高技术产品的高附加值价值链,在国际化产业中占据微笑曲线的高端,完成近十年来的夙愿,促成经济增长方式的转变与经济转型升级。一般认为,转变经济增长方式的力度、广度和深度是衡量上海发展最重要的指标。

大约自2006年初,中央期许上海能够"率先转变经济增长方式,率先提高自主创新能力,率先推进改革开放",这也是上海面临的最直接任务。"我们将不遗余力,把转型推向深入。"这表达了市委市政府对上海转型发展的决心。对于上海而言,只有坚定不移地推进经济增长方式转变,坚定不移地扩大开放,才能加快实现"四个率先",加快建设"四个中心"。20世纪90年代以来,正是浦东新区的开放开发带动了上海的发展,推动了上海的率先转型发展。如何实现上海产业结构高度化,以及与周边的协调发展问题?如何形成新的经济发展高地,培育并形成具有创新能力的本土企业?这是上海下一阶段能否承载国家战略、实现改革创新的关键之所在。

"十一五"期间,上海服务业增加值年均增速达到12.3%,高出全市生产总值增速1.1个百分点;服务业增加值占全市生产总值的比重从52.1%提高到57.3%。预计在"十二五"期间,上海服务业总量规模稳步提升,到2015年,服务业增加值占全市生产总值比重提高到65%左右。这一比例与全国其他省市相比,相对较高,但与国际同类城市相比,却相对较低。例如,香港第三产业的占比达到90%以上。以此作为参照,这里还有巨大空间和潜力,成为上海未来新的增长空间。从有利的因素看,陆家嘴建设会加快,张江、金桥转型力度加大将释放出更大发展空间,大虹桥、前滩、迪士尼、临港等重点区域开发建设不断加强并相继进入建设高峰。金融、航运、信息服务、商务服务、会展旅游、文化创意仍将保持较快增长态势。从不利的因素看,率先进行的经济转型,意味着将率先涉足改革的深水区。

诚如"创新驱动、转型发展"所示,上海经济发展的出路在于转型,要保持高质量的经济增长,必须深化改革开放。如何深化?似乎是一个由来已久的话题。从改革的目标来看,需要深化重点领域和关键环节改革,进一步完善市场体系,加快建立能够充分反映市场供求关系和稀缺程度的资源要素价格形成机制。用改革的办法解决前进中的困难与问题,以改革开放促进经济发展,更好地发挥市场在资源配置中的基础性作用,充分调动和激发各方面的创造潜能,增强经济发展的动力与活力。例如,改变单纯的廉价劳动力战略有利于提高劳动者的收益,使劳动者更多享受发展的成果;以更规范透明、服务良好的投资环境吸引外资,而不是靠不断增加的政策优惠。

众所周知,创新是长期经济增长的重要源泉之一,改革是保持长期经济创新的动力之一,当改革进入攻坚阶段,必须形成促进改革的压力机制。这个时候,促成经济短期活力的要素——开放,可以更好地发挥作用。将改革与开放更好地结合起来,提高开放型经济水平,可促进经济的有效增长。当前,上海经济的实情也是如此。要积极应对全球化竞争的世界格局,上海必须要率先转变对外贸易增长方式,优化引资结构,支持有条件的企业对外投资和跨国经营,形成参与国际经济合作和竞争新优势,全面提高开放型经济水平,为对外开放注入新的内涵。同时,优化调整产业结构,加快改造传统产业,大力发展服务业特别是现代服务业,积极发展先进装备制造业和高新技术产业,提高整体经济发展的质量,促成经济增长方式的转变。

故而,上海开放型战略亟需提升,而不是低水平开放模式的延续,不是与沿海其他地区或内地的低水平竞争,而是在开放中创新,发挥上海作为长三角的龙头和重要的国际大都市的作用,在东部率先发展中有更大作为,增强上海服务长三角、服务长江流域、服务全国的能力,进一步发挥辐射带动作用,培育新的经济增长点。

此外,加入 WTO 十余年来,我国在世界贸易格局中的地位日益提高,但近年来,全球贸易开始了新一轮竞争,出现了更高标准的自由贸易谈判(TPP、TIIP 等),国际贸易投资规则体系面临重塑。一系列区域性自由贸易投资协定的加快推进,使 WTO 规则和发展中国家日益边缘化,反映了国际贸易投资规则正在发生重大变革,并将深刻影响我国对外贸易和投资形势。

另一方面,世界上主要的自由贸易区也正在发生一系列改变:从货物贸易为主,向货物贸易、服务贸易并重转变,且更加注重服务贸易发展;由贸易功能为主,向贸易功能与投资功能并重转变,更加注重投资自由化、便利化。一般而言,自贸区在市场准入、外资国民待遇、业务经营、投资服务等方面营造高度开放宽松的投资环境;由在岸业务为主,向在岸业务与离岸业务并重转变,更加注重离岸功能的拓展;由贸易自由政策为主向贸易自由、投资自由、金融自由政策联动转变,体现国际贸易投资新规则。"面对这一系列变化,我们不主动对接,就面临'再次入世'的可能。"只有通过先行先试,调适国际经贸新规则新标准,积累新形势下参与双边、多边、区域合作的经验,才能为我国参与国际经贸规则的制定提供有力支撑。目前来看,以开放促进改革的新推动抓手就是自贸区。自贸区还将促进外贸及投资便利化进程,为中国外贸"突围"破题,同时也将在中国加入 TPP 谈判中起到至关重要的作用。

正是国内外两方面间接、直接的缘由,促成了上海自由贸易试验区的迅速出笼。

2. 自贸区:是什么?做什么?

2013 年 9 月 29 日,中国(上海)自由贸易试验区正式挂牌。上海自贸试验区范围涵盖上海市外高桥保税区、外高桥保税物流园区、洋山保税港区和上海浦东机场综合保税区等 4 个海关特殊监管区域,总面积为 28.78 平方公里。这是浦东开发开放以来,上海的又一项重大的事件,将有力推动上海新一轮的对外开放战略。

我国已有的保税区在外汇管理、货物进出港监管、转口贸易等方面,还有较多限制。"上海自由贸易区的试验,绝对不是一般意义上为园区争取一些优惠政策,也不是招商引资的一些突破。这是顺应全球经济治理新秩序,主动对接国际规则,主动塑造中国新红利的战略举措。"上海自贸区的设立,肩负着对内市场化改革,对外市场开放,为全面深化改革和进一步扩大开放,实现制度创新,探索新途径、积累新经验的重任。

《中国(上海)自由贸易试验区总体方案》2013 年 9 月 27 日正式公布。国务院的宗旨是:"要扩大服务业开放、推进金融领域开放创新,建设具有国际水准的投资贸易便利、监管高效便捷、法制环境规范的自由贸易试验区,使之成为推进改革和提高开放型经济水平的'试验田',形成可复制、可推广的经验,发挥示范带动、服务全国的积极作用,促进各地区共同发展。"

根据《总体方案》,上海自由贸易区主要聚焦于服务业的改革与开放,扩大开放措施涉及金融、航运、商贸、专业服务、文化、社会服务等 6 大领域 18 个方面。上海的出口量占全国的 1/4,服务贸易占到全国的 1/3,因此服务贸易的开放应当成为上海自贸区的重中之重。在这些领域暂停或取消投资者资质要求、股比限制、经营范围限制等准入限制措施(银行业机构、信息通信服务除外),营造有利于各类投资者平等准入的市场环境。

根据《总体方案》,在金融领域,在风险可控前提下,可在自贸区内对人民币资本项目可兑换、金融市场利率市场化、人民币跨境使用等方面创造条件先行先试。在自贸区内实现金融机构资产方价格实行市场化定价。探索面向国际的外汇管理改革试点,建立与自由贸易试验区相适应的外汇管理体制,全面实现贸易投资便利化。鼓励企业充分利用境内外两种资源、两个市场,实现跨境融资自由化。深化外债管理方式改革,促进跨境融资便利化。深化跨国公司总部外汇资金集中运营管理试点,促进跨国公司设立区域性或全球性资金管理中心。建立自贸区金融改革创新与上海国际金融中心建设的联动机制。同时增加金融服务功能。逐步允许境外企业参与商品期货交易。鼓励金融市场产品创新。

在贸易领域,实施促进贸易的税收政策。将自贸区内注册的融资租赁企业或金融租赁公司在自贸区内设立的项目子公司纳入融资租赁出口退税试点范围。对设在自贸区内的企业生产、加工并经"二线(境内关)"销往内地的货物照章征收进口环节增值税、消费税。根据企业申请,试行对该内销货物按其对应进口料件或按实际报验状态征收关税的政策。

除金融、贸易领域改革外,自贸区的主要任务和措施包括转变政府职能、扩大服务业开放、探索建立负面清单管理模式、构筑对外投资服务促进体系、提升国际航运服务能力等方面。

同时,为适应建立国际高水平投资和贸易服务体系的需要,上海自由贸易区将着力营造相应的监管和税收制度环境。

(1) 创新监管模式。促进试验区内货物、服务等各类要素自由流动,推动服务业扩大开放和货物贸易深入发展,形成公开、透明的管理制度。在自贸区内推进实施"一线放开"的同时,坚决实施"二线安全高效管住"。营造相应的监管和税收制度环境,包括探索与试验区相配套的税收政策、实施促进投资的税收政策、实施促进贸易的税收政策等。

(2) 突破行政审批管理体制。现有体制中行政审批制度改革难度较大,而设立自贸试验区就是要按照国际规范来突破这一难点。根据国务院常务会议讨论的草案,自贸区域内暂停实施外资、中外合资、中外合作企业设立及变更审批等有关法律规定。在自贸区内将会按照内外资一致的原则,对涉及固定资产投资的内外资项目实行备案管理,而不再实施行政审批。具体而言,对于外商投资,对于特殊准入限制以外的行业,行政机构取消合同章程审批,实行备案管理。对于确需保留的限制行业,则探索负面清单管理模式(上海自贸区在进一步降低内外资企业投资门槛、扩大投资领域、扩大服务业开放、金融领域改革方面先行先试。暂时停止实施一些法律的有关规定,实施负面清单管理。有鉴于12项开放措施,与现行外资企业法等4部法律的有关规定不一致,全国人大常委会授权国务院在自贸区内暂时停止实施这些法律的有关规定)。对于中国企业投资境外而言,一般投资项目的管理方式也由过去的核准制改为备案制。这是行政审批制度的重大改革,是简政放权的重大突破。

(3)创新金融服务业模式。上海自贸区在金融方面的先行先试将是重中之重,包括利率市场化、汇率市场化、离岸金融和外汇管理等。金融体系封闭、缺乏创新一直是我国金融业的软肋,近年频繁出现的资金市场异常波动提醒我们,金融业不能简单靠资产规模的扩张过日子,必须在开放和创新上有所作为。

围绕金融为实体经济服务、促进贸易和投资便利化的目标,自贸区将推进金融市场的开放与改革,在风险可控的前提下,在试验区内对人民币资本项目可兑换、金融市场利率市场化、人民币跨境使用等方面创造条件进行先行先试。除了利率市场化在自贸区的继续推进,还将在自贸区内实行金融机构资产价格市场化定价。改革开放至今,我国一般商品和服务都已实现市场化定价,但资金等核心要素价格却仍然受到管制,这方面的放开意义重大。自贸区内的金融改革创新将与上海国际金融中心建设形成联动机制,对上海国际金融中心建设具有重要意义。

这些金融领域制度创新和改革的成功,将彻底改变中国金融业乃至经济发展的制度环境。由于长期管制的原因,市场分割,包括国内市场分割,国内与国际市场分割,是我国经济金融的重要特征,也是造成很多经济金融问题的原因,亟待解决。这些领域的改革,将启动金融领域的价格闯关,让市场决定资金的价格,包括利率和汇率。2001年加入世贸组织,推动了我国商品市场的价格市场化和一体化,带来了十年的黄金发展期。时隔12年,自贸区金融制度创新,着力于推动资本这一重要生产要素的价格市场化和一体化,解放出来的生产力将大于加入世贸组织。

就贸易开放程度看,我国当前货物贸易及制造业大多已对外资开放,但服务贸易(比如金融业、建筑业、传媒业、能源、电力等领域)开放程度较低。只有提高这些领域的开放程度,才能吸引新一批外资企业进入,这将引领我国对外开放进入新的历史时期。上海目前进行的服务贸易存在一些结构上的不合理,阻碍了贸易自由化和便利化。比如这些贸易大部分是在香港结算的,所造成的局面是,物流在上海,而资金流和现金流却不在这里。从全球化观点来看,服务业是衡量一国经济发展水平的重要标志。目前,服务业占世界经济的比重接近70%,服务贸易占世界贸易总额的20%以上,服务领域跨国投资占全球跨国投资的近 2/3。伴随经济全球化深入发展和产业结构深刻调整,新兴服务业和服务贸易蓬勃发展,成为推动世界经济和贸易增长的重要动力。

除关系国计民生的军事、电信、特殊资源、能源会进入禁止类目录外,教育、制造业、部分服务业预计都将从现有的禁止类目录中逐渐取消,对外资开放。自贸区将试行人民币交易等金融自由化措施,吸引海外投资,使之成为中国经济增长原动力。《经济学人》引用相关人士预测说,上海自贸区有望成为泛亚地区的供应链枢纽,建成世界领先的大宗商品交易中心,对中国经济可起到"试金石"作用,有助于中国经济体制改革和市场进一步开放。创新就是培养新利益,培养新体制,而新利益和新体制的产生和成长,有利于改革旧利益与旧体制。

此外,2013 年 12 月 2 日,中国人民银行发布《关于金融支持中国(上海)自由贸易试验区建设的意见》,从探索投融资汇兑便利化、扩大人民币跨境使用、稳步推进利率市场化、深化外汇管理改革四个方面支持自贸区建设。

自贸区能特殊到什么程度,"实施细则"很重要。自贸区总体方案中,服务业扩大开放六大领域,共有 23 项开放措施,其中,15 项现在已经实施。4 项在相关行政法规和国务院文件调整后实施(游戏游艺设备生产销售、演出经纪、娱乐场所、增值电信),还有 4 项需进一步协调推进(国际运输管理、国际船舶管理、有限牌照银行、律师服务),将会有进一步的细化。根据相关的政策操作流程和具体的要求,2013 年年底,23 项开放措施中的 19 项可以落地实施。

3. 效应:直接与间接

事实上,上海最初设立保税区的目的是鼓励两头在外的业务,但现在情况已经发生了变化,也需要向包括研发、服务、结算、融资租赁等微笑曲线两端的业务发展,通过自由贸易区的平台,进行功能创新。

上海自贸区建设,肩负着为中国新一轮开放探路的重要使命,也必将引领中国新一轮变革。此次自贸区试点涉及贸易自由化、投资自由化、离岸金融、管理体制改革等诸多领域,功能突破、体制突破、制度突破的色彩鲜明。上海要紧紧抓住这一重大机遇,着力推进新一轮开放战略,以开放破解转型难题,以开放倒逼改革,以开放促进新一轮跨域式发展。

(1) 加快贸易转型升级。借鉴 TPP、TTIP、BIT、TISA 等贸易投资协定理念和新加坡自由港、迪拜自由贸易区等经验,以上海综合保税区为依托,着力推进制度、政策、理念和功能创新。一是推动贸易多元化发展并进一步提升贸易功能。二是实行与国际惯例接轨的外汇管理和税收政策。三是创新海关监管方式,简化通关手续,推动通关通检业务流程再造,简化预归类审单流程,全面实施区内企业分类监管,推动国际中转集拼和国内空运便捷转关。四是深化融资租赁试点改革,打造国内最大的融资租赁特别功能区。

(2) 加快发展服务贸易。抓住自贸区服务业扩大开放契机,以服务贸易自由化和便利化为导向,加快贸易制度改革和贸易领域对外开放,着力塑造服务业开放新优势。一是加快提升服务贸易规模和能级。二是稳步推进服务领域市场开放先行先试。三是深化贸易管理体制改革。

(3) 加快外资管理体制改革。以 BIT 为参照,加快推进外资管理体制改革,不断完善"负面清单"制度,逐步形成与国际规则相衔接的外商投资环境。一是积极探索外资管理体制改革试点。二是进一步下放外资项目核准和企业设立审批权限。三是探索创新外资利用方式。

(4) 完善境外投资管理和服务机制。鼓励投资机构、个人投资者和产业类企业以上海自贸区为跳板,积极开展境外投资。一是发挥好人民币海外投资基金的作用。二是鼓励和支持企业开展境外投资。三是健全境外投资支持服务体系。四是改革上海市境外投资项目管理体制。

(5) 积极发展离岸金融。抓住自贸区机遇,加快在上海综合保税区特定监管区域开展离岸金融试点,打造人民币离岸金融中心。一是完善离岸金融市场体系。二是完善离岸金融管理体系。三是完善离岸金融法律体系。四是完善离岸金融监管体系。

(6) 稳步推进资本账户可兑换。以扩大人民币跨境流通和使用为重点,加快人民币跨境产品和业务创新,稳步拓宽跨境人民币投融资渠道,吸引全球人民币资产加速向上海集聚。一是实施灵活的资本项目开放政策。二是扩大人民币跨境投融资渠道。三是加快提升人民币投融资市场国际化水平。四是不断夯实人民币跨境支付清算体系基础。五是加强跨境人民币投融资风险监管。

自由贸易区发展呈现四大趋势特征:(1) 由货物贸易为主向货物贸易与服务贸易并重转变,更加注重服务贸易发展。(2) 由贸易功能为主向贸易功能与投资功能并重转变,更加注重投资自由化便利化。(3) 由在岸业务为主向在岸业务与离岸业务并重转变,更加注重离岸功能拓展。(4) 由贸易自由制度安排为主向贸易自由、投资自由、金融自由制度联动创新转变,顺应国际贸易投资新规则。上海自贸试验区的核心制度安排可概括为"三自由、一保障":货物进出自由就是,不存在关税壁垒和非关税壁垒,凡合乎国际惯例的货物进出均通畅无阻，免予海关惯常监管。投资自由就是，投资没有因国别差异带来的行业限制与经营方式限制，包括雇工自由、经营自由、经营人员出入境自由等。金融自由就是，外汇自由兑换、资金出入和转移自由、资金经营自由，没有国民待遇与非国民待遇之分。法律法规保障就是，自由贸易区依法设立，法律明确规定自由贸易区的区域性质和法律地位，保障自由贸易区的发展。

随着上海自贸试验区版图的渐次铺开，这里将发生金融创新与改革的重大突破，并释放出强有力的集聚、辐射和带动效应。

在金融方面，对于在沪金融机构来说，自贸区的设立将带来更多业务，市场也可以扩大到为国际资本市场提供金融服务。不过，与机遇并存的，将是国际金融机构同台竞争的冲击。但是竞争也有利于在沪金融机构更快、更好地与国际机构接轨。

自贸区的建设将对上海建立成为国际金融中心、经济中心产生重要的推动作用。在金融领域严格管制（例如金融机构设立、资本流动的管制）之下，上海难以成为真正的国际金融中心。上海自贸区有望允许符合条件的外资金融机构设立外资银行、允许民营资本与外资金融机构共同设立中外合资银行、允许区内符合条件的中资银行从事离岸业务，有望率先实现资本项目可兑换以及利率市场化等。借助于金融领域的这些改革推动下，上海将加速成为名副其实的国际金融中心。

在贸易方面，更多贸易活动和高端服务业将聚集到上海，这对推动上海经济转型尽快完成非常重要。利用自贸区这种更为高级的自由贸易活动，包括加工制造的功能，能为上海乃至华东和全国进行产业发展和升级起到示范性效应。

上海自贸区的发展将辐射到整个长三角地区甚至更大的范围，这有利于长三角城市群的发展，加快我国的新型城镇化的进程。放眼周边，上海自贸区还将对长三角地区经济起到巨大带动作用。自贸区的核心是自由贸易，即在这个区域之间的相关贸易管理是相对宽松的，自由化程度高。跨进这个自由贸易区，就等于走到了国际市场。因而一个地方设立自贸区，将给周边地区的经济发展带来辐射和聚集效应。比如，对于与贸易关系非常密切的航运业，周边地区的航运需求在其他城市可能得不到很好的解决，但在这里能就近释放。对于中国，尤其是长三角这个中国经济最发达、最富庶的地区而言，这有助于经济进一步融入国际市场，解决国际化的经济、贸易等各方面的需求，给中国经济带来更多活力,推动经济改革。

在要素集聚方面,凭借政策配套资源集中等优势,上海也可以通过打造一批具有带动力和国际影响力的龙头型平台企业,使平台经济成为上海经济转型的重要抓手和国际贸易中心承载区建设的重要突破口。

上海进一步扩大对内开放的战略定位是:实施转移合作战略,使上海成为内外开放联动的前沿阵地;实施市场主导战略,使上海成为生产要素进出自由流动地;实施"两高三少"战略,使上海成为对内开放的综合成本洼地;实施优先开放战略,使上海成为总部经济发展的福地;实施援建可持续战略,使上海成为对口支援工作示范地。因此,将促进国际国内要素有序自由流动、资源高效配置、市场深度融合,加快培育参与和引领国际经济合作竞争新优势,以开放促改革,促进保税区、保税物流园区、保税港区等功能创新,促进审批制度改革、投资体制改革等重点领域攻坚,改革释放新的制度红利。

在经济改革方面,上海自贸区要引领新一轮中国改革开放。不能简单地将上海自贸区看成经济特区,或者对外开放窗口,更应该看到它起着对全国改革开放的示范引领作用。在这里,开放不仅包括对外开放,更包括对内开放。开放本身重要,开放带来的改革更重要。过去深圳特区建设中的深圳速度、深圳精神这些词,至今人们耳熟能详。在未来十年里,上海自贸区应在更高的起点和平台上起到引领作用,探索符合升级版中国经济的上海理念、上海制度、上海机制、上海模式,从而服务、辐射全国。

上海自贸区是新一轮市场化改革的试验田和先行者,在这个自贸区中推进改革,取得经验,然后在全国复制推广。从这个意义上来说,上海自贸区的真正突破不是对外开放,而是对内改革。这将是以开放倒逼改革的新起点。在自贸区内推出新的改革措施,进行新的制度调整,将为我国经济转型发展寻找新的改革红利或制度红利。

升级版的中国经济需要升级版的改革开放,上海自贸区启动了升级版改革开放。经过30多年的改革开放,我国市场经济制度逐步完善,对外开放水平有了明显的提高。由于脱胎于计划经济,实行先易后难的渐进式改革,进一步深化改革开放的难度、阻力、风险都变大,在很多核心、关键领域难以推进。从上海自贸区方案来看,就是要改变过去重局部、重增量、重面上的方式,而着眼于市场经济和对外开放本身的需要,从根本上、全局上、整体上再次启动改革开放。

第五节　简评：区域经济活力的源泉

之于上海,我们已经或即将见证一幅幅的画像,从民国大上海迷梦,到共和国长子,及至改革开放的后卫与前锋,一路走来,角色之变幻颇有戏剧性。如果说这些是显性基因,是否存有某种必然的宿命?或者说是隐性基因,如影相随,促成最近二十多年上海的复兴,成就繁华的再现?本研究正是为此而来,"问渠那得清如许,为有源头活水来",追寻百年上海经济活力的源泉。

为什么有些地方在有些时候能够实现经济增长,有些类似的地方在类似的时候却没有,这一直是一个备受关注的问题。经济增长的源泉来自哪里?如果重新回顾一下古典经济学以来对于经济增长的论述,可以发现自然、资源、人力、社会资本等要素投入,以及制度创新(尤其是产权安排与市场机制)、技术创新都能成为经济增长的动力。问题的关键是,在这些微观的要素之外,从经济历史演进的进程来看,在特定的发展阶段,是否存在某一种一般性的决定性因素或路径?学界一般认为,开放或外部的刺激能暂时地带来经济变化、增长或衰退,要素流动、技术创新等才是决定经济长期增长的基石。

从"小杭州"、"小广东"、"小苏州"到"大上海",1949年前的上海在私有产权及市场经济体系下,凭借被动的开放及市场化的创新,逐渐成长为中国乃至远东的经济中心。1949年之后一直到20世纪70年代末,上海在有限度、低水平经济开放下,进行约束性的企业创新,成为计划经济条件下相对较有活力的老工业基地,虽然遗留了很多问题。在主动改革开放的新时代,上海在转型驱动、创新发展中成为世界城市。回顾约170年来,从经济起飞、转折、重新起飞等不同阶段,上海经济增长的绩效、方式、形态,有助于重新评判经济史上经济增长的源泉。在此,我们可以借助已有的长时段的经验与事实,寻找区域经济增长的源泉。

第一,长时段可持续经济增长的前提——开放。第二至第五章中所描绘的长江三角洲经济区经济发展消长的历程,以及区域中心城市上海经济地位的变迁,表明开放的经济环境有助于形成可持续的经济增长,从某种意义上说,开放是经济可持续发展的前提,是区域经济活力必要而非充分条件。因为,市场、分工、要素流动效率的提高,均有赖于开放的经济环境以及与此相关的经济制度。

第二,可持续经济增长的动力——创新。在熊彼特理念中,创新是指将一种新的生产要素与生产条件的"新结合"引入生产体系,例如,引入一种新产品,引入一种新生产方法,开辟一个新市场,获得原材料或半成品的一种新的供应来源,新的组织形式,如此多种形式的创新。因为,在这些技术创新,或者非技术的组织创新中,实现在已有要素资源的组合,形成更高的产出。

第三,创新经济增长得以实现的关键——创新主体的效用。一般认识上的创新主体是企业家。其实,创新主体不仅是企业家个人,也可以是企业家群体,也可以是机构,甚至是政府。在多种不同的经济环境与生态下,将会出现不同的创新主体,也就说,特定的情况下,仅仅允许某些类别主体发挥作用,例如市场主导经济下的个人或企业创新,政府主导经济下的技术、组织或制度创新。当然,不同的创新主体的效用差异明显。

写作至此,抬头远望,深夜的上海还是静谧的,却也是短暂的。在中国,太阳在地理上最东的边城抚远率先升起,但繁忙的步伐则在经济上最东的都市上海率先迈出。处在江海之会、南北之中,作为我国的经济之都,上海不仅仅代表这个城市,更关系着中国。在绝大多数时候,上海是中国的上海,诚如上海自贸区的全称为"中国(上海)自由贸易试验区"。上海开放与创新的强度,决定着上海经济的活力,更关系着中国的未来。上海从率先深度开发走向率先转型发展,并开启新一轮的开放创新,有理由期待上海经济活力常驻,并将成为中国新一轮变革的雁首。开放与创新只有进行时,没有完成时,新的一幕将在这里悄然开启,我们在期待。

第六章　重构与绩效：长江三角洲经济区的演进(1842—2012)

　　学术研究最大的期待就是希望从习以为常的评论中,发现一些不曾被留意,或者有误解的事实,以及其背后的逻辑关系。

　　在前近代中国历史上出现过地方或区域性的经济差异现象,无论是《史记·货殖列传》中的描述,苏湖熟、湖广熟的说法,还是古代中国基本经济区的概念①,所呈现的均为农业经济主导下,跨区域间的生产与贸易状态。从中国长时段的经济演化来看,近代中国是农业文明向工业文明的转折点,也是中国经济史上的低谷。无数评论对此都有述及。时人李大钊从生产关系的角度也注意到近代生产形式与组织方式的变化:"我们可以晓得中国今日在世界经济上实立于将为世界的无产阶级的地位,我们应该研究如何使世界的生产手段和生产机关同中国劳工发生关系。"②近代以来,中国从农业经济向工商经济的转变中,在逐渐深入参与国际劳动分工之下,首次出现"地域化"的经济现象。也就说,在不同自然地理禀赋下,在特定的地域内,形成以工商城市为中心,以腹地为外围的流通、生产系统。该地域具有一些明显的特征:对外相对独立、内部联系密切、具有一定的层级结构,一般作为一个整体参与外区域(以至于全球)的分工体系。从生产、流通与地理的角度,也许正如特雷弗·巴恩斯与埃里克·谢泼德(Trevor J. Barnes & Eric Sheppard)在总结经济地理的艺术时所认为的那样:全球化是一种地理现象,传统的经济地理学有关流动空间、控制与生产地方的观点仍然是理解全球化的关键③。

---

　　① 冀朝鼎:《中国历史上的基本经济区与水利事业的发展》(*Key Economic Areas in Chinese History as revealed in the Development of Public Works for Water-control*),London George Allen & Unwin Ltd. 1936年版。
　　② 李大钊:《由经济上解释中国近代思想变动的原因》,《新青年》第7卷第2号(1920年1月1日)。
　　③ 特弗雷·J.巴恩斯等主编:《经济地理学读本》(童昕等译),商务印书馆2007年版。

近代以来，中国出现的新经济现象，是"千年未有之变局"下的新陈代谢，第一次变化是19世纪末，第二次变化是20世纪后期。对于这一现象以往我们均忽略或仅仅提及并未深究，在一个经济史的转折时代，这其中隐藏着怎样的逻辑与启示。结合经济历史的转折与经济资源的空间组合，或许可以重新认识习以为常事实的"不同寻常"之处。

第一节 长江三角洲经济区的演进

市场化、全球化的经济变革，使得区域的经济活力得到了空前的释放，市场机制与经济一体化，促进了经济要素的自由流动，经济活动进一步集中，经济聚集形成知识溢出效应、劳动力市场的蓄水池效应、产业关联效应，使得经济活动更有效率。同时，专业化分工得到加强，新型贸易（主要是产业内贸易）开始增加，这一切引发了经济空间的变迁。

空间结构的变化是长时段经济发展过程中最引人瞩目的演化过程。这里所指的空间结构是指影响经济发展过程的各种要素（基础设施、人力资源、产业组织、环境资源和环境公共品）的空间组合状态。它既是经济发展的基本条件，也会在经济发展的推动下而产生结构变化。

如前所述，2009年《世界发展报告》认为：不断增长的城市、人口迁移、专业化生产是发展不可或缺的部分，是北美、西欧、东北亚地区经济变迁的经验，也是当前东亚、南亚、东欧国家正在经历的变迁，这些地理变迁仍然是发展中国家与地区成功发展经济的基本条件，应当予以促进与鼓励[①]。世界银行提出的经济地理分析框架中，将密度、距离、分割视为经济地理的三个基本特征。经济增长是不平衡的，试图在空间上均衡分配经济活动的意图，只会阻碍经济增长，但是能通过经济一体化，促进远离经济机会的人口收益更多的财富，同时实现不平衡增长与相对平等的发展。

一、密度、距离、联系（分割）

（一）经济密度的空间变化

经济密度是指每单位土地的经济总量，或者说每单位土地经济活动的地

---

① 世界银行：《世界银行报告：重塑经济地理》(*World Bank: World Bank Report, Reshaping Economic Geography*)，华盛顿2009年版。

理密度,一般包括国内生产总值密度、就业密度、人口密度等。随着经济的发展,经济活动日益集中到城镇与都市,经济活动的地理变迁本来就会如此。

(1) 晚清时期,在以农业经济为主的发展阶段,人口主要分散在农村,即使最大的城市规模也比较有限,城市居住区一般是围墙之内的街坊,一般毗邻港口、商业市镇,提供剩余农产品的交换。

(2) 民国时期,发展促使经济活动日益集中。在从农业经济向工业经济的转变中,国家的城镇人口迅速上升,经济活动集中。人口可能会分布在一些高密度经济地区,但更多的人口仍分布在低密度地区,区域经济发展不平衡现象明显。

(3) 改革开放前,计划经济时期实现国内均衡发展战略。

(4) 改革开放以后,逐渐进入城市化进程的中期,工业化后的分工、贸易迅速带来了城市化,以及经济发展与转变的两个阶段:从农业经济为主演变为制造业导向型经济,再然后向服务业导向型经济的转变。此外,由于城市服务业的密度更高,在后工业化经济中,经济的密度依然向城市集中,但经济发展缩小了城乡与城市内部的差距。

在一般的常识中,交通基础设施的平均分布将会促成经济活动地理分布的均衡,高度集中似乎应该是有问题的,但实际上,国家不同地区生产与人口分布的不平衡,即"高低起伏"的地理经济是市场经济运行过程中的自然特征,随着经济的发展,这种特征更加明显。在经济发展的早期,经济迅速集中到城镇,资本、消费者、工人的集中迅速带来了生产优势,运输成本又限制了利益外溢。人口的集中有助于更好地保持城市地区基础设施与公共服务。农村地区居民与人口涌入城镇,减少了农业剩余劳动力,同时降低了农村劳动力市场内的竞争,劳动力节约型的技术进步解放了劳动力,促进向城市移民,提高了劳动生产率。支付转移、公共服务再分配将为乡村居民带来更好的基本福利,例如自来水、公共卫生、电力能源、教育、医疗保健等服务。

(二) 经济距离的增减

距离是指商品、服务、劳务、资本、信息等空间传递的难易程度,是指两个地区之间经济要素流动的难易程度。一般包括两个方面:地理距离、基于市场准入度的经济距离。对于商品贸易而言,距离包括时间成本、货币成本,交通运输基础设施的位置、质量、时间可达性。包括政策在内的人为壁垒同样可以增加距离,因为,地方保护主义政策可以导致地方分割。

在近代中国,因为船运是将商品运往国内外市场最经济的方式,沿海与可以通航的流域是经济高密度区。随着技术的进步与通信交通成本的下降,经济密度的走势得以重新塑造。

开放与一体化有利于获取联系市场的通道,同时会推动地区基础设施的投资与改良。在改革开放前的1966年至20世纪70年代,国家的投资大多流向内陆省区,上海与沿海地区的企业迁往内陆或贵州、湖北、四川等内地。随着对外贸易与投资的开放,出口导向型工业(服装、电子、皮革、玩具等)集中在沿海地区,国内导向型工业(金融、有色金属冶炼)散处各地。

随着开放,与国外的距离变得同样重要,沿海地区市场潜力与增长速度大幅度上升,内陆地区的人口与制造业活动出现一定程度的衰落。

在贸易引力模型中,有两个制约因素:(1)贸易伙伴的距离、(2)贸易体以国内生产总值界定的经济规模。因为贸易额随距离衰减,随国内生产总值递增,所以贸易总是发生在毗邻地区或经济规模较大的地区。尽管随着交通运输成本的下降,距离对于贸易额的影响减弱,但这一基本制约要素依然存在。长江三角洲的江苏中南部与浙江东北部,由于国内生产总值的大幅度提高,经济板块形成,向国际国内市场输出商品并进口消费品、资本设备、中间投入资料。不断自我强化的进出口贸易,形成了以贸易基础设施与服务的规模经济效益,包括良好的港口设施、集装箱运输、航运设备。借助较高的经济密度,区域经济体能够突破障碍,进行远距离贸易。

(三)分割与联系的消长

由于上海的重新崛起和江浙地区的新发展,20世纪90年代以来长三角地区发展速度方面的内部差异逐渐淡化,产业空间分布出现新一轮的扩散与均衡。但是,具体情况如何?此外,民国时期以来宁镇扬亚区的轨迹又如何?其离心力的根源是什么?

出于历史的原因,苏州、无锡和常州在语言特点、生活习惯等方面更靠近上海,尤其是苏州和无锡在GDP、外面投资等方面强于南京,招商引资实绩占据全省2/3以上,在对外经济联系、口岸出口上也更加依靠上海,这使南京在省内的经济中心地位不断受到削弱。在这种情况下,近年来,南京沿长江向东、西构筑以南京为中心的"扬子江经济圈"。此外,南京还有一个跨越苏皖两省8市的"南京都市圈规划",即打破行政区划界线,以南京为中心点,以仪征、镇江、句容、马鞍山等为核心圈层,扬州、镇江、芜湖、巢湖为紧密圈层,形成宁扬、宁镇、宁芜三条产业及交通发展的主轴,宁淮、宁蚌、宁合、宁杭4条副轴,以促进整体经济的发展。

我们知道,统一的经济地区会促进劳动力的自由流动、资本市场的一体化、服务业的自由贸易,并且通过政治上的一体化获取经济上的一体化,降低边界效应,缩减边界直至边界消失。因为拥有一套高效的、完备的商品与生产要素市场体系,次级区域的变化就不会影响到整体的经济发展。克服距离与分割导致的困难,劳动力的流动就可以实现,经济活动的地理空间分布不均衡,并不影响经济的发展。

在此,需要详细地比较不同时段长三角空间经济格局的差异,以便深入了解区域经济变革的一些隐而不显的问题。例如图6-1所示的长三角城镇节点分布,显示了民国时期与现在的明显差别,表明了随着宁波港的崛起,长三角杭州湾化趋势的增强(由沪宁轴线转向新的轴线)。同时,显示出长三角经济区内部构成上多轴心化,区域中心城市功能的分散化。

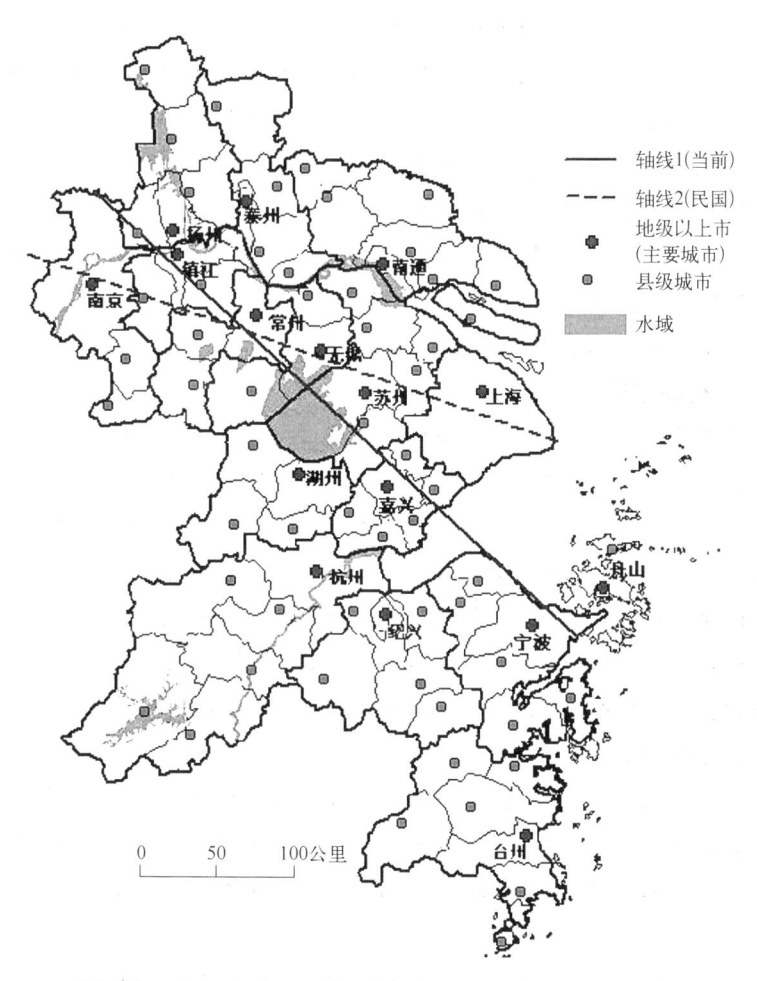

图6-1 长三角地区城镇分布轴线变化(民国时期 & 当前)

改革开放以来,区域内部的经济联系增强,但同时分割现象也增多。就经济政策与运行机制而言,1980年以来,中央权力下放改革赋予省政府更大的行政权力,省政府利用这些权力,提高税率、颁布从其他省份运输货物的禁令,以保护地方公司,省级商品流通下降。1992—1997年,省级商品进口从占国内生产总值的50%下降到38%,而省内对地方商品的吸收则从68%增加到72%,与美国、加拿大商品的跨国界流通以及欧盟的跨国际边界流通大致相当①,这就是一直被各界所抱怨的长三角地区经济逆一体化现象。

二、空间演进的路径

司马迁在《史记·货殖列传》中写道:"夫用贫求富,农不如工,工不如商,刺绣文不如倚门市,此言末业,贫者之资也。"这简单、直观且深入地刻画了传统时代,三次不同产业的价值回报率。及至近代社会,在各类产业价值的增值中,在不变之余,又衍生出那些变动的要素?众所周知,地区经济发展的不平衡与经济增长的空间转移,是资本主义经济内在逻辑的产物,也是资本主义经济增长的原因与结果。当一个特定的地区成为新一轮增长点时,逐渐形成符合其需要的新式技术、交通、机构,并衍生出一系列新式的组织关系,这一切均处于一个动态的平衡之中。

(一)提高密度

在城市化的早期阶段,农业或资源型产品具有支配地位,经济密度不高,经济发展的动力主要是企业、工厂的内部经济,为了提高经济密度,政策不应该干涉经济的地理布局;在城市化的中期阶段,城市内部、城市与城市之间的经济联系增强,同行业的企业与工厂在同一个地方以获得共享生产投入与知识溢出的优势,经济发展的动力是促成地方化经济的成长,应该提高生产与运输的效率,克服经济距离带来的低效率;在城市化的高级阶段,处于后工业时代,城市化经济形成,城市功能凸显,需要维持城市的和谐稳定,需要解决密度、距离、分割问题。

经济密度低地区要实现经济密度的快速提高困难很大。与高密度地区距离的远近,意味着与高密度先进地区经济体一体化程度的高低,彼此之间存在正向关系。如果距离先进区域越远,则意味着高密度地区的资本、劳务、商品、

---

① 世界银行:《世界银行报告:重塑经济地理》(*World Bank: World Bank Report, Reshaping Economic Geography*),华盛顿2009年,第75页。

服务、信息、观念市场难以进入低密度落后地区,低密度地区分享其知识与信息外溢的利益存在更多的困难。落后地区的特征是:低生产率、低收入、高贫困率、高失业率(或高隐形失业率),经济增长缓慢。一般而言,在经济发展的早期,落后意味着基本生活需求(例如电力供应、卫生设备、道路系统等)缺失;到一定的发展阶段后,不再是基本设施上的差别,更多地表现在劳动就业、发展空间上的落后。从距离与市场准入的角度可以清晰地看到这一差异。

通过市场机遇的扩大、企业对工人的需求,先进地区密集的经济活动将吸引企业与工人向其集中。从非密集区向密集区集中,形成一个渐进积累的过程,逐渐使得人口分布、经济密度、地区不平等趋于平衡。通过降低交通成本,推动人口、企业、观念、商品、服务从非密集区向密集区的集中,可以将欠发达区域纳入国家的生产体系。贸易、人口的流动可以实现低密度区、高密度区市场一体化。

(二) 缩短距离

随着世界一体化程度的加深,世界市场对于区域发展的影响超过国内市场对其的影响,近代市场潜力的提高归功于贸易的迅速增长。当区域经济相对封闭时,"距离—密度"是决定区域市场潜力的主要因素;当实行对外开放以后,与国际市场的距离或国际市场的准入变得重要,边境或沿海地区常常获得来自区位优势的经济利益。贸易模式的改变通常会改变区域的市场潜力,之前处于优势地位的地区,随着与外部市场距离的拉大,失去了领先地位。

"运输革命"与日益增长的密集化促成了经济结构的根本变化。铁路、运河、轮船的巧妙组合大规模地降低了中长距离的运输成本。城市化与密集化经济推进专业化与分工。市场力量是推动人口移动与密集化的主要动力,对外部开放与贸易加速了劳动力、经济再分配的速度,加快了经济地理的变迁。

在发展的过程中,为了促进先发展地区的竞争力与贸易活力,更需要依赖外向型战略与市场协同作用。内部经济地理转变的速度与不平等程度,会逐渐增强。由于再分配机制的建立与成熟,需要一定的时间,劳动力的移动与市场的接轨,成为推动内地发展最强大的机制,全球化、通信技术的进步缩短了落后地区与先进地区的经济距离。

(三) 增加联系、减少分割

按照现代区域经济学的方法,在讨论长三角中心城市对周围地区的经济效应时,一般都从主要城市出发,计量与周边城市之间的经济关系、产业转移、企业的区位选择,通过这些来界定空间经济效应。如果将时间回溯到晚清民国时期，城市外部性动力的来源是港埠地区，商埠经济带动了近代长三角地区城市空间的扩展与城市能量的上升。从上海等城市的商埠着手，也就是相当于研究近代上海对周围地区的经济效应。

成功的一体化政策会使得经济活动集中到市场准入与生产投入情况良好的地方，无论该地方是大城市还是小城市。在增长外溢到毗邻地区、落后地区赶超先进地区之前，一体化可能会导致大区域内部亚区之间的分化，不平等发展的增加，然后再由市场化力量推动生产要素的配置，从而实现共同发展。

晚清开放与融入世界经济体系，使得上海、沿海沿江地区因为地理优势而优先发展起来，但其一度阻碍了其他地区的发展；晚清以来形成的产业集中、技术创新，促进了民国时期聚集经济的形成，技术改进、人口增加强化了规模经济，形成了集中的工业化中心城市。但是，民国时期的地区溢出效应还没有发挥，无法扩大经济活动的规模与范围；中华人民共和国成立以后计划经济体制下的均衡发展促进地区经济活动规模的增大与范围扩大；改革开放以来，地区开放与互动推动了技术传播与生产的专业化，生产过程的细化形成了扩大增长面的机制，为毗邻地区之间互相满足中间产品的需求提供了可能性，极大地促进了贸易的增长，产生了规模经济效益与经济生产率。劳动力市场与资本市场的拓展、运输条件的改善带来了市场规模的扩大，逐渐形成地区溢出效应，促进了经济规模与范围的扩大，促成了长江三角洲经济区的形成。随着交通成本、地租、工资水平的上升，以及上海为代表的大城市从制造业向服务业的转型，刺激企业家到附近地区寻找新的生产基地，促成了长三角其他城市与地区发展"制造业"的机会，产生新的经济聚集，形成新的经济增长地区。形成一个新的经济增长区的制约因素很多，例如：市场规模、贸易与交易成本、初始的人力与物质资源禀赋，其他地区潜在的竞争力。

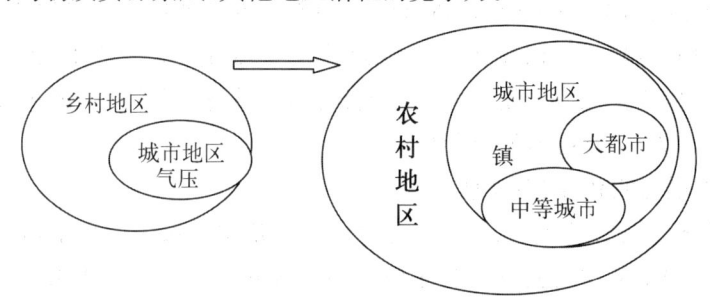

图 6-2 从城乡二元向城乡一元的演进

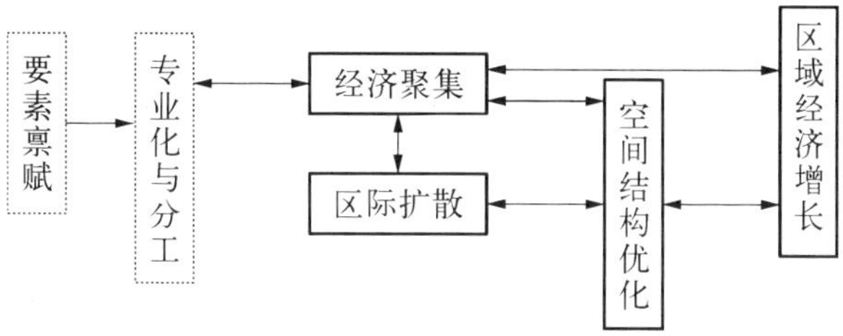

图6-3 空间演化路径下的区域经济增长过程

本书以时间为轴线,详细地考证了近代以来长三角经济空间的形成与运作,描绘了晚清、民国、中华人民共和国成立后、改革开放后、浦东开发以来的长三角经济区空间变化的轨迹,以及不同时期长三角经济区的差异。相关的证据表明:

(1)晚清中国开埠通商以来,在自由贸易的框架下,促成了长三角经济区的浮现,上海成长为大区域的经济中心,推动了长三角地区农业手工业商业化与外向化的进展。经济相对后进的地区继续保持自己的经济优势,这些可以从资源禀赋、比较利益理论来获得解释。

(2)民国时期,伴随着上海经济能量与工业的快速增长,带动了无锡、南通、常州本国工业的兴起。不过,当时尚处于现代经济的早期,大体还处于聚集效应大于扩散效应阶段,区域经济结构的优化、乘数效应的发挥和经济综合竞争力的提升,还有待于现代性经济在长三角中等城镇与腹地的扩散力度。

(3)中华人民共和国成立以后奉行计划经济,长三角经济区淡化,上海经济中心的引导优势缺失。另一方面,在国家计划经济的推进下,长三角地区积累了地方产业的基础,建立了相应的产业设施。

(4)1978年后改革开放以后,在国有企业之外,江浙农村的集体企业、乡镇企业得到快速发展,为民间经济的发展积累了能量。当上海中心重新崛起,中心与腹地的结合,推进长三角地区经济进入一个新的阶段。

(5)1992年后,以浦东开发以契机,重新激发了上海中心的活力,外部经济的诱导促成了上海成长为长三角的区域中心,长三角经济区一体化进程拉开序幕,正在如火如荼之中。

第二节 长江三角洲经济区演进的启示

第二次世界大战以后,对于第三世界国家经济增长与发展问题的关注,形成了发展经济学,致力于揭示发展中国家的经济发展之源,二元经济、经济起飞等成为发展学说的关键词之一。我们知道,第一次全球化是基于自然禀赋差异的产业间贸易为主,第二次全球化则是以规模经济与产品差异为动力的贸易,产业内贸易快速发展起来。从时间变化的维度,能够清楚地观察到其中空间的变化吗?

发展初期的人均收入水平差距或发展起点不同,称之为"初期差距效应",对于一定阶段差距扩大具有主要作用。沿海与内陆的发展起点不一,处于不同的起跑线。

一、空间演进的经验与逻辑

(一) 历史的经验

1. 自然禀赋、区位、循环因果

自然禀赋会影响到地区经济的发展前景,这是地理特征的第一性。通过对产出密度(每平方公里国内生产总值)地理变量的简单回归分析,地理学者发现地理特征与经济产出密切相关,包括了经济生产密度91%的变化(例如年平均温度、年平均降水量、平均海拔、地势起伏程度、土壤类型、河流、海岸线的距离)。在近代中国早期地理环境的自然性或"第一性",是决定经济地理格局的主要因素。随着投资的增加引发的规模报酬递增,重新塑造了区域的经济地理。这些投资包括地方基础性建设、降低市场贸易税率表、减少交易成本、提供产权保护等。

世界经济发展史解释了在一个较长的时间内,地区之间存在有较小的初始差异(例如自然禀赋),是如何导致巨大的不平等发展,这就是地理特征第二性。从经济的发展来看,增长在很大程度上取决于人力资本与物资资本的积累,以及这些要素的效率。但是,Helpman 的研究表明(2004),仅仅资本积累本身并不能解释增长的差异,全要素生产率(生产要素相互结合的效率)解释了地区之间经济增长的差距。将生产投入组合到一起生产产品或提供服务的技术,将会降低成本提高效率,增强竞争力。互补性、外溢效应、规模经济都会带来全要素生产率的差异,这意味着区位优势、毗邻优势将带来经济利益,再加上规模经济,将推动经济活动的地理集中。

随着更多的设施与服务集中到上海等较大的城市,周边较小市镇的吸引力下降,地区的不平衡产生,市镇与城市之间的规模分布改变,地理第一性与城市基础设施投资的不平衡造成不可逆转的原动力,通过循环因果关系重新塑造区域的经济地理。超越地理第一性,从制成品与知识生产不断增加的规模报酬出发,伴随着城市化,制造业与配套服务成为经济增长的发动机,这些力量与运输成本交织作用,共同形成了地理层面的空间演变进程。

韦伯的"工业区位论"认为:土地、矿产、水源、生物、气候、地形、经济技术条件、原属条件、劳动费用、市场竞争关系、贸易关系、居民点、公共设施等构成了特定的区位,影响或决定了当地经济与社会发展的空间格局。如果一地拥有较其他地方更有优势的区位因素时,该地区就具有"区位优势",从而形成区域经济活动的中心。

缪尔达尔等认为,在一个动态的社会过程中,社会经济各因素之间存在着循环累积的因果关系。经济发展过程首先是从一些较好的地区开始,一旦这些区域由于初始发展优势而比其他区域超前发展时,这些区域就通过累积因果过程,不断积累有利因素继续超前发展,导致增长区域与滞后区域之间发生空间相互作用。

2. 要素流动

2009年《世界银行报告》的主编英德米特·吉尔(Indermit Gill)说:"在整个历史上,流动帮助人们摆脱了地理劣势或治理不善的桎梏,这是经济一体化重要进程的一部分,因为人员和产品流动构成了具有包容性和可持续性的全球化基石。"良好的道路状况与市场准入条件,缩短了边缘与中心的距离,从而形成大规模的聚集区,交通的便利使得周边地区成为聚集地区的有机组成部分。如果交通不流畅,城市中心25公里以外的地区经济活动的密度将会急剧下降。

中华人民共和国成立以后,户口登记制度成为政府管理人口流动的主要政策工具,户籍制度决定了人口在户口登记地才是合法的,才能享受应有粮食,以及工作、医疗、保险等社会服务。向城市的移民需要获得允许,但后来为了适应劳动力需求的变化,允许合法的临时性移民,逐渐形成了内地向沿海大规模的民工移民潮,解决沿海地区外向型经济所需要的劳动力。随着农业技术的提高,农村剩余劳动力总是在增加,城市现代制造业正需要更多的劳动力。在农业生产中边际效益为零的劳动力,可以在制造业生产中获得边际生产率。随着逐渐认识到劳动力的自由移动所带来的经济利益的增加,对于移民的限制逐渐减少,并为移民配置一定的公共服务(医疗与社会保障、培训、劳务市场信息帮助、法律援助等)。富裕国家将工业生产中低技术含量的生产,转移到长三角地区,以利用当地低廉的人力成本。

人力资本与知识不同于其他生产要素,可以持续获得规模收益,所以人力资本、金融资本不可能从高密度的先进地区与城市转移到低密度的落后地区与乡村。城市因为可以获得人力资本等外部效应,推动经济的增长。2008年《世界发展报告:以农村促进发展》中认为,对于不能再单纯依靠农业维持的农村家庭而言,国内移民是非常重要的"脱贫路线"。虽然农村人口向城市永久性的移民一时难以做到,但季节性、临时性的移民也能有效地缓解农村发展的困境。尽管很难量化长三角边缘地区或长三角外围(泛长三角地区)移民对于迁出地的经济与社会贡献,但很显然他们给这些地区带来了显著的经济改变与社会发展。

早期的移民理论是建立在剩余劳动力、固定"外生"增长率、创造工作机会的基础上。资本与劳动力等生产要素会流向报酬最高的地区,因为这些地区生产要素稀缺。由于规模报酬递增的存在,熟练的劳动力是人力资本、教育程度、技术禀赋与才能的体现,在熟练工人密集的地方可以获得更高。有能力的工人与企业总是会优先向高密度先进地区流动,促成该地区聚集了大量的技术人才,提供更高的报酬。

3. 经济聚集与扩散

克鲁格曼的模型分析的结果表明,一个经济规模较大的区域,由于前向和后向联系,会出现一种自我持续的制造业集中现象,经济规模越大,集中越明显。运输成本越低,制造业在经济中所占的份额越大,在厂商水平上的规模经济越明显,越有利于聚集。"中心—边缘"结构的形成取决于规模经济、运输成本和区域国民收入中的制造业份额。

企业地理空间上的集中可以形成一个高度地方化的生产系统,从而形成对该类企业比较有利的地方发展环境。在空间集中的情况下,企业可以共享地方的特种资源、公共设施、专业劳动力队伍、配套服务、采购或销售网络等,可以形成一个产业部门的企业聚集,也可以形成不同产业部门的企业聚集。除了共享资源与服务外,企业还可以在互相联系中获益,例如纵向的投入—产出关联与横向的经济协作的驱动。建立在纵向的投入—产出关联基础上的企业空间集中,可以使企业的向前、向后联系,以及生产协作在空间上高度接近,从而缩短生产过程,降低运输成本,节约原材料,使得基础设施发挥更大的效用,实现外部规模经济。建立在横向经济协作联系基础上的企业空间集中,可以使得地区主导专业化部门与相应的产业群体内的不同部门之间相互协作;使得地区主导专业化部门在广泛的地区社会分工与协作中既降低了自身的生产成本,又获得高度专业化、高层次的配套服务与产品;使得由企业空间集中而形成的聚集经济在地区层次上增加就业机会,从而引起人口与劳动力的集中,提高市场潜力。同时,企业聚集与相互关联、协作,使得当地企业扩大生产规模得到外部经济规模的支持,提高当地的生产规模;就业、人口、生产规模的扩大,使得当地的政府与劳动力的收益上升,推动公共设施的改善与市场需求的扩大,产生新的企业聚集并扩大聚集的外部规模经济。

如此,企业的空间集中有利于地方化经济的发展,使得当地的生产系统的发展产生循环积累上升的效应:专业化部门的发展带动一系列具有纵向、横向联系的产业部门的发展,形成企业与产业空间集中并产生规模经济;聚集的外部规模经济效应又推动主导专业化部门与相关产业部门的发展,并吸引新的企业与相关产业向聚集区的集中。聚集经济的循环积累效应使得特定地区成为经济增长的中心。

可以这样概括不同地理层级的经济聚集的形式与意义:在市镇这一级,经济聚集促进农产品的销售与分配,产生规模效益;在中等城市这一级,经济聚集推动地方制造业的兴起,形成有特色的地方经济;在大城市这一级,经济聚集促成基础设施的改进、创新技术与服务的出现。

瓦尔兹(Waltz,1996)认为,区域经济一体化会导致规模收益递增的生产和创新产品的区域性集中,区域经济增长源于产业部门的地理集中及由此产生的持续的生产率提高。

在经济发展中心聚集的同时,也会产生扩散效应。(1)经济高密度中心的发展向周围地区与原材料生产地提供了较大的消费市场,从而推动经济低密度地区相关产业的发展;(2)随着经济发展水平的提高与产业衰退,经济高密度中心将低技术、高环境代价的产业转移到经济低密度地区,从而推动产业的空间扩散;(3)经济高密度地区企业在追求规模经济的内在驱动力下向低密度地区投资或兼并、收购的方式控制外部市场,从而使得技术、资金等生产要素向低密度地区扩散;(4)经济高密度地区过度聚集将会产生不经济问题,削弱企业的成本竞争力,产生广泛的外部不经济,促成企业向低密度地区的转移。

4. 技术进步与创新的空间性

运输成本的下降促成了远距离贸易的可能,随着成本的进一步下降,相近地区之间的贸易成为主导,促成了生产向区域中心城市的集中。

19世纪70年代以后,由于蒸汽动力与电报的应用,海洋运输成本快速降低,促成了世界范围内贸易的大规模展开。1840—1914年间运输成本的快速下降,使得基于比较优势的大规模贸易成为可能。20世纪50年代开始的运输成本的降低与产品差异化的增多,使得地区之间的贸易增多,因为专业化分工与规模经济的效益,推动不同地区产业内的合作。随着运输成本的降低,自然地理的重要性逐渐降低;随着生产中的规模经济增大,经济地理的重要性逐渐上升。

从第一次产业革命至今,世界经济的周期已经发生了五次,它们分别是:(1)以纺织工业为主导产业的"早期机械化"技术革命,(2)以钢铁工业为主导产业的世界经济周期,(3)以石油重化工业为主导产业的世界经济周期,(4)以汽车为主导产业的世界经济周期,(5)以信息产业为主导产业的世界经济周期。

外部需求降低时,形成生产过剩。生产过剩的危机首先将生产成本较高的区域淘汰出局,同时,也使得成本较低的区域面临外部市场需求相对缩小的不利局面。每一次新周期的到来都会引起世界总需求的重新分配,大量的需求会从老周期的主导产业部门转移到新周期的主导产业部门。技术进步会使得特定产业的原材料与能源构成以及使用方式、运输方式发生改变,影响产品的成本结构,从而对产业布局的指向性产生影响,推动产业空间的转移(周起业、刘再兴等,1989),推动区域经济空间的演变。

中国的改革实践是从农村开始,率先实行联产承包责任制,然后发展以乡镇企业为代表的农村工业。经过多年的发展,许多乡村由于快速的工业化而发展成为常住人口为2—5万人的小城镇,甚至成为中型城市。这是带有中国特色的传统型工业化道路。这种工业化由于乡镇企业布局分散而难于产生聚集效应,导致由传统工业向现代化工业的转化速度较慢。随着中国经济日益融入世界经济,大量外资的涌入,改变了资源禀赋,带来了先进的技术、管理经验与雄厚的资本,并将资本接受地的制造业跳跃式地提升到资本、技术密集型阶段,推进经济结构的转变,推进工业化与城市化。生产投入资料共享与产业内竞争形成了地方的经济聚集,多元化产业促进创新的形成,形成城市化经济。

弗里德曼认为,发展可以看作一种由基本创新群最终汇成大规模创新系统的不连续积累过程,而迅速发展的大城市系统,通常具备有利于创新活动的条件。创新往往是从大城市向外围地区进行扩散,基于此,他创建了核心—外围理论。核心区是具有较高创新变革能力的地域社会组织子系统,外围区则是根据与核心区所处的依附关系,而由核心区决定的地域社会子系统。核心区与外围区已共同组成完整的空间系统,其中核心区在空间系统中居支配地位。随着经济发展,收益递增的活动趋向于城市。城市规模的相对分布于产业集中,既可以保证大城市以服务为主导,推进创新、发明,又可以让小城市进行专业化生产,制造产品并接受大城市分离出来的产业。

5. 政策与制度

中国改革开放前,政府将城市发展置于农村发展至上,基本粮食的价格控制压低了农业收入。高关税壁垒、进口限令、工业产品特许维护了制造品的价格,抑制了农民的购买力。以最终国内需求为核心的内向型发展战略,通过国家完备的财政分配机制,降低城乡之间的地区个人人均可支配收入与消费的差异。1949—1990年之间省级之间的赶超与趋同,在很大程度上是受到限制性的人口政策的影响。20世纪80年代的城市规划旨在控制大城市的规模,但国家"十五"规划(2001—2005)则强调大城市、中等城市、小城镇的协同发展,家庭户籍制度虽然对城市定居性移民有所限制,但并不限制临时性季节性移民。"十一五"规划(2006—2010)则进一步加强了土地市场制度,保护私有产权。

赫希曼(Hirschman,1958)认为,增长在区际间不均衡现象是不可避免的,核心区的发展会通过涓滴效应在某种程度上带动外围区发展,但同时,劳动力和资本从外围区流入核心区,加强核心区的发展,又起着扩大区域差距的作用,极化效应起支配作用。要缩小区域差距,必须加强政府干预,加强对欠发达区域的援助和扶持。

区域之间经济增长的趋同,并不是市场机制的"自然结果",而是市场机制与政府干预的共同结果,特别是政府在地区之间进行的大规模的财政转移支付,从而实现消费、公共服务、工资收入等均等化[①]。

在长三角地区,改革开放以来,国内外市场的开放、人口流动,促成了规模经济的出现。地理位置、优惠的要素价格刺激了浦东以及其他地区的早期增长,充足的土地供应、廉价的劳动力、毗邻上海的优越地理位置,吸引了资金、人才、技术的集中,再加上交通运输成本的下降、中间产品与差别产品生产领域的规模经济、产业内产业间的聚集效应(包括外部规模经济,例如知识溢出、毗邻生产资源与出口贸易所带来的物流成本的降低),推动了经

---

① 胡鞍钢、王绍光、康晓光:《中国地区差距报告》,辽宁人民出版社1995年版,第358—359页。

济的增长。

(二) 内在的逻辑

关注空间演变的过程、形成机理后,又重新回到本源——空间要素是如何决定或影响产出边界? 在经济的发展过程中,空间要素的角色如何演进?

1. 区位的空间价值

区位(location),在不同的视野下含义有所差别。地理区位是以地形、地貌特征表示的区位,强调在空间中的经纬度以及地理特征的差异性;经济区位更多地强调由地理坐标(空间位置)所标示的经济利益差别[①]。

经济空间强调是空间资源被开发与利用。空间具有使用性,经济空间的使用价值由空间要素禀赋的稀缺性所决定。空间要素的稀缺性主要体现在两个方面:(1)经济空间要素的供给缺乏弹性;(2)不同空间要素之间不能或者难以相互替代。"区位是经过人类物化劳动改造后的经济空间场,它代表一定的空间所承载的各种空间经济关系的总和。这种空间关系总和可以被看成是一种不同于土地的新的要素,或者是一种新的资源"[②]。

区位的特征是:(1)唯一性与相对垄断性。(2)天然的外部性。外部性是一种经济力量对于另一种经济力量的"非市场性的"附带影响,是经济力量相互作用的结果。

(1) t_0 条件下,生产由资本与劳动力投入决定,产出 $Q = F(I, L)$。其中 I 为资本投入,L 为劳动力投入。

(2) t_1 条件下,生产由资产、人力资本、追加资本、劳动力投入决定,即 $Q = F(K, H, \Delta I, \Delta L)$。$K$ 为部分投资转化而来的资产,H 为特定经济空间的人力资本。

(3) t_2 条件下,除了这些投入要素影响生产以外,特定的空间要素也会发挥作用,即 $Q = F(K, H, \Delta I, \Delta L, S)$。$S$ 即为空间要素,如同投资、劳动力投入转化资产、人力资本为一样,空间要素(区位等)成为生产的一部分。

2. 空间选择与区域演进

假设:(1)经济要素禀赋是变动的。随着时间的变化,从最初的自然资源禀赋占主导地位,转向更多地依赖资本、技术、人力资源、制度、文化等要素。

[①] 郝寿义:《区域经济学》,经济科学出版社1999年版,第43页。
[②] 郝寿义:《区域经济学原理》,上海人民出版社2007年版,第75页。

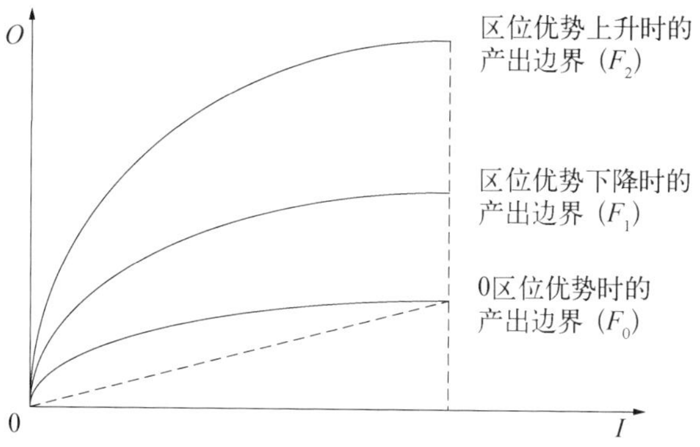

图 6-4 区位变化对产出的影响

（2）经济要素具有累积循环效应。在时间与空间层面上，可以进行有效的聚集或扩散，强化要素禀赋的差异。

（1）均衡决定

古典区位论中，厂商在运输成本与聚集经济效益之间选择均衡点，寻找最佳位置。从空间选择机制的角度来观察，在经济发展的早期区域经济的变化主要依赖自然禀赋的差异。例如在单纯的农业社会，农民就近寻找工具与资源（t_1），剩余产品交换给邻近的农民（t_2），此时农民选择在哪里居住只考虑两个因素：自然禀赋的差异与距离成本。一旦进入真正意义上的市场与交易，就产生稀缺资源的分配问题，就会产生机会成本。

（2）个体选择模型

如果假设厂商为空间安排的主体，在差异化的区域要素分布下，厂商面临三种要素投入：区位、资本、劳动力（假设短期情况下技术不变）。在仅仅考虑空间因素，且遵循效用最大化的原则下，厂商面临的选择可以表示为 $D=(d_1, d_2, d_3, \cdots, d_n)$，厂商的资本投入为 K，劳动力投入为 L，则厂商的产出为 $Y=f(D, K, L)$。对于 K 与 L 的要素投入，厂商遵循要素报酬递减的原则进行合理化分配；对于选择性投入 D，则按照报酬递增的原则进行。

假设单个厂商 X 的生产函数为：

$$F(x_1, x_2) = f(D, x_1, x_2)$$

式中 x_1、x_2 分别表示劳动力与资本的投入，其价位为 r_1、r_2。劳动力、资本之外的土地要素为 x_3，其价格为 r_3。单个厂商产地与市场的距离为 Z，运费费率为 t。

假定个体厂商技术最优、产出水平最高,也即 x_1^*、x_2^* 使得 $F(x_1, x_2)$ 在既定的投入下产出水平最高。因此个人厂商的区位空间选择为:

$$\max \pi = Pf(D, x_1^*, x_2^*) - r_1(D)x_1^* - r_2(D)x_2^* - r_3(D)x_3^* - tZ$$

满足上式的一阶条件为:

$$\partial \pi/\partial D = \mathrm{d}r_1/\mathrm{d}Dx_1^* + \mathrm{d}r_2/\mathrm{d}Dx_2^* + \mathrm{d}r_3/\mathrm{d}Dx_3^* + t\mathrm{d}Z/\mathrm{d}D = 0$$

这表明,只有边际空间区位为零,个体厂商才可以获得最大利润。也就是该区位空间是最优的,空间区位的变化对于 r_1、r_2、r_3、Z 的影响加和为零,无法再通过区位选择获取更多的效用。

(3) 空间选择模型

假设经济活动的空间区位选择遵循获益最大化原则,其产出收益来自三个方面:区域自然要素投入的获益、区域经济要素投入的获益、区域经济聚集的获益。产出函数可以表示为:

$$F(NR, ER) = A(D)f(NR, ER) + f(ER)$$

式中,NR、ER 分别表示区域自然要素与经济要素的投入,其价格表示为 C_{nr} 与 C_{er},其中 ER 为完全流动性要素,其价格 C_{er} 与空间位置 D 无关,C_{nr} 是 D 的函数。A 为聚集影响因子,与区位空间有关。同时假设产地与市场的距离为 Z,运费费率为 t。假设区域在技术上是最优的、产出水平最高,也即 NR^*、ER^* 使得 $F(NR, ER)$ 在既定的投入下产出水平最高。因此经济活动的区位空间选为:

$$\max \mathit{\Pi} = P[A(D)f(NR^*, ER^*) + f(NR) + f(ER^*) \\ - C_{nr}(D)ER^* - C_{er}ER^* - tZ(D)]$$

满足上式的一阶条件为:

$$\partial \mathit{\Pi}/\partial D = Pf(NR^*, ER^*) \times \mathrm{d}A(D)/\mathrm{d}D - \mathrm{d}C_{nr}(D)/ \\ \mathrm{d}DNR^* - t\mathrm{d}Z(D)/\mathrm{d}D = 0$$

对于经济活动空间区位选择的重要影响要素可以分解为:第一,自然性要素对于空间选择的差异,即 $\mathrm{d}C_{nr}(D)/\mathrm{d}DNR^*$,包括自然禀赋、地理位置等要素对于经济活动的成本束缚,影响到经济活动的空间区位选择。第二,空间聚集对于经济活动空间选择的影响,即 $Pf(NR^*, ER^*) \times \mathrm{d}A(D)/\mathrm{d}D$,作为外部因素的经济聚集,由于地区差异影响经济活动的空间选择。第三,距离对于空间选择的影响,即 $tdZ(D)/dD$,经济距离影响下的空间选择。

以上模型假设了区域经济要素具有完全流动性。

在农业经济时代,土地是最主要的生产要素,土地相关的自然资源禀赋、河流等交通区位是经济成长最重要的动力,也是经济发展空间差异的指南,经济活动基本均衡地分布在各个地区。

在工业社会,资本与劳动力等要素的重要性上升,对于自然资源禀赋与初始经济区位的指向性降低,资本与劳动力的空间流动与聚集,形成了近代以来长三角地区中心城市的消长与经济发展的空间差异。

到了后工业化与信息时代,资本与劳动力等传统要素依然在发挥作用。同时,信息、制度等要素共同组成全要素增长方式。传统工业经济成长要素相对重要性下降,信息、知识、制度等新要素成为新的空间优势。

二、基于发展地理学的观察

第二次世界大战以后,对于第三世界国家发展与增长问题的关注,形成了发展经济学,揭示发展中国家的经济发展之源。第一次全球化是基于自然禀赋差异的产业间贸易为主,第二次全球化则是以规模经济与产品差异为动力的贸易,产业内贸易快速发展起来。从这中间能发现什么吗?

(一) 一个分工演进中空间选择的案例

正如诺斯所认为的那样,"把经济史的任务理解成解释经济在整个时期的结构与绩效",在近代中国,城市、城镇、乡村(都市、都市近郊或交通沿线、内地),采用不同的方式参与市场,不同的地区距离市场有不同的"经济距离"。就已经熟知的近代城乡产业方面而言,以上海等口岸为枢纽的初级生产原材料大量输出国外,同时进入西方工业品,改变了明清时期发展起来的传统手工业,原有自给自足的自然经济体系逐渐解体。面对洋货倾销,中国城乡手工业的分化组合也趋明显,表现为兴衰存废并现的局面。以近代中国手工棉纺织业为例,通商口岸附近,原来是以"耕织结合"为主要特征的小农家庭手工棉纺织业。由于洋纱比土纱便宜,于是绝大多数农户将自产的棉花销售,改用进口洋纱织布,继续维持生产,有的还呈现新的发展。其他如陶瓷业、竹器业、草编业等,也出现类似的情形。[①]

---

① 戴鞍钢、阎建宁:《中国近代工业地理分布、变化及其影响》,《中国历史地理论丛》2000 年第 1 期。

我们更需要知道不同的区域、不同的时段,城乡产业演变的路径。在有着实际投入—产出效益的现实社会,市场与需求会改变产品的供给曲线,引发市场价格上升。在斯密—杨格定理中关于分工与市场之间的关系是:劳动分工取决于市场规模,而市场规模又取决于劳动分工。分工演进是否最终实现还取决于交易效率的高低。当交易效率太低,即专业化带来的收益小于交易费用时,人们就会选择退回到专业化以前的水平。这样即使外在的市场规模能提供更优的专业化水平,新的分工也不会形成,因而会出现内在的供给不足。

从这一理念出发,以下采用斯密—杨格定理方式,解释投入—产出效益下的产业发展阶段,以及不同地区的选择方式(见图6-5)。

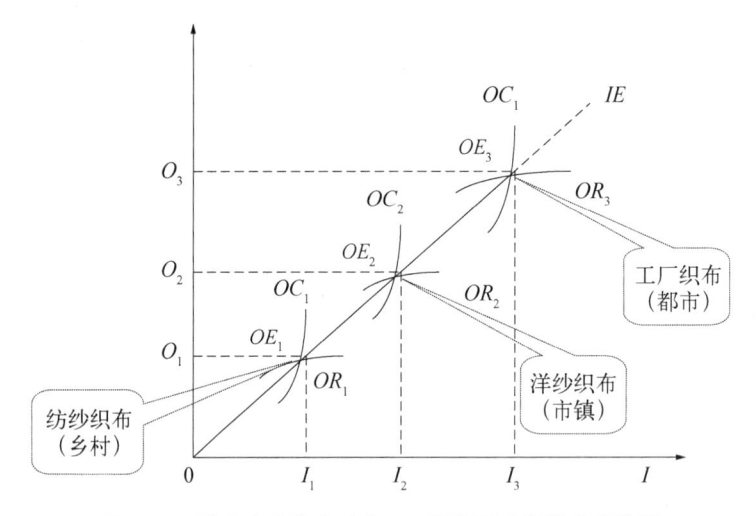

图6-5 城乡产业演变路径:不同发展阶段的空间选择

当投入规模水平为 $I \in (0, I_1]$ 时,产生的收益为 O_1,O_1 带来的收益为 OR_1,O_1 所产生的费用为 OC_1,因此当 $I \in (0, M_1]$ 时,伴随着 O_1 的交易效率 $IE = IOR_1/IOC_1 > 1$,说明这种产业经营方式是有效率的,能够获益,这种产业状态可以存在并继续演进,并增加资本积累获得更多的收益。随着生产投入不断扩大,这种产业经营方式所带来收益提高的幅度是在逐渐降低的,当 $I = I_1$ 时,$IE_1 = IOR_1/IOC_1 = 1$,即达到投入产出的临界点,不能获益。当投入规模 $I > I_1$ 时,由图中可知 $IE_1 = IOR_1/IOC_1 < 1$,即产业经营的收益已经小于其所产生的费用,因而这种经营方式不再是有效的。以上这一过程实现了第一次产业选择,对应近代乡村手工业与副业则为手工纺纱织布

的阶段。

按照同样的逻辑,在$I\in(0,I_2]$时,在有效的产业选择范围内能形成了购买洋纱织造土布的阶段,在$I\in(0,I_3]$时,实现了工场机器织布。这是同一个地域的产业演进点与选择,如果扩大到长江三角洲地区不同的城乡之间,则表现为边缘乡村的手工纺纱织布,城镇购买洋纱织造土布,城市开展工厂化机器织布,形成城乡产业的阶梯型升级之路。

无锡因为米市吸引了附近各县将土布集中到无锡由米商购回销售,促进土布庄兴起。随着洋纱逐渐取代土纱,布庄开始兼营机纱,实行纱布联营,以纱换布,减少中间流通环节,加速土布业兴盛。徐州等外地客商、常州布厂、本邑布厂、袜厂和农村布庄,邻县近乡布庄构成了无锡完整的棉纱市场,无锡棉纺厂纷纷兴建。1937年出现业勤、广勤、振新、豫康、庆丰、丽新、申三七大棉纺织厂,总资本额达1 738万元[①],形成了苏南棉纺业中心。但因为芜湖没有机器织布厂,1919年才出现本地的裕中纱厂,生产棉纱相对质量低下。及至战前,芜湖最大规模的工场作坊只有织机80台。

这一进程形成了近代长三角地区经济发展的地区差异,先进的技术与设备首先在城市集中,形成资本主义的社会化大生产,城市新兴工业部门增多,结构也日趋复杂,吸引了更多的人口集中,并获取更多的需求,形成更大的规模,进行集约化生产;市镇上采用家庭工业或乡村工业的方式为城市工厂辅助性生产,彼此之间的界限也不甚明晰,采用更低的技术、更密集的劳动形式,进行粗放型广泛生产;在边缘的乡村采取自给自足的形式,或商业化的手工补充生产。

近代中国形成了不同于西方经验,相对多样的产业发展与选择,例如棉纺织业中从纺纱织布、洋纱织布到机器织布的演变过程,显示了同一时间不同地区选择不同的产业形式,显示了同一地区不同时间的产业演进阶段。

(二) 分工演进与空间演化——经济变迁具有地理指南吗?

图6-6表示分工演进过程中空间结构的同步演进。从理论上而言,稀缺的空间资源也需要实现配置最优才是空间最佳状态。在自给自足、不完全分工到完全分工的过程中,实现区域经济从无空间结构到经济功能区的出现。

近代农业依赖土地且缺乏规模经济,因而形成了分散的空间经济形态。

[①] 江苏省中国现代史学会编:《江苏近现代经济史文集》,1983年版,第125页。

(a) 自给自足(无空间结构)　　(b₁) 不完全分工

(c) 完全分工(经济功能区)　　(b₂) 不完全分工

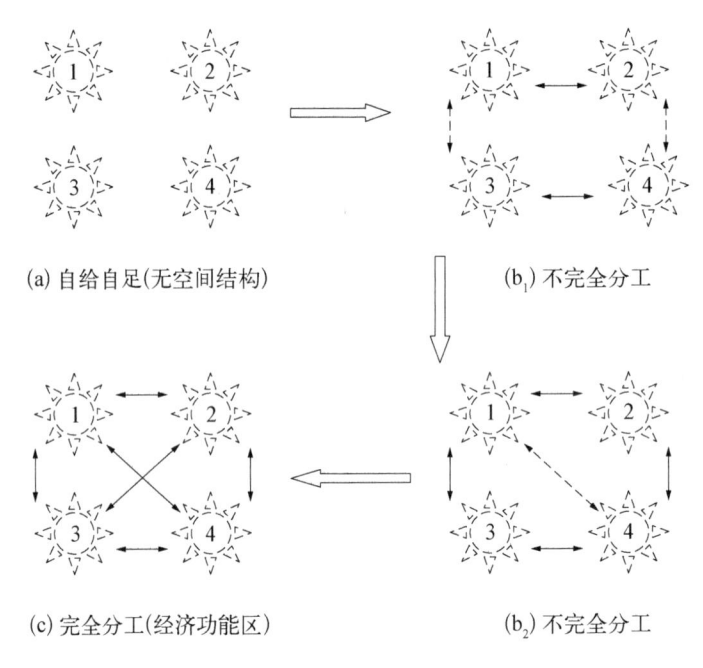

图 6-6　分工演进与区域空间结构演化

在近代早期,人口主要分散在农村,即使最大的城市(例如苏州)规模也比较有限,城市居住区一般是城市城墙之内的街坊。这类城市一般毗邻交通要道(例如苏州在大运河沿岸),主要提供剩余农产品,参与市场交换,本身所生产的农产品也比较少,即"小生产、大流通"的社会再生产形态。

近代商业发展起来后,快速增长的对外贸易,带动了乡村手工业化,促进了分工合作,推动了经济增长。商业与贸易的繁荣迅速带来了城市的发展,改变了前近代经济增长低水平的空间均衡,虽然进出口贸易的主要受益地区仍然是港埠及其毗邻地区,广大的边缘地区所获得效益回报相对要少许多。只有比较多地参与国际分工,且能在分工中不断提高效率的产业,才能够有效地提高产能,不仅获得更多的比较收益,而且获得更多的边际收益。从这里出发,只有全局完整地观察近代经济的细节,才能发现真实的经济成长绩效,落实到每一个点的空间分析法比较有效,经济史中的"选粹法"则会偏离实情。

随着近代工业发展起来,经济增长对土地的依赖性相对下降,规模经济与空间聚集的形成,必然造成经济增长的空间不平衡。如果一定要追求经济均衡发展,则会出现效率损失。同时,随着自给自足的封闭经济向市场化的开放经济转变,在国际或区域贸易的推动下,经济活动将会高度集中在贸易成本最低的地带,比如沿海、沿江、交通线两侧或国境、区域的边界地区。

资本与劳动力等生产要素会流向报酬最高的地区,因为这些地区生产要素稀缺。为了实现规模经济,需要在一个经济板块聚集人口与资源,相对大量的人口不仅提供制造业生产所需要的人力,也提供了消费品市场。从利用自然资源到工业转变的过程中,人口自然集中到沿海地区,沿海城市成为地区制造业与服务业增长的发动机。沿海城市首先从国内市场中获益,然后快速转向面向区域市场与世界市场,并形成功能性城市结构。在地区经济的发展过程中,低密度地区可以从毗邻的高密集区的溢出效应中获益,远离高密度区的市镇或乡村,在新一轮的经济发展中暂时处于边缘化的位置。

从经济变迁的空间路径来看,市镇(成为小区域产品中心)—中等城市(成为地方化经济中心)—大城市(成为创新、服务中心),形成了近代经济史变迁上的地理指南。以往,从不同的视角研究近代资本主义发展史,同时发现经济发展或经济不发展两种图景存在,从地理空间的视角能给出答案。

(三) 近代以来经济转型的微观基础

近代时期的中国首次出现了显著的经济增长,这一早期经济增长源于斯密式,局部演进到库兹涅茨式,故而,经济部门分工基础上的效率增长,成为近代经济增长的微观基础。

根据分工理论,分工与专业化不仅能带来产品数量的增加,增加市场交易,促进市场规模的扩大,同时能够提高市场贸易方式,从而进一步推进分工与专业化发展,实现劳动分工与市场规模的循环累积演进。随着沿海口岸对外开放,区域经济成长的动力从内陆转向海洋,沿海口岸城市及其毗邻地区,开始参与全球性的国际分工与贸易。国外工业品通过口岸城市行销内地,国内的农副产品也经口岸城市集中出口国外。外国机制工业品与中国农副手工业产品之间的交换更加密切,以口岸城市为中心的外向化市场流通体系,逐步取代了明清时期形成的内向化的市场体系。

中国在历史上一直以"农本"主义作为立国之本,及至民国时期兴起"以工立国"之论,两者争论之余,才渐渐清晰,农工之间互相支持,农工融合,农业的发展需要资金、技术、教育等方面的配合,才能有望走向现代化,实现工业化是国家富强的契机之一。在近代中国的经济转型中,三次产业分工以及产业内部分工的实现,是经济转型的必要条件,充分条件则是劳动效率的提升。

如图6-7和图6-8所示,在近代中国的产业分工与创新中,首先获得比较收益的是价值链底端、沿海乡村农家的商品化农业与手工业,众多的研究都证明了农民对价格的积极反应,能够根据市场价格与预期收益及时地调整产业结构[1]。其次是价值链两端的工业与服务业部门,无论是市镇传统的,还是城市现代式的产业部门,无论是现代化都市,还是远离市场的农村,均参与了近代这一分工与专业化进程。进入近代时期,伴随着区域经济资源的流动,经济生产及社会再生产的过程,既是一个价值生产的过程,也是一个价值空间循环的过程。近代中国的城市、城镇、乡村(都市、都市近郊或交通沿线、内地),采用各自的方式参与市场分工,基于不同的地理距离形成不同的"经济距离"与比较收益,但是,由于处在价值链的低端,边际收益呈现不断下降的趋势。

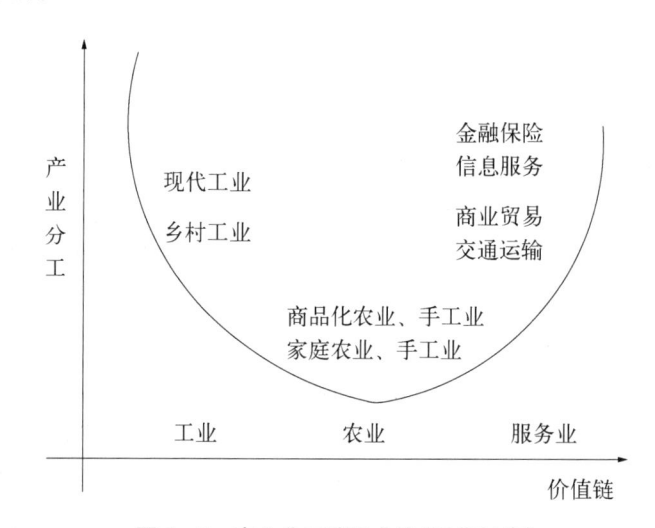

图6-7 产业分工演进曲线(近代以来)

上海是中国近代化起步最早、程度最高的城市,体现在城市建设、各类产业、文化教育等方面。就近代上海经济中心的构成而言,商贸、工业、金融是其三大支柱[2],上海处在产业分工与创新的两端,已经具备了经济转型起飞的基

---

[1] 侯继明(Chi-ming Hou),1965;科大卫(David Faure),1980,1989;王良行,1997;吴松弟等,2006。例如1870年后棉织品的显著增长,1890年后蚕桑的适度成长,茶与糖出口的下降等。

[2] 张仲礼主编:《近代上海城市研究》,上海人民出版社1990年版,第430页。张仲礼、熊月之、潘君祥、宋一雷:《近代上海城市的发展、特点和研究理论》,《近代史研究》1991年第4期。

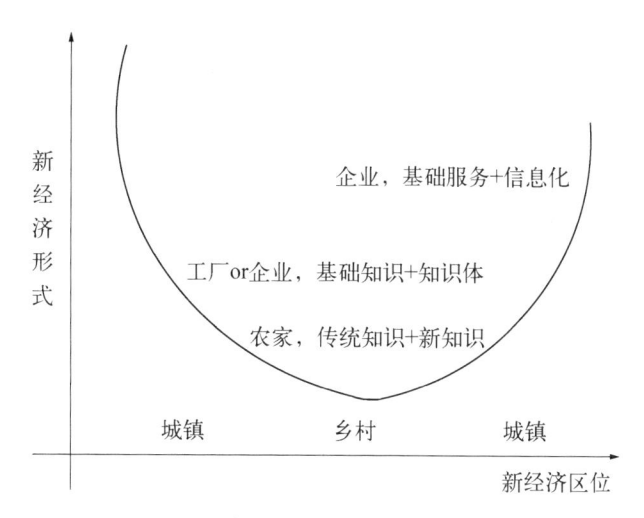

图 6-8 产业创新演进曲线(近代以来)

础。近代上海的企业规模较大,设备较齐,企业生产的分工和专业化程度也相应提高。已有的证据表明,基于人才、技术优势,企业行业间的协作,以及管理上的优势,上海的纱厂生产效率约高于天津 20% 左右,织布、面粉等工业化生产领域出现类似的情况[①],将进入第二次专业化分工进程。

(四) 长时段视野下的评估——前进？倒退？

在任一区域的层面上,区内不同地方的经济发展水平总是会呈现高低起伏、各不相同。这就像一片星罗棋布的湖泊区,各湖各泊的水位不尽相同,水流的自然力量倾向于熨平差距,但是堤坝的存在一般会增加差距。如果说区域内、跨区域的交换与分工,尤其是基于自我增长机制下的分工,在某种程度上会增强空间经济的非均衡性,内在的机制会修复不断扩大的失衡,这是开放经济下的自然趋势。相反地,堤坝式的管制也许会熨平差异,也许会增强差距。

如果关注近代以来沿海与内地差异的演变,在时间层面上可以划分为四个时段(晚清、民国、改革前、改革后),在空间层面上可以划分为两个片段(沿海、内地)。表 6-1 显示了评估各经济发展进程所获得特征与政策分值。评估得分的来源主要存在于三个方面:(1)不考虑空间因素的基础制度安排,譬

---

① 潘君祥:《近代上海形成全国经济中心的内在原因》,《上海社会科学院学术季刊》1991年第2期;张仲礼、潘君祥:《论上海经济近代化的轨迹和发展内因》,《中国经济史研究》1992年第3期。

如私有产权、自由竞争等普适性的制度供给;(2)考虑到空间因素的基础设施供给,譬如交通改良、通讯进步等方面;(3)具有空间激励性的措施,譬如开发开放边境、设立保护区等方面。从这三个方面来考量,沿海地区在晚清、民国、改革前、改革后这四个时段,分别得分为:+1、+2、-2、+2;内陆地区在这四个时段,分别得分为:-2、-1、-2、+1。就空间资源配置的合理性而言,目前所承接的为民国时期,为最优状态。20世纪30年代未完成的经济地理变迁,在1978年后继续完成,并还在进行中。只是当前进程的头绪较多,不似近代第一次全球化时那么清晰简单。

表 6-1　　　　　晚清以来的沿海与内地：特征与政策得分

所处的时间	所在的地域	所处的显著挑战	基础制度（不考虑空间因素）	基础设施建设（考虑空间因素）	激励措施（具有空间分针对性）	政策分值
近代早期（晚清）	沿海沿江（毗邻国际市场）	经济发展密度一般、与外部市场联系便捷	0/0	0/0	0/+1	+1
	内地（远离世界市场）	经济发展密度很低、距离外部市场较远、经济规模弱小、尚未城市化	0/0	0/-1	0/-1	-2
近代后期（民国）	沿海地带（毗邻国际市场）	经济发展密度较高、与外部市场联系密切、市场分割现象降低	0/0	0/+1	0/+1	+2
	内地（远离世界市场）	经济发展密度较低、距离外部市场较远、经济规模弱小、尚未城市化	0/0	0/0	0/-1	-1
中华人民共和国成立后至改革开放前期	沿海地带（远离国际市场）	经济发展密度相对降低、与外部市场联系降低、市场分割现象严重	0/-1	0/0	0/-1	-2
	内地（远离世界市场）	经济发展密度相对上升、经济规模相对增强、开始城市化	0/-1	0/1	0/+1	0

（政策指向（理论值/实际值））

续 表

所处的时间	所在的地域	所处的显著挑战	基础制度（不考虑空间因素）	基础设施建设（考虑空间因素）	激励措施（具有空间分针对性）	政策分值
改革开放深入阶段	沿海地带（毗邻国际市场）	经济发展密度较高、与外部市场联系密切、市场分割现象降低	0/0	0/+1	0/+1	+2
	内地（靠近世界市场）	经济发展密度相对上升、经济规模相对增强、初步城市化	0/0	0/+1	0/0	+1

"风起于青萍之末，止于草（林）莽之间"。对于区域长时段的经济演化而言，空间指南总是在不经意间所萌生，并蔚为壮观或改变方向，背后自有其驱动因子，并随着外部环境的改变而改变，在自然经济、商品经济、市场经济，抑或在自由贸易、政府干预、政治管制等不同条件下，在农业文明、商业文明、工业文明的切换中，留下了或隐或现的踪迹。近代以来的长江三角洲地区只是一扇窗口，虽说是一管窥豹，却也是大势荡荡。

第三节 简评：长三角经济区演进与绩效

最近20多年来，长江三角洲地区快速超越珠江三角洲地区，成为中国经济增长中最耀眼的板块，由此上溯到100多年前，在第一次全球化时代也曾辉煌璀璨——"魔都"上海崛起为东亚最重要的城市，并首次形成了以上海为中心的经济区。未来国家间的经济竞争，从某种意义上看，更应该是国家大区域经济板块间的竞争。100多年来长江三角洲地区两次脱颖而出，成为中国最富有经济活力的经济板块，第一次是晚清民国时期、第二次是最近20多年。本书旨在探寻1842年以来，长江三角洲地域经济体的形成、演化、绩效、活力源泉。

行文至此，从长时段经济发展及其空间回应的角度来看，对于当前正在方兴未艾的"长三角地区一体化"，透过历史，不仅可以看到她的前世今生（从哪里来？在不同的时代拥有怎样的容貌？取得了或正或负或多或少的成绩？），也能为将来留下一些值得思虑的问题。笔者就此从三个方面进行一些探索与分析：

(1) 从时间的变化来看,170年来在不同的经济发展的背景下,长江三角洲地区的经济发展起伏有致,无论是经济增长的趋势还是力度,均颇有明显的差异。但是,在这一长时段的历史中,存在一个明显可见的规律——凡是上海城市经济快速增长且在区域的资源配置中占有明显优势时,整个区域的经济发展则呈现上升的趋势,并正向加速。从这个意义上看,区域长期经济增长首要关键的因素是中心城市的经济开放。

(2) 从空间的资源配置来看,当区域经济发展呈现上升趋势时,上海的经济密度则会同步提升,与长三角其他地区的经济联系增强、经济距离缩短,区域经济要素的空间配置呈现优化的趋势。区域中心城市经济密度增加,与区内其他城市经济联系增强,经济距离缩短,既是区域经济增长的原因又是结果。作为区域的中心城市,上海的经济增长与区域经济一体化强度呈现显著的正相关性,即便在计划经济时代。

(3) 从经济发展的动力来源上看,在长江三角洲地区长时段经济发展的历史上,持续发挥作用的因素是中心城市的对外对内开放,以及中心城市延绵不断的创新能力。现代意义上的上海起源于经济开放,并借由来自全球的创新精神与创新实践,成为区域的中心城市,从这个意义上看,区域经济增长的源泉是其延绵不断的创新实践。

百川之上,海纳百川,归于上海。无论是民国中期的太湖经济区、改革开放后的上海经济区,抑或是长江三角洲经济区,虽然其名称、范围、尺度各尽不同,但在经济历史的长河中有个一成不变的准则与趋向,即促成区域经济资源配置的合理化。类似于劳动时间节约所带来的生产效率提升一样,空间经济集约同样提升劳动产出。上海亟需在技术进步、自由贸易两个方面,进一步发挥其在经济发展历史中所获得有效经验,在开放与创新的两个维度上,引领本区域以至于更大空间资源配置的优化,继续提高自身的经济密度,缩短与本区域以至于更大空间的经济距离,形成具有全球竞争力的经济区,引领全国经济的转型发展。

参 考 文 献

Alonso W. *Location and Land Use* [M]. Cambridge, MA: Harvard University Press, 1964.

Alonso W. *National interregional demographic accounts: A Prototype* [M]. Monograph 17, Institute of Urban and Regional Development, University of California, Berkeley, 1973.

Ash A, Nigel T. *Globalization, institutions and Regional Development in Europe* [M]. Oxford: Oxford University Press, 1996.

Lynda B S. *One Industry, Two China, Silk Filatures and Peasant family Production in Wuxi Country(1865 - 1937)* [M]. Stanford: Stanford University Press, 1999.

Bourne L S, Simmons J W. *Systems of Cities* [M]. New York: Oxford University Press, 1978.

Bruinsma F, Rietvbeld P. Urban Agglomerations in European Infrastructure Networks [J]. *Urban Studies*, 1993, (30): 919 - 934.

Bryson J, Henry N, Keeble D, et al. *The Economic Geography Reader, Producing and Consuming Global Capitalism* [M]. Chichedter: Wiley&Sons Ltd, 1996.

Darwent C E. *Shanghai: A Handbook for Travelers and Residents to the Chief Objects of Interests in and around the Foreign Settlements and Native City* [M]. Shanghai: Kelly & Walsh, 1920.

Hou C-M. *Foreign Investment and Economic Development in China, 1840 - 1937* [M]. Cambridge, Mass, Harvard University Press, 1965.

Cronon W. Nature's Metropolis: *Chicago and the Great West* [M]. Norton, NewYork, 1991.

Buck D. *Urban Chang in China: Politics and Development in Tientsin, Shantung, 1890 - 1949* [M]. Wisconsin University Press, 1978.

Faure D. *The Economy of Pre-Liceration China: Trade Increase and Peasant Livelihood in Jiangsu and Guangdong, 1870 - 1937* [M]. Oxford University Press, 1989.

Dicken P. *Global Shift-Transforming the World Economy* [M]. New York: Paul Chapman Publishing Ltd, 2000.

Janelle D G, Beuthe M. Globalization and Research Issues in Transportation [J]. *Journal of Transport Geography*, 1997, 5(3): 199-206.

Dunn E S. *The Market Potential Concept and the Analysis of Location* [M]. In: PPRSA, 1956, (2).

Helpman E. *The Mystery of Economic Growth* [M]. the President and Fellows of Harvard College, 2004.

Feitelson E, Salomon I. The Implications of Differential Network Flexibility for Spatial Structures [J]. *Transportation Research Part A*, 2000, (34): 459-479.

Sheppard E, Barnes T. *A Companion of Economic Geography* [M]. Blackwell Publishing, 2000.

Fairbank J K. *Trade and Diplomacy on the China Coast: the opening of the treaty ports, 1842-1854* [M]. Harvard University Press, 1956.

Feuerwerker A. Presidential Address: Questions About China's Early Modern Economic History that I Wish I Could Answer [J]. *Journal of Asian Studies*. Ann Arbour. Vol. 51, No. 4.

Friedman J, Alonso W. *Regional Development and Planning* [M]. Cambridge: Mass MIT Press, 1964.

Friedman J, Weaver C. *Territory and Function: the evolution of regional planning* [M]. London: Edward Amold, 1979.

Friedman T. *The Word Is Flat: A Brief History if the Twenty-First Century* [M]. New York: Farrar, Straus and Giroux, 2005.

Fujita M. *Economics of Agglomeration* [M]. Cambridge University Press, 2003.

Fujita M, Krugman P, Venables A. *The Spatial Economy* [M]. Cambridge: The MIT Press, 1999.

Greif A. Contract Enforceability and Economic Institutions in Early Trade: The Maghfibi Traders' Coalition. *American Economic Review*, 1993, 83(3).

Greif A, Microtheory and Recent Developments in the Study of Economic Institutions through Economic History//Kreps D M, Wallis K F. *Advances in Economics and Econometrics: Theory and Applications*, 1997, (2).

Clark G L, Feldman M P, Gertler M S. *The Oxford Handbook of Economic Geography* [M]. Oxford University Press, 2003.

Clarke G, Langley R, Cardwell W. Empirical Applications of Dynamic Spatial Interaction Models [J]. *Computer, Environment and Urban Systems*, 1998, 22(2): 157-184.

Hsiao L-L. *China's Foreign Trade Statistics，1864 – 1949*，Cambridge [M]. Mass：East Asian Research Center，Harvard University，1974.

Short J R，Kim Y-H. *Globalization and the City* [M]. London：Longman Press，1998.

Roy J R，Thill J-C. Spatial Interaction Modeling [J]. *Regional Science*，2004，83：339 – 361.

Haynes K E，Fotheringham A S. *Gravity and Spatial Interaction Models* [M]. Beverly Hills，London New Delhi：SAGE publications，1984，.

Pomeranz K. *The Making of a Hinterland：State，Society，and Economy in Inland North China，1853 – 1937* [M]. California：Univ. of California Press，1993.

Krugman P. *Geography and Trade* [M]. London：MIT Press/Leuven UP，1991.

Lavely W. The Spatial Approach to Chinese History：Illustrations from North China and the Upper Yangzi [J]. *Journal of Asian Studies*，1989，48(1)：100 – 113.

Johnson L C. *The Decline of Soochow and Rise if Shanghai：A Study in the Economic Morphologic of Urban Change，1756 – 1894* [M]. Univ. of California，1986.

Johnson L C. *Shanghai：From Market Town to Treaty Port，1074 – 1858* [M]. Univ. of Stanford，1995.

Lucas R E. Externality and Cities [J]. *Review of Economics Dynamics*，2001，(4)：245 – 274.

Ma D. Economic Growth in the Lower Yangzi Region of China in 1911 – 1937：A Quantitative and Historical Analysis [J]. *The Journal of Economic History*，2008，68(2).

Fischer M M，Reinsmann M，etc. Neural Network Modeling of Constrained Spatial Interaction Flows：Design，Estimation，and Performance Issues [J]. *Journal of Regional Science*，2003，43(1)：35 – 61.

Michael I. Making Networks，Remaking the City [J]. *Economic Development Quarterly*，1996，10(2)：172 – 188.

Morley N. Metropolis and Hinterland：*The city of Rome and the Italian Economy 2000B. C. – A. D. 200* [M]. Cambridge University Press，1996.

North China Herald and Supreme Court and Consular Gazette [J]，Shanghai：North China Herald.

North D C，Thomas R P. *The Rise if the Western World：A New Economic History* [M]. Cambridge：Cambridge University Press，1973.

Shih S-M. Interscience：The Lure of the Modern：Writing Modernism in Semi-colonial China 1917 – 1937 [M]. Berkeley：University of California Press，2001.

Rawski T. *Economic Growth in Prewar China* [M]. Berkeley：University of California

Press, 1989.

Rawski T, Li L, eds. *Chinese History in Economic Perspective* [M]. Berkeley: University of California Press, 1992.

Murphy R. *Shanghai, Key to modern China* [M]. Cambridge, Harvard Univ. Press, 1953.

Murphey R. *The Treaty Ports and China's Modernization: What went Wrong?* [M]. Stanford: Stanford University Press, 1970.

Rowe W. "Introduction"// Johnson L, ed. *Cities of Jiangnan in Late Imperial China* [M]. New York: State University of New York Press, 1993.

Rozman G. *Urban Networks in Ch'ing China and Tokugawa Japan* [M]. Princeton Press, 1973.

Linder S B. *An Essay on Trade and Transformation* [M]. New York, John Willey & Sons, 1961.

Schultz T W. *Transforming Traditional Agriculture* [M]. New Haven: Yale University Press, 1964.

Scott A J. *Regions and the World Economy* [M]. Oxford: Oxford University Press, 1998.

Staber U. The Structure of Networks in Industrial Districts [J]. *International Journal of Urban and Regional Research*, 2001, 25(3): 537-552.

Brakman S, Carretsen H, Marrewijk C. *An Introduction to Geographical Economics* [M]. Cambridge: Cambridge University Press. 2001.

Taaffe E J, Morrill R L, Gould P R. Transport Expansion in Underdeveloped Countries: a Comparative Analysis [J]. *Geographical Review*, 1963, 53(4): 503-529.

Banister T B. *A History of the External Trade of China, 1834-81, Synopsis of the External Trade of China, 1882-31* [G].

Arthur W B. Self-Reinforcing Mechanism in Economics// Anderson P W, Arrow K J, Pines D, eds. *The Economy as an Evolving Complex System* [M]. Addison-Wesley Publish Company, 1988.

Wong B. *China Transformed: Historical Change and the limits of European Experience* [M]. Ithaca Cornell University Press, 1997.

World Bank. *Sustainable Development in a Dynamic world: Transforming Institution, Growth, and Quality of Life* [M]. New York: Oxford University Press, 2003.

World Bank. *Reshaping Economic Geography* [M], World Development Report, 2009.

Wright A. *Twentieth Century Impression Hongkong Shanghai and others Treaty Ports China* [M]. London, 1908.

Cheng Y-K. *Foreign Trade and Industrial Development of China: A Historical and*

Integrated Analysis through 1948[M]. University Press of Washington，1978.

安虎森. 空间经济学原理[M]. 北京：经济科学出版社，2005.

特雷弗·巴恩斯，杰米·佩克，埃里克·谢泼德，亚当·蒂克尔. 经济地理学读本[M]. 童昕，等译. 北京：商务印书馆，2007.

白吉尔. 中国资产阶级的黄金时代：1911—1937[M]. 张富强，等译. 上海：上海人民出版社，1994.

白吉尔. 上海史：走向现代之路[M]. 上海：上海社科院出版社，2005.

包伟民. 江南市镇及其近代命运：1840—1949[M]. 北京：知识出版社，1998.

包亚明主编. 现代性与空间的生产[M]. 上海：上海教育出版社，2003.

滨下武志. 中国近代经济史研究：清末海关财政与开放港口市场区域[M]. 东京：汲古书院，1989.

滨下武志. 中国，东亚与全球经济：区域与历史的视角[M]. 王玉茹，赵劲松，译. 北京：社会科学文献出版社，2009.

波兰尼，卡尔. 大转型：我们时代的政治与经济起源[M]. 冯钢，刘阳，译. 杭州：浙江人民出版社，2007.

薄一波. 若干重大决策与事件的回顾[M]. 北京：中共中央党校出版社，1993：699.

布罗代尔. 资本主义的发展动力[M]. 北京：三联书店，1997.

蔡谦. 中国各通商口岸进出口贸易统计(1919,1927—1931)[G]. 上海：商务出版社，1936.

曹亮. 区域经济一体化的政治经济学分析[M]. 北京：中国财政经济出版社，2006.

曹树基. 中国人口史(清时期)[M]. 上海：复旦大学出版社，2001.

曹辛穗. 旧中国苏南农家经济研究[M]. 北京：中央编译出版社，1996.

曹小曙，闫小培. 珠江三角洲城际间运输联系的特征分析[J]. 人文地理，2003,18(1)：87-89.

陈德义. "五口通商"后的旧宁波港[J]. 宁波文史资料，1985，第2辑.

陈敦平，等. 镇江港史[M]. 北京：人民交通出版社，1989：74-76.

陈吉余. 21世纪长江三角洲经济区港口群建设的构想[J]. 华东师范大学学报：长江口深水航道治理与港口建设专辑，1995.

程潞主编. 上海市经济地理[M]. 北京：新华出版社，1988.

陈其广. 百工农业产品比价与农村经济[M]. 北京：社会科学文献出版社，2003.

陈梅龙，景消波，译. 宁波英国领事贸易报告选译[J]. 档案与史学，2001(4).

陈梅龙，等编译. 近代浙江对外贸易及社会变迁：宁波、温州、杭州海关贸易报告译编[G]. 宁波：宁波出版社，2003.

城山智子. 大萧条时期的中国：市场,国家与世界经济，1929—1937[M]. 南京：江苏人民出版社，2010.

陈诗启. 中国近代海关史[M]. 北京：人民出版社，2002.

陈修颖.区域空间结构重组：理论与实证研究[M].南京：东南大学出版社,2005.

陈修颖.演化与重组：长江三角洲经济空间结构研究[M].南京：东南大学出版社,2007.

陈修颖,于涛方.长江三角洲经济空间结构最新发展及空间集聚合理度判断[J].经济地理,2007,(3).

陈晢,卜玉宏.长三角区域经济发展的空间结构分析[J].沿海企业与科技,2006,(9).

陈真,等.中国近代工业史料[G].北京：三联书店,1958.

陈争平.1895—1936年中国国际收支研究[M].北京：中国社会科学出版社,1996.

陈正书.关于近代东南沿海城市交通投资取向问题之考察[J].史林,1995,(4).

陈正祥.中国经济区域[M].香港：中流出版社有限公司,1981.

楚双志.太平天国时期中央与地方权力再分配格局的形成.沈阳师范大学学报,2007,(3).

丁日初.上海近代经济史[M].上海：上海人民出版社,1997.

道格拉斯·C.诺斯.经济史上的结构和变迁[M].厉以平,译.北京：商务印书馆,2002.

戴鞍钢.港口·城市·腹地：上海与长江流域经济关系的历史考察(1843—1913)[M].上海：复旦大学出版社,1998.

戴鞍钢.内河航运与上海城市发展[J].史林,2004,(4)：94-99.

戴鞍钢.中国地方志经济资料选编[M].上海：汉语大词典出版社,1999.

戴鞍钢,阎建宁.中国近代工业地理分布、变化及其影响[J].中国历史地理论丛,2000,(1)：139-251.

戴鞍钢.发展与落差：近代中国东西部经济发展进程比较研究(1840—1949)[M].上海：复旦大学出版社,2006.

丁贤勇.新式交通与社会变迁：以民国浙江为中心[M].北京：中国社会科学出版社,2007：164-190.

丁文江,等.中华民国新地图[G]上海申报馆,1934.

东方昆,郭孝义.江苏航运史[M].北京：人民交通出版社,1990.

杜能.孤立国同农业和国民经济的关系[M].北京：商务印书馆,1997.

杜恂诚.民族资本主义与旧中国政府：1840—1937[M].上海：上海社会科学院出版社,1991.

段本洛,张圻福.苏州手工业史[M].南京：江苏古籍出版社,1986.

段学军,虞孝感,等.长江三角洲地区30年来区域发展特征初析[J].2009,29(2)：185-192.

樊百川.中国轮船航运业的兴起[M].成都：四川人民出版社,1985.

樊百川.清季的洋务新政[M].上海：上海书店,2003.

樊树志.江南市镇：传统的变革[M].上海：复旦大学出版社,2005.

樊卫国.近代上海的市场特点与口岸经济的形成[J].上海社会科学学院学术季刊,1994,(2).

樊卫国. 激活与增长：上海现代经济兴起之若干分析(1870—1941)[M]. 上海：上海人民出版社,2002.

樊卫国. 近代上海口岸市场对内地市场的辐射和制导[J]. 学术月刊,2004(12).

樊烨,姜华,马国强. 基于交通因子视角的区域空间结构演变研究：以长三角地区为例[J]. 河南科学,2006,(2).

范毅军. 空间咨询技术应用于汉学研究的价值与作用[J]. 汉学研究通讯,2002,(78).

费成康. 中国租界史[M]. 上海：上海社会科学院出版社,1991.

皮尔·弗里斯. 从北京回望曼彻斯特：英国、工业革命与中国[M]. 苗婧,译. 杭州：浙江大学出版社,2009.

费孝通. 重返江村[M]. 新观察,1957,(11).

费孝通. 江村农民及其生活变迁[M]. 敦煌：敦煌文艺出版社,1997.

冯和法. 中国农村经济史料[G]. 上海：上海黎明书局,1933.

佛朗索瓦·佩鲁. 经济空间：理论与运用[J]. 经济学季刊,1950,(1).

高帆. 交易效率、分工演进与二元经济结构转化[M]. 上海：上海三联书店,2007.

高进田. 区位的经济学分析[M]. 上海：上海人民出版社,格致出版社,2007.

高景岳,严学熙. 近代无锡蚕丝业资料选辑[G]. 南京：江苏人民出版社,1981.

高柳松一郎. 中国关税制度论[M]. 李达,译. 文海资料丛编,第74辑.

高倩. 经济发展模式对长三角竞争力影响实证分析[J]. 合作经济与科技,2007,(2).

高汝熹,吴晓隽. 上海大都市圈结构与功能体系研究[M]. 上海：上海三联书店,2007.

杰克·戈德斯通. 为什么是欧洲？世界史视角下的西方崛起(1500—1850)[M]. 关永强,译. 杭州：浙江大学出版社,2007.

顾秀莲. 长江三角洲经济区规划的几个问题[J]. 红旗,1983,(18).

郭鸿懋,江曼琦,等. 城市空间经济学[M]. 北京：经济科学出版社,2002.

顾朝林. 中国城镇体系：历史·现状·展望[M]. 北京：商务印书馆,1996.

顾朝林. 中国城市经济区划分的初步研究[J]. 地理学报,1991,46(2)：129—141.

顾朝林. 城市实力综合评价方法初探[J]. 地域研究与开发,1992,11(1)：5-11.

顾朝林,张敏,等. 长江三角洲城市群发展展望[J]. 地理科学,2007,27(1)：1-8.

顾琳. 中国的经济革命：二十世纪的乡村工业[M]. 王玉茹,张玮,李进霞,译. 南京：江苏人民出版社,2009.

海关总署. 旧中国海关总税务司署通令选编[G]. 第二卷. 北京：中国海关出版社,2003.

韩起澜. 苏北人在上海：1850—1980[M]. 上海：上海古籍出版社,2004.

韩启桐. 中国埠际贸易统计[G]. 北京：中国科学院,1951.

郝寿义,安虎森. 区域经济学[M]. 经济科学出版社,1999.

郝寿义. 区域经济学原理[M]. 上海人民出版社,2007.

郝延平. 19世纪中国的买办：中西间桥梁[M]. 李荣昌等译. 上海：上海社会科学出版

社,1988.

郝延平.中国近代商业革命[M].陈潮,陈任,译.上海:上海人民出版社,1991.

何廉.中国六十进口物价指数及物物交易率指数(1867—1927)[G].南开社会经济研究委员会,1930.

何伟.区域城镇空间结构与优化研究[M].北京:人民出版社,2007.

何奕,童牧.长江三角洲空间经济结构研究[J].生产力研究,2006,(1).

何一民.中国传统工商业城市在近代的衰落:以苏州、杭州、扬州为例[J].西南民族大学学报(社科版),2007,(4):1-11.

洪银兴,刘志彪.长江三角洲地区经济发展的模式和机制[M].北京:清华大学出版社,2003.

胡鞍钢,王绍光,康晓光.中国地区差距报告[M].沈阳:辽宁人民出版社,1995.

华东军政委员会土地改革委员会.江苏省农村调查[G].1950.

华东军政委员会土地改革委员会.浙江省农村调查[G].1951.

华民.长江边的中国:大上海国际都市圈建设与国家发展战略[M].上海:学林出版社,2003.

华民."马尔萨斯制约"与经济发展的路径选择[J].复旦学报(社科版),2005,(5).

华民.中国应放弃追求各地区平衡增长[J].中国经营报,2006-12-18.

黄婷.世界第六大城市群:"长三角"发展的阻滞与优势[J].江苏商论,2006,(6).

黄宗智.长江三角洲小农家庭与乡村发展[M].北京:中华书局,1992.

黄宗智.中国研究的规范认识危机[M].香港:牛津大学出版社,1994.

黄宗智.中国研究的范式问题讨论[M].北京:社会科学文献出版社,2003.

侯厚培.中国国际贸易小史[M].太原:山西人民出版社,2014.

侯杨方.中国人口史(1910—1953)[M].上海:复旦大学出版社,2001.

冀朝鼎.中国历史上的基本经济区与水利事业的发展[M].北京:中国社会科学出版社,1982.

纪晓岚主编.长江三角洲区域发展战略研究[M].上海:华东理工大学出版社,2006.

贾子彝.江苏省会辑要[G].镇江江南印书馆,1936.

建设协会.十年来之中国经济建设(1927—1937)[G].上海:商务印书馆,1937.

建设委员会经济调查所统计课.中国经济志[G].1935.

江苏交通史志编纂委员会.江苏航运史[M].北京:人民交通出版社,1990.

江苏省交通史志编纂委员会.江苏公路交通史[M].北京:人民交通出版社,1989.

江苏省长公署第四科.江苏省实业视察报告书[G].1919.

交通部交通史编委会.交通史航政编[G].1935.

交通部政治局.中国通邮地方物产志[G].上海:商务印书馆,1937.

金立成.上海港史[M].北京:人民交通出版社,1986.

科大卫. 近代中国商业的发展[M]. 杭州：浙江大学出版社,2010.

克拉克,费尔德曼,格特勒. 牛津经济地理学手册[M]. 刘卫东,等译. 北京：商务印书馆,2005.

保罗·克拉瓦尔. 地理学思想史[M]. 郑胜华,等译. 北京：北京大学出版社,2007.

保罗·克鲁格曼. 地理与贸易[M]. 张兆杰,译. 北京：中国人民大学出版社,2000.

柯文. 传统与现代性之间：王韬与晚清的改革[M]. 雷颐,罗检秋,译. 南京：江苏人民出版社,1994.

孔令丞. 论技术进步中的制度因素对增长空间的拓展：基于长三角地区增长模式的分析[J]. 理论学刊,2006,(12).

尼尔·寇,菲利普·凯利,杨伟聪. 当代经济地理学导论[M]. 刘卫东,等译. 北京：商务印书馆,2012.

拉蒙·H. 迈耶斯. 晚期中华帝国的习惯法、市场和资源交易//兰塞姆·萨奇和沃尔顿编. 新经济史探索[M]. 纽约：学术出版社,1982.

盛洪. 现代制度经济学[M]. 北京：北京大学出版社,2003.

莱特. 中国关税沿革史[M]. 姚曾廙,译. 北京：商务印书馆,1958.

勒施. 经济空间秩序：经济财货与地理间的关系[M]. 王守礼,译. 北京：商务印书馆,1995.

李必樟,译编. 上海近代贸易经济发展概况：1854—1898 年英国驻上海领事贸易报告汇编[G]. 上海：上海社会科学院出版社,1993.

李伯重. 中国全国市场的形成：1500—1840[J]. 清华大学学报,1999,(4).

李伯重. 江南的早期工业化(1550—1850 年)[M]. 北京：社科文献出版社,2000.

李伯重. 多视角看江南经济史(1250—1850)[M]. 北京：三联书店,2003.

李长傅. 分省地志·江苏[M]. 上海：中华书局,1936.

李国平,王立明,等. 深圳与珠江三角洲区域经济联系的测度及分析[J]. 经济地理,2001,21(1)：33-37.

里格利. 延续,偶然与变迁：英国工业革命的性质[M]. 侯琳琳,译. 杭州：浙江大学出版社,2013.

李慧中,王海文. 结构演进、空间布局与服务业的发展：来自长三角的经验研究[J]. 复旦学报(社科版),2007,(5).

李清娟. 长三角都市圈产业一体化研究[M]. 北京：经济科学出版社,2007.

李政. 解放前宁波市的民族工业[J]. 宁波文史资料,第1辑.

黎夏,刘凯. GIS 与空间分析：原理与方法[M]. 北京：科学出版社,2006.

李小建,张晓平,彭宝玉. 经济活动全球化对中国区域经济发展的影响[J]. 地理研究,2000,19(3).

李小建,等. 经济地理学[M]. 北京：高等教育出版社,2005.

李燕. 古代中国的港口,经济,文化与空间嬗变[M]. 广州：广东经济出版社,2014.

李允俊.晚清经济史编[G].上海：上海古籍出版社,2000.
李文海.民国时期社会调查丛编·底边社会卷[G].福州：福建教育出版社,2004.
李文海.民国时期社会调查丛编·人口卷[G].福州：福建教育出版社,2004.
李文海.民国时期社会调查丛编(二编)·社会组织卷[G].福州：福建教育出版社,2009.
李文海.民国时期社会调查丛编(二编)·乡村经济卷[G].福州：福建教育出版社,2009.
李文治.中国近代农业史资料(第一辑)[M].北京：三联书店,1957,83.
林刚.长江三角洲现代大工业与小农经济[M].合肥：安徽教育出版社,2000.
林刚,唐文起.1927—1937年江苏机器工业的特征及其运行概况[J].中国经济史研究,1990,(1)：87-104.
林满红.贸易与清末台湾的社会经济变迁,1860—1895[J].实货月刊,1979,(4).
林满红.口岸贸易与近代中国：台湾最近有关研究之回顾[G].中国区域史研究论文集.台湾"中央研究院"近代史研究所,1986.
林毅夫.制度、技术与中国农业发展[M].上海：三联书店,上海人民出版社,2005.
林毅夫.李约瑟之谜、韦伯疑问和中国的奇迹：自宋以来的长期经济发展[J].北京大学学报,2007(4).
林毅夫.经济发展与转型：思潮、战略与自生能力[M].北京：北京大学出版社,2008.
林毅夫,张鹏飞.适宜技术、技术选择和发展中国家的经济增长[J].经济学(季刊),2006(3),985-1107.
梁琦.产业集聚论[M].北京：商务印书馆,2004.
刘大均.上海缫丝工业[M].1933.
刘大钧.上海工业化研究[M].上海：商务印书馆,1940.
刘继生,等.交通网络空间结构的分形维数及其测算方法探讨[J].地理学报,1999,54(5).
刘石吉.明清时代江南市镇研究[M].北京：中国社会科学出版社,1987.
刘卫东,等.经济地理学思维[M].北京：科学出版社,2013.
刘湘南,等.GIS空间分析原理与方法[M].北京：科学出版社,2005.
刘艳军,李诚固,孙迪,等.城市区域空间结构：系统演化及驱动机制[J].城市规划学刊,2006,(6).
威廉·阿瑟·刘易斯.增长与波动,1870—1913年[M].北京：中国社会科学出版社,2014.
刘兆德.长江三角洲地区经济高速增长及其效应研究[D].中科院南京地理与湖泊研究所博士学位论文,2003.
刘志高,等.经济地理学与经济学关系的历史考察[J].经济地理,2006,26(3).
龙登高.江南市场史：十一至十九世纪的变迁[M].北京：清华大学出版社,2003.
楼朝明.用重力模型分析影响双边贸易的地理因素[J].宁波大学学报(人文科学版),2003,16(4).
陆大道.论区域的最佳结构与最佳发展：提出点—轴系统和T型结构以来的回顾与再分析

[J].地理学报,2001,56(2).

陆大道.中国区域发展的理论与实践[M].北京:科学出版社,2003.

陆允昌编.苏州洋关史料[G].南京:南京大学出版社,1991.

陆玉麒.区域发展中的空间结构研究[M].南京:南京师范大学出版社,1998.

罗正齐.港口经济学[M].北京:学苑出版社,1991.

道格拉斯·C.诺斯.经济史上的结构和变迁[M].厉以平,译.北京:商务印书馆,2002.

吕华清,等.南京港史[M].北京:人民交通出版社,1989:85-122.

茅伯科.上海港史(古、近代部分)[M].北京:人民交通出版社,1990.

茅家琦,等.旧中国海关史料[G].北京:京华出版社,2001.

马德斌.制度与增长:近代上海与江浙地区工业化的数量及历史验证[C].袁为鹏,译//朱荫贵,戴鞍钢,主编.近代中国:经济与社会研究[M].上海:复旦大学出版社,2006.

马红霞,魏惠卿.晚清镇江对外贸易的发展与传统工商业的演变[J].江苏大学学报(社会科学版),2005,7(1).

马俊亚.规模经济与区域发展:近代江南地区企业经营现代化研究[M].南京:南京大学出版社,1999.

马俊亚.混合与发展:江南地区传统经济的现代演变(1900—1950)[M].北京:社会科学文献出版社,2003.

马丽,刘毅.经济全球化下的区域经济空间结构演化研究评述[J].地理科学进展,2003,18(2).

马荣华,等.GIS空间关联模式发现[M].北京:科学出版社,2007.

马士.中华帝国对外关系史[M].张汇文,译.北京:三联书店,1958.

马学强.从传统到近代:江南城镇土地产权制度研究[M].上海:上海社会科学院出版社,2002.

马学强.近代上海成长中的"江南因素"[J].史林,2003,(3).

宓汝成.中国近代铁路史资料[G].北京:中华书局,1963.

宓汝成.帝国主义与中国铁路:1847—1949[M].上海:上海人民出版社,1980.

南开经济研究所.南开经济指数资料汇编[M].北京:统计出版社,1958.

南开经济研究所.南开经济指数资料汇编[M].北京:中国社会科学出版社,1988.

聂宝璋.中国近代航运史资料(第一辑)[G].上海:上海人民出版社,1983.

聂宝璋,朱荫贵.中国近代航运史资料(第二辑)[G].北京:中国社会科学出版社,2002.

珀金斯.中国农业的发展(1368—1968)[M].宋海文,等译.上海:上海译文出版社,1984.

彭凯翔.从交易到市场:传统中国民间经济脉络试探[M].杭州:浙江大学出版社,2015.

彭慕兰.大分流:欧洲、中国及现代世界经济的发展[M].史建云,译.南京:江苏人民出版社,2003.

彭泽益.中国近代手工业史资料[G].北京:中华书局,1962.

浦文昌.对"苏南模式"的比较分析[J].中国农村经济,1993,(1).
秦耀辰.区域系统模型原理与应用[M].北京:科学出版社,2004.
饶会林.试论城市空间结构的经济意义[J].中国社会科学,1985,(2).
饶会林,苗丽静.关于经济学的几个理论问题[J].东北财经大学学报,2000,(4).
任美锷.中国的三大三角洲[M].北京:高等教育出版社,1994.
单强.工业化与社会变迁:近代南通与无锡发展的比较研究[M].北京:中国商业出版社,1997.
单强.江南区域市场研究[M].北京:人民出版社,1999.
单树模.江苏城市历史地理[M].南京:南京师范大学出版社,1996.
上海港口大全[G].上海:商务印书馆,1930.
上海港史话编写组.上海港史话[M].上海:上海人民出版社,1979.
上海市统计局.新上海五十年国民经济和社会历史统计资料[G].上海市统计局,2000.
上海通社编.上海研究资料[G].上海:中华书局,1936.
上海通社编.上海研究资料续集[G].上海:中华书局,1939.
上海社会科学院经济研究所.上海对外贸易1840—1949[G].上海:上海社会科学院,1989.
上海社会科学院经济研究所.刘鸿生企业史料[G].上海:上海人民出版社,1981.
上海市统计局.1949—1978年上海市国民经济统计资料(交通、基建、物资、财金、人口、劳动、文教卫生)[G].1979.
盛俊.海关税务纪要[M].1919.
沈汝生.中国都市之分布[J].地理学报,1937,14(1).
施坚雅.中国农村的市场与社会结构[M].史建云,等译.北京:中国社会科学出版社,1998.
施坚雅.中华帝国晚期的城市[M].陈桥驿,译.北京:中华书局,1998.
施美夫.五口通商城市游记[M].温时幸,译.北京:北京图书馆出版社,2007.
石坚.理性应对城市空间增长:基于区位理论的城市空间扩展模拟研究[M].北京:中国机械工业出版社,2014.
石崧.城市空间结构演变的动力机制分析[J].城市规划汇刊,2004,(1):50-52.
实业部国际贸易局.中国实业志·浙江省[G].南京:实业部国际贸易局,1934.
实业部国际贸易局.中国实业志·江苏省[G].南京:实业部国际贸易局,1934.
实业部国贸局.最近三十四中国通商口岸对外贸易统计[G].上海:商务印书馆,1935.
西奥多·舒尔茨.改造传统农业[M].北京:商务印书馆,1999.
斯波义信.中国都市史[M].布和,译.北京:北京大学出版社,2013.
宋小冬,廖雄赳.基于GIS的空间相互作用模型在城镇发展研究中的应用[J].城市规划汇刊,2003,(3):46-51.
苏基朗,马若孟.近代中国的条约港经济:制度变迁与经济表现的实证研究[M].成一农,田欢,译.杭州:浙江大学出版社,2013.

孙建国,编.河南大学经济史论坛[M].北京:社会科学文献出版社,2014.

孙毓棠.中国近代工业史资料[G].北京:科学出版社,1957.

孙中山.中国实业如何能发展[N].上海:民国日报,1919-10-10,副刊,星期评论.

汤国安,陈正江,等.ArcView 地理信息系统空间分析方法[M].北京:科学出版社,2002.

唐建军.长三角区域经济探索性空间数据分析[J].浙江统计,2007,(9).

谭其骧.中国历史地图集(第八册)[G].中国地图出版社,1982.

唐巧天.海外贸埠际转运研究(1864—1930)[D].复旦大学博士学位论文,2006.

唐巧天.从鼎盛到中落:上海作为全国外贸转运中心地位的变迁(1864—1930)[J].史林,2007,(6).

康燕.解读上海[M].上海:上海人民出版社,2001.

唐振常.上海史[M].上海:上海人民出版社,1989.

藤田昌久,保罗·克格里,安东尼·J.维纳布尔斯.空间经济学—城市、区域与国际贸易[M].梁琦,等译.北京:中国人民大学出版社,2005.

汪敬虞.中国近代工业史资料(第二辑)[G].北京:科学出版社,1957.

汪敬虞.十九世纪西方资本主义对中国的经济侵略[M].北京:人民出版社,1983.

汪敬虞.外国资本在近代中国的金融活动[M].北京:人民出版社,1999.

汪敬虞.中国资本主义的发展和不发展[M].北京:经济管理出版社,2007.

王德,郭洁.沪宁杭地区城市影响腹地的划分及其动态变化研究[J].城市规划汇刊,2003,(6):6-11.

王德忠,庄仁兴.区域经济联系定量分析初探:以上海与苏锡常地区经济联系为例[J].地理科学,1996,16(1):51-57.

王法辉,金凤君,曾光.区域人口密度函数与增长模式:兼论城市吸引范围划分的 GIS 方法[J].地理研究,2004,23(1):97-103.

王方中.1842—1949 年中国经济史编年记事[G].北京:中国人民大学出版社,2009.

王桂新.中国人口的地域分布及其变动[J].人口研究,1998,(11).

王桂圆,陈眉舞.基于 GIS 的城市势力圈测度研究[J].地理与地理信息科学,2004,20(3):69-73.

王家范.从苏州到上海:区域研究的视界[J].档案与史学,2000(5).

王劲峰.空间分析[M].北京:科学出版社,2006.

王金绂.中国分省地志[M].上海:商务印书馆,1932.

王良行.近代中国对外贸易史论集[M].台湾:知书房出版社,1997.

王铁崖.中外旧约章汇编(第一辑)[G].北京:三联书店,1957.

王如忠.贫困化增长:贸易条件变动中的疑问[M].上海:上海社会科学院出版社,1999.

王玉茹.中国近代的市场发育与经济增长[M].北京:高等教育出版社,1996.

王玉茹.近代中国价格结构研究[M].西安:陕西人民出版社,1997.

王亚南.中国半封建半殖民地经济形态研究[M].北京:人民出版社,1957.

王彦成.王亮.清季外交史料[G].北京:书目文献出版社,1987.

王心源.自然地理因素对城镇体系空间结构影响的样式分析[J].地理科学进展,2001,20(1):57-63.

威廉·J.米切尔.比特之城:空间·场所·信息高速公路[M].北京:三联书店,1999.

乌尔曼.从空间的相互作用看地理学[J].地理译报,1986,(2):36.

吴柏均.政府主导下的区域经济发展[M].上海:华东理工大学出版社,2006.

吴承明.帝国主义在旧中国的投资[M].北京:人民出版社,1955.

吴承明.中国的现代化:市场与社会[M].北京:三联书店,2001.

吴承明.吴承明集[M].北京:中国社会科学院出版社,2002.

吴殿廷.区域分析与规划高级教程[M].北京:高等教育出版社,2004.

吴建伟.国际贸易比较优势的定量分析[M].上海:上海三联书店,上海人民出版社,1997.

吴松弟.市的兴起与近代中国区域经济的不平衡发展[J].云南大学学报(社会科学版),2006,5(5):51-66.

吴松弟.中国百年经济拼图:港口城市及其腹地与中国现代化[M].济南:山东画报出版社,2006.

吴松弟.经济空间与城市的发展——以上海为例[J].云南大学学报(社会科学版),2007,(5).

武廷海.中国近现代区域规划[M].北京:清华大学出版社,2006.

吴威,曹有挥,等.长江三角洲公路网络的可达性空间格局及其演化[J].地理学报,2006,61(10):1065-1074.

吴知.乡村织布工业的一个研究[M].上海:商务出版社,1936.

夏鸣.江苏五十年[C].北京:中国统计出版社,1999.

谢国权.近代芜湖米市与芜湖城市的发展[J].中国社会经济史研究,1999,(3).

忻平.从上海发现历史[M].上海:上海人民出版社.1996.

熊月之.上海通史(晚清经济)[M].上海:上海人民出版社,1999.

夏永祥.城市体系与区域经济空间结构:以长三角地区为例[J].江海学刊,2007(02).

许宝强,渠敬东,选编.反市场的资本主义[M].北京:中央编译出版社,2004.

许波,纪慰华.长江三角洲地区城市规模分布的分形研究[J].城市问题,2001,(2):7-9.

许道夫.中国近代农业史资料1840—1911(第一辑)[G].北京:三联书店,1957.

许涤新,等.中国资本主义发展史(第二卷)[M].北京:人民出版社,1990.

徐新吾.中国近代缫丝工业史[M].上海:上海人民出版社,1990.

徐新吴.黄汉民.上海近代工业史[M].上海:上海人民出版社,1999.

许学强,周一星,宁越敏.城市地理学[M].北京:高等教育出版社,2009.

徐雪筠,等译编.上海近代社会经济发展概况(1882—1931):海关十报告译编[G].上海:

上海社会科学院出版社,1985.

徐循初,阮哲明.长江三角洲地区综合运输发展历史与对策研究[J].城市规划汇刊,2003,(5):16-21.

徐之河.上海经济(1949—1982)[M].上海:上海人民出版社,1983.

薛俊菲,顾朝林,等.都市圈空间成长的过程及动力因素[J].城市规划,2006,30(3):53-56.

亚当·斯密.国民财富的性质和原因的研究[M].郭大力,王亚南,译.北京:商务印书馆,1997.

严中平,等.中国近代经济史统计资料选辑[G].北京:科学出版社,1957.

杨大金.中国现代实业志[M].上海:商务印书馆,1938.

杨端六.六十五来中国国际贸易统计[G].南京:中央研究院社会调查所,1931.

杨格.1927—1937中国财政经济情况[M].陈泽宪,陈霞飞,译.北京:中国社会科学出版社,1981.

杨建文,等.长江三角洲地区制造业整合的战略意义[G]//长江三角洲区域经济互动发展研讨会论文集,2002.

杨天宏.口岸开放与社会变革[M].北京:中华书局,2002.

杨上广,吴柏均.区域经济发展与空间格局演化:长三角经济增长与空间差异格局的实证分析[J].世界经济文汇,2007,(1).

杨小凯.经济学:新兴古典与新古典框架[M].北京:社会科学文献出版社,2003.

姚士谋,陈爽.长江三角洲地区城市空间演化趋势[J].地理学报,1998,53:1-10.

姚贤镐.中国近代对外贸易史资料[G].中华书局,1962.

叶美兰.1912—1937江苏农村地价的变迁[J].民国档案,1999,(2).

殷醒民.论长江三角洲82个工业区的空间分布模式[M].社会科学,2007,(6).

于秋华,于颖.中国乡村工业发展的制度分析[J].财经问题研究,2006,(12):16-20.

于涛方,李娜.长江三角洲地区区域整合研究[J].规划师,2005,21(4):17-24.

虞晓波著.比较与审视:"南通模式"与"无锡模式"研究[M].合肥:安徽教育出版社,2001.

袁志刚,范剑勇.1978年以来中国的工业化进程及其地区差异分析.管理世界,2003(7).

约翰·冯·杜能.孤立国同农业和国民经济的关系[M].北京:商务印书馆,1997.

章有义.中国近代农业史资料(1840—1937)[G].北京:三联书店,1957.

张东刚.总需求的变动趋势与近代中国经济发展[M].北京:高等教育出版社,1997.

张颢瀚,孟静.交通条件引导下的长江三角洲城市空间格局演化[J].江海学刊,2007,(1):76-80.

张后铨.招商局史(近代部分)[M].北京:人民交通出版社,1988.

张海英.明清江南商品流通与市场体系[M].上海:华东师范大学出版社,2002.

张丽,等.经济全球化的历史视角.第一次经济全球化与中国[M].杭州:浙江大学出版社,2012.

张莉,陆玉麒.基于陆路交通网的区域可达性评价[J].地理学报,2006,61(12):1235-1246.

张建华.大上海都市圈经济发展研究[D].复旦大学博士学位论文,2004:36-44.

张军.资本形成、工业化与经济增长:中国转轨的特征//转型与增长[M].上海:上海远东出版社,2002.

张军.30年来中国:改革与增长模式[J].社会科学战线,2008,(1).

张敏,顾朝林.近期中国省际经济社会要素流动的空间特征[J].地理研究,2002,21(3),313-323.

张培刚.发展经济学通论[M].长沙:湖南出版社,1991.

张其昀.中国地理大纲[M].上海:商务印书馆,1930.

张其昀.本国地理(上册)[M].南京:钟山书局印行,1932.

张庭伟.1990年代中国城市空间结构的变化及其动力机制[J].城市规划,2001,25(7):7-14.

张庭伟.为多元化的城市经济创建高质量的城市空间[J].城市规划汇刊,2002(6):9-13.

张庭伟.城市化作为生产手段及引起城市规划功能转变[J].城市规划汇刊,2002(4):69-74.

张祥建,等.长江三角洲城市群的空间特征、发展障碍与对策[J].上海交通大学学报(哲学社会科学版),2003,11(6).

张仲礼,主编.中国现代城市企业·社会·空间[M].上海:上海社会科学院出版社,1998.

张仲礼,主编.长江沿岸城市和中国近代化[M].上海:上海人民出版社,2002.

张仲礼.近代上海城市研究[M].上海:上海文艺出版社,2008.

张忠民.上海:从开发走向开放,1368—1842[M].云南人民出版社,1990.

张忠民.小生产、大流通:前近代中国社会再生产的基本模式[J].中国经济史研究,1996,(2).

张忠民.近代上海经济中心地位的形成和确立[J].上海经济研究,1996,(10).

张忠民.1843—1978:上海经济成长的回顾与前瞻[J].上海经济研究,1997,(7).

张忠民.经济历史成长[M].上海:上海社科院出版社,1999.

曾菊新.空间经济:系统与结构[M].武汉:武汉出版社,1996.

赵元正,戴尔晗,陆玉麒.基于MapX的区域规划信息系统的设计与实现[J].计算机与现代化,2006b,(12):38-41.

浙江航运史编辑委员会.浙江航运史(古近代部分)[M].北京:人民交通出版社,1993.

浙江省汽车运输总公司编史组.浙江公路运输史(第一册)[M].北京:人民交通出版社,1988.

浙江省统计局.新浙江五十年统计资料汇编[G].北京:中国统计出版社,2000.

浙江省统计局.新浙江五十年[G].北京：中国统计出版社,1999.

甄峰,张敏,等.全球化、信息化对长江三角洲空间结构的影响[J].经济地理,2004,24(6)：748-752.

镇江市志(下册)[M].上海：上海社会科学院出版社,1993,929.

郑曦原.帝国的回忆：《纽约时报》晚清观察记(1854—1911)[G].北京：当代中国出版社,2007.

郑曦原.共和十年：《纽约时报》民初观察记(1911—1921)·社会篇[G].北京：当代中国出版社,2011.

郑忠.嬗变与转移：近代长江三角洲城市体系之雏形[J].复旦学报(社会科学版),2007,(1)：65-72.

郑祖安.上海与横滨的开埠和都市形成//天津社会科学院历史研究所,等编.城市史研究,第15、16辑.天津社会科学院出版社,1998.

中国港口杂志社.2008年十月份全国沿海主要港口客货吞吐量统计[J].中国港口,2008,(11)：39.

中国共产党苏南区委员会农村工作委员会编.苏南土地改革文献[G].1952印行.

中国公路交通史编审委员会.中国公路史[M].北京：人民交通出版社,1990.

中国航海史研究会.上海港史(古、近代部分)[M].北京：人民交通出版社,1990.

中华交通地志：江苏省、上海市、浙江省、广东省[M].上海：世界舆地学社,1937.

中华人民共和国杭州海关,译编.近代浙江通商口岸经济社会概况：浙海关、瓯海关、杭州关贸易报告集成(1868、1869、1875)[G].杭州：浙江人民出版社,2002.

中国人民银行上海分行.上海钱庄史料[G].上海：上海人民出版社,1960.

周忍伟.传统城市近代工业发展轨迹和特征：芜湖近代工业个案研究[J],安徽史学,2004,(1).

周伟林.长三角城市群经济与空间的特征及其演化机制[J].世界经济文汇,2005,(1).

周起业,刘再兴,等.区域经济学[M].北京：中国人民大学出版社,1989.

朱舜,等.泛长三角经济区空间结构研究[M].成都：西南财经大学出版社,2007.

朱文晖.走向竞合：珠三角与长三角经济发展比较[M].北京：清华大学出版社,2003.

卓勇良,黄良浩,费潇.长三角的空间格局及其趋势[J].浙江经济,2007,(4).

邹逸麟.论长江三角洲人地关系的历史过程及今后发展[J].学术月刊,2003,(6)：83-89.

图书在版编目(CIP)数据

长江三角洲经济区演进与绩效研究:1842—2012/方书生著.—上海:上海社会科学院出版社,2016
 ISBN 978 - 7 - 5520 - 1571 - 3

Ⅰ.①长… Ⅱ.①方… Ⅲ.①长江三角洲-区域经济发展-研究-1842—2012 Ⅳ.①F127.5

中国版本图书馆 CIP 数据核字(2016)第 228703 号

长江三角洲经济区演进与绩效研究(1842—2012)

著　　者:方书生
责任编辑:应韶荃
封面设计:周清华
出版发行:上海社会科学院出版社
　　　　　上海顺昌路 622 号　邮编 200025
　　　　　电话总机 021 - 63315900　销售热线 021 - 53063735
　　　　　http://www.sassp.org.cn　E-mail:sassp@sass.org.cn
排　　版:南京展望文化发展有限公司
印　　刷:上海颛辉印刷厂
开　　本:710×1010 毫米　1/16 开
印　　张:19
字　　数:313 千字
版　　次:2016 年 10 月第 1 版　2016 年 10 月第 1 次印刷

ISBN 978 - 7 - 5520 - 1571 - 3/F・442　　　　定价:66.00 元

版权所有　翻印必究